Penny Sartori

# Nahtod-Erfahrungen als Neuanfang

Was wirklich wichtig ist im Leben

Penny Sartori

# *Nahtod-Erfahrungen als Neuanfang*

## Was wirklich wichtig ist im Leben

Aus dem Englischen von
Astrid Ogbeiwi

Aquamarin Verlag

1. Auflage 2015

Voglherd 1 • D-85567 Grafing

Titel der englischen Originalausgabe: *The Wisdom of Near-Death Experiences*
Watkins Publishing Limited, PO Box 883, Oxford, OXI 9PL, UK


Übersetzung aus dem Englischen: Astrid Ogbeiwi

Umschlaggestaltung Annette Wagner
(unter Verwendung von 164167 © chhmz – Photocase.com)

Druck: Ebner & Spiegel • Ulm
ISBN 978-3-89427-659-1

# Inhalt

# Danksagungen

Es gibt sehr viele Menschen, denen ich Dank sagen und meine Dankbarkeit erweisen möchte, denn ohne ihre Hilfe wäre dieses Buch nicht geschrieben worden. Zuallererst danke ich meinem Mann Enrico; er unterstützt mich schon, seit mein Interesse an diesem Thema aufgeflammt ist – sowohl emotional als auch finanziell. Hätte er nicht so viele Überstunden gemacht, hätte ich auf der Intensivstation nicht Teilzeit arbeiten und diesem Werk, das mich völlig vereinnahmt hat, so viel Zeit widmen können. Danke auch meiner übrigen Familie, meinen Schwiegereltern und Freunden für ihre Hilfe, ihre Unterstützung und ihr Verständnis dafür, dass ich so sehr in mein Studium vertieft war.

Danke an Professor Paul Badham und Dr. Peter Fenwick, die meine Doktorarbeit von 1997 bis 2005 betreut haben und mich bis heute mit ihrem unschätzbaren Rat und ihrer Hilfe unterstützen. Danke an die Lifebridge Foundation in New York, die meine Studiengebühren übernommen hat, als ich mit dieser Forschungsarbeit begann.

Danke meinen Kolleginnen und Kollegen auf den Intensivstationen der Krankenhäuser Morriston und Singleton; Ihr seid viel zu viele, als dass ich Euch alle namentlich nennen könnte. Es war ein Segen für mich, dass ich in einem so großartigen Team mitarbeiten durfte, und ich werde immer sehr gern an die Arbeit in beiden Krankenhäusern zurückdenken. Sie war ein absolutes Privileg, das ich nie vergessen werde. Ich werde immer stolz darauf sein, dass ich auf diesen Intensivstationen arbeiten durfte. Zwar vermisse ich die Arbeit, die Patienten sowie meine Kolleginnen und Kollegen, aber die Nachtschichten, den Wochenenddienst und das Aufstehen um 5.45 Uhr zur Frühschicht, das vermisse ich nicht!

Vielen herzlichen Dank Dr. Pim van Lommel. Wir standen zwar schon länger per E-Mail in Kontakt, doch kennengelernt haben wir uns erst 2006, als wir beide bei der IANDS-Konferenz in Houston, Texas, sprachen, und dann noch einmal 2012, als wir beide vor dem Bioethik-Forum in Madison, Wisconsin, einen Vortrag hielten. Die Arbeit von Dr. van Lommel und seinen Kollegen bedeutete einen Durchbruch für die Nahtod-Forschung, als ihre Studie 2001 in *The Lancet* veröffentlicht wurde. Es ist eine große Ehre, dass er so freundlich war, das Vorwort zu diesem Buch zu schreiben.

Der größte Dank aber geht an die Patienten, die ich in meiner Zeit als Krankenschwester gepflegt habe, insbesondere an die, deren Tod mich dazu gebracht hat, mehr über den Tod wissen zu wollen, sowie an die Nahtod-Erfahrenen, die sich im Laufe der Jahre an mich gewandt haben. Ein großes Dankeschön an Sie alle, die Sie mir so großzügig Ihre Zeit für die Befragungen geschenkt und dann die Veröffentlichung Ihrer Geschichte in diesem Buch gestattet haben. Sie waren meine größten Lehrer.

## Hinweis

Die meisten Beispiele in diesem Buch stammen von Menschen, die mir im Laufe der Jahre geschrieben oder gemailt haben. Zwar gaben mir alle die Erlaubnis, ihre Geschichten zu verwenden, doch viele wollten lieber anonym bleiben, und das habe ich respektiert.

Wo ich auf beispielhafte Erlebnisse aus meiner Zeit als Krankenschwester zurückgreife, handelt es sich um Ereignisse, die tatsächlich so geschehen sind, doch ich habe ein paar Einzelheiten sowie die Namen geändert, um dafür zu sorgen, dass die Patienten nicht zu erkennen sind.

*Gewidmet*

Nanna Beryl 1927-2009,
meinem Mann Enrico,
meinem Bruder Julian mit seinem Lebenspartner Christopher
und unserem gemeinsamen Frühling und Sommer 2009.
Er war ein echtes Geschenk.

# Vorwort

In diesem gut und einfühlsam geschriebenen Buch schildert Penny Sartori, welch tiefgreifende Auswirkungen Nahtod-Erfahrungen sowohl auf unser Gesundheitssystem als auch auf unsere den Tod leugnende materialistische Gesellschaft haben können. Dass sie über Nahtod-Erfahrungen forschen sowie schwerkranken und sterbenden Patienten auf der Intensivstation unvoreingenommen zuhören konnte, hat ihre Vorstellungen von Leben und Tod grundlegend verändert. Diese Veränderung begann im Besonderen nach der Begegnung mit einem sterbenden Patienten.

Zum Leidwesen ihrer Patienten verfügen die meisten Menschen in den Gesundheitsberufen offensichtlich immer noch nicht über ausreichende Kenntnisse über Nahtod-Erfahrungen und die jüngste Forschung dazu. Aus vielen persönlichen Berichten weiß ich, dass nach einer Nahtod-Erfahrung oder einer Bewusstseinserweiterung während einer lebensbedrohlichen medizinischen Krise immer noch viele ungläubige und kritische Fragen gestellt werden, weil solche Erfahrungen in unserer westlichen Kultur im völligen Widerspruch zum konventionellen Wissen stehen. Solange man noch nicht selbst eine Nahtod-Erfahrung durchlebt hat, kann man die Folgen und die lebensverändernden Nachwirkungen eines so überwältigenden Erlebnisses offensichtlich nicht verstehen. Für die meisten Ärzte und Psychologen sowie für die Patienten und ihre Familien ist eine Nahtod-Erfahrung daher immer noch ein unbegreifliches und unbekanntes Phänomen. Wie ist es wissenschaftlich zu erklären, dass Menschen klare Erinnerungen an eine Zeit haben können, in der sie offensichtlich nicht bei Bewusstsein waren? Oder wie ist es möglich, dass nach einem mehrminütigen Herzstillstand dauerhafte Lebensveränderungen eintreten? Eine Nahtod-Erfahrung ist allem Anschein nach eine unvergessliche Konfrontation mit unbegrenzten Dimensionen in unserem Bewusstsein. Das vorhandene Weltbild hat sich radikal verändert: „Mir war, als wäre ich ein anderer Mensch geworden, nur mit derselben Identität." Es erscheint daher naheliegend, dass eine Nahtod-Erfahrung in unserer westlichen Welt nicht nur als medizinische, sondern auch als psychologische oder spirituelle Krise definiert werden muss.

Früher ist viel über besondere oder „veränderte" Bewusstseinszustände geschrieben worden. Doch überraschenderweise haben selbst heute viele Laien und Menschen in Gesundheitsberufen noch nie etwas von Nahtod-Erfahrungen oder von den lebensverändernden Folgen dieser Erlebnisse gehört oder gelesen. Man muss sich vor Augen halten, dass es nach unserer heutigen Vorstellung unmöglich ist, während eines Herzstillstandes, wenn Atmung und Blutkreislauf ausgesetzt haben, in einem tiefen Koma mit schwer gestörtem EEG oder in einer lebensbedrohlichen Krise im Endstadium von Krebs Bewusstsein zu erleben. Doch es kann geschehen, dass Patienten berichten, es sei in der Phase der Bewusstlosigkeit bei einem Herzstillstand oder im Koma paradoxerweise ein geschärftes Bewusstsein aufgetreten. Erlebt hätten sie dies in einer Welt ohne die konventionellen Grenzen von Zeit und Raum – mit kognitiven Funktionen, Emotionen, Eigenidentität, mit Erinnerungen an die frühe Kindheit und zuweilen mit Wahrnehmungen aus einer Position außer- und oberhalb des leblosen Körpers. Seit dem Erscheinen des Buches *Leben nach dem Tod* von Raymond Moody werden diese außergewöhnlichen bewussten Erlebnisse als *Nahtod-Erfahrungen* bezeichnet. Eine solche Nahtod-Erfahrung kann definiert werden als dokumentierte Erinnerung an ein ganzes Spektrum verschiedener Eindrücke in einem besonderen Zustand geschärften Bewusstseins. Zu diesen Eindrücken zählen einige „universelle" Elemente: Ein außerkörperliches Erlebnis, angenehme Empfindungen, ein Tunnel, Licht, verstorbene Angehörige, ein Lebensrückblick oder die bewusste Rückkehr in den Körper. Nahtod-Erfahrungen sind unter den verschiedensten Umständen dokumentiert: Herzstillstand (klinischer Tod), Schock nach Blutverlust (Geburt), Koma nach traumatischer Hirnverletzung oder Schlaganfall, Beinahe-Ertrinken (bei Kindern) oder Asphyxie (Ersticken), aber auch bei schweren Erkrankungen, die nicht unmittelbar lebensbedrohlich sind, bei Depressionen („existenzielle Krise"), unter Isolation, in der Meditation („Erleuchtungserfahrung" oder „Einheitserlebnis"), unmittelbar vor einem Verkehrsunfall („Todesangst-Erfahrung"), im Endstadium von Krankheiten („Erfahrung am Lebensende") oder manchmal sogar ohne jeden ersichtlichen Grund. Eine Nahtod-Erfahrung wirkt transformierend, sie führt immer zu tiefen Veränderungen der Lebensweisheit, zu verbesserter intuitiver Sensitivität und zum Verlust der Angst vor dem Tod. Dank höherer Überlebensraten aufgrund moderner Reanimationstechnik sowie besserer Behandlungsmöglichkeiten bei lebensbedrohlichen Erkrankungen treten Nahtod-Erfahrungen zusehends häufiger auf.

Inhalt und Auswirkungen einer Nahtod-Erfahrung auf die Patienten scheinen auf der ganzen Welt ähnlich. Die Subjektivität des Erlebens und das Fehlen eines Bezugsrahmens führen dazu, dass das Vokabular, mit dem diese unaussprechliche Erfahrung beschrieben und interpretiert wird, von individuellen kulturellen und religiösen Faktoren geprägt ist. Nach einer jüngeren randomisierten Umfrage in Deutschland und den USA ist davon auszugehen, dass etwa vier Prozent der Bevölkerung in der westlichen Welt eine Nahtod-Erfahrung gehabt haben. Damit verfügen erstaunlicherweise wahrscheinlich zweieinhalb Millionen Menschen in Großbritannien, über zwanzig Millionen Menschen im restlichen Europa und neun Millionen Menschen in den USA über eine Nahtod-Erfahrung.

Weil sie neugierig war auf Ursache, Inhalt und Nachwirkungen von Nahtod-Erfahrungen und weil sie in ihrem eigenen Krankenhaus mit der verbreiteten Unwissenheit darüber konfrontiert wurde, erstellte Penny Sartori eine eigene prospektive Studie. Sie wusste, dass viele Menschen in Gesundheitsberufen die Echtheit von Nahtod-Erfahrungen bestreiten. Wenn Fälle von Nahtod-Erfahrungen anekdotisch erzählt wurden, gab es keinerlei Möglichkeit zu überprüfen, ob diese Berichte den Tatsachen entsprachen, insbesondere wenn von außerkörperlichen Erfahrungen die Rede war. Es war nicht mehr festzustellen, ob die Betroffenen sich definitiv in Todesnähe befunden hatten, ob es wirklich zu einem Herzstillstand gekommen war, ob sie tatsächlich bewusstlos gewesen waren, welche Medikamente sie erhalten hatten und ob ihre Blutwerte gestört waren. Sobald Penny jedoch mit den Erhebungen für ihre prospektive klinische Forschung begonnen hatte, bei der diese medizinischen Details erfasst wurden, wären Nahtod-Erfahrungen schon wesentlich schwieriger von der Hand zu weisen und auf materialistische Faktoren wie Sauerstoffmangel und Medikamente zurückzuführen.

Ihre Studie zu Nahtod-Erfahrungen bei intensivpflichtigen Patienten enthielt drei Stichproben. Die erste Stichprobe umfasst alle Patienten, die ihre Einlieferung auf die Intensivstation überlebt haben, und stammt aus dem ersten Jahr der Datenerhebung. Von zweihundertdreiundvierzig Patienten berichteten nur zwei von einer Nahtod-Erfahrung (0,8 Prozent); zwei weitere berichteten von einem außerkörperlichen Erlebnis (0,8%), doch ohne weitere Komponenten einer Nahtod-Erfahrung. Die zweite Stichprobe besteht ausschließlich aus Überlebenden eines Herzstillstandes und umfasst Daten aus dem gesamten fünfjährigen Erhebungszeitraum. Diese Stichprobe enthielt weitaus weniger Patienten, aber die Häufigkeit der Nahtod-Erfahrungen stieg erheblich. Von neununddreißig Patienten berichteten sieben von einer Nahtod-Erfahrung (17,9%). Der Prozentsatz der Nahtod-Erfahrungen in Sartoris Studie entspricht in etwa dem dreier neuerer prospektiver Studien an Überlebenden eines Herzstillstandes. Die dritte Stichprobe ihrer Studie besteht aus allen Patienten, die in dem fünfjährigen Datenerhebungs-Zeitraum über eine Nahtod-Erfahrung berichtet haben. Einige Erfahrungen standen im Zusammenhang mit einem Herzstillstand, andere waren während einer Bewusstlosigkeit im Rahmen eines medizinischen Notfalls aufgetreten. Insgesamt gab es fünfzehn Patienten, die in den fünf Jahren von einer Nahtod-Erfahrung berichtet haben. Acht Berichte schilderten außerkörperliche Erlebnisse.

Seit der Veröffentlichung mehrerer prospektiver Studien zu Nahtod-Erfahrungen bei Überlebenden eines Herzstillstandes mit auffällig ähnlichen Ergebnissen und Schlussfolgerungen ist das Phänomen der Nahtod-Erfahrungen wissenschaftlich nicht mehr zu ignorieren. Es handelt sich dabei um ein authentisches Erlebnis, das nicht einfach als Einbildung, Todesangst, Halluzination, Psychose oder Folge von Medikamentengaben oder Sauerstoffmangel abgetan werden kann. Ähnlich kommt auch Penny Sartori zu dem Schluss, dass es in der Schulwissenschaft praktisch unmöglich ist, eine wissenschaftliche Erklärung für Nahtod-Erfahrungen zu finden, solange wir immer noch „glauben“, Bewusstsein sei lediglich eine Nebenwirkung eines funktionierenden Gehirns. Dass Menschen von luziden Erlebnissen in ihrem Bewusstsein berichten, wenn das Gehirn seine Tätigkeit eingestellt hat, ist ihrer Ansicht nach nur schwer mit der heutigen medizinischen Meinung vereinbar. Die heutige materialistische Sicht der Beziehung zwischen Gehirn und Bewusstsein, wie sie die meisten Ärzte, Philosophen und Psychologen vertreten, ist zu eng, als dass sich das Phänomen damit wirklich verstehen ließe. Es gibt gute Gründe für die Annahme, dass unser Bewusstsein nicht in jedem Fall mit den Gehirnfunktionen kongruiert: Geschärftes Bewusstsein ist zuweilen getrennt vom Körper erlebbar. Mehrere Nahtod-Forscher aus Europa und den USA sind zu dem unausweichlichen Schluss gelangt, dass das Gehirn höchstwahrscheinlich eine ermöglichende und nicht eine hervorrufende Funktion für das Erleben von Wachbewusstsein haben muss und die Funktion des Gehirns als Sender-Empfänger oder Schnittstelle begriffen werden sollte. Mit unserem wissenschaftlichen Eintreten für Bewusstsein als ein nichtlokales und daher allgegenwärtiges Phänomen stellen wir natürlich ein rein materialistisches Paradigma in der Wissenschaft infrage.

Trotz der überraschenden Entdeckungen und Schlussfolgerungen der neueren Nahtod-Forschung herrscht unter Menschen in Gesundheitsberufen immer noch weithin Unwissenheit, weil es einfach nicht genug Fortbildungen zu Nahtod-Erfahrungen gibt. Wenn medizinische Fachkräfte über die Komplexität von Nahtod-Erfahrungen nicht Bescheid wissen, wird es für sie sehr schwierig, angemessen zu reagieren. Ärzte und Pflegekräfte sind normalerweise die ersten, die nach einer Nahtod-Erfahrung mit dem Betroffenen in Kontakt kommen, und in einigen Fällen sind sie auch an der langfristigen Genesung beteiligt. Die meisten Menschen wissen nicht, dass es sehr schwierig sein kann, sich nach einer Nahtod-Erfahrung im Leben wieder zurechtzufinden, weil niemand wirklich verstehen kann, was die Betroffenen erlebt haben. Diese haben Angst, über ihre Erlebnisse zu sprechen, weil sie befürchten, dass man sich über sie lustig macht oder ihnen nicht glaubt. Eine ablehnende Haltung kann dazu führen, dass sie nie wieder über ihr Erlebnis sprechen. Nahtod-Erfahrene wollen nicht Aufmerksamkeit erregen und sprechen nur sehr ungern in der Öffentlichkeit über ihr Erlebnis. Penny erklärt, dass viele Beispiele in diesem Buch von Menschen stammen, die anonym bleiben wollten.

Dieses faszinierende Buch ist das Ergebnis von Pennys zwanzig Jahre währendem Versuch, dem Tod einen Sinn abzugewinnen, in dessen Verlauf sie viel Wichtiges über das Leben gelernt hat. Er hat Penny die Augen für Dinge geöffnet, die sie vorher niemals anerkannt hätte, weil sie ihrer Aufmerksamkeit bisher schlicht entgangen waren. Sie zitiert viele beeindruckende Geschichten von Patienten, die ihr von ihren Nahtod-Erfahrungen berichtet haben, und sie gibt uns ihre neue Erkenntnis weiter: Lebe gut und schiebe nichts bis kurz vor deinem Tod auf. Es ist wichtig, dass wir kommentarlos und ohne Vorurteile wahrnehmen und anhören, was diese Menschen zu sagen haben. Danach werden sich unsere Vorstellungen von Leben und Tod gründlich ändern.

Wenn wir dieses Buch aufgeschlossen lesen, dann können wir die Früchte der Nahtod-Erfahrungen ernten, ohne dafür beinahe sterben zu müssen. Ich kann dieses Buch sehr empfehlen – nicht nur für Menschen in Gesundheitsberufen und Patienten mit einer Nahtod-Erfahrung, sondern auch für unheilbar Kranke und ihre Familien.

Pim van Lommel, Kardiologe
Autor von *Endloses Bewusstsein*

# Einführung

Alle wissen, dass sie sterben müssen, aber keiner glaubt es. Wenn wir es glaubten, würden wir anders handeln. … Lerne zu sterben, und du lernst zu leben.
MORRIE SCHWARTZ[1]

Gerade wollte ich meine Patientin im Bett umlagern, da hörte ich den unverwechselbaren Ton des Herz-Alarms. Ich unterbrach meine Tätigkeit, bat eine Kollegin, die Patientin im Auge zu behalten und rannte in den Bereich, in dem der Patient lag, der den Herzstillstand erlitten hatte. In mir konnte ich die Woge des Adrenalins spüren. Ich war als Erste beim Patienten und begann sofort mit der Herzdruckmassage, während sich meine Kollegin um seine Atemwege kümmerte. Innerhalb von Sekunden waren weitere Kolleginnen da – eine ließ die Luft aus der Matratze auf dem Bett, eine holte den Defibrillator, eine machte die Notfallmedikamente bereit, eine zählte die Zyklen der Herz-Lungen-Reanimation und andere standen bereit, um nötigenfalls bei der Reanimation zu übernehmen oder weitere Medikamente zu holen.

„Komm schon, Bob, komm wieder zu uns", sagte ich laut und machte mit der Herzdruckmassage weiter. Inzwischen fühlten sich meine Arme an, als wollten sie gleich abfallen, aber ich war fest entschlossen, diesen Mann am Leben zu erhalten. Eine Viertelstunde später zeigte der Herzmonitor einen erratischen Herzrhythmus, der regelmäßiger wurde, und der Patient erlangte seine kardiale Auswurfleistung wieder. Ich war außer mir vor Freude – ich hatte dazu beigetragen, diesem Mann das Leben zu retten, ein großartiges Gefühl!

In den darauffolgenden Tagen machte ich es mir zum Prinzip, bei „Bob" vorbeizuschauen, auch wenn ich ihm nicht offiziell zugewiesen war. Er war immer noch an das Beatmungsgerät angeschlossen, und sein Blutdruck wurde mit Medikamenten-Infusionen aufrechterhalten. Er war nicht kommunikativ, lächelte mir nicht zu und winkte mir nicht, wie er es davor immer getan hatte. Allmählich verschlechterte sich sein Zustand, und zehn Tage später, als keine weitere Behandlung mehr möglich war, starb er. Ich war bestürzt, denn wir hatten unser Bestes getan, damit er von seiner Krankheit genesen konnte. Damals arbeitete ich erst seit etwa einem Monat auf der Intensivstation und war stolz darauf, dass ich dazu beitrug, so vielen Menschen das Leben zu retten; in gewisser Weise kam ich mir wie eine Heldin vor. Ich war jung und voller Begeisterung. Darüber, was die Patienten empfanden, hatte ich mir noch keinerlei Gedanken gemacht; für mich war wichtig, sie am Leben zu erhalten und dafür zu sorgen, dass es ihnen besser ging. Über das nachzudenken, was Patienten durch den Kopf geht, die nicht genesen, war mir nie in den Sinn gekommen.

Doch etwa anderthalb Jahre später, im Jahr 1995, sollte sich mein Leben ändern. Ich hatte Nachtdienst und kümmerte mich um einen Mann, der erkennbar im Sterben lag. Er war bereits seit vierzehn Wochen Patient auf der Intensivstation, daher kannte ich ihn gut. An jenem Abend begrüßte ich ihn, erledigte die Übergabe mit der Schwester von der vorherigen Schicht, prüfte dann die Geräte neben seinem Bett und bereitete alles für ein Bad im Bett vor, wie es damals auf der Intensivstation, auf der ich arbeitete, üblich war. Als ich nach dem Handgerät des elektrischen Bettes griff, um es in der Höhe zu verstellen, sprang der Patient in Todesangst fast aus dem Bett. Sein ganzer Körper spannte sich an, seine Arme schossen in die Höhe, und sein Gesicht verzerrte sich zu einer entstellten Grimasse. Unsere Blicke trafen sich, und es war, als bliebe alles um uns herum einfach stehen – ich nahm die Geräusche um mich herum nicht mehr wahr, das Beatmungsgerät, das ihm das Atmen abnahm, die blinkenden intravenösen Pumpen, die ihm die Medikamente verabreichten, die Drehung der Pumpen im Dialysegerät, meine Kolleginnen, die sich im Hintergrund unterhielten – meine

Umgebung versank, und plötzlich war mir, als verstünde ich alles, was der Patient empfand. Er konnte nicht sprechen, da er über einen Luftröhrenschnitt mit dem Beatmungsgerät verbunden war, aber durch Lippenbewegungen gab er mir flehentlich zu verstehen: „Lassen Sie mich in Ruhe, ich will in Frieden sterben … Lassen Sie mich einfach sterben." Den Ausdruck in seinen Augen werde ich nie vergessen; ich sehe ihn immer noch vor mir. Sie waren voller Tränen, Schmerz und Enttäuschung. Das Erlebnis beeindruckte mich tief, und wie im Schock stand ich etwa fünf Minuten nur da und konnte mich nicht rühren. Ich rief den Arzt, der die Schmerzmittel-Infusion höher stellte, doch der Patient litt immer noch erkennbar. Ich steckte in der Zwickmühle, was ich tun sollte. Wenn ich ihm sein Bad im Bett nicht verabreichte, kassierte ich für die Unterlassung einen Verweis von der Stationsleitung, wenn ich ihn aber badete, bereitete ich ihm weitere Unannehmlichkeiten.

Ich zog die Vorhänge um sein Bett herum zu und beruhigte ihn, so gut ich konnte. Er wurde tatsächlich ein wenig ruhiger, und mit seiner Erlaubnis wusch ich dann die Körperteile, die ich erreichen konnte. Danach blieb ich einfach bei ihm sitzen und hielt ihm die Hand. Nach einigen Stunden wurde er schließlich ruhiger, schloss die Augen und fiel in einen leichten Schlaf. Während der gesamten Schicht musste ich immer wieder an ihn denken und fragte mich, wie es ihm wohl ginge. Er war am Ende seines Lebens angelangt, seit vierzehn Wochen hatte er keine Stimme mehr, war an zahlreiche Geräte angeschlossen, und die Funktionen fast jedes Organs in seinem Körper waren von mechanischen Pumpen übernommen worden. Er hatte noch nicht einmal richtig geschlafen, und jeder Aspekt seines Lebens unterstand der Kontrolle der Krankenschwestern und –pfleger. Ich weinte, als ich an jenem Morgen nach Hause fuhr, und konnte nicht schlafen, weil ich ständig an ihn denken musste. Am Vormittag rief ich auf der Station an und erfuhr, dass er etwa zwei Stunden nach dem Ende meiner Schicht gestorben war. Diese Erfahrung ging mir so nahe, dass ich kurz davor stand, meinen Beruf als Krankenschwester aufzugeben.

Danach fielen mir bei der Arbeit jedes Mal mehr Patienten auf, die am Ende ihres Lebens Ähnliches durchmachten. Anscheinend entwickelte ich eine verstärkte Empathie für die Patienten und ihre Angehörigen. Ich wollte alle einfach nur in den Arm nehmen und es ihnen leichter machen, war in dieser Hinsicht aber völlig machtlos. Außerdem fragte ich mich: Ist der Tod wirklich so schlimm, dass wir alles in unserer Macht Stehende tun müssen, um zu verhindern, dass die Patienten sterben? Was ist der Tod überhaupt? Was passiert, wenn wir sterben? Warum haben wir so große Angst davor? Warum sprechen wir nie darüber?

In den darauffolgenden Monaten litt ich unter einer schweren Depression. Bei der Arbeit kam ich mir immer vor, als sei ich auf Autopilot geschaltet. Ich erkundigte mich nach Fortbildungen für Krankenschwestern, bei denen mir mehr über die Versorgung sterbender Patienten in der Intensivpflege vermittelt würde, aber es gab (und gibt bis heute!) nichts, was auf die Intensivstation anwendbar wäre. Daher begann ich, über den Tod nachzulesen; ich las jedes Buch zum Thema, das ich finden konnte. Man sah mich überall nur noch mit einem Buch in der Hand. Dann stieß ich auf die Nahtod-Erfahrungen und dachte: „Wow! Diese Menschen sagen uns, dass man sich vor dem Tod nicht zu fürchten braucht!" Meine wissenschaftliche Ausbildung als Krankenschwester sagte mir, dass es sich dabei schlicht um Halluzinationen oder Wunschdenken handeln musste, aber meine Neugier wuchs zusehends. Ich fragte die Patienten, die ich betreute, ob sie solche Erfahrungen gemacht hätten, aber keiner konnte mir etwas in dieser Richtung sagen.

Mittlerweile machte sich eine Stationsleiterin Sorgen, weil ich so in mich gekehrt wirkte und mein üblicher Humor spurlos verschwunden war. Sie organisierte ein Mitarbeiter-Fördergespräch, damit wir über meine Gedanken reden konnten. Zwei geschlagene Stunden lang ließ ich meiner Enttäuschung und allen Gefühlen der vergangenen Monate freien Lauf. Die zutiefst schockierte Stationsleiterin konnte daraufhin nur noch sagen: „Da hast du sehr wichtige Dinge angesprochen. Wie wollen wir in Zukunft damit umgehen?" Das Gespräch endete damit, dass ich uns langfristige Ziele setzte. Ich sagte, auf Intensiv würde mich nur dann noch etwas halten, wenn ich zu Nahtod-Erfahrungen forschen könnte. Sie sagte, das sei höchst unwahrscheinlich, denn dazu müsste ich mich an die

Ethik-Kommission wenden, die Erlaubnis der Oberärzte einholen und so weiter, wobei sie bezweifelte, dass auch nur eine einzige entscheidende Person damit einverstanden wäre. Es erschien so aussichtslos, dass wir es noch nicht einmal in die schriftliche Liste meiner Ziele aufgenommen haben. Ich jedoch war mir sicher, dass ich genau das wollte und *nichts* mich davon abbringen würde.

Zwei Jahre später war es mir gelungen, die Erlaubnis der Ethik-Kommission, meiner Vorgesetzen und der Oberärzte zu erhalten, und unter der Leitung der führenden britischen Nahtod-Experten, Professor Paul Badham und Dr. Peter Fenwick, unternahm ich die erste prospektive Langzeitstudie zu Nahtod-Erfahrungen in Großbritannien.

Die Studie begann 1997, und acht Jahre lang nahm meine Forschung mich vollkommen in Beschlag – ausgelöst durch jene erste Begegnung mit dem sterbenden Patienten. Ich wollte den Tod unbedingt verstehen, damit ich künftigen Patienten helfen und dafür sorgen könnte, dass niemand mehr das durchmachen müsste, was er erlitten hat. Für die eher wissenschaftlich orientierten Leserinnen und Leser, denen es um reines Faktenwissen geht, habe ich bereits ein akademisches Buch veröffentlicht, in dem meine Forschungsmethoden sowie die Resultate, Statistiken, Auswertungen und Schlussfolgerungen detailliert dargelegt werden.[2]

Da meine Vorträge, insbesondere die öffentlichen, so gut besucht sind, besteht ganz offensichtlich ein aufrichtiges Interesse an dem Thema, und sowohl die Allgemeinheit als auch Menschen im Gesundheitswesen sind augenscheinlich auf diesem Gebiet sehr wissensdurstig. Aufgrund von Zeitungsberichten über meine Forschung bin ich von vielen Menschen aus der ganzen Welt angesprochen worden. Ich war überhaupt nicht darauf vorbereitet, dass meine Arbeit so große Aufmerksamkeit erregen würde, und zog mich so gut es ging aus der Öffentlichkeit zurück, weil mir die Publicity ziemlich auf die Nerven ging. Ich wurde ins kalte Wasser geworfen und trat im Fernsehen und in Radiosendungen auf, in Großbritannien, aber auch in so fernen Ländern wie Kolumbien, Brasilien und Neuseeland. Wohin ich auch komme, überall wollen die Leute mehr über meine Forschung erfahren.

Leider gab es zu meiner Forschung sehr viele Missverständnisse, und sie wurden oft mit der Frage nach dem Leben nach dem Tod verbunden. Ich möchte ausdrücklich betonen, dass ich nicht versuche, ein Leben nach dem Tod zu beweisen oder zu widerlegen – ich habe vielmehr versucht, ein besseres Verständnis des Sterbeprozesses zu erlangen, damit die Pflege sterbender Patienten verbessert werden kann. Natürlich kann das, was ich zu Beginn dieser Einführung über die Begegnung mit dem sterbenden Patienten geschrieben habe, die Tiefe der Gefühle, die ich in jener Nacht empfunden habe, nicht einmal ansatzweise wiedergeben. Ich habe Ihnen die Einzelheiten dessen, was er erleiden musste, erspart. Die Verbindung, die ich im Jahr 1995 mit diesem Mann geknüpft habe, motiviert mich bis heute, mit meiner Forschung fortzufahren. Ich habe dabei nichts anderes im Sinn als eine Verbesserung der Pflege sterbender Patienten – dies ist ein Thema, das uns alle angeht, da der Tod die einzige Gewissheit im Leben *jedes* Menschen ist und ich mit Bestimmtheit weiß, dass *ich* nicht durchmachen will, was jener Mann durchgemacht hat.

Zwar habe ich im Rahmen meiner Forschungsarbeit im Krankenhaus in erster Linie Nahtod-Erfahrungen untersucht, die während eines Herzstillstandes aufgetreten sind, doch solche Erlebnisse kommen auch in anderem Zusammenhang vor, was ebenfalls in diesem Buch beschrieben wird. Im Laufe der Jahre habe ich Hunderte Beispiele für Nahtod-Erfahrungen von ganz normalen Menschen zusammengetragen, die mich kontaktiert haben. Einige Fälle habe ich hier aufgenommen, doch die Auswahl fiel mir sehr schwer, da ich so viele interessante Fälle in meinen Akten habe und jeder einzelne wertvoll ist. Die Berichte erscheinen in ihrer ursprünglichen Form und wurden bis auf die Korrektur von Rechtschreibfehlern und die Tilgung von Namen – weil die meisten Betroffenen lieber anonym bleiben wollten – nicht verändert. Ich hoffe, dass dieses Buch leicht zu lesen ist. Es stützt sich auf meine einundzwanzigjährige Berufserfahrung als Krankenschwester, auf meine Doktorarbeit über Nahtod-Erfahrungen und auf die persönlichen Erkenntnisse, die ich im Laufe meines Berufslebens gewonnen habe. Mit dem Buch möchte ich diese Erfahrungen einem breiteren Publikum zugänglich machen und Beispiele für Nahtod-Erfahrungen geben. Außerdem hoffe ich zu vermitteln, warum diese Erfahrungen mehr sind als bloß angebliche Halluzinationen, sondern etwas, woraus wir alle etwas lernen können. Ich hoffe, dass Sie sich auf diese Erfahrungen einlassen und sich der umfassenden Komplexität, die sie beinhalten, bewusster werden können. Vor allem aber hoffe ich, dass Sie nachdenklich werden, wenn Sie sich eines Tages in Gesellschaft eines Menschen befinden, der den Mut hat, über seine Nahtod-Erfahrung zu sprechen, und dass Sie ihm respektvoll antworten, ganz gleich, wie Sie selbst darüber denken.

Es war wirklich ein Privileg, dass ich in einer Position sein durfte, in der ich von den Patienten, die ich in meinem Berufsleben gepflegt habe, sowie von den Patienten, die die Grundlage für meine Studie bildeten, und auch von den Menschen, die mich an ihrer Nahtod-Erfahrung teilhaben ließen, so viel lernen konnte. Man wird sehr demütig in Gegenwart eines Menschen, der eine Nahtod-Erfahrung gehabt hat, und ich betrachte es als große Ehre, dass alle diese Menschen mir ein so hochemotionales und persönliches Erlebnis anvertraut haben.

Skeptischen Lesern möchte ich vorschlagen, Nahtod-Erfahrungen nicht nach dem ersten Anschein zu beurteilen, sondern sich um ein tieferes Verständnis zu bemühen und sich versuchsweise auf das ganze Spektrum an Erfahrungen im Rahmen dieses komplexen Phänomens einzulassen, bevor sie ein Urteil fällen. Insbesondere möchte ich empfehlen, einfach einmal verschiedenen Menschen zuzuhören, die ihre Nahtod-Erfahrung schildern – denn über Nahtod-Erfahrungen zu lesen, ist das eine, etwas ganz anderes ist es aber, tatsächlich dabei zu sein, wenn ein Betroffener von seiner Erfahrung erzählt.

Ausschlaggebend ist für mich, mit diesem Buch deutlich zu machen, dass Nahtod-Erfahrungen unzweifelhaft vorkommen und auf die Betroffenen greifbare, lebensverändernde Auswirkungen haben. Außerdem kann die bei einer Nahtod-Erfahrung erlangte Weisheit das Leben bereichern und sich in hohem Maße positiv auf alle auswirken, die keine Nahtod-Erfahrung erlebt haben – wir müssen dazu nur aufmerksam sein und wirklich *darauf hören*, was diese Menschen zu sagen haben. Wenn wir versuchen, Nahtod-Erfahrungen zu pathologisieren, bringen wir uns um sehr wichtige Erkenntnisse.

Paradoxerweise betrifft das Bedeutendste, was ich seit Beginn meiner Forschungen gelernt habe, nicht den Tod, sondern das Leben. Bei all unserer modernen Technik und unserem konsumorientierten, materialistischen Lebensstil haben wir das Wichtigste vergessen – zu leben. Meine neue Sicht des Todes und infolgedessen auch des Lebens hat mir nicht nur geholfen, in den vergangenen siebzehn Jahren weiter auf der Intensivstation zu arbeiten, sondern sie war mir auch eine große Hilfe bei der Pflege sterbender Menschen in meiner eigenen Familie. Ich gebe nicht vor, alle Antworten zu kennen – ich präsentiere nur Erfahrungen, die mir geschildert wurden, und ich hoffe, es gelingt mir, ein wenig von dem weiterzugeben, was ich von den Patienten sowie aus meiner Arbeit als Krankenschwester und im Rahmen meiner Doktorarbeit gelernt habe. Ich möchte allen, die dieses Buch lesen, Mut zur Aufgeschlossenheit machen, und ich hoffe, auch Sie werden dadurch angeregt, sich auf den Weg zu machen, um mehr über das große Geheimnis zu entdecken, das wir Tod nennen.

# Eins

## Die Nahtod-Erfahrung

Die Angst vor dem Tod hat mehr Leiden verursacht als alle körperlichen Krankheiten zusammengenommen. Nahtod-Erfahrungen sind ein Heilmittel gegen dieses Leiden, denn sie lassen vermuten, dass das Bewusstsein das sterbende Gehirn und den sterbenden Körper hinter sich lässt. Nahtod-Erfahrene lernen dies bei ihrem Erlebnis und kehren wieder mit der dauerhaften Befreiung von der Angst vor dem Tod und der Gewissheit ihrer Unsterblichkeit.

Larry Dossey[1]

Wenn Sie dieses Buch gelesen haben, wissen Sie

- was eine Nahtod-Erfahrung ist,
- was Nahtod-Erfahrungen bei den Betroffenen auslösen können,
- unter welchen Rahmenbedingungen Nahtod-Erfahrungen auftreten können,
- mehr über kulturelle Abweichungen bei Nahtod-Erfahrungen,
- welche aktuellen wissenschaftlichen Theorien zur Erklärung für Nahtod-Erfahrungen herangezogen werden,
- welche Ergebnisse meine prospektive Krankenhausstudie erbracht hat,
- mehr über die Kulturgeschichte der Einstellungen zum Tod bis heute,
- was Nahtod-Erfahrungen für unser Gesundheitssystem bedeuten können,

- inwiefern die positive Botschaft der Nahtod-Erfahrungen unsere Lebensführung zum Guten verändern kann.

Als ich 1989 meine Ausbildung zur Krankenschwester begann, hatte ich noch nie etwas von Nahtod-Erfahrungen gehört, und es wurde uns auch nichts darüber beigebracht. Ich weiß noch gut, dass ich mich im ersten Ausbildungsjahr um eine Patientin auf der medizinischen Station kümmerte. Ich hatte zehn Schichten hintereinander gearbeitet, kannte sie also wirklich gut. Als ich ihr in der zehnten Schicht beim Waschen half, erzählte sie mir kleinlaut, bei ihrem Herzstillstand auf der kardiologischen Intensivstation sei sie „im Himmel" gewesen. Ich erinnere mich, dass sie mir sagte, sie habe auf ihren Körper im Bett heruntergeschaut und sei dann auf eine wunderschöne Wiese gegangen, wo ihre verstorbene Mutter auf sie gewartet habe. Ich dachte mir, sie müsse halluziniert oder zu viel Diamorphin bekommen haben, verschwendete keinen weiteren Gedanken an ihr Erlebnis und fragte auch nicht näher nach, sondern hörte einfach nur zu. Erst ein paar Jahre danach, als ich bereits examinierte Krankenschwester war, sollte ich die Bedeutung ihrer Worte erkennen.

Ich wünsche mir, dass jeder dieses Buch mit Aufgeschlossenheit liest und seine vorgefassten Meinungen über mögliche Erklärungen erst einmal hintanstellt. Dieses Buch versucht, ein umfassendes und breiteres Verständnis von Nahtod-Erfahrungen und der mit ihnen verbundenen Komplexitäten zu vermitteln, zum Beispiel im Hinblick auf psychologische, spirituelle, soziologische und körperliche Nachwirkungen. Außerdem wird in diesem Buch auch erörtert, welche Folgen ein breiteres Verständnis dieses Phänomens für unsere Gesellschaft und unsere Lebensweise haben kann. Zum Schluss wird die soziologische Forschung besprochen, die zeigt, dass die Beschäftigung mit und das Akzeptieren von Nahtod-Erfahrungen als echtem Erlebnis unserem Leben tiefen Sinn geben und Liebe, Respekt und Mitgefühl für uns selbst, für andere und für die Erde fördern kann.

## Was ist eine Nahtod-Erfahrung?

Vielen Leserinnen und Lesern ist der Begriff „Nahtod-Erfahrung" sicher vertraut. Andere haben ihn vielleicht noch nie gehört. Wieder andere erkennen in diesem Erfahrungstypus womöglich etwas, das ihnen tatsächlich früher einmal geschehen ist, aber sie haben es nie verstanden und nie jemandem davon erzählt.

Nahtod-Erfahrungen sind kein neues Phänomen; schon seit Anbeginn der Geschichte wird über sie berichtet. Sie kommen in der Bibel vor (2. Korinther 12, 1-9), in Platons *Staat*, in der Römerzeit[2] und sie werden sehr häufig auch in der mittelalterlichen Literatur[3] beschrieben. Ähnliche Erfahrungen sind in den verschiedensten Weltkulturen dokumentiert, zum Beispiel im Tibetischen Totenbuch[4] oder bei Erlebnissen mit tibetischen Deloks.[5] In Kunstwerken von Hieronymus Bosch (ca. 1450-1516) und William Blake (1757-1827) finden sich Abbildungen, die Parallelen zu einer Nahtod-Erfahrung aufweisen.

Anfang der 1970er Jahre berichteten und forschten Dr. Johann Hampe und Dr. Elisabeth Kübler-Ross über Nahtod-Erfahrungen, doch allgemein bekannt wurden sie erst 1975, als Dr. Raymond Moody sie als „Nahtod-Erfahrungen" bezeichnete und sein Buch *Leben nach dem Tod* ein internationaler Bestseller wurde. Moody definierte sie als eine Erfahrung, die im Zustand der Bewusstlosigkeit in Todesnähe gemacht wird und bei der die Betroffenen von bestimmten, weiter unten aufgeführten Komponenten berichten.

## Ältere Forschung

Seit der Anerkennung der Nahtod-Erfahrungen in den 1970ern ist viel darüber geforscht und geschrieben worden. Pioniere auf dem Gebiet waren Dr. Raymond Moody, Professor Kenneth Ring, Professor Bruce Greyson, Dr. Michael Sabom, Dr. Melvin Morse, Nancy Evans-Bush und P. M. H. Atwater in den USA sowie Professor Paul Badham und Dr. Linda Badham, Dr. Susan Blackmore, Dr. Peter Fenwick und Dr. Elizabeth Fenwick, Dr. Margot Grey und David Lorimer in Großbritannien, um nur einige wenige zu nennen. In den

1980ern wurde in den USA die International Association of Near-Death Studies (IANDS) gegründet. In Großbritannien erfüllt die Horizon Research Foundation eine ähnliche Funktion; sie bemüht sich um ein umfassenderes Verständnis des Bewusstseins. In Deutschland wirkt das Netzwerk Nahtoderfahrung e. V. in diesem Sinne.

Weitere klinische Forschungen unternahmen Dr. Michael Sabom,[6] Dr. Melvin Morse,[7] Professor Janice Holden,[8] Dr. Madelaine Lawrence[9] und Dr. Maurice Rawlings.[10] Anfang des 21. Jahrhunderts entwickelte sich durch Dr. Pim van Lommel [11] in den Niederlanden sowie Janet Schwaninger[12] und Professor Bruce Greyson[13] in den USA eine prospektive klinische Forschung. 1997 begannen Dr. Sam Parnia[14] und ich in Großbritannien zur selben Zeit unabhängig voneinander ähnliche Forschungsprojekte.

## Neuere Nahtod-Erfahrungen

Zwei neuere, sehr populäre Fälle haben eine Welle des Medien-Interesses an Nahtod-Erfahrungen und heftige Debatten ausgelöst. Anita Moorjani[15] hatte eine Nahtod-Erfahrung, als sie auf die Intensivstation eingeliefert wurde. Sie litt damals an einem fortgeschrittenen Lymphom, und man rechnete mit ihrem Tod. Ihre Familie war auf das Schlimmste vorbereitet, und ihr Bruder war zu ihr ans Krankenbett geflogen. Als Anita dem Tode nahe war, fiel sie ins Koma und hatte eine Nahtod-Erfahrung. Bemerkenswerterweise erholte sie sich von dieser akuten Phase ihrer Krankheit wieder und glaubt heute, dass ihr Lymphom vollständig ausgeheilt ist. Ihr Erlebnis hat ihr Leben grundlegend verändert, und sie hält heute auf der ganzen Welt Vorträge über ihre Erfahrung.

Einer der wohl überraschendsten neueren Berichte über eine Nahtod-Erfahrung stammt von Dr. Eben Alexander.[16] Sein Erlebnis ist nicht nur eines der tiefsten, die ich kenne, sondern auch die Tatsache, dass er sich als Neurochirurg nicht scheut, öffentlich über seine Erfahrung zu sprechen, ist höchst ungewöhnlich und sehr lobenswert. Dr. Alexander zog sich eine seltene Form der Hirnhautentzündung zu und lag auf der Intensivstation sieben Tage im künstlichen Koma.

Ein besonders interessanter Aspekt seiner Erfahrung stellte sich erst im Nachhinein heraus. Bei seinem Erlebnis wurde Alexander von einem wunderschönen Schutzengel begleitet, einem Gesicht mit Schmetterlingsflügeln; sein anmutiges Antlitz war sehr lebendig, kam Alexander aber nicht bekannt vor. Dr. Alexander war adoptiert und hatte seine Herkunftsfamilie erst im Jahr vor seiner Nahtod-Erfahrung kennengelernt. Dabei hatten ihm seine Schwestern erklärt, seine jüngere Schwester Betsy sei gestorben. Vier Monate, nachdem er aus der Intensivstation entlassen worden war, schickten sie ihm ein Foto von Betsy (die er noch nie gesehen hatte), und er erkannte das Gesicht, das bei seiner Nahtod-Erfahrung auf den Schmetterlingsflügeln gewesen war.

Sein Erlebnis war sehr ausgedehnt, und als Neurochirurg versuchte er, es neurophysiologisch zu erklären. Doch trotz seiner medizinischen Ausbildung und seiner umfassenden Kenntnis des Gehirns konnte er seine Nahtod-Erfahrung mit der heutigen wissenschaftlichen Auffassung von Bewusstsein nicht verstehen. Daher ist er heute überzeugt, dass die gängige Auffassung, Bewusstsein werde vom Gehirn erzeugt, unrichtig ist.

Im Laufe der Jahre habe ich mit vielen Ärzten zusammengearbeitet. Dabei kam ich mit einigen wenigen ins Gespräch, die mir anvertrauten, dass sie tatsächlich eine Nahtod-Erfahrung gehabt hatten. Die meisten versuchten, eine plausible konventionelle Erklärung für ihr Erlebnis zu finden oder es dem einen oder anderen physiologischen Faktor zuzuschreiben, und weil sie befürchteten, sich lächerlich zu machen oder von Kollegen unter Druck gesetzt zu werden, erzählten sie sonst niemandem davon. Dass Dr. Alexander sich entschlossen hat, öffentlich über seine Nahtod-Erfahrung zu sprechen, hebt umso deutlicher hervor, wie grundlegend sie sein Denken über alles verändert hat, was ihm im Studium über Bewusstsein beigebracht worden ist.

Im März 2013 sprach ich bei einer Konferenz in Marseille, die Sonia Barkallah von *S17 Productions* organisiert hatte. Dort lernte ich die Nahtod-Erfahrene Rajaa Benamour aus Casablanca kennen. Das Gespräch mit ihr war faszinierend, doch da mein Französisch nicht sehr gut ist, musste ich mich auf eine Übersetzerin verlassen.

Zuerst erklärte sie mir, sie trage auch in Innenräumen eine Sonnenbrille, weil sie infolge ihrer Nahtod-Erfahrung eine Überempfindlichkeit gegen Licht entwickelt habe und die Beleuchtung ihren Augen schade.

Bei der Konferenz wurde über Kopfhörer simultan übersetzt, so dass ich verstehen konnte, was sie in ihrem Vortrag sagte. Nach der Injektion eines Anästhetikums erlebte Rajaa eine intensive Nahtod-Erfahrung, in deren Verlauf sie hochdetailliertes Wissen erlangte, einen Lebensrückblick bis zu ihrer Geburt sowie einen ausgedehnteren Rückblick bis zur Geburt des ganzen Universums zu sehen bekam. Sie sagte außerdem, sie habe alles auf Quantenebene erlebt und dabei ein tiefgründiges Verständnis der Quantenphysik erlangt, über das sie zuvor nicht verfügt habe. Seither treibt es sie zum Studium der Quantenphysik auf akademischem Niveau.

Während der Konferenz wurde ein Interview mit Rajaas Universitäts-Professor gezeigt. Darin bestätigte er, wie verblüfft er über Rajaas Kenntnisstand in der Quantenphysik war. Ihr Wissen und ihr Verständnis seien nicht durch einen Schnellkurs oder die Lektüre vieler Bücher zu erlangen. Besonders beeindruckend fand ich, dass er sagte, nicht einmal er verstünde alles, was Rajaa schreibe, aber ihre Arbeiten seien durch neuere Aufsätze in physikalischen Fachzeitschriften bestätigt worden.

Rajaa schreibt im Moment an einem Buch über ihre Nahtod-Erfahrung. Doch wie sie auf der Konferenz bereits angekündigt hat, war diese so ausführlich, dass das Buch drei Bände umfassen wird. Ich freue mich schon darauf, mehr über ihr Erlebnis zu erfahren, und hoffe, dass ihre Bücher ins Englische übersetzt werden.

## Komponenten einer Nahtod-Erfahrung

### Nachricht vom bevorstehenden Tod

Manche Betroffene berichten, sie hätten Umstehende sagen hören, sie seien tot, oder vom Arzt oder der Krankenschwester Worte wie „Stillstand“, „wir verlieren ihn“ oder sinngemäße Äußerungen aufgeschnappt, wonach sie nicht überleben würden.

## Geräusche

Wenn die Betroffenen den Körper verlassen, hören sie manchmal ein Summen, Pfeifen, Surren, Brummen oder ein Klicken.

## Die außerkörperliche Erfahrung

Die außerkörperliche Komponente kann auch alleine, ohne die weiteren Elemente einer Nahtod-Erfahrung, auftreten. Manche Betroffenen berichten, sie seien plötzlich nach oben aus ihrem Körper herausgezogen worden und hätten sich oberhalb der Notfall-Situation an einer Stelle in der Nähe der Zimmerdecke befunden, von wo sie auf sich selbst herabgeschaut hätten. Zunächst erkennen sie sich möglicherweise gar nicht, sehen dann aber, dass andere – etwa Ärzte oder Krankenschwestern – mit ihrem Körper beschäftigt sind. Oft tritt der Eindruck der Schwerelosigkeit ein, und die Betroffenen haben das Gefühl, ihr „wahres Ich" blicke auf ihren Körper herunter, den sie nicht mehr als zu sich gehörend empfinden und mit dem sie sich nicht mehr identifizieren. Bemerkenswerterweise haben auch Blinde von Nahtod-Erfahrungen berichtet, die die Komponente der außerkörperlichen Erfahrung beinhalten.[17]

Das folgende Beispiel einer Nahtod-Erfahrung wurde mir auf einen Zeitungsartikel hin zugesandt, den ich geschrieben habe:

*Ihren Artikel habe ich mit großem Interesse gelesen, und ich glaube, dass auf diesem Gebiet mehr Forschung notwendig ist. Vor zwanzig Jahren galoppierte ich mit einem Rennpferd ganz alleine auf einem Bergkamm, als der Hengst plötzlich den Halt verlor, das Zaumzeug riss und wir kopfüber in den Abgrund stürzten, wobei eine ganze Tonne Rennpferd bei einem Tempo von knapp fünfzig Stundenkilometern über mich hinwegrollte. Etwa zwei Stunden später wachte ich auf, ein leichter Regen fiel, und ich sah auf mich herunter. Mein Sturzhelm war zertrümmert, und irgendjemand sagte mir, ich würde wieder gesund, aber ich müsse aufstehen, denn meine Zeit sei noch nicht gekommen und meine Tochter brauche mich. Mir war, als sei ich schon halbwegs im Himmel, beobachte das Ganze von oben und eine Stimme spräche zu mir.*

*Aus dieser schwebenden Position beobachtete ich, wie mein Körper aufstand und auf einem steilen, steinigen Waldweg den Berg hinunterging (etwa drei Kilometer). Als ich den Waldparkplatz erreicht hatte, kam ein Mann auf meinen Körper zu, half mir in seinen Wagen und fuhr zur Straße. Jetzt schwebte ich über dem Wagen, dieser fuhr auf meine Freundin zu, die ihn anhielt. Die beiden verfrachteten meinen Körper in ihren Wagen, und sie fuhr mich ins Krankenhaus; ihr Mann lief den Berg hinauf, um das Pferd zu bergen. Im Krankenhaus wurde ich von einem Arzt untersucht, aber eigentlich war ich über dem Bett und beobachtete alles. Mein Kopf wurde geröntgt, dann sagte man meiner Freundin, sie solle mich mit zu sich nach Hause nehmen. Sie weigerte sich. Ich schwebte über ihr und sagte, sie solle einen anderen Arzt rufen. Eine andere Ärztin kam, und ich wurde in einen kleinen Operationssaal gerollt, wo man mir wegen meiner kollabierten Lungen den Brustkorb öffnete. Mit meinem ersten Atemzug kehrte ich in meinen Körper zurück und verspürte zum ersten Mal Schmerzen. Das war etwa drei Stunden nach dem Unfall.*

*Am darauffolgenden Tag diagnostizierte die Oberärztin außerdem einen Splitterbruch im linken Bein sowie mehrere gebrochene Rippen, ein schweres Schädel-Hirn-Trauma und so weiter. Sie war ganz hin und weg wegen meiner Geschichte, denn eigentlich hätte ich unmöglich aufstehen, geschweige denn gehen können. Sie verglich meine Verletzungen mit jemandem, der von einem Traktor überfahren worden war. Diese Erfahrung hat mein Leben verändert, und ich bin dadurch ganz bestimmt ein besserer Mensch geworden – ganz zweifellos gibt es eine höhere Macht. Etwa zehn Jahre danach wartete ich in einer Hausarztpraxis auf ein Wiederholungsrezept für meinen Vater, als sich plötzlich ein Mann, den ich vorher noch nie gesehen hatte, neben mich setzte. Er sprach mich an und erzählte, er habe vor kurzem bei einem schweren Herzinfarkt eine außerkörperliche Erfahrung gehabt und erkenne nun Menschen wie mich, die so etwas auch erlebt hätten. Das war schon erstaunlich, denn wie ich hatte auch er das Gefühl, er habe eine Aura um sich – und er sei dadurch ein sehr viel besserer Mensch geworden. Viel Glück bei Ihrer Forschung; wenn ich Ihnen in irgendeiner Weise behilflich sein kann, lassen Sie es mich wissen.*

## Der Tunnel: Dunkelheit und Licht

Nicht alle Menschen berichten von einem Tunnel; in einigen Kulturen fehlt der Tunnel anscheinend völlig, und die Betroffenen berichten von einem Übergang aus der Dunkelheit ins Licht.[18] Für diejenigen, die von einem sehr dunklen Tunnel berichten, hat dieser im Inneren meist eine ganz bestimmte Struktur; er ist zum Beispiel samtig, gewellt, schlammig oder aus Beton. Die Betroffenen werden entweder sehr schnell hindurchgeschoben oder schweben einfach sanft hindurch. Am Ende der Dunkelheit befindet sich ein helles Licht, das normalerweise heller wird. Trotz seiner Helligkeit schadet es den Augen nicht, und manchmal hat es geradezu magnetische Eigenschaften, mit denen es die Betroffenen anzuziehen scheint.

## Der Lebensrückblick

Während des Lebensrückblicks werden Bilder aus dem Leben der Betroffenen buchstäblich nachgespielt, und sie erleben sie aus der Sicht eines unbeteiligten Dritten noch einmal. Manche beschreiben die Szene als panoramahaft, und alles geschehe zugleich. Der Lebensrückblick kann alle wichtigen, ebenso aber auch die unbedeutenden Ereignisse im Leben der Betroffenen umfassen. Die Bilder werden als holographisch bei Gleichzeitigkeit der Eindrücke beschrieben.[19] Sie können in chronologischer Reihenfolge oder völlig willkürlich ohne erkennbare Relevanz erscheinen. In manchen Fällen werden die Betroffenen beim Lebensrückblick von einer urteilsfreien Präsenz begleitet, die offensichtlich einen Kraft- und Trostquell darstellt, während die Bilder ablaufen. Die Betroffenen werden mit den Folgen ihres – guten oder schlechten – Verhaltens konfrontiert und spüren, welche Auswirkungen ihr Handeln auf andere hatte. Während sie wie von außen auf ihr Leben zurückblicken, kann es geschehen, dass sie sich selbst streng verurteilen. Dann berichten sie zum Beispiel, als sie bei ihrem Lebensrückblick eine unachtsame Bemerkung gegenüber jemandem noch einmal nacherlebt hätten, hätten sie sich zutiefst darüber geärgert. Ebenso kann es sein, dass sie sich sehr freuen, wenn sie aus der Sicht eines anderen erleben, wie sehr ihr Verhalten diesem Menschen geholfen hat.

### Geschärfte Sinne

Während und zuweilen auch nach einer Nahtod-Erfahrung können die Betroffenen eine Schärfung ihrer Sinne, etwa ihres Hörens und Sehens, erleben. Wahrnehmung und Bewusstsein sind erhöht. Das Erlebnis wurde mir gegenüber oft als „wirklicher als wirklich" bezeichnet.

### Begegnung mit verstorbenen Angehörigen

Es kann sein, dass den Betroffenen verstorbene Verwandte oder Freunde begegnen. Diese Komponente trat in meiner Studie tatsächlich am häufigsten auf. Interessanterweise trafen die Nahtod-Erfahrenen manchmal auch auf Menschen, von denen sie zum Zeitpunkt ihres Erlebnisses noch gar nicht wussten, dass sie verstorben waren. Sehr häufig sagen die Verstorbenen den Betroffenen, ihre Zeit sei noch nicht gekommen, und sie müssten umkehren.

### Präsenz oder „Lichtwesen"

Manchmal erscheint während der Erfahrung ein „Lichtwesen". Dies kann eine religiöse Gestalt aus dem kulturellen Zusammenhang des Betroffenen sein oder einfach nur als Präsenz erscheinen. Von dem Wesen oder der Präsenz gehen normalerweise große Liebe und helles Licht aus.

### Telepathische Kommunikation

Jegliche Kommunikation zwischen den Betroffenen und den verstorbenen Angehörigen und/oder dem Lichtwesen findet telepathisch und nicht verbal statt.

### Eintritt in eine andere Welt/wunderschöne Gärten und Landschaften

Sind die Betroffenen ins Licht gelangt, befinden sie sich unter Umständen in einem schönen Garten in reizvoller Landschaft mit lauter saftigem Grün und leuchtend bunten Blumen. Im Hintergrund fließt vielleicht ein Bach oder Fluss.

### Gefühle von Frieden, Freude und Ruhe sowie Schmerzfreiheit

Die häufigste Komponente von Nahtod-Erfahrungen sind intensive Empfindungen von Freude, Frieden, Euphorie, Ruhe und Gelassenheit. Alle Schmerzen, die die Betroffenen womöglich zuvor verspürt haben, verschwinden während der Nahtod-Erfahrung.

### Grenze oder Punkt ohne Wiederkehr

Eine Barriere, wie etwa ein Tor, ein Fluss oder eine Einfahrt, symbolisiert oft das Ende der Erfahrung. Die Betroffenen wissen, wenn sie diese Grenze überschreiten, werden sie nicht mehr ins Leben zurückkehren.

### Gefühl der Einheit/Allverbundenheit

Während der Erfahrung verspüren manche Betroffenen ein starkes Gefühl der Einheit und Verbundenheit aller Menschen untereinander.

### Zurückkommen/Zurückgeschicktwerden

Manche Betroffenen haben den Eindruck, sanft rückwärts in ihren Körper hinein zu schweben; andere fühlen sich wie mit einem Schlag wieder in ihren Körper versetzt; wieder anderen kommt es vor, als träten sie durch den Kopf wieder in ihren Körper ein, wohingegen manche einfach in ihrem Körper „aufwachen" und sich fragen, was wohl gerade geschehen ist. Die meisten werden von den verstorbenen Angehörigen oder den „Lichtwesen", denen sie begegnet sind, zurückgeschickt. Oft wird ihnen gesagt, ihre Zeit sei noch nicht gekommen, oder sie hätten noch etwas zu erledigen. Häufig haben die Betroffenen danach den Eindruck, sie hätten eine Mission im Leben, die sie erfüllen müssten, wobei sie allerdings nicht wissen, was ihre Mission ist.

### Ausblick auf ein künftiges Ereignis

Einige Betroffene berichten von einem Ausblick auf ein Ereignis, das in der Zukunft liegt. Damit kann ihre persönliche Zukunft oder die der Erde gemeint sein.

## Zeitverzerrung

Zeit hat während einer Nahtod-Erfahrung offenbar keinerlei Bedeutung. In vielen Fällen scheint die Erfahrung viele Stunden gedauert zu haben, doch die Zeit der Bewusstlosigkeit betrug buchstäblich nur Sekunden oder Minuten. Manchmal scheint die Zeit stark beschleunigt, andere Male vergeht sie langsamer. Meist können die Betroffenen die Dauer der Erfahrung zeitlich nicht einschätzen. Es ist recht bemerkenswert, wie Menschen so ausführlich und detailliert darüber berichten können, was sie in einer so kurzen Phase der Bewusstlosigkeit erlebt haben.

## Unaussprechlichkeit

Wenn die Betroffenen versuchen, der Erfahrung einen Sinn abzugewinnen oder sie in Worte zu fassen, stellen sie oft fest, dass ihnen die Worte dafür fehlen. Sie haben etwas erlebt, das sie mit nichts anderem vergleichen können, und Worte dafür zu finden, ist vollkommen unmöglich. Wegen der Unaussprechlichkeit der Erfahrung, selbst wenn die Betroffenen sie niederschreiben, werden Worte ihr nicht gerecht. Wenn ich also darüber berichte, was andere beschrieben haben, so ist es bereits eingefärbt und im Vergleich zur ursprünglichen Form in gewisser Weise verdünnt. Wenn Nahtod-Erfahrungen für Fernsehsendungen oder Kinofilme nachgestellt werden, kann die ganze Essenz einer solch tiefgreifenden Erfahrung für das Publikum leider nie angemessen eingefangen werden.

## Stärkeres Umweltbewusstsein

Viele Nahtod-Erfahrene erkennen die Bedeutung ökologischer Fragen und die Auswirkungen des Menschen auf die Erde.

## Eine Nahtod-Erfahrung erinnern

Auch eines weiteren Aspekts sollte man sich bewusst sein, nämlich dass die Erinnerung an eine Nahtod-Erfahrung sehr viele Gefühle auslösen kann und es daher womöglich erst nach mehreren Anläufen gelingt, darüber zu sprechen, weil die Betroffenen sehr bewegt sein können, wenn sie an ihr Erlebnis denken. (Meist waren sie nicht aufgewühlt, sondern es kamen ihnen Freudentränen.) Ich habe mit Männern und Frauen gesprochen, die nicht in der Lage waren, mir von ihrer Nahtod-Erfahrung zu erzählen, weil sie einfach nicht aufhören konnten zu weinen. Für sie war es leichter, ihre Erfahrung aufzuschreiben, weil sie beim Reden zu sehr von ihren Gefühlen überwältigt wurden. Dabei fließen nicht Tränen der Trauer, sondern die einer überwältigenden Rührung, ausgelöst durch die Erinnerung an die übergroße Liebe, die sie während der Erfahrung verspürt haben.

Manche sind sehr enttäuscht oder sogar wütend, dass sie erfolgreich wiederbelebt wurden.[20] Sie waren so glücklich dort, wo sie waren, dass sie gar nicht wieder ins Leben zurückkehren wollten. Bei Kindern und auch bei manchen Erwachsenen, die eine Nahtod-Erfahrung hatten, bleibt eine Sehnsucht oder ein Verlangen, an den Ort zurückzukehren, an dem sie während ihrer Erfahrung waren.

Der folgende Bericht ist ein Beispiel, den mir eine dreiundvierzigjährige Dame namens Jules Lyons per E-Mail geschickt hat:

*Ich habe angefangen, offener über meine Nahtod-Erfahrung zu sprechen, die ich in den vergangenen zweiundzwanzig Jahren meist für mich behalten habe. Sie dauerte nur wenige Minuten (irdischer Zeit; laut den Sanitätern war ich nur so lange „weg"), fühlte sich aber SEHR viel länger an. Es war einfach das Erstaunlichste und Schönste, was ich je in meinem ganzen Leben erlebt habe … schon wenn ich nur darüber spreche, prickelt mein ganzer Körper, und mir ist, als leuchte ich von innen. Das Ganze steht mir noch so klar und lebhaft vor Augen, als sei es erst vor einer Stunde geschehen.*

*Ich war in sehr schlechter Verfassung, in der Unfall-Notaufnahme, es war im Sommer 1987. Immer wieder verlor ich das Bewusstsein. Jedenfalls erinnere ich mich an die Stimme des Arztes, der zu irgendjemandem sagte: „Wir können nichts mehr tun." Im selben Moment merkte ich, dass ich irgendwie nach oben geschwebt war, aus meinem Körper heraus, und nun weiter nach oben an die Decke des Raums im Krankenhaus trieb. Ich habe richtiggehend gespürt, wie mein Rücken gegen die Decke des Krankenhauszimmers drückte. Ich beobachtete den Arzt und zwei Schwestern, die um meinen Körper auf dem Bett unter mir herumwuselten. Sie redeten, ich konnte klar verstehen, was sie sagten ... und es war nicht sonderlich positiv! Meinem Eindruck nach bin ich so etwa eine Minute lang an der Decke geschwebt. Ich war seltsam ruhig, zutiefst ruhig und erfüllt von einem unglaublichen Frieden. So habe ich einfach still beobachtet.*

*Ich wurde durch die Decke „hochgezogen" und sauste anscheinend mit unglaublicher Geschwindigkeit irgendwo anders hin. Als Nächstes weiß ich nur noch, dass ich einen sehr langen Tunnel entlangschwebte oder flog; er war endlose Kilometer lang, sehr dunkel und leer. Ich konnte spüren, dass ich mit sehr hoher Geschwindigkeit flog, denn es kam mir vor, als striche Wind über mich hinweg und führe mir ins Haar – und so weiter. Immer noch war ich unglaublich ruhig und voller Frieden, ich hatte überhaupt keine Angst. Wenn überhaupt, dann habe ich eher Erleichterung empfunden: Eine ungeheuer große Freiheit und Leichtigkeit des Seins. Ich konnte kilometerweit in die Ferne sehen, und am Ende dieses langen dunklen Tunnels war ein enorm helles weißes Licht. Ein intensiv helles Weiß, fast blendend. Im Tunnel war es kalt, dunkel und windig, doch ich verspürte ein ÜBERWÄLTIGENDES, alles durchdringendes Gefühl tiefen, tiefen Friedens, großer Freude und Ruhe. Als wäre ich in ein warmes Schaumbad oder eine Decke aus lauter Ruhe und Glückseligkeit und Frieden gehüllt. Es war nichts, was ich je angemessen beschreiben könnte oder was ich je auf Erden erlebt hätte (vor oder nach der Nahtod-Erfahrung).*

*Als ich ans Ende des Tunnels und zu dem strahlend hellen weißen Licht gelangt war, kam es mir vor, als schwebte ich in der Luft. Einfach klarer, heller, leerer Raum, hell und klar, wie kristallklare Luft. Plötzlich spürte ich, wie eine Welle riesiger Freude in mir aufstieg, es war SEHR erhebend und voll TIEFEM Frieden, und ich war unglaublich glücklich. Und, ich erinnere mich ganz deutlich, zum ersten Mal in meinem Leben habe ich erfahren, was es heißt, wahrhaft FREI zu sein, als wäre jedes Atom meines Wesens frei und strahlte vor Freude.*

*Während ich so dahinschwebte (oder eher durch eine äußere Kraft „dahingeschwebt wurde"), tauchte eine recht hohe Steinmauer auf, die sich über endlose Kilometer rechts von mir dahinzog, und ob-*

*wohl sie recht hoch war (vielleicht drei Meter?), konnte ich tatsächlich ein bisschen höher schweben und über den Rand schauen.*

*Was ich hinter dieser Steinmauer gesehen habe, war einfach der SCHÖNSTE, FRIEDLICHSTE und ERSTAUNLICHSTE Ort, den ich mir nur vorstellen kann. Endlos weite Gärten/Landschaften, bis zum Horizont, mit Flüssen, Teichen, Quellen, Blumen, Bäumen, Hügeln, Wiesen, Tälern und so weiter. Es war atemberaubend schön. Doch das Unglaublichste an diesem Ort war die Farbe. Alle Farben waren so unbeschreiblich hell und lebensprall, fast als schimmerten und leuchteten sie, als wären sie auf eine merkwürdige Weise lebendig. Es war ganz anders als alle Landschaften auf der Erde ... eher wie in einem Superfarbfilm, wirklich lebendige und erstaunlich schöne Farben, fast wie kristallklare, pulsierende, strahlende Farben.*

*Es gab ein paar ganz bestimmte Elemente, die mir sofort aufgefallen sind: Ein paar Wege, die aussahen wie aus schillerndem Glas oder so etwas, erstaunlich schöne Farben; diese Wege führten in eine unsichtbare Ferne, denn die Landschaft nahm anscheinend gar kein Ende. Ich konnte Quellen, Flüsse und die allerschönsten Bäume und Blumen sehen.*

*Es gab auch ein einzelnes, sehr interessantes und ungewöhnliches Gebäude, das einzige, das ich in der ganzen Gegend erkennen konnte. Es war recht klein, recht einfach, und halbwegs zutreffend kann ich es nur als eine Kreuzung aus einem Garten-Pavillon/Sommerhaus und einem Kuppeltempel beschreiben. Die Kuppel war fast wie bei einer Moschee, und es sah aus, als bestünde sie aus Gold und Licht. Ein ungeheuer intensives goldenes Licht ging, fast in Strahlen, von diesem Gebäude aus und ergoss sich über die umgebende Landschaft. Irgendwie wusste ich, dass jeder irgendwann in dieses Gebäude gehen musste, einer nach dem anderen.*

*In dem Garten waren bis in weite Ferne überall bequeme Sessel und Bänke hingetupft, auf denen ziemlich viele Leute saßen. Ja, sie wirkten wie vollkommen normale Leute, alle saßen herum, plauderten miteinander, das Ganze in einem sanften, ruhigen Ton, wie ein zartes Flüstern, manche standen in kleinen Gruppen unter Bäumen zusammen, andere saßen im Gras, wieder andere gingen auf den Wegen spazieren. Ich konnte keine richtigen Worten hören oder Stimmen erkennen, es war, als kommunizierten sie ohne Sprache miteinander und als wüsste ich einfach, dass sie sich unterhielten. Anscheinend trugen sie Roben oder Gewänder, keine irdische Kleidung, aber es waren ganz eindeutig Menschen! Zwischen allen herrschte ein TIEFES Gefühl des Friedens und der Ruhe. Ich spürte sehr deutlich, dass sie „warteten". Als wäre dies eine Art „Warte"- oder „Empfangsbereich". Jeder Einzelne in dieser Landschaft wartete.*

*Es fühlte sich an wie ein sanfter Sommertag, warm, angenehm, nicht zu heiß, und ich schwebte glücklich an dieser Mauer entlang und schaute über den Rand auf die Landschaft, als recht plötzlich unmittelbar vor mir ein Tor auftauchte. Ein ganz normal aussehendes, altmodisches, großes, hölzernes Gartentor, wie es sie früher in alten Mauern oder Gärten gab. Als ich näher an das Tor heranschwebte, sah ich, dass eine Gestalt davor stand (oder vielmehr wie ich auf der kristallklaren Luft schwebte).*

*Offenbar dauerte es eine Zeit lang, bis ich näher herankam (das Schwebegefühl/meine Bewegungen wurden nicht von mir bestimmt, sondern von einer anderen Energie/Macht, die mich in sanftem Tempo vorwärtstrug). Auf jeden Fall kam ich irgendwann bei dem Tor an, und dort stand in voller Lebensgröße und so real wie ich jetzt hier sitze meine Großmutter mütterlicherseits selig, die gestorben ist, als ich fünf Jahre alt war (vor über achtunddreißig Jahren). In meiner Familie wurde eigentlich nie über sie gesprochen (und auch nicht über meine anderen Großeltern!), daher hatte ich als Kind und Erwachsene nicht viele Erinnerungen an sie.*

*Da stand sie also, so real wie nur etwas, keine Geister-Erscheinung, sondern real und greifbar. Ich hätte die Hand ausstrecken und sie anfassen können. Sie stand ganz ruhig da, völlig lebendig, wohlauf, echt, gut aussehend und von strahlender Gesundheit (sie war an Lungenkrebs „gestorben").*

*Sie schenkte mir ein warmes, liebevolles Lächeln, und ich spürte, wie sie mich umarmte. Obwohl sie mich überhaupt nicht berührte, konnte ich körperlich spüren, wie sie die Arme um mich schlang, und ich empfand eine riesige Welle der Liebe. Sie hat mich so warm und liebevoll geknuddelt wie noch nie. Es war wunderbar und so echt, obwohl es den Anschein hatte, als bewege sie sich gar nicht und berühre mich überhaupt nicht. Ich verspürte die allerunglaublichste Liebe und Frieden und Glück und Ruhe, sowohl in mir als auch an diesem Ort, in allen Menschen, wie ich es auf Erden noch nie verspürt habe. So eine tiefe Ruhe und Frieden und Liebe.*

*Ich kann mich so deutlich an alles erinnern, als wäre es gerade erst heute Morgen geschehen. Ich war SEHR glücklich. Meine Oma sprach mit mir, ihre Stimme war deutlich und lebendig. Obwohl sich ihr Mund nicht bewegte und sie immer noch ihr Lächeln trug, hatte ich den Eindruck, dass sie direkt zu meinem Gehirn/Geist sprach, als gäbe es keine gesprochenen Worte, und doch konnte ich deutlich verstehen, was sie sagte. Sie übermittelte mir eine sehr klare Botschaft (drei ganz eindeutige Sätze, die mich ein Leben lang begleiten werden), unter anderem „Wir sind noch nicht bereit für dich" und „Du musst wieder zurück" und schließlich „Du hast noch etwas zu erledigen. Deine Aufgabe." Dann lächelte sie mich so warmherzig an, dass es mich durch und durch mit Frieden und Liebe und Freude erfüllte.*

*In Sekundenbruchteilen, so fühlte es sich an, wurde ich dann rückwärts „geschwebt", dieses Mal mit wesentlich höherer Geschwindigkeit, den ganzen Weg an der Mauer entlang. Ich sah, wie meine Großmutter in der Ferne verschwand, wurde den ganzen Weg zurück „geschwebt", wieder durch den Tunnel, die ganze Zeit rückwärts, immer noch mit dem Gesicht in die Richtung, in der ich gerade gewesen war, und dann spürte ich tatsächlich, wie ich wieder in meinen Körper eintrat, was mit einem so lauten „RUMMS" einherging, dass mein Körper einen richtigen Satz machte/zusammenzuckte (wie in den Träumen, in denen man von einer Klippe stürzt und beim Aufwachen zusammenzuckt, nur hundert Mal stärker). Das war der Moment, in dem ich offensichtlich auf dem Krankenhausbett plötzlich „aufgewacht" bin und die „Vitalparameter" wieder da waren.*

*Dies ist jetzt über zweiundzwanzig Jahre her; ich genas vollständig und war danach viele Jahre bei bester Gesundheit. Für mich war das ein Wunder. Zugleich fing es damals an, dass sehr vieles in meinem Leben passiert ist, auch mein Erwachen für spirituelle Dinge (ich war einundzwanzig und hatte weder Vorkenntnisse noch war ich je mit spirituellen Fragen oder irgendetwas im Zusammenhang mit Nahtod-Erfahrungen oder dem Leben nach dem Tod in Berührung gekommen).*

*Danach hatte ich mehrere Jahre lang hin und wieder ganz stark das Gefühl, meine Oma sei bei mir. Gelegentlich konnte ich sie zum Beispiel im Zimmer spüren, und ein oder zwei Mal hätte ich schwören können, ich hätte sie sprechen gehört; aber ich sagte mir, ich müsse mir das eingebildet haben! Viele Jahre habe ich außer mit einer guten Freundin mit niemandem über dies alles gesprochen. Ich habe nie etwas unternommen, um mit meiner Oma „Kontakt aufzunehmen" oder „Fähigkeiten" auf diesem Gebiet zu entwickeln (um ehrlich zu sein, der Gedanke an so etwas war mir ein wenig unheimlich!), aber ich habe sehr viele Bücher über alle möglichen spirituellen Themen gelesen, unter anderem auch zum allerersten Mal die Bibel.*

Wie dieses Erlebnis zeigt, hat Zeit während einer Nahtod-Erfahrung offensichtlich keine Bedeutung. Die ganze komplexe Szenerie dieses Berichts hat sich in den wenigen Sekunden abgespielt, in denen Jules bewusstlos war und keine Vitalparameter aufwies. Wie kann etwas so Strukturiertes und Luzides dermaßen detailliert beschrieben werden, wenn das Gehirn schwer funktionsgestört ist? Dies sollte eigentlich nicht möglich sein. Jules Nahtod-Erfahrung wurde sehr eingehend geschildert; so tief sind nicht alle Nahtod-Erfahrungen. Manche weisen nur ein oder zwei, andere eine Mehrzahl der Komponenten auf. Jede Nahtod-Erfahrung ist einzigartig. Die Komponenten tauchen in keiner bestimmten Reihenfolge auf, doch die außerkörperliche Erfahrung, der Tunnel und das Licht stehen üblicherweise am Anfang. Wie berichtet wird, haben einige Betroffene ihre Nahtod-Erfahrung sogar ausgeschmückt, damit sie ein Tunnel-Erlebnis enthielt und damit der klassischen Nahtod-Erfahrung entsprach.[21]

Menschen reagieren unterschiedlich auf eine Nahtod-Erfahrung; es kann sein, dass das Erlebte sie unbegrenzt begleitet oder aber mit der Zeit verblasst. Das folgende Beispiel stammt von einer Frau, die durch ihre Nahtod-Erfahrung vorübergehend verändert wurde:

*Vor vielen Jahren erlitt ich einen Verkehrsunfall, der für mich mit gebrochenem Becken, Oberschenkel und Schlüsselbein endete. Außerdem erlitt ich eine Hirnverletzung, wenngleich keine sehr schwere. Ich war nicht auf der Intensivstation, sondern wachte auf einer normalen Station auf. Man erklärte mir, was passiert war, und ich fiel wieder in den „Schlaf“.*

*Auch ich ging durch einen dunklen Tunnel auf ein helles Licht zu. Im Licht fand ich wunderschöne Weiden und einen lebendig blauen Himmel vor. Am meisten verblüffte mich das Gefühl tiefster Zufriedenheit und Glückseligkeit. Das Gefühl, das ich dabei empfand, kann ich einfach nicht genau in Worte fassen. Ich habe keine verstorbenen Verwandten oder Freunde gesehen, nur einen kleinen Holzzaun, und ich wusste, wenn ich diesen Zaun überschreite, dann gibt es kein Zurück mehr.*

*Ich bin in einer christlichen Kultur aufgewachsen, aber Agnostikerin. Nach meiner „Erfahrung“ habe ich religiösen Eifer entwickelt und angefangen, ein Kruzifix zu tragen. Ich wusste zweifelsfrei, dass es ein Leben nach dem Tod gibt und die körperlichen Dinge absolut unbedeutend sind. Ich fürchte aber, das Gefühl hielt nur wenige Monate an, und im Arbeitsstress und Alltagsgetriebe wurde ich bald wieder zu der Zynikerin, die ich nun einmal bin! Wenn ich das sage, und selbst wenn ich andere Faktoren mitberücksichtige, die das Erlebnis ausgelöst haben könnten, zum Beispiel Morphin und Blutverlust, so erinnere ich mich doch noch immer an den Frieden, den ich verspürt habe, und daran, dass ich so etwas weder davor noch danach je wieder erlebt habe. Vielleicht sind es ja die körpereigenen Endorphine, die einen auf den Tod vorbereiten und dafür sorgen, dass dies ein angenehmes und kein erschreckendes Gefühl wird. Das erklärt allerdings keine außerkörperlichen Erfahrungen! Es ist ein faszinierendes Thema, und vielleicht gibt es eines Tages eine Lösung.*

## Belastende Nahtod-Erfahrungen

Nicht alle Nahtod-Erfahrungen sind angenehm; manche können auch sehr belastend sein, und Menschen, die so etwas erleben, neigen dazu, die Erinnerung daran zu verdrängen.[22] Derartige Erlebnisse können einen solchen Schrecken heraufbeschwören, dass die Betroffenen nicht darüber sprechen, weil bereits die Erinnerung daran zu traumatisch ist.[23] Leider wurde Nahtod-Erfahrungen dieses Typs keine besondere Aufmerksamkeit zuteil, aber sie kommen vor, und bis jetzt gibt es keine Erklärung dafür, warum manche Menschen von angenehmen Nahtod-Erfahrungen berichten, wohingegen eine Minderheit dieser Erfahrungen belastend ist. Es gibt keinerlei Hinweise darauf, dass „gute" Menschen angenehme Nahtod-Erfahrungen haben und belastende Erlebnisse nur „schlechten" Menschen widerfahren.

Die bei Zaleski[24] geschilderten mittelalterlichen Jenseitsreisen sowie belastende spirituelle Erlebnisse[25] (die unter nicht lebensbedrohlichen Umständen auftreten) sind mit belastenden Nahtod-Erfahrungen vergleichbar. Der Kardiologe Maurice Rawlings[26] berichtete als einer der Ersten von einer belastenden Erfahrung. Er hatte einen Patienten wiederbelebt, der schrie, er sei in der Hölle gewesen, als er wieder zu sich kam. Zwei Tage danach hatte der Patient bei der Visite keinerlei Erinnerung mehr daran, dass er in der Hölle gewesen war, und Rawlings vermutet, dies sei auf Verdrängung zurückzuführen.

Auf einen meiner Zeitungs-Artikel hin setzte sich 2006 ein vierzigjähriger Mann mit mir in Verbindung. Seine Nahtod-Erfahrung ist sehr interessant, da sie für das übliche positive Erleben nicht typisch ist und ihm einige sehr lästige Nachwirkungen verblieben sind, die in Kapitel Zwei näher besprochen werden. Die Nahtod-Erfahrung ereignete sich bei einem Sportunfall während eines Rugby-Spiels, bei dem er sich einen Genickbruch zuzog. Damals war er fünfzehn Jahre alt. Er schildert seine Erfahrung als weder angenehm noch unangenehm:

*Das Letzte, woran ich mich erinnern kann, ist ein dreimaliges lautes Krachen – knacks, knacks, knacks. Es war mein Genick, das brach. Sofort danach raste ich immer schneller kopfüber, in gekrümmter Haltung und mit ausgebreiteten Armen in ein riesiges, endloses Loch, stockfinster bis auf ein stecknadelkopfgroßes helles weißes Licht, das sich mit rasender Geschwindigkeit von meinen grauen, konturlosen Füßen entfernte. Es war fast, als wäre ich kopfüber in einen Brunnen oder Tunnel geworfen worden. Was war da los? Wie war ich vom Rugby-Feld hierhergekommen? Wie kann ich das anhalten? Alles geschah in einem ungeheuren Tempo.*

*Ich hatte gehört, dass das Leben noch einmal blitzartig vor dem inneren Auge vorüberzieht, wenn man stirbt. So war es bei mir nicht. Ich habe vielmehr erlebt, dass Gedanken und Bilder aus meinem ganzen Leben schnell an mir vorbeischossen, als würden sie mir aus dem Gehirn gesaugt. Es war, als würden alle meine Erinnerungen heruntergeladen und aus meinem Gehirn entfernt. Die Bilder liefen so schnell … wusch … dann ein anderer Gedanke … wusch … dann ein neues Bild. Ich versuchte, mich auf ein paar zu konzentrieren, als sie aus meinem Kopf verschwanden, und konnte auch sehen, was es war, aber jeweils nur den Bruchteil einer Mikrosekunde lang … ich beim Angeln? … ein bekanntes Gesicht? … aber ich musste wieder darauf achten, was mit mir passierte … immerhin „stürzte" ich … ich konnte zuschauen, wie alle Bilder aus meiner Gedächtnisdatenbank verschwanden. Das wurde mir im Fallen klar, ich klaubte Wörter zusammen, aber die waren alle auseinandergebrochen, bis ich das allerletzten kleinste Wort erwischte: „Noooooooooooooo-oooooooooo" [Nein]. Es war, als wäre dieses Wort als letztes noch übrig, bevor mein Gehirn völlig leer war. Ich weiß, wenn ich nicht „Nein" gesagt hätte, dann wäre ich gestorben. Ich konnte gerade noch dieses Wort herausbringen, dann hörte alles auf.*

*Dort war es warm und angenehm. Es war stockfinster, das finsterste Schwarz, das man sich vorstellen kann, aber in meinem rechten oberen Augenwinkel war ein helles weißes Licht, und ich war mir sicher, dass von dort eine ferne Wärme ausging. Es war strahlend weiß; es war tröstlich und gab gerade so viel Licht, dass ich etwas sehen konnte. Ich schaute nach unten und konnte meine Finger sehen, und sie waren grau; aber wenn ich meine Füße anschaute, dann konnte ich die Zehen nicht sehen; es war, als hätte ich graue Socken an. Ich hatte Angst, mich zu bewegen, denn mir war, als balancierte ich an einem Abgrund und würde bei einer plötzlichen Bewegung wegrollen und weiter abstürzen. Ich schwebte frei im Raum, ich tastete unter mich, und da war nichts. Ich machte mir Sorgen, hatte aber keine Panik. Ich drehte den Kopf nach links und dann nach rechts, überall bloß Schwärze; es war der dunkelste Raum. Es war ein Haltepunkt oder Wartezimmer. Dort verblieb ich, während irgendjemand eine Entscheidung traf. Es ist, als gäbe es mehr als einen Gott – hätte nur einer die Entscheidung treffen müssen, dann wäre es ja schnell gegangen. Es muss aber mehr als einer gewesen sein, denn sonst wäre die Entscheidung eher getroffen worden. Dann war es, als läge ich mit dem Blick nach oben auf dem Boden eines Schwimmbeckens und käme langsam an die Oberfläche. Ich konnte Bewegungen erkennen, dann dunkle und helle Silhouetten, die sich wie Rauch bewegten, dann Umrisse, dann erkannte ich, dass es Gesichter waren, dann Münder, dann Geräusche, dann Sätze. Ich erkannte – ich bin wieder am Leben.*

Berichte über belastende Erfahrungen untersuchte die britische Forscherin Dr. Margot Grey und teilte die Erfahrungen in folgende Kategorien ein:[27]

- Angst und Gefühl der Panik
- Außerkörperliche Erfahrung
- Eintritt in eine schwarze Leere
- Empfindung einer bösen Kraft
- Betreten einer höllenähnlichen Umgebung.

In ihrer auf fünfzig Berichten über belastende Nahtod-Erfahrungen basierenden Studie unterteilten Greyson und Bush[28] diese Erlebnisse später folgendermaßen:

- Klassische Nahtod-Erfahrung, jedoch als unangenehm gedeutet,

- Erfahrung der Leere (häufig unter der Geburt), wobei die Betroffenen sich in einem dunklen, ewigen „Nichts“ wähnen,
- höllisch, wobei die Betroffenen sich in der Hölle glauben oder Dämonen begegnen, die sie in die Hölle bringen wollen.

Dr. Barbara Rommer [29] fügte dem eine vierte Kategorie hinzu: Darin erleben die Betroffenen einen belastenden Lebensrückblick, bei dem eine höhere Macht über sie richtet. Dr. Rommer glaubte jedoch, dass eine Nahtod-Erfahrung, auch wenn sie belastend ist, dennoch positive, lebensverändernde Auswirkungen hat, zum Beispiel weil die Betroffenen dadurch weniger hart urteilten sowie mehr Liebe zum Leben und ein stärkeres moralisches Empfinden entwickelten.

Eine Kollegin an der Universität, die gehört hatte, dass ich mich für Nahtod-Erfahrungen interessierte, erwähnte im Gespräch beiläufig, sie habe vor fünfunddreißig Jahren, als sie siebzehn war, eine Nahtod-Erfahrung gehabt. Ich spitzte augenblicklich die Ohren und hörte sehr aufmerksam zu, was sie zu sagen hatte. Sie wurde auf der Intensivstation beatmet und machte in der Bewusstlosigkeit über einen Zeitraum von zehn Tagen hinweg mehrere unangenehme subjektive Erfahrungen durch. Bei der lebhaftesten Erfahrung stand sie auf einer Arbeitsbühne, wie Fensterputzer sie verwenden, wenn sie an hohen Gebäuden die Außenfenster putzen. Unmittelbar in ihrem Blickfeld spielten sich Szenen sexueller Art ab, die sie gezwungenermaßen anschauen musste. Auf diese Szenen wollte sie nicht näher eingehen, weil sie so aufwühlend waren. Immer, wenn sie versuchte, den Kopf abzuwenden, stand ihr dasselbe Bild wieder vor Augen, bis sie die Szene zu Ende angeschaut hatte. Dann wurde sie auf die nächste Ebene gehoben, wo sie erneut ähnliche Szenen beobachten musste.

Ein anderer Teil ihrer Nahtod-Erfahrung ähnelt anscheinend der Erfahrung der Leere. Er war sehr schwer, in Worte zu fassen, aber sie schilderte eine Schriftrolle, die sich vor ihr öffnete. Immer wenn sie versuchte, irgendwo anders hinzusehen, wurde ihre Aufmerksamkeit wieder an dieselbe Stelle der sich entrollenden Schriftrolle zurückgeleitet. Sie sprach von einer „ewigen Langeweile“, immer und immer wieder dasselbe beobachten zu müssen und sich dabei zu fragen, ob es je aufhören würde. Sobald sie das Gefühl der Langeweile „akzeptierte“ oder „sich damit abfand“ und Interesse entwickelte, änderte sich etwas, und die Langeweile kehrte wieder.

Man hat vermutet, belastende Nahtod-Erfahrungen seien auf einen erhöhten Kohlendioxidspiegel[30] oder Anästhetika[31] zurückzuführen, aber im Rahmen meiner Forschungsarbeit konnte ich nichts dergleichen feststellen.

Ich erinnere mich, dass ich mich als auszubildende Krankenschwester um eine sterbende Dame kümmerte. Ganz offensichtlich war sie in spiritueller Not, und irgendetwas quälte sie sehr. Immer wenn meine Kolleginnen oder ich in ihre Nähe kamen, packte sie uns an der Uniform, umklammerte unseren Arm und grub ihre Nägel in unsere Haut. Dabei bat sie uns inständig, sie vor dem Tod zu erretten. Ihre angstgeweiteten Augen traten weit aus ihren Höhlen. Sie sagte, sie sei schon einmal gestorben, und man komme an einen fürchterlichen Ort. Niemand wusste, wie man dieser Frau am besten helfen könnte, doch ihr früheres Erlebnis versetzte sie ganz offensichtlich in Angst und Schrecken. Wir sprachen mit ihrer Familie darüber, die angab, die Dame habe vor Jahren einen Herzstillstand erlitten, aber auch nicht wusste, warum sie so große Angst hatte. Erst mehrere Jahre später, als ich mich bereits mit Nahtod-Erfahrungen vertraut gemacht hatte, erschien es mir im Nachhinein wahrscheinlich, dass diese Dame bei ihrem Herzstillstand vor vielen Jahren eine belastende Nahtod-Erfahrung gemacht haben musste. Damals aber hatten meine Kolleginnen und ich noch nie von so etwas gehört. Deshalb ist es so wichtig, dass wir um diese Erfahrungen wissen, damit wir unseren Patienten künftig bei derartigen psychischen Traumata helfen können. Hätten wir von solchen Erfahrungen gewusst, hätten wir bessere psychologische Unterstützung leisten können, und vielleicht hätte die Patientin dann einen leichteren Übergang in den Tod gehabt.

Natürlich sind solche belastenden Erfahrungen für die Betroffenen im höchsten Maße beunruhigend und bedeuten oft großes Leid. In einer E-Mail schrieb ein Krankenhauspfarrer über belastende Nahtod-Erfahrungen:

*Ich hatte einen Patienten, der eine beängstigende Nahtod-Erfahrung erlebt hat. Er fühlte sich mutterseelenallein, und schwarze Schatten schlichen um ihn herum (ich habe mich tatsächlich gefragt, ob seine Anästhesie vielleicht nur leicht gewesen war und er die Chirurgen etc. gesehen hatte, die um ihn herum standen). Was immer es gewesen sein mag, danach war er in spiritueller Not. Er fragte sich besorgt: (a) war der Tod nicht das Ende und (b) erwartete ihn das, wenn er starb? (c) bedeutete dies für ihn, dass es eine geistige Welt gibt. Wir hatten lange Gespräche über sein Leben, Gott, das Universum und alles.*

Nun ein Beispiel für eine typische Nahtod-Erfahrung, die auf belastende Weise interpretiert wird:

*Folgendes habe ich erlebt, als ich siebenundzwanzig Jahre alt war, also vor über sechsundzwanzig Jahren. Damals habe ich nur meinem Mann erzählt, was passiert ist. Immer, wenn ich etwas über Nahtod-Erfahrungen lese, sagt alle Welt, wie beruhigend diese seien – meine war das genaue Gegenteil.*

*Ich lag im Krankenhaus und hatte schreckliche Schmerzen; mein Mann saß an meinem Bett. Mir war, als schliefe ich immer wieder ein. Ich schaute aus dem Fenster und sah einen sehr hellen Tunnel, der zum Himmel hinauf führte, wo sich die Wolken teilten. Immer, wenn mir die Augen zufielen, wurde ich zu diesem Tunnel hingezogen. Ich wurde ganz unruhig und wollte nicht gehen. Ich erinnere mich, dass ich zu irgendjemandem sagte: „Ich will nicht kommen, mein Sohn ist erst drei, er braucht mich.“ Ich sagte meinem Mann, er müsse verhindern, dass ich einschlafe, denn ich wusste, wenn ich die Augen zugemacht hätte, wäre ich durch den Tunnel gegangen.*

Folgende Erfahrung sandte mir Tony, vierundvierzig Jahre:

*1994 wurde ich auf dem Fahrrad von einem Auto überfahren und erlitt eine sehr schwere Kopfverletzung. Ich war elf Monate im Krankenhaus: sieben Wochen im einen und neun Monate in einem anderen. Infolge des Unfalls lag ich vier Wochen im Koma, saß acht Monate im Rollstuhl und konnte sehr lange weder lesen noch schreiben.*

*Unmittelbar nach dem Unfall unternahm eine Nachbarin (die ebenfalls examinierte Krankenschwester ist) alles Notwendige, damit er nicht tödlich endete. Sie sorgte dafür, dass ich nicht noch mehr Blut verlor, dass ich leichter atmen konnte und – vielleicht am wichtigsten – sie rief einen Krankenwagen. Sie hat mir später mitgeteilt, dass ich bei Bewusstsein blieb und die ganze Zeit gestammelt habe: „Hilf mir, hilf mir." Dennoch glaubte sie, meine Verletzungen seien so schwer, dass ich, wenn der Krankenwagen endlich da wäre, den Transport ins Krankenhaus nicht überleben würde.*

*Bei meiner Ankunft im Krankenhaus wurde mein Freund verständigt und gebeten, meine Leiche zu identifizieren. Bei seiner Ankunft, so sagte er mir später, habe man ihm gesagt, mit mir stünde es „auf der Kippe". Nach einer Bluttransfusion war ich jedoch so stabil, dass ich mit dem Krankenwagen in ein anderes Krankenhaus gebracht und dort drei Tage lang an eine Herz-Lungen-Maschine angeschlossen werden konnte.*

*Zum Zeitpunkt des Unfalls war ich nichtpraktizierender Katholik. Seither bin ich jedoch „wiedergeboren" (aber nicht „übermäßig religiös").*

*Einige „rote Engel", die ich später als „Teufelsdämonen" wahrgenommen habe, forderten mich auf, mit ihnen zu kommen. Ich weigerte mich, woraufhin weitere „rote Engel" meiner Meinung nach vom Himmel herab kamen und die „Teufelsdämonen" bekämpften. … Ich kann mich vage erinnern, dass ein „himmlischer Engel" einem „Teufelsdämon" mit einem Speer das Herz durchbohrt hat. Im Nachhinein betrachtet, sollte die äußere Erscheinung von „himmlischen Engeln" und „Teufelsdämonen" nicht unähnlich sein, weil ja der Teufel („Luzifer") einst ebenfalls ein „himmlischer Engel" war. Ich weiß, dass in der „Offenbarung des Johannes" eine ähnliche Darstellung einer „Nahtod"-Erfahrung beschrieben wird.*

*In gewisser Hinsicht gab mir diese Erfahrung Anlass zur Sorge, weil ich dachte, wenn die „Teufelsdämonen" glaubten, es lohne sich, auf mich zuzukommen, dann war (bin) ich womöglich so ein schlechter Mensch, dass ich es verdient habe „in der Hölle zu schmoren".*

Es sind auch Fälle dokumentiert, in denen sich eine belastende Nahtod-Erfahrung in eine angenehme verwandelt hat, sobald sich die Betroffenen darauf einließen.[32] Ein siebenjähriger Junge, der von einem Auto umgefahren worden war, berichtete, er sei in der Dunkelheit gewesen und habe sich in einem Tunnel befunden, durch den er hindurchgeschwebt sei; dann sei er auf zwei Türen getroffen. Er ging durch eine Tür und stand vor einem Teufel, mit dem er sich unterhielt. Er verließ das Zimmer wieder und traf auf ein sehr helles Licht, das aber nicht in den Augen schmerzte. Das Licht sagte ihm, er brauche keine Angst zu haben, und versetzte ihn in ein Verlies. Danach verschwamm alles, und er wachte im Krankenhaus wieder auf.[33]

Als ich gerade kurz vor dem Abschluss des letzten Feinschliffs an diesem Buch stand, erhielt ich aus heiterem Himmel eine E-Mail von Dr. Rajiv Parti, dem ehemaligen Chefarzt der Anästhesiologie an der Herzklinik in Bakersfield, Kalifornien.[34] Ich war sprachlos, denn er schilderte eine faszinierende Nahtod-Erfahrung, und es ist sehr ungewöhnlich, dass ein Arzt über so etwas spricht. Wie bereits erwähnt, dauerte es bei den meisten Ärzten, mit denen ich gesprochen habe, Jahre, bis sie mir ihr Erlebnis anvertrauten, und selbst dann bestanden sie darauf, dass ich es niemandem weitererzähle. Dass Dr. Parti in der Öffentlichkeit über seine Nahtod-Erfahrung spricht, zeigt noch einmal die verwandelnde Kraft dieser Erlebnisse.

Als er 2008 die Diagnose Prostata-Krebs erhielt, veränderte sich sein Leben. Bei seiner ersten Operation kam es zu Komplikationen, und noch im selben Jahr wurden drei weitere Eingriffe erforderlich. Am Ende hatte er mehrere kräftezehrende Erkrankungen und litt unter schwersten chronischen Schmerzen, die zu einer Abhängigkeit von Schmerzmitteln und schließlich in die Depression führten.

Im Dezember 2010 musste er sich einer weiteren Operation unterziehen, entwickelte aber eine postoperative Sepsis und wurde auf die Intensivstation verlegt. In den frühen Morgenstunden des ersten Weihnachtsfeiertages wurde Dr. Parti für einen chirurgischen Noteingriff vorbereitet und hatte eine sehr tiefe Nahtod-Erfahrung. Er erklärte sich freundlicherweise damit einverstanden, dass Ausschnitte seiner sehr komplexen und detaillierten Nahtod-Erfahrung in dieses Buch aufgenommen werden. Alles begann mit einer außerkörperlichen Erfahrung, bei der er seinen schlafenden Körper erst im Krankenhauszimmer und dann im Operationssaal sehen konnte. Er beschrieb seine Sinne als überscharf und bekam alle Gespräche im Operationssaal mit. Die Gesprächsinhalte wurden später vom Personal bestätigt. Obwohl er sich in einem Krankenhaus in Los Angeles befand, wusste er auch, was einige Familienangehörige in Indien gerade miteinander besprachen – ihm war, als sei seine Wahrnehmungsfähigkeit überall zugleich.

Danach wurde er an einen Ort verbracht, den er für die Hölle hielt. Er konnte sehen, wie er an einen Ort verschleppt wurde, an dem offensichtlich ein schweres Gewitter mit unzähligen schwarzen Wolken tobte. Er begegnete grotesken Wesenheiten und roch verbranntes Fleisch. Er musste die Qualen anderer mitansehen und wurde auch selbst gefoltert, zum Beispiel wurde er mit Nadeln gepiesackt und musste sich auf ein Nagelbett legen, Blut troff aus Wunden an seinem Körper.

Interessanterweise gewann Dr. Parti während dieser belastenden Phase seiner Nahtod-Erfahrung wertvolle Erkenntnisse. Die Höllen-Erfahrung ging einher mit einer Offenbarung über sein Leben, das er selbst als materialistisch beschreibt und in dem er sich nach eigener Aussage immer selbst der Nächste war. Er erkannte, dass er ohne Liebe, Freundlichkeit und Mitgefühl gelebt hatte. Vergebung hatte er in seinem Leben nicht gekannt – weder für sich noch für andere. Auch hatte er sich schlecht gegenüber Menschen verhalten, die seiner Meinung nach einer niedrigeren Gesellschaftsschicht angehörten als er. Er bereute zutiefst, wie er bis zu jenem Punkt gelebt hatte. Kaum hatte er dies erkannt, veränderte sich die Erfahrung, und sein Vater und sein Großvater erschienen neben ihm und geleiteten ihn zu einem Tunnel mit einem hellen Licht. Daraufhin erlebte Dr. Parti eine sehr tiefe Nahtod-Erfahrung, in der er seiner Meinung nach an einen Ort kam, den man als Himmel bezeichnen könnte. Im Augenblick schreibt er an einem Buch über seine Nahtod-Erfahrung, in dem er alle Einzelheiten seines Erlebnisses schildert.

Man hat vermutet, dass der Verlauf der Nahtod-Erfahrung dadurch beeinflusst wird, dass man jeden Versuch aufgibt, das Geschehen zu kontrollieren.[35] Belastende Nahtod-Erfahrungen können anscheinend positive Langzeitwirkung haben, weil die Betroffenen ihre Lebensführung neu beurteilen.[36] Wer von einer höllenähnlichen Erfahrung berichtet, betrachtet sie oft als Warnung, seine Einstellung anderen gegenüber zu ändern.[37] Dies mag allerdings nur für Menschen gelten, denen es gelungen ist, diese Erfahrung in ihr Leben zu integrieren.

Belastende Nahtod-Erfahrungen werden von Nancy Bush (die selbst eine belastende Nahtod-Erfahrung erlebt hat) in ihrem Buch *Dancing Past the Dark*[38] ausführlich besprochen. Sie hebt den eklatanten Mangel an Aufmerksamkeit für die „Nachtaspekte" der Spiritualität hervor und beschäftigt sich mit kulturellen und religiösen Überzeugungen, die diese belastenden Erfahrungen beeinflussen könnten. Außerdem bietet sie hilfreiche Hinweise zum Verständnis dieser Erfahrungen und zum Umgang damit.

Auch Professor Christopher Bache hat belastende Nahtod-Erfahrungen untersucht. Er vermutet, dass belastende Nahtod-Erfahrungen auftreten, weil die Betroffenen bis in die tiefsten Ebenen des kollektiven Unbewussten vordringen.[39] Doch bevor solche Schlussfolgerungen als gesichert gelten können, sind noch weitere Forschungen auf diesem Gebiet erforderlich.

Es gab auch Überlegungen, ob belastende Nahtod-Erfahrungen möglicherweise die Folge eines Suizidversuchs sein könnten, aber dies hat sich nicht bestätigt, da aus derlei Situationen auch von positiven Nahtod-Erfahrungen berichtet wird.[40] In der Tat ereignete sich Jules' Fall, der bereits vorgestellt wurde, bei einem Suizidversuch. Interessanterweise war sich Jules nach ihrer Nahtod-Erfahrung ganz sicher, dass ein Suizid *nicht* die Lösung ist und ihre Probleme damit *nicht* verschwunden gewesen wären.

Belastende Nahtod-Erfahrungen treten zwar wesentlich seltener auf als die des angenehmen Typs, doch die Statistiken schwanken von Forscher zu Forscher. Ein Forscher[41] fand bei sechsunddreißig befragten Überlebenden eines Herzinfarkts fast ebenso viele Berichte über belastende wie über angenehme Visionen. Von fünfundfünfzig Personen, die dem Tode sehr nahe waren, berichteten elf von belastenden Erlebnissen.[42] Unter einundvierzig Nahtod-Erfahrungen entdeckte Grey[43] fünf schreckenerregende und eine höllenähnliche (d. h. annähernd fünfzehn Prozent waren belastend). Unter über siebenhundert Nahtod-Erfahrungen fand Atwater[44] hundertfünf belastende (wiederum etwa fünfzehn Prozent). Und Dr. Rommer[45] berichtet, dass von über dreihundert Nahtod-Erfahrungen achtzehn Prozent belastend waren. Jedoch war die Methodik bei jedem Forscher eine andere, daher werden wir erst dann eine klarere Vorstellung davon erhalten, wie häufig belastende Nahtod-Erfahrungen sind, wenn es prospektive Forschungen gibt.

Bei einer Nahtod-Erfahrung geht es nicht nur um ein einmaliges Ereignis: Das Erlebnis ist unvergesslich und hat starke Auswirkungen auf das weitere Leben der Betroffenen, wie das nächste Kapitel zeigt.

# Zwei

## Die Nachwirkungen von Nahtod-Erfahrungen

… Mich wieder an das Leben zu gewöhnen, war so, wie wenn man noch einmal ganz neu laufen lernen muss. … Auf einmal konnte ich Klänge, Farben und Musik ganz anders wertschätzen und dachte, mein Gott, ich habe das alles so selbstverständlich hingenommen …
WORTE DER SCHAUSPIELERIN ELIZABETH TAYLOR[1]

Nahtod-Erfahrungen sind ein sehr komplexes Phänomen, und sie verändern vieles im Leben.[2] Es kann extrem schwierig sein, sich nach einer Nahtod-Erfahrung wieder im Leben zurechtzufinden, weil niemand wirklich verstehen kann, was man erlebt hat.[3] Die Nahtod-Erfahrung ist etwas, was in vielen Fällen alle menschliche Erfahrung übersteigt – die Betroffenen haben nichts, womit sie sie vergleichen könnten. Oft scheuen sie sich, über ihr Erlebnis zu sprechen, weil sie befürchten, dass man sich über sie lustig macht oder ihnen nicht glaubt. Tatsächlich kann die Reaktion des ersten Menschen, mit dem die Betroffenen darüber sprechen, großen Einfluss darauf haben, wie die Nahtod-Erfahrung ins Leben integriert wird. Eine abwertende oder verständnislose Haltung kann dazu führen, dass die Betroffenen nie wieder über ihre Erfahrung sprechen und alles in sich hineinfressen. Nahtod-Erfahrene wollen keine Aufmerksamkeit erregen und haben große Scheu, in der Öffentlichkeit über ihre Erfahrung zu sprechen – viele Beispiele in diesem Buch stammen von Menschen, die um Anonymität gebeten haben.

Zwischen den Betroffenen und ihren Partnern kann es zu Beziehungsproblemen kommen, da sich ihre Werte möglicherweise dramatisch verändern; es ist nicht ungewöhnlich, dass Paare sich nach einer Nahtod-Erfahrung scheiden lassen.[4] Auch fehlende Anerkennung der Erfahrung durch andere kann starke Auswirkungen auf die Betroffenen haben.[5] Vor einigen Jahren setzte sich eine Dame mit mir in Verbindung und schilderte mir einige Komponenten ihrer Nahtod-Erfahrung, die eintrat, als sie bei einem Verkehrsunfall das Bewusstsein verlor. Aufgrund ihrer Verletzungen war sie mehrere Monate lang schwer behindert, und auch mehr als drei Jahre nach dem Unfall war sie über das Geschehen noch nicht hinweggekommen. Sie war bei mehreren Psychologen in Behandlung gewesen, konnte aber ihre psychischen Probleme nicht aufarbeiten. Zufällig hatte sie in einer Zeitschrift einen Artikel über meine Forschung gelesen und erkannt, dass das, was darin beschrieben wurde, ihrem eigenen Erleben sehr ähnlich war. Nach ein paar E-Mails konnte die Dame verstehen, was sie erlebt hatte, und ihr Leben wieder in die Hand nehmen. Es scheint unfassbar, dass etwas so Einfaches wie ein besseres Verständnis von Nahtod-Erfahrungen dem Gesundheitssystem möglicherweise Kosten in Millionenhöhe ersparen und für die Patienten zugleich von so großem Nutzen sein könnte.

Die IANDS ist mit die wichtigste Ressource und Quelle der Unterstützung für Menschen mit einer Nahtod-Erfahrung. 2006 besuchten fünfundzwanzig Nahtod-Erfahrene ein Retreat, um dort mit anderen Betroffenen ihre Erfahrungen auszutauschen.[6] Als ein Ergebnis dieses Retreats wurden sechs große Herausforderungen ausgemacht, denen sich Nahtod-Erfahrene stellen müssen:

- eine radikale Realitätsveränderung verarbeiten
- die Rückkehr ins Leben akzeptieren
- über die Erfahrung sprechen
- neue spirituelle Werte mit irdischen Ansprüchen vereinbaren
- sich an eine erhöhte Sensibilität und übernatürliche Begabungen gewöhnen
- sein Ziel finden und umsetzen

## Unangenehme Nachwirkungen

Anders als den meisten Berichten über Nahtod-Erfahrungen zu entnehmen ist, verbleiben vielen Betroffenen auch negative Nachwirkungen. Bei manchem tritt eine stärkere persönliche Verzweiflung auf[7], und es gibt eine erhöhte Scheidungsrate.[8] Oft sehnen sich die Betroffenen danach, wieder in den Zustand zu gelangen, in dem sie sich während ihrer Nahtod-Erfahrung befunden haben, insbesondere wenn diese in der Kindheit erlebt worden ist.[9] Die Betroffenen können sich sehr isoliert und unfähig fühlen, ihre Gefühle auszudrücken, sowie depressiv werden.[10] Manche suchen sich Hilfe, andere wollen lieber allein und in aller Stille damit fertig werden. Allerdings wird auch behauptet, diese psychischen Probleme könnten den Beginn eines seelischen Wachstumsprozesses anzeigen.[11]

Hier einige interessante Erkenntnisse des Mannes, dessen Nahtod-Erfahrung auf den Seiten 45f. beschrieben wird:

*Ich würde dem gerne noch folgende wichtige Perspektive hinzufügen: Nicht alle Nahtod-Erfahrenen sind danach an jedem Tag ihres Lebens fröhlich, freudig und gut drauf. In dem Zeitungsartikel klang es so, als sei das bei allen der Fall. Ich habe wegen meiner Nahtod-Erfahrung mein Sportstudium geschmissen, weil ich mit den Lästereien, dem Konkurrenzkampf, der Angeberei nicht mehr umgehen konnte ... mir kam das alles so verlogen vor ... später habe ich eine Stelle beim staatlichen Gesundheitsdienst gefunden und war sehr glücklich in meiner Rolle ... aber dies führte zu einem „Burnout"-Moment, als ich versucht habe, die Rechte der Älteren zu wahren und dafür zu sorgen, dass die Kranken bei allen Untersuchungen die bestmögliche Versorgung bekommen.*

*Mir waren die Gesundheit und das Glück aller anderen immer wichtiger als meine, und heute, mit vierzig, muss ich erkennen, dass ich sehr wenig für mich habe, ... ich habe schwere depressive Schübe durchgemacht ... habe sogar mehrfach mit dem Gedanken gespielt „an jenen wunderschönen Ort zurückzukehren" ... als Nahtod-Erfahrener kommt man sich deplatziert vor ... und man hat einfach nicht mehr das, was normalen Leuten die Kraft zum Weitermachen gibt, die „Angst vor dem Tod", die ist weg ... ich bin dadurch auch ernster und umsichtiger geworden, ich kann jetzt „vor lauter Bäumen den Wald sehen" ... weil ich Hunderte trauriger, kranker, unglücklicher Gesichter ohne die kleinste Spur Hoffnung sehe, denen alle Träume geplatzt sind ... dieser Blick ließ mich nicht mehr los, weil ich glaubte, ich sei dafür „zuständig", alle aufzumuntern ... aber ich kann das nicht ständig und bei jedem ... daher, nein: Eine Nahtod-Erfahrung ist zugleich etwas Gutes und etwas Schlechtes. Sie hat zwei Seiten, wie eine Münze. Eine Nahtod-Erfahrung gibt einem in manchen Situationen Kraft, aber in anderen ist sie eine Schwäche. Machen Sie sich nicht vor, sie sei etwas Wunderbares. Sie kann auch ein „Thanatos" sein.*

Fünf Jahre danach fügte er in einem weiteren Gespräch hinzu:

*Ich kann mich sofort wieder an meine Nahtod-Erfahrung erinnern, an jenen dunklen Ort, jederzeit, bei Tag und Nacht, und ich muss dazu noch nicht einmal die Augen schließen. Sie macht mir keine Angst; ich stehe immer noch ehrfürchtig davor, aber warum wurde mir diese Erfahrung überhaupt geschenkt? Das werde ich wohl nie erfahren. Es gibt Tage und Momente, da überkommt mich die Sehnsucht, wieder dorthin zu gehen, es war dort so friedlich. Sie sind die Erste, die mich ernst nimmt, seit es passiert ist, als ich fünfzehn war. Sie ist immer in meinem Hinterkopf, und ich frage mich oft: „Ist das ein Traum (das echte, momentane Leben, das Hier und Jetzt) oder bin ich immer noch im Tunnel?" Ich bin ein sehr wissenschaftlicher Denker, sitze aber jetzt zwischen den Stühlen Religion und Wissenschaft. Ich bin nicht fromm, aber ich erkenne auch die Grenzen unserer Wissenschaft. Ich weiß, was ich erlebt habe. Ich habe es „rein" erhalten ... nicht mit naturwissenschaftlichem oder religiösem Wissen zugemüllt. Ich bin von einem Beinahe-Atheisten vor der Nahtod-Erfahrung zu einem etwas aufgeschlosseneren Menschen geworden.*

*Ich arbeite im Gesundheitswesen, und ich war oft bei einem Herzstillstand dabei. Zuerst frage ich dann nach dem Namen der Patienten, ich rede mit ihnen und spreche sie mit Namen an, selbst wenn die Monitore keinerlei Vitalparameter zeigen. Ist die Wiederbele-*

*bung erfolglos, dann wünsche ich ihnen eine gute Reise und schaue in die oberen Zimmerecken, für den Fall, dass sie sich gerade in ihrer außerkörperlichen Erfahrung befinden. Meine Kollegen finden mich deshalb ein bisschen seltsam. Ich fragte eine ältere Dame, kurz nachdem wir sie wiederbelebt hatten, ob sie sich an irgendetwas erinnerte, und ein breites Lächeln trat in ihr Gesicht. Sie erinnerte sich, dass sie sich in Ruhe und Frieden an einem Ort befunden hatte, an dem es sehr hell und warm war; sie freute sich sehr, dass sie gefragt wurde und ich sie und das, was sie gerade erlebt hatte, tatsächlich verstand.*

*Die stärkste Auswirkung, die die Nahtod-Erfahrung auf mich hatte, ist die Selbstgerechtigkeit, die mir manche Kollegen unterstellen. Sie finden, dass ich im Leben und bei der Arbeit an unmöglich strengen moralischen Werten festhalte. Das hat meine Beziehungen am Arbeitsplatz beeinträchtigt, denn ich setze mich für die Rechte unterdrückter Kollegen oder vernachlässigter Patienten ein, wobei ich durchaus meine Arbeitsplatzsicherheit aufs Spiel setze. Wegen meiner Nahtod-Erfahrung möchte ich ein guter Mensch sein. Meine Überzeugungen sind so unerschütterlich, dass ich an meinem bisherigen Arbeitsplatz nicht mehr arbeiten kann. Anscheinend hat die Nahtod-Erfahrung diese Aspekte meiner Persönlichkeit verstärkt; es ist nicht mehr leicht, sich an die Gesellschaft anzupassen. Für mich ist alles schwarz oder weiß, richtig oder falsch, gut oder böse – es gibt keine Grautöne. Ich bin unangepasst, weil ich nicht „spure" und einfach mit allem einverstanden bin.*

*Als Kind war ich immer ein netter Junge. Ich war aber auch immer auf Konkurrenz aus und wollte stets der Beste sein. Nach der Nahtod-Erfahrung verabscheute ich Konkurrenzdenken und erkannte, dass es auch sehr destruktiv sein kann. Ich möchte lieber in einem Team arbeiten oder ein Team leiten, doch mein Aufstieg in eine Führungsposition wurde mir von anderen vereitelt, deshalb wäre ich heute am liebsten mein eigener Herr und würde sogar gerne ganz alleine arbeiten.*

*Ich war immer recht schüchtern und zurückhaltend. Nach der Nahtod-Erfahrung hingegen wurde ich geselliger und nahbarer. In der Öffentlichkeit bin ich sehr menschenorientiert. Gegenüber den älteren Patienten, mit denen ich es bei der Arbeit zu tun habe, bin ich immer sehr aufmerksam. Ich bin hypersensibel für die Stimmung der Menschen und weiß, welche Gefühle sie gerade haben. Wenn sie niedergeschlagen ankommen, dann sind sie beim Gehen wieder aufgemuntert und schon viel fröhlicher. Ich habe viele gleichlautende Dankesbriefe bekommen. Meine Empathie hat sich verstärkt. Ich schätze das Leben und das Leben anderer. Das ist allerdings ein zweischneidiges Schwert, weil ich oft Gesundheit und Wohlergehen von völlig Fremden höher schätze als mein eigenes und sie an die erste Stelle setze.*

*Lichtempfindlichkeit ist eine starke Nachwirkung, die mir aufgefallen ist. Ich merke die jahreszeitlichen Schwankungen des Lichts und ihre Auswirkungen auf meine Stimmung überdeutlich. Heute bin ich überzeugt, dass meine Zirbeldrüse während der Nahtod-Erfahrung mit Sauerstoff unterversorgt war und dadurch geschädigt wurde, was zu einem Ungleichgewicht zwischen meinem Serotonin- und Melatonin-Spiegel geführt und meinen Schlaf-Wach-Rhythmus durcheinander gebracht hat. Bei Sonnenschein geht es mir gut, aber die Lichtintensität beeinflusst meine Stimmung deutlich. Kann ich mich in einer Minute noch unbesiegbar fühlen und so, als ob mir alles möglich wäre, so laufe ich in der nächsten schon gegen eine Wand, fühle mich depressiv und suizidal. Dieser Gedanke ist mir in den letzten Jahren ein bisschen zur fixen Idee geworden. Hier muss noch wichtige Forschung geleistet werden.*

*Vor der Nahtod-Erfahrung konnte ich gut Dinge vorhersagen. Ich konnte die Farbe der Stifte erraten, die die Leute sich beim Mastermind-Spiel aussuchen würden. Beim Würfeln konnte ich oft Einsen oder Sechsen werfen. Beim Rugbyspiel wusste ich immer, wohin der Ball abprallen würde; dann lief ich dorthin und fing ihn. Ich konnte auch vorhersagen, wann jemand einen Unfall haben würde. Einmal fuhr ich zum Beispiel mit meinem Bruder Fahrrad und konnte vor meinem geistigen Auge sehen, dass er mit der Pedale an den Bordstein stieß. Ich wies ihn darauf hin, und er machte eine Ausweichbewegung, aber ein paar Minuten später traf er doch den Bordstein und landete auf der Straße. Ich wusste oder spürte sogar, dass gleich etwas Schlimmes passieren würde, als ich bei meinem letzten Rug-*

*byspiel aufs Spielfeld rannte, bei jenem Spiel, in dem ich mir das Genick brach und meine Nahtod-Erfahrung hatte. Seit der Nahtod-Erfahrung habe ich diese Fähigkeit verloren, so etwas kommt einfach nicht mehr vor. Jetzt habe ich fast konstant das Gefühl, dass Unheil bevorsteht, hinter der nächsten Ecke auf meinem qualvollen Lebensweg der „Sensenmann" lauert oder „meine Uhr abgelaufen" ist. Das hat dazu geführt, dass ich sehr auf meine Zeit achte. Ich kann es nicht ausstehen, wenn ich meine Lebenszeit mit sinnlosen Tätigkeiten oder in Gesellschaft dummer Leute verschwenden soll.*

*Seit der Nahtod-Erfahrung kann ich auch sehr gut Dinge „in der dritten Person" sehen: Dann projiziere ich mich in eine Zimmerecke und beobachte mich fast wie aus einer „außerkörperlichen Perspektive". Ich mache das manchmal bei Team-Sitzungen, und ich kann mich sogar in den Körper anderer hineinprojizieren. Mit offenen oder geschlossenen Augen kann ich mir vorstellen, dass ich mit meinen Armen in ihre Arme schlüpfe wie in eine Jacke oder in ihre Haut eintrete und mein Fantasie-Ich dann wachsen oder schrumpfen lasse, damit es in sie hineinpasst … und spürt, wie es so ist, der oder die andere zu sein, männlich oder weiblich, ich vermag meinem richtigen Ich zuzuschauen, wie es mit diesen Leuten umgeht. Manchmal steht mir sogar mitten im Gespräch mit Leuten plötzlich mein eigenes Gesicht vor Augen, meine Augen und mein Mund. Mit den Jahren bin ich darin immer besser geworden. Ich bin froh, dass Sie meine Erfahrung dokumentiert haben, wegen meines „Sensenmann"-Gefühls. Ich hoffe, das bedeutet nicht, dass ich jetzt „gehen" muss.*

Andere Veränderungen nach einer Nahtod-Erfahrung sind für die meisten Leute im Allgemeinen angenehm.

## Keine Angst vor dem Tod

Bei vielen, die eine Nahtod-Erfahrung machen, ändert sich die Einstellung zum Tod. Im Rahmen meiner prospektiven Studie habe ich festgestellt, dass Menschen, die ihrer Nahtod-Erfahrung keine große Bedeutung beimaßen, dem Tod gegenüber immer noch eine gewisse Unsicherheit verspürten. Diejenigen aber, die von einer ausgeprägten Nahtod-Erfahrung mit vielen Komponenten berichteten, waren felsenfest davon überzeugt, dass man sich vor dem Tod nicht zu fürchten brauche. Das soll nicht heißen, dass die Betroffenen sterben wollen, aber sie wissen, wenn es so weit ist, dann braucht man vor dem Tod keine Angst zu haben, weil sie ja schon einmal dort waren und wissen, was sie erwartet. Ein Patient, der von der Intensivstation auf eine normale Station entlassen wurde, kam sogar immer wieder zu Besuch auf Intensiv, weil er den anderen Patienten sagen wollte, dass der Tod sehr schön sei und sie keine Angst haben müssten.

Folgendes erreichte mich auf einen Zeitungsartikel hin:

*Ich erinnere mich ganz deutlich an meine eigene Erfahrung vor vielen Jahren, als ich neunundvierzig war. Es war im Sommer 1985, ich hatte meinen ersten Herzinfarkt, eine Woche später hatte ich den zweiten und danach kam es zum Herzstillstand. Ich erfuhr, dass ich achtzehn Defibrillationen brauchte, damit ich am Leben blieb. Nachdem ich wieder da war, erinnerte ich mich, was währenddessen geschehen war. Ich war in einem dunklen Tunnel mit einem Licht am Ende, auf das ich zuging. Ich trat durch den Tunnel ins Sonnenlicht, dort folgte ich einem Weg mit Grünstreifen und Blumenbeeten auf beiden Seiten. Ich war noch nie so glücklich und zufrieden; kein Schmerz, einfach reines Wohlgefühl. Ich bin allerdings niemandem begegnet, und kurze Zeit später, so kam es mir vor, wieder aufgewacht. Da lag ich wieder im Bett im Aufwachraum, das war Tage später. Geblieben ist mir von dieser ganzen Erfahrung das Gefühl, keine Angst mehr vor dem Sterben zu haben. Ich hoffe, das ist für Sie von Interesse.*

## Toleranter, liebevoller und mitfühlender

Die meisten Menschen finden, dass sie infolge ihrer Nahtod-Erfahrung anderen gegenüber toleranter werden. Viele erleben eine unbeschreibliche bedingungslose Liebe. Sie werden liebevoller und mitfühlender, und ihre Werte verändern sich drastisch. Viele

Nahtod-Erfahrene wenden sich Pflegeberufen zu, einige machen eine Ausbildung zur Krankenschwester[12] oder studieren Medizin,[13] andere arbeiten ehrenamtlich in einem Hospiz.

Pam Williams aus Swansea hatte eine Nahtod-Erfahrung, als sie unter der Geburt einen hohen Blutverlust erlitt:

*Der Arzt kam in seinem Wagen. Obwohl es körperlich eigentlich unmöglich war, habe ich doch gesehen, wie der Arzt aus seinem Auto stieg und unseren Weg entlanglief; er warf seine Jacke von sich, krempelte die Ärmel auf und untersuchte mich. Anscheinend wollte er etwas aus mir herausziehen. Dann schlug er mir auf die Brust, stieß mir eine Nadel ins Herz und injizierte mir etwas. Er atmete in meinen Mund hinein. Während sich dies alles abspielte, ging es mir die ganze Zeit gut; mir war angenehm warm, ich war glücklich, froh und zufrieden und schwebte sanft auf ein helles Licht zu. Plötzlich hörte ich von ferne meine älteste Tochter „Mami" schreien. Ich weiß noch, dass ich dachte: „Ach herrje, Jacquie braucht mich" – und mit einem Satz war ich wieder da. Der Arzt hatte meinen Mann bereits weggeschickt, um den Rettungswagen für Notfälle bei Geburten zu rufen (damals gab es noch keine Handys). Der Rettungswagen kam mitsamt einem speziell ausgebildeten Notarzt. Ich wurde stabilisiert, zusammen mit meiner neugeborenen Tochter in den Rettungswagen verfrachtet und mit lautem Martinshorn in höchster Eile ins Krankenhaus gebracht.*

*Als ich sechs Wochen später zur Nachuntersuchung kam, erzählte ich dem Arzt, was ich gesehen hatte. Er staunte, dass ich den Vorfall so detailliert schildern konnte, hatte aber keinerlei Erklärung dafür. Diese Nahtod-Erfahrung hat mir ein besonderes Vermächtnis hinterlassen: Ich weiß mit absoluter Sicherheit, dass man vor dem Tod keine Angst haben muss. Ich bin kein religiöser Mensch, aber ich glaube, dass es nach dem Tod einen warmen, zutiefst friedlichen, wunderschönen Ort gibt. Mir war außerdem so, als hätte ich irgendwie die Wahl, ob ich auf meinem Weg ins helle Licht weitergehen oder zurückkehren wollte; ich habe mich für Letzteres entschieden.*

*Dieses Erlebnis blieb mir irgendwie im Hinterkopf. Ich war eine ungebildete Bergarbeiterfrau mit vier kleinen Kindern. Ich hatte*

*Gelegenheitsjobs beim Putzen oder an der Essensausgabe einer Kantine, bis mich im Alter von vierunddreißig Jahren eine Reihe scheinbarer Zufälle dazu brachte, eine Ausbildung zu machen. Innerhalb von sechs Jahren wurde ich zunächst Schwesternhelferin und dann examinierte Krankenschwester. Nach weiteren vier Jahren Fortbildung war ich Stationsschwester auf der kardiologischen Intensivstation in Sheffield. Dann ergab alles ein Bild: Ich hatte nicht mehr Glück als Verstand gehabt, und es war auch kein reiner Zufall gewesen, dass ich diese Fähigkeiten und dieses Wissen erlangt hatte. In aller Bescheidenheit spürte ich, dass ich hier an der richtigen Stelle war, da ich durch meine Nahtod-Erfahrung imstande war, den sterbenden Patienten und auch den hinterbliebenen Familien Hilfe und Unterstützung zu geben. Meine eigene Nichtangst vor dem Sterben half mir, Aspekte des Todes zu erforschen, zunächst im Rahmen meiner Ausbildung, dann auf Master-Niveau – damals war ich bereits Dozentin für Kranken- und Palliativpflege.*

*Ich glaube wirklich, wenn ich keine Nahtod-Erfahrung gehabt hätte, hätte mich nichts gedrängt, mich mit dem Thema Tod auseinanderzusetzen, und ich hätte mich wahrscheinlich damit zufriedengegeben, keine Ausbildung mehr zu machen. Auch menschlich habe ich mich vom Moment meiner Nahtod-Erfahrung an verändert; ich verspürte eine überwältigende Freude sowie das Bedürfnis, anderen zu helfen und sie zu unterstützen. Ich glaube unerschütterlich an das Prinzip, dass man jeden Tag etwas tun oder geben sollte, was einem anderen hilft, oft einem Fremden, der einem zufällig über den Weg läuft. Außerdem glaube ich fest, dass Religion bloß ein Wort ist und jeder Mensch selbst dafür verantwortlich ist, wie er lebt.*

## Nicht mehr materialistisch/statusorientiert

Nach einer Nahtod-Erfahrung wird meist das ganze Leben neu bewertet, und wenn vorher Geld, Status und Wohlstand im Vordergrund standen, dann haben nach der Nahtod-Erfahrung die einfachen Dinge des Lebens, wie zum Beispiel Zeit für Familie und Freunde, Priorität.

## Größere Wertschätzung für das Leben

Die Betroffenen erkennen, wie wichtig ihr Leben ist und machen sich keine Gedanken mehr über Dinge, über die sie sich zuvor den Kopf zerbrochen hätten.

## Spirituelle Werte verändern sich

Sehr häufig ändern Menschen infolge einer Nahtod-Erfahrung ihre spirituellen Überzeugungen. Die Auswirkungen können unterschiedlich sein. Während manche religiöser werden und sich sogar zur Pfarrerin oder zum Diakon ausbilden lassen,[14] finden andere, dass ihre Religion das, was ihnen bei ihrer Nahtod-Erfahrung „offenbart“ oder vermittelt wurde, nicht mehr ausreichend trägt. Ungeachtet ihrer religiösen oder spirituellen Werte denken die Betroffenen im Allgemeinen mehr an andere. Oft sind Nahtod-Erfahrene dankbar dafür, dass sie die Chance zum Weiterleben bekommen haben und spüren, dass ein spiritueller Sinn dahintersteckt.[15]

Marie-Claires Nahtod-Erfahrung zeigt etliche dieser Nachwirkungen:

*Ich erkrankte an Meningitis und kam ins Krankenhaus, wo ich einen Monat bleiben musste. Ich erinnere mich, dass ich schreckliche Schmerzen hatte, so als würde mein Kopf zerquetscht, und dass ich kein helles Licht ertragen konnte. Ich wurde an einen Tropf gehängt und spürte dann, wie ich fiel. Ich kniff mich in die Hand, um zu sehen, ob es nur ein Traum war – aber es war keiner! Plötzlich war ich in so einer Art dunklem Tunnel, sauste mit hohem Tempo hindurch, und am Ende war ein helles goldenes Licht, das mir aber nicht in den Augen wehtat. Als ich am Ende angekommen war, sah ich meine Familie und Patienten (ich war Krankenschwester); alle standen mit einem wunderschönen Lächeln und ausgebreiteten Armen da und umgaben mich mit sehr viel Liebe. Es war erstaunlich! Sogar unsere Haustiere, die vor Jahren gestorben waren, hießen mich willkommen. Einige Patienten waren vor ihrem Tod amputiert worden, aber nun hatten sie alle Glieder und konnten gehen. Eine Stimme kam in meinen Kopf und fragte, ob ich bei ihnen bleiben oder wieder dorthin zurückkehren wollte, wo ich hergekommen war.*

*Ich erinnere mich ganz deutlich, dass ich sagte: „Oh, meine Güte, ich würde zu gerne bleiben, aber ich muss erst noch einmal zurück und mein Schlafzimmer aufräumen!" Ich bin Kinderschwester und hatte vor meinem Zusammenbruch Bücher auf dem Boden liegen lassen. Plötzlich spürte ich, wie ich sehr schnell an einer Art Silberschnur, einer sehr feinen, zurückgezogen wurde, und dann schrie ich auf vor Schmerz, denn ich wurde von Ärzten und Schwestern geweckt. Ich fragte sie: „Warum habt ihr mich nicht in Ruhe gelassen? Ich war so glücklich, dass ich endlich schmerzfrei war." Ihre Antwort war ein Schock für mich. Sie sagten: „Aber Sie waren gestorben, wir haben Ihnen das Leben gerettet." Da machte ich mir schreckliche Vorwürfe, dass ich sie angeschrien hatte und mich nicht dankbar dafür zeigte, was mit mir geschehen war. Als ich dann auf dem Weg der Besserung war, war ich natürlich dankbar dafür, dass man mir das Leben gerettet hatte, und habe keinen einzigen Blick mehr zurückgeworfen.*

*Seit ich gestorben war, bin ich Spritualistin geworden und habe keine Angst mehr vor dem Sterben; ich weiß ganz sicher, dass dieses Leben eines von vielen ist und wir unsere Lieben eines Tages wiedersehen. Ich bin dadurch auch ein besserer Mensch geworden, und ich versuche, jeden Tag mindestens fünfmal anderen etwas Gutes zu tun. Ich helfe meinen Freunden und meiner Familie gerne, und mein Gehalt gebe ich größtenteils anderen, die es nötiger haben als ich. Alle, die im Jenseits mit mir gesprochen haben, sprachen mit so großer Liebe, dass ich, sobald es mir wieder besser ging, schon weinen musste, wenn ich nur daran dachte. Die Liebe und Freundlichkeit bei meiner Rückkehr werde ich nie vergessen; so etwas habe ich seither nie wieder erlebt. Wenn meine Zeit gekommen ist, dann werde ich die Leute, die ich damals getroffen habe, hoffentlich wiedersehen, und noch ein paar mehr!*

*Auch die Farben waren ganz anders als auf der Erde, ich kann die Farben nicht nennen, weil ich sie davor noch nie gesehen habe, ich kann nur sagen, dass sie absolut erstaunlich waren. Auch die Blumen waren einfach herrlich, zumeist weiß, und das grüne Gras sah aus wie grüner Samt, es ist schwer zu erklären! Manchmal – nur manchmal – wünschte ich, ich könnte wieder dorthin, denn meine liebe Zwillingsschwester ist vor fünf Jahren verstorben. Sie fehlt mir sehr; wir standen uns sehr nahe, und ich habe sie sehr lieb gehabt. Ich hoffe, dies hat Sie nicht allzu sehr gelangweilt, aber es ist absolut wahr, und wie bereits erwähnt, habe ich keine Angst vor dem Sterben. Ich weiß, auf der anderen Seite ist alles reine Liebe, wo immer dies in Gottes Universum auch sein mag!*

Das Folgende erhielt ich auf einen meiner Zeitungsartikel hin:

*Auch ich hatte eine Nahtod-Erfahrung. Es geschah vor annähernd dreißig Jahren, aber es ist mir noch so deutlich in Erinnerung, als wäre es gestern gewesen. Ich glaube, dass es nichts mit Halluzinationen oder Medikamenten zu tun hat. Nach einer großen Operation hatte ich im Krankenhaus eine Lungenembolie. Ich konnte mich weder bewegen noch die Krankenschwester rufen; es war, als hätte mir jemand in den Rücken gestochen und alle Luft sei aus meinen Lungen entwichen. Ich erinnere mich deutlich an eine Krankenschwester, die mich ansah und dann mit Sauerstoff und Maske an mein Bett gelaufen kam, wo sie mir die Maske aufs Gesicht setzte. Dann sah ich zwei Ärzte, die an mein Bett eilten, der eine hörte meine Brust mit einem Stethoskop ab, der andere drückte fest auf die Venen in meinen Beinen (später habe ich erfahren, dass er eine Thrombose suchte). Ich konnte immer noch nicht atmen, und der Schmerz in meinem oberen Rücken war grässlich.*

*Plötzlich war ich vollkommen ruhig und spürte, wie ich in Deckenhöhe in eine Zimmerecke glitt. Ich schoss durch einen Tunnel in der Zimmerdecke, und er war voller heller Lichter und lebendiger Farben, und vorne stand meine Großmutter und lächelte, wie sie es immer getan hatte, als sie noch lebte. Hinter meiner Großmutter standen weitere Mitglieder unserer Familie und Freunde, alle lächelten und hießen mich willkommen. Plötzlich musste ich zurück zu meiner Familie und meinen beiden kleinen Söhnen. Ich schwebte über meinem Krankenhausbett und schaute darauf herunter. Ich sah, wie ich da lag, an einem Tropf hing und Sauerstoff bekam. Mei-*

*ne Augen waren geschlossen, aber die beiden Ärzte und inzwischen drei Krankenschwestern eilten nicht mehr hin und her. Zwei Tage später bin ich aufgewacht (mein Mann hat mich über die Zeitspanne informiert), hatte überall Schläuche und starke Schmerzen in der Lunge. Diese Schmerzen hatte ich nicht, als ich über dem Bett schwebte und auch nicht im Tunnel. Ich erholte mich und hatte dann vier Tage später einen erneuten Anfall von Atemnot.*

*Dieses Mal war ich auf der Intensivstation, daher kam sofort eine Schwester mit Sauerstoff. Sie zog die Vorhänge um das Bett herum zu und sagte, sie komme gleich mit einem Arzt wieder. In dieser Zeit (anscheinend nur Sekunden), kam ein Mann in rein weißer Kleidung in mein Abteil und setzte sich mit dem Rücken zu mir ans Fußende meines Bettes. Meine Atmung ging schwer, und er saß mir tatsächlich auf den Füßen (ich bin eine große Frau), und ich erinnere mich deutlich, dass es mir schwerfiel, die Füße unter ihm wegzuziehen. Dann sagte er mir immer wieder* ***„Kämpfe dagegen an; kämpfe dagegen an."*** *Danach verschwand er vor meinen Augen. Als meine Atmung sich wieder normalisiert hatte, fragte ich die Krankenschwester, wer das denn gewesen sei, der da in das Abteil gekommen war, bevor sie mit dem Arzt wiederkam. Sie sagte mir, es sei niemand bei mir gewesen. Heute glaube ich, dass es mein Schutzengel war.*

*Ich möchte noch hinzufügen, dass meine Erfahrung mein Leben verändert hat. Ich habe mich einen Großteil meines Lebens ausschließlich um Familie und Freunde gekümmert und bin beruflich in der Blindenarbeit tätig. Vor jener Nahtod-Erfahrung war ich ziemlich egoistisch und introvertiert. Daher kann ich sagen, die Erfahrung hat mir sehr gut getan. Eine der ersten, um die ich mich gekümmert habe, war meine Mutter, die anderthalb Jahre nach meiner Nahtod-Erfahrung gestorben ist. Zwanzig Jahre später habe ich meinen Vater im Endstadium von Krebs gepflegt – vielleicht wurde ich ja gerettet, weil ich noch etwas zu erledigen hatte.*

## Gefühl einer „Mission" oder einer Aufgabe im Leben

Wenn Nahtod-Erfahrene zurück ins Leben geschickt werden, dann häufig mit dem Gefühl, sie hätten noch eine Aufgabe zu erfüllen. Oft sind sie allerdings ratlos, welche Aufgabe dies sein soll. Für manche wird das zu einem Thema, das sie intensiv beschäftigt. Deshalb hat Carolyn Matthews[16] einen sehr interessanten Kurs entworfen, der Nahtod-Erfahrenen helfen soll herauszufinden, welche „Mission" sie haben. Der Kurs ist das Resultat ihrer Masterarbeit in Transpersonal Studies an der Atlantic University in Virginia.

Im Folgenden ein Beispiel für jemanden, der versucht, seine Lebensaufgabe zu verstehen:

*Ich schreibe Ihnen in Bezug auf ein Erlebnis, das ich im Sommer 1995 hatte, als ich im Krankenhaus lag. Ich war mit Verdacht auf Blinddarmentzündung ins Krankenhaus eingeliefert worden. Für den darauffolgenden Morgen war eine Operation angesetzt, und ich erhielt eine Morphinspritze, weil ich mich inzwischen unter starken Schmerzen krümmte. Um es kurz zu machen: Es dauerte über achtzehn Stunden, bis ich in den Operationssaal hinuntergebracht wurde, und mir war einfach nur noch danach, alles hinter mir zu lassen. Sie glaubten, ich sei bereits anästhetisiert worden, aber ich bekam mit, wie mein Bauch mit etwas Kaltem, einer Art Flüssigkeit, bemalt wurde. Das beunruhigte mich, aber ich konnte ja nichts tun.*

*Als Nächstes kam der seltsame Teil. Während dieses Erlebnisses verspürte ich überhaupt keinen Schmerz. Mir war, als befände ich mich mitten in der Luft, rund einen Meter über der Transportliege im Krankenhaus, und schaute auf ein Baby herunter. Ich konnte mir gar nicht vorstellen, wer das war, bis es mir dämmerte, dass ich es war. Da veränderte sich die Gestalt zu einem Erwachsenenkörper, den ich zunächst ebenfalls nicht erkannte, bis ich merkte, dass ich es war. Danach kam es mir so vor, als sei ich an einem dunklen Ort und ginge auf eine Gestalt zu, die langes Haar und einen Bart, aber eine hohe Stirn hatte. Die Gestalt war so, wie wenn man ein Foto-NEGATIV betrachtet – schwarz auf weiß, ähnlich dem Turiner Grabtuch, aber mit höherer Stirn und einem ganz weichen Licht dahinter. Die Gestalt erschien mir wesentlich größer als ich selbst, und ich schien zu ihr aufzusteigen, doch ich konnte nichts sehen, was unterhalb seiner Schultern war (wie ein Kind bei einem Erwachsenen). Das Licht hinter der Gestalt war anscheinend ein ganz weiches, weißes Licht, und obwohl ich niemand anderen sehen konnte, war ich mir sicher, dass ich auf den Rückweg geführt wurde. Es war, als würde ich den Weg einfach entlangschweben. Es war eine sehr ruhige Erfahrung – bis auf den Blick in die andere Höhle auf dem Rückweg, nachdem ich die Gestalt gesehen hatte, aber ich bin mir immer noch nicht sicher, was dort drin war.*

*Ich konnte nur Kopf und Schultern sehen und war ganz ruhig, aber die Gestalt schaute nach rechts, und ich glitt nach links davon mit dem Gefühl, dass meine Zeit noch nicht gekommen war und ich noch etwas erledigen musste. Beunruhigt, wenn dies überhaupt das richtige Wort dafür ist, hat mich eigentlich nur eines, und zwar als ich durch einen langen Tunnel oder so etwas Ähnliches zurückging und nach links in eine weitere große Höhle schaute und dort drinnen nur Nebel über dem Boden sehen konnte, aus dem aber irgendwie sehr viele scharfe Spitzen herausragten, was mich in Alarmstimmung versetzte. Ich hatte die ganze Zeit über das Gefühl, dass ich zurückgeführt wurde, konnte aber nicht sehen, von wem.*

*Als Nächstes war mir, als wäre ich wieder in meinem Körper. Ich hatte die schlimmsten Schmerzen, die ich je erlebt habe, und kämpfte körperlich mit jemandem, der meinen Körper bewegte, aber alles war schwarz, und ich konnte nichts sehen, sondern nur Stimmen hören. Ich spürte, dass rechts etwas Seltsames an mir befestigt war und griff danach, dann hörte ich die Stimme meiner Mutter, die mir sagte, ich solle den Schlauch nicht anfassen und mich von ihnen ins Bett legen lassen. Es war ihre Stimme, die ich erkannte, und so ließ ich zu, dass die Leute mich von der Transportliege in das Bett auf der Station schoben, obwohl der Schmerz unerträglich war. Der Schlauch war anscheinend eine Drainage, die aus der Wunde an meinem Bauch in einen Beutel führte, der die Flüssigkeit auffing. Denn als sie mich endlich aufschnitten, war der Blinddarm schon längst geplatzt, und das Ganze hatte sich zu einer Bauchfellentzündung entwickelt.*

*Ich fragte immer wieder, was passiert war, denn ich wusste ja, dass ich etwas erlebt hatte, doch der Chirurg sagte nur, es sei sehr ernst gewesen, und sie hätten mich von innen mit Antibiotika auswaschen müssen, weil durch die Bauchfellentzündung alles stark vereitert war. Ich wollte einfach nur in Ruhe gelassen werden, weil ich mich so elend fühlte. In jener Woche erhielt ich über zwanzig Morphin-Spritzen gegen die Schmerzen. In den ersten drei Tagen habe ich immer, wenn ich die Augen schloss, links von mir in der Wand einen lebhaft grünen Tunnel gesehen, und hatte den Eindruck, ich bräuchte wegen der ständigen Schmerzen einfach nur loszulassen. Als meine Temperatur am vierten Tag sank, hatte ich die Tunnel-Visionen nicht mehr.*

*Als ich nach dem vierten Tag endlich aus dem Bett aufstehen konnte, fiel mir auf, dass meine Brust ganz rot aussah, und ich verstand nicht, warum. Erst als ich dies später meiner Mutter erzählte, erklärte sie, dass man mir wahrscheinlich mit den Paddles Elektroschocks verpasst hatte, falls es während der Operation Probleme gegeben habe, was sie vermutete.*

*Ich war praktizierender Katholik, bevor das passiert ist, und habe keine Angst vor dem Sterben, weil ich weiß, dass es nur ein Schritt zu etwas Besserem ist. Das sage ich auch den Leuten. Heute bin ich sechsundvierzig und habe inzwischen einen Sohn, aber ich glaube nicht, dass er der Grund dafür ist, dass ich zurückgekommen bin. Ich weiß, dass die Ärzte gesagt haben, die Erfahrung könnte einfach vom Morphin kommen, aber ich weiß, dass es etwas anderes war. Ich fliege Helikopter und habe Menschen gerettet, aber ich habe immer noch nicht das Gefühl, dass ich an dem Punkt angekommen bin, dessentwegen ich zurückgeschickt wurde. Manchmal frage ich mich, ob ich immer noch den richtigen Beruf habe, was seltsam ist, wenn man bedenkt, wie scharf ich vor dieser Erfahrung aufs Fliegen war. Ich habe einigen reichen Leuten, die ich durch meine Fliegerei kennengelernt habe, vorgeschlagen, eine gemeinnützige Organisation ins Leben zu rufen, die schneller vor Ort ist, um Kranken und notleidenden Kindern auf der ganzen Welt zu helfen, und ich glaube, das hat etwas damit zu tun, weshalb ich zurückgeschickt wurde. Die spirituelle Seite des Lebens interessiert mich heute mehr als vor der*

*Erfahrung, und ich habe immer gesagt, jemand, der zum Zeitpunkt der Operation jünger oder älter gewesen wäre, hätte den Schmerz nicht überstanden, da ich ja selbst immer wieder aufgeben wollte. Heute denke ich, dass alles im Leben Schicksal ist, und ich weiß, dass es nur ein Schrittstein zu etwas viel Besserem ist. Das Seltsame, woran ich immer noch denken muss, ist, dass das Wesen, das ich gesehen habe, wie ein Filmnegativ mit einem weichen Licht dahinter war. Es fand keine Sprache statt, aber die Gedanken wurden mir irgendwie übermittelt: Ich weiß, dass es echt war. Ich glaube auch nicht, dass meine Nahtod-Erfahrung etwas mit dem Morphin zu tun hatte, denn im Laufe der Woche wurde es mir ja zwanzig Mal gespritzt, und die außerkörperliche Erfahrung trat nur am Anfang meines Krankenhaus-Aufenthaltes auf. Ich weiß nicht, ob diese Erfahrung der anderer ähnelt, bei dem Negativbild, das ich gesehen habe, aber ich dachte, ich sollte sie Ihnen mitteilen. Alles Gute für Ihre Arbeit.*

## Die Nahtod-Erfahrung bleibt lebendig im Gedächtnis

Eine Nahtod-Erfahrung prägt sich offensichtlich tief ein. Selbst nach vielen Jahren noch steht sie den Betroffenen lebendig vor Augen, als habe sie sich gerade erst am Vortag ereignet. Ich habe mit Menschen gesprochen, die über achtzig und neunzig Jahre alt waren und vor über fünfzig Jahren eine Nahtod-Erfahrung gehabt hatten. Dennoch war diese ihnen völlig gegenwärtig.

Der folgende Bericht wurde mir aufgrund eines Zeitungsartikels anonym zugesandt:

*Nach der Lektüre Ihrer Berichte über Nahtod-Erfahrungen in der Zeitung dachte ich mir, dass Sie vielleicht meine hören möchten. Es passierte, als ich noch ein junger Backfisch war. Heute bin ich über neunzig. Ich habe zwar versucht mir einzureden, es sei ein Traum gewesen, aber es blieb mir sehr lebendig im Gedächtnis. Ich wurde mit akuter Blinddarmentzündung ins Krankenhaus gebracht. Als Anästhetikum benutzte man damals Chloroform. Ein äußerst unangeneh-*

*mer Geruch, durch den ich schnell hinüber war. Dann war mir, als würde ich in einen langen dunklen Tunnel mit einem winzigen Lichtfleck geschoben, der sehr weit weg wirkte. Es war eine schreckliche Reise, gegen die ich mich nicht wehren konnte. Während der Fahrt wurde das Licht größer, bis es so stark wurde, dass es mich blendete. In dem Moment schoss ich aus dem Tunnel heraus und sah mich einem glänzenden goldenen Tor gegenüber. Dort stand ein Mann in einem langen weißen Gewand. Er hatte einen Bart und das sanfteste, aber strahlendste Gesicht, das ich je gesehen hatte. Ich schaute durch das Tor und sah meine Großeltern und andere, die bereits von uns gegangen waren. Sie wirkten wie hinter einer Wolke. Ich konnte sie nur von der Taille an aufwärts sehen. Sie hatten einen sehr friedlichen und glücklichen Gesichtsausdruck, und auch um mich war ein unglaublicher Friede. Ich bat den Mann inständig, mich einzulassen. Ich sehnte mich so sehr danach, zu ihnen zu kommen, aber er sagte nur: „Nein, noch nicht." Ich bettelte weiter, da hob er abwehrend die Hand und sagte: „Nein, noch nicht." Unter Tränen spürte ich, wie ich wieder in den Tunnel hineingesogen wurde. Das Licht wurde kleiner, bis es nur noch stecknadelkopfgroß war, dann fiel ich aus dem Tunnel. Ich hörte Stimmen und stellte fest, dass um mich herum lauter Betten standen und ich schlimme Schmerzen im Bauch hatte. Es dauerte eine ganze Weile, bis ich meine Verwirrung abschütteln konnte. Seit meiner Nahtod-Erfahrung habe ich keine Angst mehr vor dem Tod. Ich möchte nicht, dass mein Name genannt wird, weil sonst sehr viele hier behaupten würden, ich sei dement. Dennoch bleiben mir diese zauberhaften Momente immer gegenwärtig. Danke für Ihre Arbeit.*

## Vermehrtes Interesse an der Umwelt/ ökologischen Themen

Viele Menschen entwickeln ein verstärktes Bewusstsein für die Umwelt und ihre Beziehung zu ihr. Statt sich auf ihre individuellen Bedürfnisse zu konzentrieren, erwacht in ihnen neuer Respekt vor der Natur, und sie sehen den Einfluss des Menschen auf die Umwelt in größeren Zusammenhängen.

Heather Leese hatte als Patientin auf der Intensivstation nach einer schweren Infektion, an der sie beinahe gestorben wäre, eine Nahtod-Erfahrung. Bei ihr stellten sich zahlreiche Nachwirkungen ein, unter anderem wurde ihr das Wohlergehen der Erde wichtiger:

*Es kann für mich richtig anstrengend sein, damit zurechtzukommen, was gerade mit mir geschieht, und mich auf diese neue starke Energie einzustellen! An manchen Tagen bringe ich gar nichts zustande und bin ganz überwältigt.*

*Meine Erfahrungen mit menschlichen Beziehungen und der Umwelt haben sich nach der Nahtod-Erfahrung verändert, würde ich sagen. Ich habe immer versucht, mit dem Leben und der Umwelt respektvoll umzugehen, aber seit der letzten Nahtod-Erfahrung, die ich hatte, als ich ins Koma fiel und den weißen Lichtraum erlebt habe, verspüre ich eine überwältigende Verbindung zum Schmerz von Mutter Erde. Es ist, als erlebte ich ihre Traurigkeit darüber, wie mit ihr umgegangen wird; da außerdem noch Müdigkeit hinzukam, war das eine schwere Last.*

*Ich habe versucht, so viel zu tun, wie ich nur konnte, aber bald wurde mir klar, dass ich es nicht in der Hand habe, wie andere Menschen mit dem Land umgehen. Ich kann nur als Einzelne mein Bestes tun, deshalb fing ich an, ein saubereres Leben zu führen, indem ich versucht habe, umweltfreundliche Putzmittel zu verwenden. Mein Körper verträgt es nicht mehr, wenn er mit vielen Chemikalien in Berührung kommt, daher kann ich nur Bio-Shampoo und Salzkristall-Deo und so weiter verwenden, und ich habe mir ein kleineres, umweltfreundliches Auto mit einem 1,1-Liter-Motor gekauft. Ich recycle, und wenn ich es mir leisten kann, dann kaufe ich nur Bio-Lebensmittel und lese möglichst den Müll auf der Straße auf (mein Vater lacht mich aus, wenn ich das tue!). Meine Gedanken über Emissionen und dergleichen kann oder will ich nicht vertiefen, denn dann werde ich wütend, und das tut mir jetzt nicht gut. Ich bin zu dem Schluss gekommen – und das haben mir auch Geister gesagt – dass es bereits Leute gibt, die an Umweltthemen arbeiten und meine Aufgabe im Augenblick anderswo liegt, aber im Moment bin ich so drauf, dass ich vollkommen damit einverstanden bin, falls Mutter*

*Erde sich entschließt, uns wegen des Schmerzes, den wir ihr zugefügt haben, auszulöschen, denn das ist ihre und Gottes Sache! Meine Familie und ich tun, was wir können, und sehr viele Menschen tun entsprechend ihrem jeweiligen Wissensstand ihr Bestes. Ich hoffe, das ergibt ein wenig Sinn.*

Dr. Parti, dessen Nahtod-Erfahrung in Kapitel Eins kurz dargestellt ist, wurde durch seine Erfahrung in vielen der oben genannten Aspekte grundlegend verändert. Seine Gesundheit war verwandelt; er erfuhr eine bemerkenswert schnelle Heilung und wurde bereits zweiundsiebzig Stunden nach seiner Sepsis-Operation entlassen. Mit der Zeit erkannte er, dass seine Schmerzmittel-Abhängigkeit und seine Depression vollständig verschwunden waren.

Er kündigte seine Stelle als Anästhesist, zog aus einem großen Haus in ein bescheidenes Häuschen, wechselte von einem Mercedes zu einem kleineren, umweltfreundlichen Hybrid-Auto, engagierte sich ehrenamtlich und suchte nach Möglichkeiten, anderen zu dienen.

Heute empfindet er sich als fürsorglicher und liebevoller, er hat Mitgefühl für andere und den überwältigenden Wunsch, anderen bei ihrem Heilungsprozess zu helfen. Die Erkenntnisse, die er bei seiner Nahtod-Erfahrung gewonnen hat, haben ihn angeregt, über spirituelles Wohlbefinden zu schreiben sowie Workshops und Seminare dazu zu geben. Er schloss seine E-Mail an mich mit folgendem Satz: „In meinem alten Leben habe ich dafür gesorgt, dass die Leute einschlafen. In meinem neuen Leben wecke ich sie auf. Und auch ich bin aufgewacht."

## Elektro-Sensibilität und die Unmöglichkeit, eine Armbanduhr zu tragen

Eine weniger bekannte Nebenwirkung ist, dass Nahtod-Erfahrene eine Überempfindlichkeit gegen Elektrizität entwickeln können und feststellen, dass Armbanduhren bei ihnen nicht funktionieren. In manchen Fällen stellt die Armbanduhr sämtliche Funktionen ein, sobald sie sie tragen, läuft aber normal, wenn andere sie anlegen;

in anderen Fällen zeigt die Uhr nie die korrekte Zeit an. Manchmal bringen die Betroffenen dies nicht einmal mit ihrer Nahtod-Erfahrung in Verbindung. Die Berichte hierüber stammen von anderen Forschern auf dem Gebiet[17], und da es mich beeindruckt hat, fragte ich die Teilnehmer an meiner Studie, ob sie dies auch so erlebten. Dabei stellte ich fest, dass dies bei vielen tatsächlich der Fall war. In den meisten Fällen war es sogar so, dass die Betroffenen erst dann entdeckten, dass der Beginn ihrer Überempfindlichkeit mit dem Zeitpunkt ihrer Nahtod-Erfahrung zusammenfiel, wenn ich das Thema ansprach.

Im Gespräch mit meiner Kollegin, deren Nahtod-Erfahrung in Kapitel Eins beschrieben ist, bemerkte ich, dass sie keine Armbanduhr trug. Ich fragte sie nach dem Grund, und sie antwortete, sie habe schon vor Jahren aufgehört, Armbanduhren zu tragen, da sie bei ihr nie funktionierten. Dann dachte sie darüber nach und stellte zu ihrer Überraschung fest, dass das Problem nach ihrer Nahtod-Erfahrung angefangen hatte. Ihre Mutter hatte ihr eine teure Uhr gekauft, aber sie funktionierte bei ihr einfach nicht. Sie verstand das nie, denn an der Uhr war alles in Ordnung, und wenn jemand anderer sie trug, funktionierte sie einwandfrei. Alle Armbanduhren gingen eine Weile richtig, blieben dann aber stehen oder funktionierten gar nicht mehr, doch erst als ich erwähnte, dies könne eine mögliche Nachwirkung der Nahtod-Erfahrung sein, ergab das Ganze für sie einen Sinn.

Neuere Forschungen[18] schlussfolgern, dass Nahtod-Erfahrene mit größerer Wahrscheinlichkeit von einer Veränderung elektromagnetischer Felder berichteten als Menschen, die zwar dem Tode nahe gewesen waren, jedoch keine Nahtod-Erfahrung erinnerten. Menschen mit tieferen Nahtod-Erfahrungen hatten größere Probleme mit elektromagnetischen Feldern.

Eine Dame, die in einer High-Tech-Umgebung arbeitet, nahm Kontakt zu mir auf, nachdem sie einen Artikel von mir in den Medien gesehen hatte. Sie hatte in der Kindheit eine Nahtod-Erfahrung und berichtete, in ihrer Gegenwart fielen elektrische Geräte aller Art aus, und sie könne auch keine Armbanduhr tragen, weil die einfach sämtliche Funktionen einstelle. Da sie aus beruflichen

Gründen ständig die Zeit im Auge behalten muss, behilft sie sich damit, dass sie einen Wecker an einer Schnur um den Hals trägt. Insbesondere Wasserkocher stellen ein großes Problem dar, da sie in ihrer Gegenwart entweder sofort abschalten oder sogar explodieren. Sie hat dies nie mit ihrer Nahtod-Erfahrung in Verbindung gebracht, doch als ich mit ihr über diesen Effekt sprach, stellte sie fest, dass diese Probleme unmittelbar nach ihrer Nahtod-Erfahrung eingesetzt hatten.

Das Folgende stammt von einer Dame, die in der Kindheit eine Nahtod-Erfahrung hatte:

*Habe gerade den zweiten Artikel in der Zeitung gelesen. Der Abschnitt über die Elektro-Sensibilität war für mich ein Volltreffer und ein ziemlicher Schlag (entschuldigen Sie das Wortspiel), weil ich noch nie gehört habe, dass dies mit Nahtod-Erfahrungen zusammenhängt.*

*Nach meinem Erlebnis im Alter von zehn Jahren schenkten meine Eltern mir zum Geburtstag in jenem Jahr meine erste Armbanduhr. Ich habe mich natürlich sehr gefreut, weil ich mir schon immer eine eigene Uhr gewünscht hatte, musste dann aber enttäuscht feststellen, dass sie jedes Mal stehen blieb, wenn ich sie trug. Wenn ich sie aber nicht trug oder jemand anderer sie am Arm hatte, ging sie ganz normal. Bis vor wenigen Jahren habe ich es nicht geschafft, dass eine Armbanduhr richtig geht, wenn ich sie trage. Ich hatte auch Probleme, das Licht oder elektrische Geräte anzuschalten – insofern, als ich jedes Mal einen kleinen Schlag bekam, entweder beim Einschalten oder bei Berührung, wenn sie eingeschaltet waren. Mit Kraftfahrzeugen war es dasselbe, egal ob sie liefen oder standen und ausgeschaltet waren. Bis heute gehen Glühbirnen regelmäßig kaputt, wenn ich sie anschalte. Es ist schon ein richtiger Treppenwitz geworden, dass ich nicht in die Nähe von etwas kommen darf, was elektrisch ist. Meine Mutter sagte immer, ich stünde einfach zu stark unter Strom. Dabei habe ich es immer bewenden lassen und nicht weiter darüber nachgedacht. Nie und nimmer hätte ich es mit der Nahtod-Erfahrung in Verbindung gebracht.*

*Als ich meine erste Arbeitsstelle antrat (Mitte der 1960er Jahre in einem Büro alten Stils), wurde mir strikt verboten, auch nur in die Nähe des Fotokopierers zu kommen oder ihn gar zu berühren, weil er dann entweder gar nicht mehr oder völlig chaotisch funktionierte. Ich bin auch schon mehrfach quer durchs Zimmer geflogen, wenn ich ein elektrisches Gerät benutzt oder berührt habe. Wenige Millimeter, bevor ich den Schalter eines Elektrogeräts oder dieses selber berühre, oder auch erst unmittelbar bei der Berührung, spüre ich, wie ein leichter Spannungsstoß durch meinen Körper läuft, und dann weiß ich, ob es in dem Moment Probleme geben wird oder nicht. So einen leichten Spannungsstoß spüre ich auch, wenn ich an einem Trafohäuschen vorbeigehe (an den kleinen von der Größe eines Autos oder kleiner, wie sie in den Dörfern überall herumstehen). Als ich meinen ersten Computer bekam, hatte ich schreckliche Probleme und hätte fast alle Versuche aufgegeben, damit zu arbeiten, weil ich dachte, das Problem läge wieder einmal bei mir, aber es wurde festgestellt, dass der Computer nicht in Ordnung war, und er wurde ausgetauscht. Seither habe ich keine weiteren Probleme mehr damit, solange ich Tastatur und Maus mit Kabel benutze und keine, die über Funk arbeiten. Die Funk-Tastatur, die Maus und ich, wir waren nicht kompatibel!*

Die folgende Nahtod-Erfahrung ist interessant, weil sie Julie aus dem walisischen Llanelli etliche Nachwirkungen beschert hat:

*Es geschah 1996, nachdem ich bei einer Mandeloperation sehr viel Blut verloren hatte. Ich bin damals nach Hause gegangen und musste wieder ins Krankenhaus, weil es angefangen hatte zu bluten. Ich wurde auf die Station gebracht, und dann setzte ein massiver Blutverlust ein. Das Blut schoss mir aus dem Mund wie ein Wasserfall. Ich drückte auf den Knopf, und eine Krankenschwester kam herein, und plötzlich kamen von überallher Ärzte und Krankenschwestern. Eine hielt meine Hand, während die anderen hektisch hin und her eilten. Sie schlossen mich an einen Herzmonitor an. Dann wurde ich schwächer, und ich hörte, wie die Schwestern und Ärzte sagten: „Schnell, wir verlieren sie."*

*Als Nächstes weiß ich nur noch, dass ich in einer Art … ich kann nur sagen, es war so etwas Ähnliches wie … wie ein großes Kaleidoskop. Es war so, als wäre ich bei Bewusstsein, aber in einem großen Kaleidoskop mit weißen, silbernen und violetten Kreisen. Es war äußerst merkwürdig. Dann sah ich eine Dia-Show aus meinem ganzen Leben, die vor meinen Augen ablief. Sie lief nicht schnell, sondern ganz langsam, und sobald ein Bild gezeigt worden war, erschien das nächste. Als letztes sah ich ein Bild vom Gesicht meiner Mutter (sie lebt noch). Aber es war alles so, als wenn ich hellwach wäre; es ist schwer zu beschreiben.*

*Nach dem Bild vom Gesicht meiner Mutter sah ich so etwas Ähnliches wie Lichtkugeln – violette und silberfarbene Lichtkugeln, die vor mir schwebten. Dann erschien ein helles Licht. Es war ein sehr helles Licht, das immer noch heller wurde. Dann wurde es dunkler, als würde es mit einem Schalter heruntergedimmt, bis es schließlich nur noch ganz schwach war. Während der nächsten etwa zehn Minuten, denke ich, war ich einfach nur von diesem schwachen Licht umgeben. Ich kann dem nicht wirklich eine Zeit zuordnen. Ich war wie in der Schwebe in diesem schwachen Licht, und dann hörte ich allmählich die Stimmen der Schwestern, die meinen Namen riefen, und wachte im Aufwachraum auf.*

*Das Witzige ist, dass ich keine Angst hatte. Ja, es war sogar ein fantastisches Erlebnis. Es ging mir wirklich gut, und ich habe es genossen.*

*Seit dem Erlebnis sind ein paar sehr merkwürdige Dinge passiert. Es war, als würde ich die Gefühle der Leute aufschnappen. Anscheinend wusste ich, was die Menschen in meiner Umgebung dachten und empfanden. Sogar völlig Fremde, die ich noch nie gesehen hatte. Einmal war ich im Urlaub in Spanien, saß am Pool und las ein Buch. Ich schaute kurz auf und sah einen Mann und eine Frau, die ebenfalls lasen. Dann war mir plötzlich, als schlösse ich mich an seine Gedanken an, ich wusste, was er dachte. Die Worte: „Ich hoffe, sie freut sich darüber, sie fehlt mir. Warum musste sie sterben? … Krebs …", das war's dann. Ich dachte, ich würde verrückt. An jenem Abend sage ich beim Zubettgehen zu meinem Partner: „Der Mann am Pool tut mir wirklich leid. Er hat jemanden wegen Krebs verloren." Dann schliefen wir ein. Am nächsten Tag ging mein Partner vor mir an den Pool und kam mit der Dame ins Gespräch, die ich bei dem Mann gesehen hatte. Sie sagte meinem Partner, sie hätten gerade erst geheiratet, und seine frühere Frau sei ihre beste Freundin gewesen, aber an Krebs gestorben. Etwa eine Stunde später kam ich auch an den Pool, und mein Partner berichtete es mir – und zog mich dann auf, ich sei wohl irre.*

*So ging es mir ziemlich oft. Ich konnte zum Beispiel bei einer Vorstandssitzung im Büro sein und musste nur aufschauen, um die Gedanken der Leute anzuzapfen. Es war wie ein Einfühlen ... ich wusste, was sie denken ... anders kann ich es nicht beschreiben. Dies hielt etwa fünf Jahre an und war zunächst sehr stark, wurde dann aber nach und nach immer schwächer; heute ist es weg. Ich bin immer noch einfühlsam und kann die Gefühle anderer aufschnappen, aber ihre Gedanken kann ich nicht mehr lesen. Es hat mich immer sehr erschreckt, und ich dachte, ich würde verrückt.*

*Noch etwas: Ich konnte nach der Nahtod-Erfahrung etwa drei Jahre lang keine Armbanduhr tragen. Ich habe eine hübsche, teure Uhr, aber die spielte einfach verrückt. Ich kaufte neue Armbanduhren, aber bei mir funktionierten sie einfach nicht; es war wirklich enttäuschend, und ich habe mich sehr darüber geärgert. Inzwischen kann ich wieder eine Uhr tragen, aber hin und wieder geht sie nach, allerdings nur zehn bis fünfzehn Minuten, nicht so wie früher.*

*Auch wenn ich in der Nähe von Elektrogeräten war, spielten die einfach verrückt. Dann kam ich zum Beispiel in ein Zimmer, und der Fernseher schaltete sich aus; oder ich ging in ein Zimmer, und die Stereoanlage schaltete sich ein.*

*Am auffälligsten war es, wenn ich zum Zahnarzt ging: Immer wenn ich im Stuhl saß, fielen alle Instrumente aus. Der Zahnarzt musste mich in den anderen Raum bringen; das ist immer nur bei mir passiert!*

*All das ist geschehen, aber inzwischen hat es aufgehört, und ich bin froh darüber – ich wollte diese Fähigkeiten gar nicht! Geblieben ist mir seit der Erfahrung, dass ich keine Angst mehr vor dem Sterben habe. Immer wenn ich mit Freunden darüber spreche und sie sagen, sie hätten Angst, dann habe ich keine. Ich habe definitiv keine Angst vor dem Sterben.*

Der folgende Bericht wurde mir auf einen Zeitungsartikel hin geschickt. Der Herr möchte anonym bleiben.

*Ich schreibe wegen des Zeitungsberichts von neulich. Darin sprechen Sie von Aspekten, die Sie im Zusammenhang mit Nahtod-Erfahrungen erforschen. Mit großem Interesse habe ich von Ihrer Entdeckung gelesen, bei Nahtod-Erfahrenen sei anscheinend das elektrische System gestört, denn ganz offensichtlich habe ich ein ähnliches Problem, das sich am offenkundigsten darin zeigt, dass ich keine Armbanduhr tragen kann – und ich habe nie begriffen, warum. Ihr Verdacht, dies könne mit Nahtod-Erfahrungen zu tun haben, hat eine Verbindung zu meiner Nahtod-Erfahrung hergestellt, die für Ihre Forschungen von Interesse sein könnte, deshalb will ich sie hier näher ausführen.*

*In den 1950er Jahren, als meine Eltern noch in Edinburgh wohnten, gingen wir normalerweise an die Strände an der Ostküste, bevor wir nach Kirkcaldy weiterfuhren und dort den Zug nach Edinburgh nahmen. Im Alter von vier Jahren bin ich bei einem solchen Strandbesuch einmal vom Strand ins Meer gelaufen. Dabei wurde ich von einem Brecher umgeworfen und bin meiner Meinung nach ertrunken. Ich sage „soweit ich weiß", weil mir deutlich in Erinnerung geblieben ist, wie ich auf die Szenerie herunterschaue, eine Menschenmenge sehe und dabei ganz klar denke „das da unten bin ich". Zugleich lässt mich dies aber völlig ungerührt, und ich schaue mich auch in der Bucht von Kinghorn um, wo sich der Zwischenfall ereignet hat.*

*Als Nächstes habe ich nur noch mitbekommen, dass mir Wasser aus der Lunge gedrückt wurde und ich würgte und nach Luft schnappte; vermutlich hatte mich jemand wiederbelebt, und ich habe das Bewusstsein wiedererlangt.*

*Danach ist mir nicht mehr viel erinnerlich, ich wurde am Strand weiter landeinwärts gebracht, und ansonsten ist mir von jenem Tag nicht mehr viel in Erinnerung geblieben, wahrscheinlich ging er ganz normal weiter.*

*Wie Sie sicher verstehen können, hat dieses Ereignis auch nach über fünfzig Jahren noch starken Eindruck in meinem Gedächtnis hinterlassen, und obwohl ich meine anhaltende Angst vor dem Wasser immer damit in Verbindung gebracht habe, wäre ich doch nie auf die Idee gekommen, dieses „Ertrinken" mit meinen elektrischen Problemen zu verknüpfen.*

Eine afrikanische Krankenschwester, deren Nahtod-Erfahrung in Kapitel Vier wiedergegeben wird, bemerkt:

*Als Sie erwähnten, dass die Betroffenen nach ihrer Nahtod-Erfahrung keine Armbanduhren tragen können oder Probleme mit elektrischen Geräten bekommen, wurde mir klar, dass mein Problem mit dem Armbanduhrentragen genau damals anfing. Nach meiner Nahtod-Erfahrung konnte ich keine Armbanduhr mehr tragen – sie ging ein paar Tage und blieb dann einfach stehen. Mein Vater kaufte mir mehrere Uhren, aber immer passierte das Gleiche: Nach ein paar Tagen blieben sie einfach stehen, dabei waren es immer neue Uhren. Mein Schwager hatte meiner Schwester eine sehr teure Uhr gekauft, und als ich meine Ausbildung zur Krankenschwester begann, schenkte sie sie mir, weil sie sich so sehr für mich freute. Die Uhr ging einen Monat, dann blieb sie stehen. Ich gab sie meiner Schwester zurück, sie trug sie, und bei ihr funktionierte sie. Es war schon ein richtiger Familien-Witz bei uns, dass ich keine Armbanduhren tragen konnte. Ich konnte noch nicht einmal so eine Krankenschwestern-Uhr tragen, denn auch die blieben stehen. Danach habe ich viele Jahre gar nicht mehr versucht, eine Uhr zu tragen, vielleicht fünfzehn Jahre lang. Inzwischen kann ich sie wieder tragen, und sie funktionieren auch, aber ich bin so sehr daran gewöhnt, keine zu tragen, dass ich nur ganz selten eine Armbanduhr anlege.*

*Ich bin mir nicht sicher, ob das Folgende auch mit den elektrischen Störungen zu tun hat, aber mein älterer Bruder hat mich regelmäßig mit ins Kino genommen, um Filme anzuschauen. Nach der Erfahrung bin ich nicht mehr gern ins Kino gegangen. Wenn ich auf die Leinwand schaute, war alles irgendwie schief; es war wie ein 3D-Effekt, als ob die Schauspieler aus der Leinwand heraus auf mich zukämen. Ich saß im Publikum, aber ich zuckte ständig in mei-*

*nem Sitz zurück. Ich konnte auch das Licht dort nicht mehr ertragen. Von den aufflackernden Lichtern wurde mir schlecht, was mir vorher noch nie passiert war. Bis zu meiner Heirat, etwa zwölf Jahre später, bin ich nicht mehr ins Kino gegangen. Auch danach hat es mir immer noch keinen Spaß gemacht. Die Wirkung war nicht ganz so schlimm, aber das Bild schien zu springen, daher bin ich nicht mehr hingegangen. Selbst beim Fernsehschauen – wenn aufflackernde Lichter vorkommen, kann ich es nicht ertragen.*

Ken Ebert[19] aus Taos, New Mexico, hatte vor neunundzwanzig Jahren eine Nahtod-Erfahrung. Vollständig nachzulesen ist sie in seinem Buch *Theater of Clouds: A Near-Death Memoir.* Ken setzte sich mit mir in Verbindung und war so freundlich, viele Fragen zu beantworten. Hier beschreibt er, welche Nachwirkungen ihm unter anderem geblieben sind:

*Ich musste lachen, als Sie nach den Armbanduhren fragten – ich trage seit 1985 keine mehr. In den ersten paar Jahren nach der Nahtod-Erfahrung brannten auch oft Glühbirnen durch, wenn ich bloß in der Nähe war. Das zweite war, dass ich Licht als Stoff spüren konnte: Wenn ich zum Beispiel an einer Lampe vorbeiging, dann war es manchmal, als würde ich über etwas Wolliges streichen. Bis zu einem gewissen Grad habe ich das immer noch, aber nur, wenn ich sehr müde bin. Ein weiteres ungewöhnliches Phänomen war, dass mein Gehör sehr scharf wurde. Zum ersten Mal habe ich das bemerkt, als ich den stillen Alarm in einem Bewegungsmelder ein- und ausgeschaltet habe. Ich konnte den Sender in dem Ding hören. Manchmal passiert das auch heute noch, aber nicht oft.*

*Aber ich konnte auch einzelne Gespräche in einem lauten Zimmer ausfiltern. Das kann ich immer noch, aber ich mag diese Hör-Empfindlichkeit nicht. Der Laden, in dem ich arbeite, hat dreitausend Quadratmeter, und wenn ich mir Mühe gebe, kann ich ein Gespräch am anderen Ende des Ladens herausfischen, aber ich lasse meine Filter vorgeschaltet, denn Geräusche überwältigen mich, wenn ich sie im Kopf nicht unterdrücke. Das Gute an dieser Überempfindlichkeit ist: Wenn etwas für mich relevant ist, aber außerhalb meiner*

*Hörweite gesagt wird, kann ich es trotzdem fast so gut hören, als spräche man mir direkt ins Ohr.*

## Entwicklung von medialen Tendenzen/ Vorahnungen/besserer intuitiver Wahrnehmung

Manche Betroffenen entwickeln so hochsensible intuitive Fähigkeiten, dass sie deshalb fast zum Einsiedler werden. Eine Dame setzte sich nach einem Zeitungsartikel mit mir in Verbindung und sagte, sie könne „die Gedanken anderer Leute lesen". Das belastete sie sehr, denn häufig konnte sie den Tod anderer vorhersehen oder wusste, dass ihnen „etwas Schlimmes" zustoßen würde. Sie konnte nie irgendwohin gehen, wo sich viele Menschen befanden, weil es sie irgendwie sofort mitbekam, wenn mit jemandem etwas nicht stimmte oder ihm Unglück drohte. Daher wagt sich die Dame heute nur noch selten nach draußen, und wenn sie dennoch einmal ausgehen muss, dann trägt sie Kopfhörer und lässt laute Musik laufen, um sich abzulenken.

Von einer ähnlichen Fähigkeit berichtete auch eine Kollegin, die im Alter von neun Jahren eine Nahtod-Erfahrung hatte. Sie erklärte, sie habe die Fähigkeit, „Gedanken zu lesen". Das mag sie gar nicht, weil sie es für moralisch falsch hält. Tatsächlich muss sie sich sehr konzentrieren, wenn sie diese Fähigkeit ausschalten will.

Kurz nach ihrer Nahtod-Erfahrung im Jahr 1979 machte Dr. Yvonne Kason[20] ihre erste mediale Erfahrung. Dabei wurde sie durch eine Vision veranlasst, ihre Freundin zum Arzt zu schicken. Daraufhin wurde bei der Freundin eine Meningitis festgestellt. Dank der frühen Diagnose und Behandlung wurde sie wieder vollständig gesund.

## Heilfähigkeiten oder Heilungserfahrungen

Sutherland[21] berichtet von Fällen, in denen sich nach einer Nahtod-Erfahrung Heilfähigkeiten entwickelt haben. Morse und Perry[22] berichten über den Fall Kathy: Sie hatte eine Nahtod-Erfahrung und stellte fest, dass ihr Krebs danach vollständig verschwunden war. Ähnliche Fälle der Heilung von einem Gehirntumor und vom Hodgkin-Lymphom wurden von Dr. Larry Dossey[23] dokumentiert. Ein höchst bemerkenswerter Fall eines Geburtsfehlers ist Patient Zehn aus meiner eigenen Forschung, der an späterer Stelle in diesem Buch besprochen wird. Es folgen zwei Fälle, in denen die Betroffenen nach einer Nahtod-Erfahrung Heilfähigkeiten an sich entdecken.

Folgendes schickte mir eine Dame aus Frankreich:

*Ich habe Ihren Artikel gelesen und bin froh, dass jemand dies für eine echte Erfahrung hält. Als ich vor zwanzig Jahren in der Türkei gearbeitet habe, hatte ich eine Bauchhöhlenschwangerschaft. Eine meiner Englisch-Schülerinnen konnte mich gerade noch in eine Frauenklinik bringen. Dort wurde ich ohne jegliche Anästhesie operiert, erhielt aber Blut und Flüssigkeit. Unter der Operation bin ich gestorben, ging durch den Tunnel, begegnete meiner Großmutter und erfuhr: „Es ist noch nicht an der Zeit. Du musst zurück." Mit einem dumpfen Aufschlag trat ich wieder in meinen Körper ein, und der ganze Schmerz und alle Pflichten waren wieder da.*

*Die Erfahrung hat mein Leben verändert. Jahrelang hatte ich überhaupt nicht den Wunsch, hier zu sein, denn in diesem Leben gab es anscheinend nichts Gutes, und es war ein ständiger Kampf. Aber jetzt weiß ich, dass es einen Grund dafür gibt, da ich eine gewisse Gabe habe und feststellen musste, dass ich mich auf die Gefühle anderer Menschen „einstimmen" kann, was meine Arbeit mit Babys verständlicherweise leichter macht. Außerdem ziehe ich kranke oder verletzte Katzen an, die eine Zeit lang bei mir bleiben und dann wieder fortgehen.*

Das Folgende mailte mir ein achtunddreißigjähriger Mann:

*Zeitpunkt der Erfahrung: 1984. Ich lag im Bett mit der einzigen echten Grippe, die ich je hatte. Ich war völlig erschöpft, und mir war, als müsse ich sterben. Ich weiß nicht genau, was mit mir passiert ist, sondern kann nur die kristallklaren Erinnerungen wiedergeben. Irgendwann war ich aus meinem Elternhaus draußen und auf dem*

*Dach. Mein Blick fiel auf das vereiste Legefenster. Das Blei am oberen Fensterrand war stark gewellt. Ich schaute es an und dachte, erstaunlich, dass noch kein Wasser in mein Zimmer gedrungen ist. Vor lauter Freude, dass ich draußen und auf dem Dach war, ging ich weiter und sah mich auf den Dächern der umliegenden Häuser um: Ich konnte Menschen sehen, die unter mir auf den verschneiten Straßen gingen, konnte aber nichts riechen oder anfassen. Ich hatte einfach nur eine fantastische Aussicht.*

*Es war ein zeitloses Erlebnis, das mich zum Grab meiner Großmutter auf einem nahen Friedhof führte. Dort stand sie, so klar wie der helle Tag, viel jünger als bei ihrem Tod, und sagte mir, ich solle sofort nach Hause gehen. Immer noch voller Euphorie, weil ich mich so frei fühlte, befand ich mich plötzlich wieder auf dem Dach und schaute durch das Legefenster. Ich war ziemlich schockiert, als ich mich dort so weiß und reglos im Bett liegen sah. Es war ein solcher Schock, dass ich so schnell wie möglich wieder in meinen Körper wollte. Erst als ich mich dort liegen sah, wurde mir klar, was gerade vor sich ging, und ich wollte wieder in meinen Körper.*

*Als ich aufwachte, wusste ich, dass das kein normaler Traum gewesen war; denn ich spürte, wie mein Herzschlag wieder einsetzte und ich kurze Zeit später wieder anfing zu atmen. Ich wusste, dass ich draußen gewesen war, doch meine anfängliche Freude wich nun großer Erleichterung.*

*Ich lag noch ein paar Tage im Bett und erzählte meinen Eltern von dem Erlebnis. Mein Vater beschloss, sich das Blei auf dem Dach anzusehen, und nahm an, ich müsse es von meinem Zimmer aus gesehen haben. Er konnte kein Blei entdecken. Ein paar Monate vergingen, und als ein paar Ziegel ausgewechselt werden mussten, sagte der Dachdecker meinen Eltern, das Blei am oberen Ende des Legefensters müsse ausgetauscht werden, weil es sich aufgeworfen habe und gebrochen sei.*

*Ich muss sagen, dass ich die extremeren elektrischen Störungen, von denen Sie sprechen, nie erlebt habe. Aber ich hatte und habe bis heute ungewöhnliche Symptome und Gefühle, die ich nur einer erhöhten Elektro-Sensibilität zuschreiben kann. Dauerhaft ist mir hauptsächlich ein Unwohlsein in einer Umgebung geblieben, in der um mich herum sehr viele elektrische Systeme laufen, vor allem in Kaufhäusern und großen Einkaufszentren. An solchen Orten fühle ich mich leicht verwirrt und in meinen Gedanken empfindlich gestört; manchmal wird es so schlimm, dass ich das Gebäude verlassen muss, und das, obwohl ich eigentlich sehr gerne in Geschäften bin.*

*Das andere ist zu Hause. Dort stelle ich fest, dass mich lange Zeiten vor dem Computer-Bildschirm oder Fernseher richtiggehend auslaugen, ungeachtet dessen, wie unterhaltsam das ist, was sich auf dem Bildschirm abspielt. Es ist schon so weit gekommen, dass ich lieber nicht fernsehe und nur kurz am Computer sitze. Aus demselben Grund nutze ich auch mein Mobiltelefon kaum. Das ist für mich besonders unangenehm, und wenn ein Anruf länger als zehn Minuten dauert, verspüre ich einen dumpfen heißen Schmerz im Kopf. Die Hitze ist absolut echt. Äußerst auffällig ist, dass diese Symptome im Freien, wo sich sehr viele oder überhaupt keine Menschen aufhalten, nicht auftreten, und auf dem Land fühle ich mich wie befreit. Ich habe schon oft gedacht, das könnte daran liegen, dass es dort weniger elektrische Felder gibt.*

*Ich betrachte Ihre Arbeit als ungeheuer tröstlich und fühle mich endlich verstanden, nachdem ich jahrelang nur sehr wenigen Leuten erzählt habe, was passiert ist – für den Fall, dass die anderen mich für verrückt halten, weil ich glaube, dass das mehr war als nur ein Traum oder bloßer Zufall. Ich hoffe, es passiert nie wieder, denn vielleicht habe ich nächstes Mal nicht so viel Glück, obwohl die Gefühle am Anfang wirklich schön waren.*

*Die Heilfähigkeit kam ans Licht, als ich achtzehn Jahre alt war, also vier Jahre nach meinem Erlebnis auf dem Dach. Ich habe sie durch Zufall entdeckt und dann erst nach und nach gemerkt, welche Auswirkungen sie auf Menschen hat, sowohl spirituell als auch körperlich. Ein wirklich erstaunlicher Vorfall ereignete sich, als ich Mitte zwanzig war. Ich schlenderte durch einen Drogeriemarkt, und mitten im Gewühle hörte ich deutlich, wie eine Verkäuferin an einem Kosmetikstand ihrer Freundin von den Schmerzen in ihrer Hand erzählte und meinte, sie kämen wohl von einem eingeklemmten Nerv. Ohne auch nur einen Moment zu zögern und froh, dass es in der Öffentlichkeit war, so dass es nicht irgendwie schräg aussah, ging ich auf sie zu und sagte, ich könne das in Ordnung bringen. Nach ein paar Minuten stellte sie verblüfft fest, dass es ihrer Hand, die sie seit Wochen geplagt hatte, besser ging. Ich verschwand schnell in der Menge, denn ich wollte mit dem, was da geschehen war, keine Aufmerksamkeit erregen und auch kein Lob einheimsen. Meiner Meinung nach habe ich einfach eine höhere Energie „gechannelt". Ich glaube immer noch, dass die Heilung nicht von mir direkt kommt. Für mich ist es wie eine gute Kraft, mit der ich mich irgendwie verbinde und die wiederum als Katalysator für die Selbstheilungskräfte der Leute wirkt. Aber das denke ich mir nur. Ich weiß es nicht; doch so erkläre ich es mir. Ich denke oft, ich würde gerne auf einer Krankenhausstation die Runde machen, vor und nach Operationen, um den Leuten die Kraft zu geben, etwas zu überstehen, was ziemlich angsteinflößend sein muss. Ich glaube, die moderne Medizin und die menschlichen Heilkräfte ließen sich kombinieren. Ich vermute aber, in stark frequentierten Krankenhäusern, wo staatliche Vorgaben erfüllt werden müssen, wird das nicht allzu oft möglich sein.*

*Ich hätte so gerne die Möglichkeit, jemandem zu helfen, der schwer krank ist, scheue mich aber immer, das anzubieten, wenn ich die Leute nicht sehr gut kenne. Ich mache mir Sorgen, dass sie das befremdlich finden könnten, und möchte nicht jemanden verärgern, der mit konventioneller Medizin behandelt wird und der Überzeugung ist, dies sei das einzig Richtige. Ich weiß aber, dass die Gelegenheit dazu eines Tages kommen wird, und dann werde ich sie ergreifen und tun, was ich kann – ohne irgendwelche Versprechungen.*

## Starker psychischer Schub

„Sallys" Nahtod-Erfahrung war so tiefgreifend, dass ihr eine der bemerkenswertesten Nachwirkungen blieb, die mir je begegnet sind. Die Erfahrung ist zutiefst persönlich. Sie ist Sally heilig und so unaussprechlich, dass die Befragung sehr viel Zeit in Anspruch nahm. Es war sehr schwierig, Worte dafür zu finden, denn was sie erlebt hatte, übersteigt das menschliche Fassungsvermögen. Als Sally das Erlebnis erinnerte, waren ihre Augen geschlossen, und sie schien es tatsächlich nachzuerleben, wobei sie immer wieder von ihren Gefühlen überwältigt wurde. Zwar kann ich nicht sehr viel von ihrer Nahtod-Erfahrung wiedergeben, die Nachwirkungen, mit denen sie Tag für Tag lebt, finde ich aber wahrhaft inspirierend.

Sally war Amateur-Sportlerin und erlitt vor dreißig Jahren bei einem Fahrradunfall schwere Kopfverletzungen. Vier Tage nach dem Unfall – Sally lag noch bewusstlos im Krankenhaus – bereitete der Arzt ihren Mann auf das Schlimmste vor und sagte, es sei nicht sicher, ob sie es schaffe. Wenn aber doch, dann müsse sie ihr Gedächtnis neu trainieren und wieder gehen lernen. Laufen würde sie aber nie wieder können, weil sie sehr wahrscheinlich schwerbehindert wäre.

Sally erinnert sich, dass sie sehr lange brauchte, bis sie wieder wusste, wer und wo sie war. Sie musste sich Stück für Stück wieder zusammenklauben; dabei *wusste* sie die ganze Zeit, dass alles ganz wunderbar würde. Sie erinnert sich an Folgendes, was in der Zeit ihrer Bewusstlosigkeit geschah:

*Ich kann das nur schwer in Worte fassen … es gibt keine Worte … was ich sage, wird dem nicht gerecht … ich empfinde es als ein sehr großes Glück, dass mir dies geschenkt wurde, doch ich kann es nicht beschreiben. Es war mehr Schönheit … mehr als das Schönste, was man je erleben kann. Ich kann es immer abrufen, immer.*

*Es war eine Stimme …. Sie sagte: „Wenn du dich entscheidest zurückzukommen, wirst du stärker sein." Ich werde das nie vergessen; es ist immer bei mir … Diesen Teil habe ich noch nie jemandem erzählt – noch nie – Sie sind die Einzige, die den nächsten Teil kennt.*

*[Diesen nächsten Teil habe ich weggelassen, weil er für Sally sehr persönlich ist. Sie hat mir zwar gestattet, ihn zu verwenden, aber weil er etwas Heiliges an sich hat, bleibt er besser unter Verschluss.]*

*Während ich Ihnen das erzähle, sehe ich mein Bild vor mir. Bis es wieder geschieht, reicht es, wenn ich einfach das Bild vor Augen haben kann. Es muss schwer sein für Sie, das zu glauben … Keine Nahtod-Erfahrung gleicht der anderen. Deshalb ist es so schwierig … es ist so persönlich … ich muss deshalb immer weinen … mich überwältigen immer die Gefühle. Ich kann Ihnen nicht sagen, was es mir bedeutet … Das sind Tränen des Glücks, als ob es etwas in mir anstößt. Ich kann mit niemandem darüber sprechen, nicht einmal mit meiner Familie ... ich kann es einfach nicht beschreiben. Außer Ihnen erzähle ich das niemanden – die Leute denken sonst noch, ich bin absolut plemplem.*

*Ich werde nie vergessen, wie die Stimme sagte: „Wenn du dich entscheidest zurückzukommen, wirst du stärker sein." Diese Stärke verlässt mich nie, und ich kann jeden Tag daran anknüpfen. Wenn ich mich einmal niedergeschlagen fühle, dann schwinge ich mich einfach darauf ein. Sie gibt mir nicht nur körperliche Kraft, sondern auch mentale Stärke.*

*Als ich zum ersten Mal wieder zu Bewusstsein kam, konnte ich mir nicht vorstellen, warum ich hier war [dies bezieht sich auf den heiligen Aspekt der Erfahrung] ... ergibt das einen Sinn? Ich wusste nicht, ob ich mich dafür entschieden hatte, zurückzugehen oder zu bleiben, wo ich war ... wo war ich denn? Hatte ich die richtige Entscheidung getroffen? Sollte ich nun auf dieser oder auf jener Seite [des Lebens] sein? Es war problematisch, wieder in der realen Welt zu sein – vielleicht hätte ich weitermachen sollen? Die Stimme muss geglaubt haben, ich sei vorher schon stark gewesen, weil sie gesagt hat, ich wäre dann noch stärker ... eine winzige Sekunde lang sagte mir etwas, dass ich vorher stark war ... Es ist so schwierig, alle diese Gefühle in Worte zu fassen ... Diese Stärke verlässt mich jedoch nie; sie ist Tag für Tag bei mir.*

*Es ist wohl nicht fair, so etwas zu sagen ... wäre ich nicht aufgewacht ... meine Familie wäre zutiefst unglücklich gewesen, ich weiß ... ich mache mir solche Vorwürfe, dass ich so etwas denke, aber ich weiß, ich würde wieder dorthin gehen. Ich liebe das Leben und ich lebe wirklich gerne – das Leben ist ein echtes Geschenk, warum also sollte man sich unterkriegen lassen? Ich weiß, ich werde auch das andere Leben lieben. Ich habe absolut keine Angst vor dem Tod.*

*Es hat mir in allen Situationen meines Lebens Kraft gegeben. Heute pflege ich meine Eltern, und manche Leute können das nicht, aber mich laugt das nicht aus. Nichts belastet mich; ich habe große Freude daran und empfinde es als Privileg, dabei zu sein.*

*„Wenn du dich entscheidest zurückzukommen, wirst du stärker sein" – nichts wird mir je zu viel. Es gibt mir große mentale und*

*physische Kraft. Bleib dir treu, glaube an deine Erfahrung. Es gibt nichts Schöneres, als jeden Tag zu leben … Ich habe sehr großes Glück … bin sehr glücklich … sehr glücklich … ich bete das Leben an, ich liebe das Erwachen. In diesem Moment kommt die Stimme wieder; ich kann es nicht erklären, ich kriege immer wieder Flashbacks von ihr. Es ist ein wunderbares Gefühl; ich bekomme es so häufig, schrecklich oft. In meinem Leben gibt es keine Grenzen, nichts kann mir Sorge bereiten. Ich fühle mich wirklich gesegnet, jeden Tag. Ich kann es kaum erwarten, wieder dorthin zu gehen, aber ich bin glücklich, hier zu leben. In Wirklichkeit möchte ich das Beste aus allem machen. Ich zweifle nicht, ich packe die Dinge einfach an. Ich habe keinerlei Angst vor dem Tod, weil ich weiß, dass Gott sich um mich kümmern wird. Es gibt keine Hemmungen in meinem Leben – keinen Zweifel. Man muss sich treu bleiben und sein Leben leben.*

*Ich bin nicht eigentlich religiös, aber ich bin spirituell, und ich glaube an das Christentum. Ich gehe nur selten zur Kirche … hin und wieder, wenn ich beim Laufen an einer Kirche vorbeikomme, gehe ich kurz hinein. Seit meiner Nahtod-Erfahrung kann ich nicht mehr in eine Kirche gehen, ohne dass mich unglaublich starke Gefühle überkommen. Am Ende fließen die Tränen immer in Strömen. Mein Glaube … ob er nun religiös ist oder nicht, das kann ich nicht auseinanderhalten.*

*In meinem Körper steckt anscheinend eine Menge Strom. Wenn ich im Supermarkt bin und einen Wagen anfasse, dann kriege ich einen elektrischen Schlag. Auch als ich noch gearbeitet habe, bekam ich jedes Mal einen Schlag, wenn ich den Metallbeschlag an meiner Bürotür angefasst habe – ich musste durch Türen gehen, habe sie aber zuerst mit dem Ellbogen aufgemacht.*

Am bemerkenswertesten war wohl die Auswirkung, die die Stimme auf Sallys Leben hatte. Es ist unglaublich, aber nachdem ihr vom Arzt gesagt wurde, sie müsse erst wieder gehen lernen und werde wahrscheinlich nie wieder laufen können, absolvierte sie nur einem Monat nach ihrer Entlassung aus dem Krankenhaus ein Zehn-Kilometer-Rennen! Dies war allerdings eine Kleinigkeit, gemessen an dem, was Sally später noch bewerkstelligen sollte. In den 1980ern heimste sie für ihre bemerkenswert schnellen Zeiten bei Langstreckenläufen Einträge ins Guinness-Buch der Rekorde ein. Das erste Rennen ging über eine Distanz von hundert Meilen, die sie in knapp über fünfzehn Stunden bewältigte. Daraufhin wurde Sally Ultramarathon-Läuferin. Sie lief vierhundertzwanzig Meilen (sechshundertsechsundsiebzig Kilometer) in sechs Tagen, aber ihre größte Leistung war ein Lauf über die phänomenale Distanz von tausendsechs Kilometern von Sydney nach Melbourne in nur acht Tagen nonstop – ohne Schlaf! Heute, mit über sechzig, läuft Sally immer noch jeden Tag viele Kilometer. Vor kurzem absolvierte sie einen „kurzen Lauf" über vierundsechzig Kilometer, um Geld für karitative Zwecke zu sammeln.

*Immer wenn ich laufe, stimme ich mich auf meine Erfahrung ein; sie ist immer bei mir. Nach den ersten paar Meilen stimme ich mich einfach darauf ein und kann dann ewig weiterlaufen. Als ich von Sydney nach Melbourne gelaufen bin, tat ich das ohne Schlaf. Ich aß und trank während des Laufens; die härteste Zeit war in der Nacht, und in einer Nacht war es so kalt, dass ich beinahe unterkühlt wäre. Aber ich hatte ein supertolles Unterstützerteam hinter mir. Vor dem Lauf habe ich etwa siebenundfünfzig Kilo gewogen, nach dem Zieleinlauf waren es noch neununddreißig. Es war alles Flüssigkeit, was ich verloren habe. Ich wusste, ich würde es schaffen. Ich zweifele nie an etwas. Die Stimme ist immer bei mir.*

Ich wollte Sallys Erfahrung in dieses Buch aufnehmen, weil ich denke, dass sie sehr deutlich zeigt, welche Auswirkungen ein solches Erlebnis auf das Leben der Betroffenen haben und wie sie Menschen zu unglaublichen Leistungen motivieren kann.

Wie dieses Kapitel deutlich macht, ist eine Nahtod-Erfahrung wesentlich mehr als eine Halluzination, und es treten viele Nachwirkungen auf, die das Leben der Betroffenen in positiver wie in negativer Hinsicht stark prägen können.

Nahtod-Erfahrungen können in jedem Alter und in den unterschiedlichsten Kulturen auftreten, wie die folgenden Kapitel zeigen.

# Drei

## Nahtod-Erfahrungen in der Kindheit

Nahtod-Erfahrungen aus der Kindheit sind deshalb besonders interessant, weil nicht zu erwarten ist, dass kleine Kinder – in einer Zeit, in der sie bewusstlos sind – einen durchdachten Ablauf von Ereignissen konstruieren können, die ihr Verständnis übersteigen. Nahtod-erfahrene Kinder sind wahrscheinlich in geringerem Maße kulturell und gesellschaftlich vorbelastet als erwachsene Betroffene.[1] Viele Berichte in der Literatur über kindliche Nahtod-Erfahrungen wurden nacherzählt, als die Betroffenen bereits erwachsen waren. Untersuchungen dieses Aspekts haben gezeigt, dass die nachträglich erinnerten Nahtod-Erfahrungen im Laufe der Zeit nicht ausgeschmückt wurden und die Erinnerung lebendig blieb.[2]

Dr. Melvin Morse hat eine Studie mit hunderteinundzwanzig Kindern durchgeführt, die Patienten auf der Intensivstation gewesen waren und daher auch die mit der Intensivversorgung verbundenen Ängste und psychischen Traumata durchgemacht hatten. Er stellte fest, dass sich hundertachtzehn Kinder nicht an ihren Krankenhausaufenthalt erinnern konnten und drei zwar lebhafte Träume hatten, aber nichts erinnerten, was einer Nahtod-Erfahrung ähnlich gewesen wäre. Er befragte außerdem siebenunddreißig Kinder, die mit bewusstseinsverändernden Medikamenten behandelt worden waren und stellte fest, dass kein Kind etwas Nahtod-Erfahrungsähnliches berichtete. Als er jedoch zwölf Kinder befragte, die einen Herzstillstand überlebt hatten, stellte er fest, dass fast jedes Kind zumindest von einer Komponente einer Nahtod-Erfahrung berichtete.[3]

Man hat vermutet, Nahtod-Erfahrungen könnten auf kulturelle Konditionierungen und Erwartungen zurückzuführen sein. Mehrere Nahtod-Erfahrene betonten jedoch, wie stark ihre Nahtod-Erfahrung von ihrem kulturellen und religiösen Hintergrund abwich.[4] Nach einer Nahtod-Erfahrung haben manche Kinder ein neues spirituelles Verständnis, das den religiösen Ansichten widerspricht, in denen sie erzogen worden sind.[5] Viele nahtod-erfahrene Kinder galten in ihrer Kirche sogar als Störer, weil sie völlig arglos Fragen stellten, die die Geistlichen nicht beantworten konnten.[6] Katie, eine Nahtod-Erfahrene aus Morses Studie, wuchs als Mormonin auf. Ein paar Jahre vor ihrer Nahtod-Erfahrung war ihr Großvater gestorben, und man hatte ihr gesagt, der Tod sei in etwa so, wie wenn man jemanden auf eine Bootsfahrt schickt. Bei ihrer Nahtod-Erfahrung erzählte Katie allerdings nicht von entsprechenden Bildern.[7] Ähnlich berichtete auch John Lerma,[8] Leitender Oberarzt in einem Hospiz, von dem Fall eines kleinen muslimischen Mädchens, die Jesus sah anstatt Allah.

Nahtod-Erfahrungen von Kindern ähneln in ihrem Inhalt denen von Erwachsenen, und die Komponenten, die Erwachsene erleben, sind auch bei Kindern dokumentiert,[9] mit Ausnahme dessen, dass Kinder öfter von Regenbogenfarben sprechen und einige von lebenden, nicht von verstorbenen Verwandten erzählen.

Ein Beispiel von jemandem, der mir gemailt hat:

*Ich dachte, ich sei einer von ganz wenigen, die diese Erfahrung haben. Ich war sechs Jahre alt, als ich meine Erfahrung hatte, und heute bin ich siebzig. Ich wohnte damals in London. Ich fiel aus dem Bett auf eine Kanne, und dies verursachte eine Meningitis der Wirbelsäule. Am späten Abend wurde ich ins Krankenhaus gebracht. Inzwischen war ich im Koma; aber alle meine Nerven funktionierten noch: Ich wurde in Eiswasser gelegt, um zu verhindern, dass das Gift bis in mein Herz gelangte. Dies wiederum verhinderte, dass mein Herz weiter schlagen konnte.*

*In diesem Moment glitt ich aus meinem Körper und sah auf mich herunter. Dann ging ich einen Tunnel entlang, aber die Lichter, die ich gesehen habe, waren bunt. Als ich noch klein war, gab es keine psychedelischen Lichter oder Stroboskope, und ich brauchte Jahre, um meiner Mutter zu erklären, wie die Farben waren. Bis heute habe ich so etwas nicht wieder gesehen. Ich war schon fast am Ende des*

*Tunnels, wo die schönen Farben waren, da hörte ich, dass meine Mutter mich rief. Als Nächstes erinnere ich mich, dass ich in einem rein weißen Bett in einem hellen Zimmer lag.*

Der Aufbau der Nahtod-Erfahrungen ist der gleiche wie bei Erwachsenen, doch die Deutungen und Beschreibungen sind wahrscheinlich weniger durch kulturelle oder gesellschaftliche Erwartungen geprägt.[10] Kinder haben starke Gefühle und erlangen Wissen, sie nehmen eine Präsenz und eine allwissende, liebevolle Dunkelheit wahr. All dies hinterlässt bei ihnen einen dauerhaften Eindruck.[11] Auch sie berichten von verstorbenen Verwanden oder Freunden, von Wildtieren und verstorbenen Haustieren, von religiösen Gestalten, Gott – der als männliche Gestalt erlebt wird – und manchmal von einem kurzen Auftauchen noch lebender Menschen. In vielen Fällen wird dem Kind die Möglichkeit eröffnet, ins Leben zurückzukehren, und oft nehmen sie sie wahr, damit ihre Familie nicht traurig ist, wie der folgende Fall anschaulich zeigt.

*Meinen zehnten Geburtstag habe ich im Krankenhaus verbracht; ich hatte Hepatitis, glaube ich. Ich war schon ein paar Monate krank, als ich plötzlich mit hohem Fieber und gelblicher Haut ganz schnell ins Krankenhaus gebracht wurde. Ich kann mich vage daran erinnern, dass ich in einen Rettungswagen kam und Martinshorn und Blaulicht losgingen. Das Nächste, an das ich mich erinnere, kann ich nur als Traum bezeichnen.*

*Ich schaute von der Decke ins Wohnzimmer hinunter. Dort stand ein kleiner weißer Sarg auf einem Wagen; sonst waren keine Möbel in dem Zimmer. Die Vorhänge waren zugezogen, und meine Mutter weinte; sie war ganz in Schwarz gekleidet mit einem Schleier, und sie rauchte. Ich erinnere mich ganz deutlich, dass ich dachte, sie sollte nicht rauchen, das sei schlecht für sie. Hinter mir war ein Licht, und eine Stimme sagte mir, dies könnte geschehen; es sei mir überlassen, ob ich wieder zurück wollte. Da beschloss ich, wieder zurückzugehen. Ich wachte auf, und an meinem Bett stand eine Krankenschwester, die sehr glücklich darüber war, dass ich aufwachte, obwohl ich über das ganze Bett erbrechen musste. Das Gefühl, das ich hatte, war eine Empfindung absoluten Friedens, wie ich sie nie wieder erlebt habe, obwohl ich glücklich verheiratet bin und zwei Jungs habe. Ich habe keine Angst vor dem Sterben; meine einzige Angst ist, dass ich zu früh sterben und meinen Mann und meine Kinder allein lassen muss.*

*Das Ganze ist 1967 passiert, und so weit ich weiß, hatte ich keine Ahnung, dass Kinder in weißen Särgen beerdigt werden und dass die Familie meiner Mutter sich an die Tradition halten würde, bei einem Todesfall in der Familie die Vorhänge zuzuziehen. Außerdem habe ich herausgefunden, dass der Arzt den Krankenschwestern gesagt hatte, wenn meine Temperatur nicht innerhalb weniger Stunden fiele, sollten sie meine Eltern anrufen, denn dann würde ich die Nacht nicht überstehen.*

Bei der Untersuchung kindlicher Nahtod-Erfahrungen hatte es zunächst den Anschein, als würde der Lebensrückblick fehlen.[12] Im Rahmen späterer Forschungen[13] wurden jedoch mehr Fälle kindlicher Nahtod-Erfahrungen mit Lebensrückblick entdeckt. Man hat vermutet, dass umso mehr Aspekte des Lebensrückblicks erlebt werden, je älter das Kind zum Zeitpunkt der Erfahrung ist.[14] Den folgenden Fall hat mir die dreiunddreißigjährige Natasha aus Cardiff geschildert. Er enthält beide Komponenten, den Lebensrückblick und die Lebensaufgabe:

*Im Alter von acht oder neun Jahren hatte ich Keuchhusten. Der Arzt machte Hausbesuche, da ich zu ansteckend war, als dass man mich hätte ins Krankenhaus bringen können. Dann kam eine Nacht, da war ich am Tiefpunkt. Ich hustete immer noch und war sehr schwach. Als der Doktor am Abend da war, hatte er meinen Eltern offensichtlich gesagt, es sei nicht zu erwarten, dass ich die Nacht überstehe, und er könne nichts mehr tun.*

*Meine Eltern legten mich in ihr Bett (ich hatte ein Schubladenbett, das zu hoch war) und schliefen selbst im Zusatzzimmer. In der Nacht „wachte ich auf", weil durch die Tür helles Licht ins Zimmer drang und jemand meinen Namen rief. Ich bin sehr stark hörbehindert und kann ohne eine Hörhilfe überhaupt nichts hören. Ich stand aus dem*

*Bett auf, um nachzusehen, was das für ein Licht war, drehte mich um und sah, dass ich immer noch im Bett lag und schlief. Aber die Stimme rief mich immer wieder, und das Licht war sehr hell, daher öffnete ich die Schlafzimmertür, und es gab nur noch das reine, weiße Licht. Ich trat hinein und ging immer weiter auf die Stimme zu. Ich ging einfach nur ins Licht. Sonst gab es nichts.*

*Dann war ich in einem Zimmer und sah, wie mein Leben vor mir abgespielt wurde, und ich merkte, dass hinter mir jemand war. Er legte mir die Hand auf die Schulter, sagte aber, ich solle mich nicht umdrehen, denn das Licht würde mich blenden. Dann sagte er, ich müsse zurück, denn ich sei wichtig und hätte noch eine Aufgabe. Alles wurde wieder weiß, und ich ging zurück, sah mich wieder auf dem Bett liegen und kletterte hinein.*

*Ich erinnere mich nicht mehr, wie ich aufgewacht bin oder mich erholt habe, aber ganz offensichtlich ging es mir noch am selben Tag besser. Ich war immer noch sehr schwach, und auch der Resthusten war noch da, aber ich war mehr oder weniger über Nacht genesen. Viele Jahre habe ich niemandem davon erzählt. Ich dachte, jeder würde glauben, ich lüge oder sei verrückt geworden. Als Kind habe ich meinen Glauben im Alter von etwa sieben Jahren verloren, ich war also nicht religiös, aber ich wusste auch nicht, ob es Gott wirklich gibt oder nicht. Ich glaube immer noch nicht an Gott, obwohl ich denke, wenn jemand um ein Zeichen für Gottes Existenz bitten würde, dann wäre das so in etwa das stärkste, das er geben könnte!*

*Es hat mein Leben verändert, weil es mir innere Stärke und den Glauben an mich selbst gegeben hat, dass ich aus einem bestimmten Grund hier bin. Ich weiß, dass ich wichtig oder etwas Besonderes war. Da ich eine echt schwierige Kindheit hatte, insbesondere als Jugendliche, und taub geboren bin, musste ich sehr viel kämpfen. Ich weiß immer noch nicht, was ich tun soll, aber ich achte darauf, ein möglichst erfülltes Leben zu führen und dadurch so viel zu geben, wie ich nur kann.*

Der bemerkenswerteste Unterschied zwischen Nahtod-Erfahrungen bei Kindern und bei Erwachsenen liegt in den Reaktionen der Kinder.[15] Kinder haben keinen Grund, ihr Erlebnis infrage zu stellen – für sie ist es nichts Außergewöhnliches. Sie akzeptieren ihre Erfahrung wesentlich leichter, und viele sprechen gar nicht erst darüber, weil sie glauben, dass jeder so etwas erlebt. Nach einem Retreat mit fünfundzwanzig Nahtod-Erfahrenen kam man zu dem Schluss, dass die Bedürfnisse bei Nahtod-Erfahrungen von Kindern, Jugendlichen und Erwachsenen sehr unterschiedlich sind, allerdings führten die Autoren nicht näher aus, in welcher Hinsicht die Bedürfnisse voneinander abweichen.[16]

Selbst wenn die Nahtod-Erfahrung in einem sehr frühen, vorsprachlichen Alter erlebt wurde, wird sie sehr detailliert erinnert, allerdings bleibt ihr Ausdruck kindlich.[17] Einige Fälle in der einschlägigen Literatur machen dies besonders deutlich – ein kleiner Junge, der mit sechs Monaten eine Nahtod-Erfahrung gehabt hatte,[18] bekam Angst, wenn er mit seinen Geschwistern auf einen Tunnel zu krabbelte. Als ihm drei Jahre nach der Nahtod-Erfahrung erklärt wurde, dass seine Großmutter im Sterben liege, fragte er, ob sie durch den Tunnel müsse, um zu Gott zu kommen.

Tritt die erste Nahtod-Erfahrung in der Kindheit auf, so wird häufig später mindestens eine weitere erlebt.[19] Allerdings wurden bei multiplen Nahtod-Erfahrungen Unterschiede festgestellt, und jeder Verlauf war einzigartig.[20] In vielen Fällen konnte die spätere Nahtod-Erfahrung die seit dem ersten Erlebnis bestehende Verwirrung klären.[21] Verschiedene Forscher haben jeweils unterschiedliche Verbindungen zwischen der Nahtod-Erfahrung und der Art der Todesnähe festgestellt. Morses Patienten lagen alle auf der Intensivstation und hatten einen Herzstillstand erlitten. Im Folgenden ein Fall, den mir ein Mann berichtet hat, der als Kind einen Herzstillstand und währenddessen eine Nahtod-Erfahrung durchlebte:

*Ich habe zwei Dinge, die interessant sein könnten. Ich war elf Jahre alt und lag in London im Krankenhaus, weil mein Schielen korrigiert werden sollte. Die Operation verlief gut, bis ich plötzlich aus unerfindlichen Gründen einen Herzstillstand erlitt. Ich schwebte in einer Ecke unter der Decke des Operationssaals und beobachtete, wie das Personal versuchte, mich wiederzubeleben. Eine Nierenschale aus Metall fiel zu Boden, und der Chirurg kickte sie weg.*

*Sie prallte irgendwo am Boden ab und traf eine Krankenschwester am Knöchel. Der Anästhesist versuchte es mit Elektroschocks und Injektionen und sagte dann: „Hab ihn." In diesem Moment wurde ich ohnmächtig und bin dann auf der Station wieder aufgewacht. Ich hatte mehrere Einstichwunden in den Armen, und meine Brust schmerzte. Am nächsten Morgen machten die Chirurgen ihre Runde, und der behandelnde Arzt sagte: „Du hast uns gestern ganz schön auf Trab gehalten, wie geht es dir heute?" Ich antwortete, mein Auge täte mir weh und meine Brust auch. Er sagte, das sei zu erwarten, würde sich aber alles in ein paar Tagen legen. Ob ich noch Fragen hätte. Ich fragte, ob es der Schwester wehgetan hätte, als er die Nierenschale quer durch den OP gekickt und diese die Schwester getroffen habe. Er fragte, woher ich das wisse, und ich erzählte ihm, ich sei oben in der Ecke des OP gewesen und hätte gesehen, wie es passiert sei. Er wandte sich den anderen zu und sagte „interessant", dann ging er. Die Ärzte und Schwestern haben den Vorfall nie wieder erwähnt, und wenn ich ihn angesprochen habe, behaupteten sie, ich hätte wohl geträumt, Anästhetika würden die seltsamsten Dinge mit einem anstellen.*

*Der zweite Vorfall betraf meinen vierjährigen Sohn. Ich war damals bei der Army und in einem Militärkrankenhaus in Berlin stationiert. Seit einigen Tagen litt mein Sohn an schwallartigem Erbrechen, und ein Kontrasteinlauf ließ darauf schließen, dass er so eine Art Darmverschluss hatte. Er wurde sofort in den Operationssaal gefahren. Da es ein kleines Krankenhaus war, war der OP zugleich das Pathologielabor! Ich vertiefte mich wieder in meine Arbeit, als plötzlich die Lautsprecheranlage losging und einen Herzstillstand im OP signalisierte. Wie üblich holte ich zwei Beutel Null/negativ aus der Blutbank und rannte in den OP. An der Tür wurde ich von einem Techniker abgefangen, der mir das Blut abnahm und die Tür vor der Nase zumachte. Mit einem Schlag wurde mir bewusst, dass mein Sohn noch im OP war, deshalb setzte ich mich davor auf den Boden. Etwa vierzig Minuten später kam der Chirurg heraus, sah mich und sagte: „Es stand eine Zeit lang total auf der Kippe, aber jetzt geht es ihm gut. Du kannst oben auf der Station zu ihm." Er sollte wieder vollständig gesund werden.*

*Ein paar Monate später kam eine Ablösung nach Berlin, so dass ich ein paar Tage freinehmen konnte. Ich fragte meine Jungs, wo sie gerne hinfahren wollten, und mein Sohn sagte, er würde gerne noch einmal in diesen Park. Wir fragten ihn, welchen Park, denn bis die Ablösung kam, hatten wir nie wegfahren können. „Der nach dem Tunnel." Wir fragten, welcher Tunnel. „Der, durch den ich gegangen bin, als ich im Krankenhaus war. Da war ein Park mit vielen Kindern und Schaukeln und so, mit einem weißen Zaun darum herum. Ich habe versucht, über den Zaun zu klettern, aber der Mann hat mich festgehalten und gesagt, ich darf noch nicht kommen. Er hat mich durch den Tunnel wieder zurückgeschickt, und dann war ich wieder im Krankenhaus."*

*Ich habe noch einmal mit meinem Sohn darüber gesprochen, aber heute kann er sich nicht mehr daran erinnern. Damals war er gerade erst vier, und ich kann mir nicht vorstellen, dass er das alles nur erfunden haben soll.*

Ein Forscher stellte fest, dass Ertrinken der häufigste Grund für eine Nahtod-Erfahrung ist, gefolgt von Ersticken, Operationen, Mandel-Entfernungen und Kindesmissbrauch.[22] Ich habe viele Berichte über kindliche Nahtod-Erfahrungen erhalten, die – ähnlich wie bei Mandel-Entfernungen – durch Narkosegas beim Zahnarzt ausgelöst wurden. Andere Forscher zeigen, dass die häufigsten Fälle von Nahtod-Erfahrungen bei Kindern mit Krankheiten wie Lungenentzündung, Asthma und Kardiomyopathie in Verbindung stehen, gefolgt von Ertrinken, Gewalt und Kindesmissbrauch.[23] Im Folgenden einige Beispiele für kindliche Nahtod-Erfahrungen, die unter entsprechenden Umständen aufgetreten sind.

Auf einen Zeitungsartikel aus dem Jahr 2006 hin schrieb Steve Rushton:

*Es war an einem Sonntagnachmittag im Oktober 1967; ich war neun Jahre alt und mit ein paar Freunden am Kanal bei uns am Ort zum Angeln gegangen. Ich beugte mich weit übers Wasser und versuchte, mit meinem Fischernetz eine große Schnecke zu erwischen. Da fiel ich plötzlich ins Wasser, das an dieser Stelle etwa vier Meter tief war. Damals konnte ich noch nicht schwimmen, lernte es aber bald danach. Instinktiv ruderte ich mit den Armen, aber dadurch trieb ich noch weiter vom Schleppweg fort.*

*Als ich zum ersten Mal unterging, konnte ich wieder an die Oberfläche gelangen, aber dann setzte völlige Panik ein. Als ich das zweite Mal unterging, brachte ich es noch einmal irgendwie fertig, nach oben zu kommen, aber jetzt ließen meine Kräfte rapide nach; ich wurde extrem schwach und schluckte eine Menge schmutziges Wasser. Als ich das dritte und letzte Mal unterging, war's das. Zunächst wurde alles schwarz, und dann wurde mir klar, dass ich am Ertrinken war. Nach einer Weile verebbte die anfängliche Panik, und eine sehr merkwürdige Ruhe überkam mich. Ich war einverstanden.*

*An diesem Punkt wurde ich zu dem weißen Tunnel hingezogen. Dort drin war ein sehr helles Licht. Als ich weiter in diesen Tunnel hineinging, kam ich zu zwei braunen kirchenähnlichen Torbögen aus Holz. Links neben dem Eingang sah ich eine Gestalt. Sie trug eine braune Kutte, die aussah wie ein Mönchshabit. In diesem Moment hörte ich die unvergesslichen Worte: „Geh wieder, du bist noch nicht dran." Es war die Stimme einer Frau, aber ich konnte ihr Gesicht nicht sehen. Es war eine sehr tröstliche Stimme. Als Nächstes erinnere ich mich nur noch daran, wie ich am Kanalufer wieder zu mir kam, nachdem ich vier Mal eine Atemspende bekommen hatte. Der Mann, der mir das Leben gerettet hat, hatte in einer Fabrik in der Nähe gearbeitet; es war seine erste Sonntagsschicht seit acht Wochen. Was für ein riesiges Glück ist das denn?!*

*Später sagte man mir, ich sei etwa sechs Minuten unter Wasser gewesen. Er sagte, als er mich herauszog, habe er zunächst geglaubt, ich sei tot; ich war völlig leblos und meine Haut schon ganz grau. Ich wurde schnell ins Krankenhaus gebracht, wo mir das schmutzige Wasser und ein paar Kaulquappen aus dem Magen gepumpt wurden. Ich blieb eine Woche in der Klinik. Nachwirkungen hatte ich nicht, aber ich frage mich immer wieder, warum die Dame in Braun mich abgewiesen hat. Ich glaube aufrichtig, dass ich ein paar Minuten lang tot war, aber dann wieder zurückgekommen bin. Das Erlebnis wird mir immer gegenwärtig bleiben, bis ich tatsächlich den Löffel abgebe. Vielleicht kann ich ja dann ihr Gesicht sehen.*

*Der Punkt ohne Wiederkehr? Damals wusste ich nicht das Geringste über Nahtod-Erfahrungen. Seither habe ich vieles gelesen, welches bestätigt hat, was ich an jenem Tag gesehen habe. Dennoch läuft es mir immer noch kalt über den Rücken, wenn ich mich an den Vorfall erinnere. Den zynischen Erklärungen der sogenannten Wissenschaftler glaube ich kein Wort. Ich war dort. Ich frage mich oft, warum ich eine zweite Chance bekommen habe. Bitte glauben Sie mir, es gibt dort wirklich etwas.*

Eine Dame schrieb mir auf einen Zeitungsartikel hin:

*Ihren Zeitungsartikel über Nahtod-Erfahrungen habe ich mit großem Interesse gelesen.*

*Alle wischen meine Geschichte vom Tisch, weil ich erst sechs Jahre alt war, als sie sich ereignet hat. Das war 1948. Die Erfahrung steht mir heute noch so klar vor Augen wie damals. Ich war schwer an Lungenentzündung erkrankt, und offensichtlich gibt es da eine Krise, in der man entweder durchkommt oder stirbt. Ich erinnere mich, dass ich im Bett lag und meine Mama bei mir saß. Plötzlich schaute ich zum Fenster, und auf dem Fensterbrett war etwas, das ich nur als so etwas Ähnliches wie die Barbie-Puppen beschreiben kann, die es heute gibt. Sie winkte mir zu. Ich folgte ihr, und wir waren in einem sehr hellen, schönen Tunnel, und an dessen Ende konnte ich nur Sonnenschein oder jedenfalls ein helles Licht erkennen.*

*Plötzlich hörte ich meine Mama rufen, ich solle nicht gehen. Da kam ich zurück und bin offensichtlich wieder gesund geworden. Diese Erfahrung hat mich ein wenig getröstet, als vor Kurzem plötzlich meine Mutter starb, und ich hoffe nur, sie hat dasselbe empfunden. Wenn das das Sterben ist, dann habe ich ganz bestimmt keine Angst davor. Ich hoffe, dies ist für Sie von Interesse.*

Ein weiteres Beispiel:

*Ich stehe nun in meinem sechsundsechzigsten Lebensjahr, und ich hatte eine Nahtod-Erfahrung, als ich vierzehn Jahre alt war. Es fing damit an, dass ich mir etwas zuzog, was man zunächst für eine Er-*

*kältung hielt, was sich aber über Nacht zur Lungenentzündung entwickelte. Ich verlor das Bewusstsein. Als ich im Krankenhaus war, „stand es auf der Kippe", wie man damals sagte. Ich erlebte ein helles Licht und eine lange Treppe nach oben, die ich hochzusteigen begann. Ich stieg und stieg und fand es sehr beschwerlich. Als ich oben angelangt war, waren dort Tore. Ich umklammerte die Stäbe. Dann sah ich auf und entdeckte einen Mann, ich wusste, es war Petrus. Er sagte mir: „Du bist noch nicht dran. Du musst wieder gehen."*

*Von da an ging es mir allmählich besser, aber es sollte noch lange dauern, bis ich das Bewusstsein wiedererlangte und tatsächlich auf dem Weg der Besserung war. Ich war fünf Monate im Krankenhaus und wurde dann einen Monat zur Erholung geschickt. Die Leute sagen immer, ich hätte bloß geträumt, dass es passiert sei, aber für mich war es sehr real. Das helle Licht schien so lange, bis ich zurückgeschickt wurde. Ich war immer religiös gläubig und besuchte als Kind die Sonntagsschule der Methodistischen Kirche. Mit der Heirat trat ich zu einer anderen Konfession über, weil mein Mann regelmäßiger Kirchgänger war.*

Das Folgende erhielt ich nach einem Zeitungsartikel:

*1957 (mit zehn Jahren) hatte ich eine schwere Reaktion auf Penicillin – nach meiner Einlieferung ins Krankenhaus sagten der Arzt und die Spezialisten meinen Eltern, ich würde nicht mehr viele Stunden überstehen und mit Sicherheit die Nacht nicht überleben. Sie schickten sie nach Hause, damit sie ein wenig schlafen konnten. Ich kann mich an das alles noch sehr lebhaft erinnern, bis zu dem Punkt, an dem mein Vater mich aus dem Bett hob, um mich zu dem Krankenwagen zu tragen, der mich ins Krankenhaus bringen sollte. Ich wurde ohnmächtig vor Schmerz, als er mich anhob, weil die großen Blasen an meinem Rücken platzten. Auch als ich im Krankenhaus auf einer Liege auf die Station geschoben und dort ins Bett gelegt wurde, verlor ich immer wieder das Bewusstsein. Dann weiß ich eine Zeit lang nichts mehr. Kurz nach meiner Einlieferung ins Krankenhaus kann ich mich in diesem Halbnebel von Ohnmacht/Koma erinnern, dass Ärzte und Schwestern im Zimmer waren, die sich um mich küm-*

*merten und versuchten, mir etwas in den Mund zu schieben. (Später bekam ich heraus, dass sie einen dünnen Schlauch einführen wollten, um meine Atmung zu unterstützen, da mein Hals und die Luftwege voller Blasen und stark geschwollen waren.) An das, was als Nächstes geschah, kann ich mich aber sehr deutlich erinnern. Ich habe später für meine Mutter viele Bilder davon gemalt, weil ich versuchen wollte zu beschreiben, was geschehen war.*

*Während die Ärzte und Schwestern kurz nach meiner Einlieferung mit mir beschäftigt waren, wurde alles schwarz, und dann stand ich plötzlich am Fuß einer sehr breiten und langen Treppe und schaute nach oben. Die Treppe war bestimmt dreieinhalb bis vier Meter breit, ziemlich steil, und es war, als hörte sie überhaupt nicht mehr auf – für mich als kleines Kind. Die Stufen waren entweder beleuchtet oder weiß, und zu beiden Seiten standen auf jeder Stufe Leute und lächelten mir zu. Es waren Leute aller Altersgruppen, Alte und Junge und Kinder, und sie trugen alle möglichen Kleider. Als kleines Kind hatte ich keine Ahnung, wer sie waren. Sie reichten mir die Hände und gaben mir stumme Zeichen, ich solle die Treppe hinaufgehen. Das tat ich. Es war schwer, die Stufen hinaufzusteigen, denn sie waren ein wenig hoch für ein kleines Kind, das jede Stufe einzeln erklimmen muss.*

*Alles war von irgendwoher sehr hell erleuchtet, und je weiter man auf der Treppe nach oben schaute, desto heller wurde es. Das Ende der Treppe war fast zu hell zum Hinschauen, und es tat mir in den Augen weh. Ich bin ein gutes Stück die Treppe hinaufgestiegen, und die Leute forderten mich immer noch stumm auf, weiterzugehen. Ich denke, ich habe etwa zwei Drittel der Treppe erklommen und konnte die große dünne Gestalt eines Mannes sehen, der am oberen Ende stand. Er trug einen langen weißen Mantel oder ein Gewand, streckte die Arme nach mir aus und lächelte. Durch das helle Licht, das ihn und die ganze Gegend umgab, war es nahezu unmöglich, viel zu sehen. Ich wollte weiter hinaufsteigen, war aber zu müde und setzte mich ein Weilchen hin, bevor ich versuchte, weiter hinauf zu gehen. Dann war plötzlich alles weg, und ich war im Koma „erstarrt" und konnte mich weder verständlich machen noch bewegen. Ich habe keine Ahnung, wie lange dieses Erlebnis gedauert hat, aber mei-*

*ne Mutter hat mir erzählt, die Ärzte hätten gesagt, ich würde nach der Einlieferung ins Krankenhaus keine Stunde mehr leben, und sie seien überrascht gewesen, dass ich ein paar Stunden überstanden hatte. Dann glaubten sie, ich würde am späten Abend oder frühen Morgen gehen, und staunten wieder, dass mein Zustand sich stabilisierte, obwohl ich im Koma lag.*

Der folgende Brief kam nach einem Artikel in einer Zeitschrift:

*Ihren Artikel habe ich mit großem Interesse gelesen, weil ich glaube, dass ich eine Nahtod-Erfahrung hatte. Aber meine ist passiert, als ich erst fünf Jahre alt war. Das ist jetzt einundfünfzig Jahre her! Die Geschichte hat mir meine Mutter erzählt, die offensichtlich recht schockiert darüber war, was ich in einem so zarten Alter zu berichten wusste. Anscheinend war ich schwer an Scharlach erkrankt, und es hatte Komplikationen gegeben. In Moment des Geschehens war ich bewusstlos. Als ich das Bewusstsein wiedererlangt hatte, erzählte ich meiner Mutter, ich hätte eine schöne Dame in einem langen weißen Kleid gesehen, die vor einem sehr hellen „Sonnenschein"-Licht geschwebt sei. Sie winkte mir mit ihrem Finger, und ich wollte schon gehorsam mit ihr gehen, als mein Großvater (der während meiner Erkrankung gestorben war, was mir aber keiner gesagt hatte, weil ich so krank war) mich scharf anwies, zurück zu gehen. Ich habe ihn nicht* ***gesehen****, er war jenseits des Lichts, ich habe ihn nur* ***gehört****. Er klang sehr streng (es war ungewöhnlich für ihn, dass er so mit mir sprach), deshalb habe ich getan, was mir gesagt wurde, und bin nicht zu ihr gegangen. Meine Mutter hat die Geschichte offensichtlich sehr aufgewühlt, denn sie hatte ja gerade erst ihren Vater verloren, und ich war schwer krank.*

Der folgende Fall stammt von einer Krankenschwester von den Philippinen. Sie hat mir zwar bereits vor annähernd zehn Jahren von ihrer Nahtod-Erfahrung berichtet, doch erst vor Kurzem nannte sie alle Einzelheiten und sprach über die Nachwirkungen. Die Nahtod-Erfahrung trat im Alter von neun Jahren ein, als sie mit dem Fahrrad unterwegs war und ein Auto auf sie auffuhr.

*Das Auto war hinter mir und bog den hinteren Teil meines Fahrrads um; ich machte einen Salto rückwärts auf die Windschutzscheibe, die zersplitterte, als mein Kopf darauf aufschlug. Von da an sah ich nur noch … es waren keine Sterne … sondern kleine Lichter. Ich konnte Leute sehen, die hin und her liefen, aber ich weiß nicht, ob es echte Menschen waren oder nicht. Ich konnte Menschen reden hören, aber ich erinnere mich nicht mehr, wer es war, doch sie riefen mich. Als ich hörte, wie die Leute meinen Namen riefen, war ich schmerzfrei und dachte, ich schwebe. Es war so ein freies Gefühl … Freiheit, mir dämmerte nicht im Geringsten, was gleich geschehen würde. Es war … so frisch und neu, da wurde mir klar, dass ich vielleicht gestorben war. Dann bin ich „aufgewacht" und sah bloß noch Licht. Es war ein helles Licht, vor mir in der Ferne. Ich versuchte, näher heranzukommen, aber es ging anscheinend immer weiter weg. Es gab eine große, ewig lange Treppe, über die man zum Licht gelangte. Sie war lang, und ich war müde, aber ich wollte zum Licht. Im Licht waren Schatten, und zu denen wollte ich. Alles war schwarz, ein Gefühl, wie wenn man in einer kohlrabenschwarzen Höhle sitzt, deshalb wollte ich unbedingt ins Licht … ich wollte einfach im Licht sein. Dann überkam mich Angst, ich könnte nicht zum Licht. Ich rannte, versuchte, zum Licht zu gelangen, dachte, ich will nicht allein sein. Ich hatte solche Angst, ich wollte einfach nur im Licht sein. (Während ich Ihnen das erzähle, stellen sich mir alle Härchen an den Armen auf – ich bekomme schon Gänsehaut, wenn ich nur daran denke.) Ich versuchte noch einmal, die Treppe hinaufzusteigen. Die Stufen waren niedrig, doch es waren sehr viele. Ich war müde, aber ich bemühte mich beharrlich, zum Licht zu kommen. Als ich fast da war, rief jemand meinen Namen. Ich dachte, die Stimme sei im Licht und wollte schon hineingehen.*

*Mein Vater sagte mir, ich sei tot gewesen, weil in der Unfall-Notaufnahme alle Notsignale losgingen. Ich atmete nicht mehr, und ich hatte einen Herzstillstand.*

*Ich bin im Krankenhaus aufgewacht und kann mich bloß noch daran erinnern, dass ich Durst hatte, aber irgendwas in meinem Mund war. Ich konnte meinen Vater sehen, sehr viele Leute standen um mich herum. Da war Blut, weil ich eine Naht am Kopf hatte. Ich hatte klebrige Dinger auf der Brust. Ich konnte mich nicht bewegen. Dann konnte ich nur noch meinen Vater sehen; die anderen Leute waren nicht mehr zu erkennen. Mein Vater fing an zu weinen, weil er glaubte, ich würde nicht wieder anfangen zu atmen. Danach blieb ich zur Überwachung meiner Kopfverletzung noch zwei Tage im Krankenhaus.*

Das Folgende hatte sie zuvor nicht erwähnt. Zunächst wollte sie nur sehr ungern über diesen Aspekt sprechen, weil sie ihn nicht verstehen oder erklären konnte und daher befürchtete, andere könnten sie für verrückt halten.

*Dann ging ich nach Hause und fing an, von der alten Frau zu träumen, die die Straße entlang ging. Sie hatte eine riesige Netztasche, auf die ich aus irgendeinem Grund immer sehr neugierig war. Ich will wissen, was sie in dieser Tasche hat. Sie hat weißes Haar, das hochgesteckt ist, und trägt ein weißes Kleid. Es ist, als versuchte ich, durch Netzvorhänge zu ihr herüber zu spähen. Ich habe Angst vor ihr und versuche deshalb, sie nur verstohlen anzulinsen, aber sie schaut mich geradewegs an, als habe sie mich gesehen. Dann geht sie weiter und wird immer blasser, schließlich ist sie verschwunden. Immer, wenn ich diesen Traum von ihr habe, stirbt am nächsten Tag jemand, den ich kenne. Das passiert seit dem Unfall und ist bis heute so.*

*Zum Beispiel sind kurz nach dem Unfall viele Leute aus derselben Familie gestorben, und bei jedem Einzelnen habe ich von der Frau geträumt. Ich habe es meiner Mutter erzählt, weil die Verstorbenen Freunde unserer Familie waren. Es wurde sogar noch schlimmer, denn wenn wir die Angehörigen der Verstorbenen besucht haben, konnte ich „andere Leute“ im Raum sehen (die sonst niemand sehen konnte), wusste aber nicht, ob sie tot waren oder nicht. Sie waren einfach nur da und beobachteten mich, mitten unter den anderen Leuten. Sie sahen mich an, lächelten mir zu, aber sonst nichts. Es ist, als seien sie bloß Beobachter oder Geister – sie beobachten einen nur. Sie wussten, dass ich sie sah, aber sie beobachteten einfach nur. Ich glaube, es könnten Engel gewesen sein. Ich war noch klein, ich hatte keine Ahnung, was da vor sich ging; es jagte mir Angst ein. Ich sehe diese Beobachter immer noch, aber ich versuche, sie auszublenden; jetzt habe ich Kopfschmerzen, bloß weil ich darüber gesprochen habe. Wenn ich sie ausblende, bekomme ich Kopfschmerzen. Deshalb bin ich hier nach Wales gekommen, um dem allem aus dem Weg zu gehen, und dann bin ich dir begegnet!*

*Ich weiß, wann ein Patient stirbt oder nicht. Wenn ich ins Zimmer komme, wird mir schwer ums Herz. Ich spüre ihr Leiden, und wenn sie zu sehr leiden, dann sage ich den Ärzten, dass der Patient offensichtlich genug habe und es Zeit sein könne, mit den Angehörigen zu sprechen.*

*Ich habe auch eine Elektro-Sensibilität. Bei der Arbeit pumpt sich die nicht-invasive Blutdruckmanschette ohne ersichtlichen Grund einfach auf, selbst wenn sie nicht an einen Patienten angeschlossen ist. Das Beatmungsgerät an einem leeren Bett schaltet sich ein. Ich kriege jede Menge elektrische Schläge, und Glühbirnen brennen um mich herum einfach durch – ich schalte sie ein, und sie knallen einfach durch. Die intravenösen Medikamentenpumpen funktionieren den ganzen Tag einwandfrei, und schlagen dann bei mir Alarm. Radios schalten sich wegen mir ein, und Computer gehen einfach an und aus, wenn ich in der Nähe bin. Neulich hatten wir einen Todesfall, als ich gearbeitet habe. Sämtliche Glühbirnen brannten durch und der Strom fiel aus; der Notfallgenerator ist eingesprungen. Als die Techniker kamen, ging alles von selber wieder an, und sie konnten den Fehler nicht finden. Es war mein Patient gewesen, der gestorben war, und ich hatte gewusst, dass er sterben würde.*

*Die Nahtod-Erfahrung hat sich vor einunddreißig Jahren ereignet, und sie steht mir immer noch so lebhaft vor Augen wie damals, aber ich versuche, sie auszublenden. Ich will nicht daran denken, solange ich hier in Wales bin. Ich habe versucht, sie zu vergessen. Ich bin nach Wales gekommen, um die Erfahrung und die Nachwirkungen, die sie bei mir hatte, zu vergessen. Aber dann bin ich dir begegnet und habe dich über deine Forschung reden hören – und alles war wieder da. Es gibt also kein Entkommen!*

Ich habe aber auch Berichte über Nahtod-Erfahrungen erhalten, die unter unerwarteten, traumatischen oder zufälligen Umständen eingetreten sind. Christine Stewart mailte mir vor ein paar Jahren auf einen Artikel im Internet hin:

*Ich war elf Jahre alt, als es passiert ist. Heute bin ich zweiundfünfzig und Großmutter, doch das Erlebnis ist mir immer gegenwärtig geblieben. Es war das Tiefgründigste, was mir je passiert ist, mehr noch, es bewegt mich immer noch. Ich habe keine Angst vor dem Tod und ich trauere nicht um Verstorbene oder Sterbende, weil ich weiß, dass sie in eine andere Dimension hinübergegangen sind.*

*Kurz gesagt, wie die meisten Kinder mit elf, habe auch ich an jenem Tag auf dem Nachhauseweg von der Schule Blödsinn gemacht. Ich trat ohne zu schauen vom Gehweg auf die Straße, geradewegs vor ein herannahendes Auto, das mich am Rücken erwischte. Ich wurde über die Straße geschleudert und weiß noch, dass ich dachte, es tut weh, wenn ich lande. Ich hörte ein lautes „Knacken" und sah einen Blitz, und im selben Moment schoss ich rasant aus meinem Körper heraus. Ich verspürte keinen Schmerz und wurde anscheinend immer höher gehoben. Es wurde dunkel, und ich war immer noch sehr schnell unterwegs. Ich empfand ein überwältigendes Gefühl, geliebt zu werden, so als hätte das ganze Universum mich lieb. Vor einer Art Barriere kam ich zum Stehen; sie sah aus wie eine Liguster-Hecke. In der Hecke wuchsen Blumen; sie waren riesig, viel größer als mein Kopf! Hinter der Hecke waren Leute, die zu mir herüberschauten; sie wirkten alle sehr interessiert. Dann kam die Dame. Ich nenne sie „die Strahlende". Sie war sehr schön. Ich wusste sofort, dass sie viele hundert Jahre alt war, aber sie hatte das Gesicht einer etwa Dreißigjährigen. Ich war glücklich dort. Das Gefühl der Liebe und des Friedens war schön. „Du musst wieder zurück", sagte die Dame, obwohl ich nicht einmal gesehen habe, dass ihr Mund sich bewegt hätte. Ich wollte gerade widersprechen, da befand ich mich auf einmal wieder am Straßenrand. Ich hatte starke Schmerzen, und die Sanitäter und eine große Menschenmenge standen um mich herum. Ich habe schnell gelernt, dass ich über meine Erfahrung besser Stillschweigen bewahre, denn wenn ich darüber sprach, sahen mich alle immer so komisch an. Aber ich werde sie nie vergessen, und als ich älter wurde, erkannte ich, dass außer mir noch wesentlich mehr Leute ein ähnliches Erlebnis gehabt haben. Dieses Erlebnis hat mir in den dunkelsten Zeiten meines Lebens geholfen. Der Tod ist nicht das Ende!*

## Die Nachwirkungen von Nahtod-Erfahrungen in der Kindheit

Mit der bedingungslosen, transzendenten Liebe verbunden zu sein und dann wieder ins Leben zurückzukehren, war für viele nahtoderfahrene Kinder verwirrend.[24] Viele berichteten, dass sie gerne wieder dorthin wollten, wo sie gewesen waren, und deshalb sogar Selbstmordversuche unternommen haben. Der Suizid ist in diesem Fall kein Mittel zur Selbstschädigung, sondern eine Möglichkeit, an den wunderbaren Ort der Liebe zurückzukehren. Folgerichtig stellte Atwater fest, dass über die Hälfte der Personen in ihrer Stichprobe Episoden schwerer Depressionen hatten und einundzwanzig Prozent Suizidversuche unternahmen – im Gegensatz zu weniger als vier Prozent bei erwachsenen Nahtod-Erfahrenen.[25] Weiter stellte sie fest, dass es bei einem Drittel zu Alkoholmissbrauch kam, was im Widerspruch zu Dr. Melvin Morses Feststellungen steht.[26] In seiner Stichprobe mit dreißig Personen, die in der Kindheit eine Nahtod-Erfahrung gehabt hatten, hatte sich keiner Drogen oder dem Alkohol zugewandt. Dies könnte jedoch daran liegen, dass Morse alle Nahtod-Erfahrenen vom Zeitpunkt ihrer Nahtod-Erfahrung an begleitet hat. Dadurch, dass er ihre Nahtod-Erfahrung kurz nach ihrem Auftretendem anerkannt und bestätigt hatte, könnte es ihnen leichter gefallen sein, das Erlebnis in ihr Leben zu integrieren. Die Integration einer in der Kindheit erlebten Nahtod-Erfahrung ist ein sehr heikles Thema, das ernst genommen werden muss, doch bei nahtod-erfahrenen Kindern ist die Wahrscheinlichkeit geringer, dass sie einem Therapeuten vorgestellt werden.[27]

Manche Nahtod-Erfahrene werden sehr zurückhaltend und sprechen nicht mehr über ihr Erlebnis[28], andere hingegen entwickeln sich zu vermeintlichen Störern oder Sonderlingen.[29] Manche beginnen nach ihrer kindlichen Nahtod-Erfahrung mit Meditation.[30] Allgemein kommt Wissbegier und Lernfreude auf, wodurch die Kinder in der Schule und in ihren kreativen Fähigkeiten oft Herausragendes leisten. Häufig sind sie ihren Schulfreunden voraus und haben einen sehr hohen IQ. Viele, die in der Kindheit eine Nahtod-Erfahrung hatten, sind sehr versiert im Umgang mit Computern, werden Erfinder oder Physiker oder werden brillante Künstler oder Geisteswissenschaftler.[31] Wer als Jugendlicher eine Nahtod-Erfahrung hatte, wählt mit hoher Wahrscheinlichkeit einen therapeutischen, medizinischen oder geistlichen Beruf.

Atwaters Forschungen zufolge haben Menschen, die im Kindesalter eine Nahtod-Erfahrung hatten, später wahrscheinlich langlebige Beziehungen – im Gegensatz zur hohen Scheidungsrate unter erwachsenen Nahtod-Erfahrenen. Elektro-Sensibilität ist bei Erwachsenen verbreiteter als bei Kindern. Nach einer Nahtod-Erfahrung können die Beziehungen zu Eltern und Geschwistern belastet sein. Zum Beispiel fragte Nadia nach ihrer kindlichen Nahtod-Erfahrung ihre Großmutter nach der schönen Dame, der sie begegnet war. Ihre Großmutter sagte, sie solle nicht solche Fragen stellen, und glaubte fortan, das kleine Mädchen sei besessen. Dies hielt sie ihr auch immer wieder vor.

Einige Forschungsarbeiten haben gezeigt, dass für Menschen, die als Kind eine Nahtod-Erfahrung hatten, Geld und die Höhe des Gehalts im Erwachsenenalter keine wichtigen Faktoren sind, Stabilität hingegen offensichtlich eine große Rolle spielt: Achtzig Prozent gaben an, in ihrem Beruf zufrieden zu sein, und achtundsechzig Prozent wohnten im eigenen Haus bzw. der eigenen Wohnung.[32]

Zu einem hohen Prozentsatz behaupteten die Betroffenen, ihre ausgezeichnete Gesundheit sei einer spirituellen Lebenseinstellung und komplementärmedizinischer Behandlung zuzuschreiben. Interessanterweise vertrugen sie Pharmazeutika mit zunehmendem Alter schlechter. Weitere gesundheitsbezogene Aspekte sind offensichtlich ein niedrigerer Blutdruck sowie eine Licht- und Geräusch-Empfindlichkeit.[33]

Martine Alexis aus Swansea hatte als Kind eine Nahtod-Erfahrung:

*Bitte verzeihen Sie die Länge, aber ich kann es nur so artikulieren! Es war sehr heilsam, dies zu schreiben, deshalb danke, dass ich es durfte!*

*1967 war ich vier Jahre alt und wurde mit einer schweren viralen Hirnerkrankung in die Klinik eingeliefert. Im Grunde konnte ich meine Gliedmaßen und meine Sprachfunktionen nicht mehr gebrauchen. Meine Eltern waren auf „das Schlimmste" vorbereitet. Meine Nahtod-Erfahrung hat für mich erst rückblickend und in einem wesentlich späteren Alter einen Sinn ergeben, aber sie war so real, dass ich mich auch heute, im Alter von neunundvierzig Jahren, noch an jede Einzelheit erinnern kann. Im Folgenden beschreibe ich meine Erfahrung genauso, wie sie sich abgespielt hat:*

*Es war Nacht, alle Besucher waren längst gegangen, und auf der Station war es ruhig; es waren nur wenige Kinder und die Nachtschwestern da. Ich lag im Bett, unfähig, meine Gliedmaßen zu bewegen oder zu sprechen. Es ging mir überhaupt nicht gut, ich hatte Angst und würde mich vielleicht als „im Entgleiten begriffen" bezeichnen. Als Nächstes erlebte ich, dass ich auf den Beinen war und durch einen ansteigenden Flur aus der Station weglief. Neben mir war ein anderes Kind, es rannte mit mir und hielt mich an der Hand. Ich weiß noch, dass ich ganz aufgeregt und froh war. Ich kann den grünen Linoleum-Boden dieses Flurs immer noch sehen und spüren!*

*Wir rannten weiter, und ich erinnere mich lebhaft, dass ich allen anderen Kindern auf der Station zum Abschied gewinkt habe. Sie waren in Nischen in diesem Flur. Viele weinten und waren anscheinend sehr traurig und bekümmert, dass sie dort bleiben mussten. Ich war einfach nur froh wegzukommen! Wir schafften es bis ans Ende dieses ansteigenden Flurs, das andere Kind hielt mich immer noch an der Hand. Am Ende war eine Tür, und unten und oben drang Licht zwischen Tür und Rahmen hindurch. Ich wollte unbedingt durch diese Tür hindurch! Ich erinnere mich, dass ich noch einmal zurückschaute. Und obwohl ich einerseits unbedingt weiter wollte, musste ich in diesem Moment doch an meine Mutter denken und vermisste sie (sie lebte damals und auch heute noch und steht mir sehr nahe). Mich überkam eine schreckliche Panik, sie überwältigte mich geradezu. Ich glaube, ich fühlte mich, als ob ich unbedingt zu einer Feier möchte, zu der ich eingeladen bin und auf die ich mich freue, aber nicht gehen kann, wenn meine Mutter nicht weiß, wo ich bin. Ich erinnere mich, dass ich die Hand des anderen Mädchens losließ und mich bei ihr entschuldigte. Das Gesicht des anderen Kindes habe ich nie deutlich gesehen, aber ich weiß, dass es ein kleines Mädchen war, und ich weiß hundertprozentig, dass ich sie lieb gehabt habe. Im Hintergrund sagte eine „Erwachsenenstimme" so etwas wie: „Es ist gut, lass sie gehen, sie kann gehen." Als Nächstes habe ich körperlich erlebt, wie ich im Bett geweckt und dazu überredet wurde, eine sehr bittere „Medizin" zu schlucken.*

*Ich möchte hinzufügen, dass mir das Erlebnis keinerlei Angst eingejagt hat, weder damals noch heute. Rein aus dem Gefühl heraus empfinde ich es sogar als „tröstlich". Seither habe ich keinerlei Angst mehr vor dem „Tod". Die Erfahrung hat mir jedoch ein Vermächtnis hinterlassen: Sie hat dazu geführt, dass ich tendenziell eher weniger am Leben „beteiligt" bin, so als würde ich nur „auf der Stelle treten". Nicht in einem traurigen Sinne, vielmehr ich bin ziemlich distanziert und sehr gerne für mich allein. Ich widersetze mich den meisten Versuchen, mich an eine „dauerhafte" Situation zu binden, die mich emotional und praktisch auf der Erde „verankern" könnte (Partnerschaften und langfristige Beziehungen zum Beispiel).*

*Nach dem Erlebnis habe ich die Fähigkeit entwickelt, Dinge zu sehen, zu hören und zu spüren, die über das Physische hinausgehen. Kurzum, mediale Fähigkeiten. Ich weiß, dass viele Menschen diese Fähigkeiten anzweifeln (was ich als beleidigend und ärgerlich empfinde). Die Zeit hat jedoch unzählige Male bewiesen, dass ich recht hatte! Seit über zehn Jahren arbeite ich sogar als professionelles Medium. Nach einem ziemlich wechselhaften Berufsleben, zu dem auch die Uni und das Lehramt für die Sekundarstufe gehörten, was mich aber beides überhaupt nicht glücklich machte, ist es eine große Erleichterung und macht mir viel Freude, meine Fähigkeiten einzusetzen. Ich habe meinen Frieden gefunden – oder zumindest das, was ihm am nächsten kommt – bis ich wirklich „nach Hause" kommen und endlich ans Ende des Flurs gelangen kann, den ich vor über vierzig Jahren entlang gerannt bin.*

Nahtod-Erfahrungen treten also eindeutig in jedem Lebensalter auf, in der Kindheit werden sie jedoch von den Betroffenen anscheinend bereitwilliger akzeptiert. Wenn ich diese Berichte lese, dann verblüfft mich, wie sehr kindliche Nahtod-Erfahrungen mit dem übereinstimmen, was erwachsene Nahtod-Erfahrene berichten. Keine Geschichte wirkt übertrieben, und alle Erlebnisse wurden von den Betroffen offensichtlich als ganz normal akzeptiert.

# Vier

## Kulturelle Varianten der Nahtod-Erfahrung

Nahtod-Erfahrungen und ähnliche veränderte Bewusstseinszustände kommen in allen Kulturen vor. Eine Umfrage von George Gallup und William Proctor aus den Jahren 1980 und 1981 ergab, dass schätzungsweise acht Millionen Amerikaner eine Nahtod-Erfahrung gehabt haben.[1] Angesichts der Fortschritte in der Medizintechnik ist diese Zahl inzwischen wahrscheinlich merklich gestiegen, da mehr Menschen kritische Erkrankungen überleben. Gemäß einer 2005 veröffentlichten Umfrage[2] haben schätzungsweise acht Prozent der australischen Bevölkerung eine Nahtod-Erfahrung erlebt. Die Nahtod-Erfahrungen der Australier stimmen mit anderen Nahtod-Erfahrungen in der westlichen Welt überein. Eine 2001 veröffentlichte Studie zeigte, dass vier Prozent der Deutschen von einer Nahtod-Erfahrung berichteten, woraus sich ergibt, dass schätzungsweise drei Millionen Deutsche eine Nahtod-Erfahrung gehabt haben.[3]

In der westlichen Literatur über Nahtod-Erfahrungen wurde nur eine kleine Anzahl von Fällen aus anderen Kulturen veröffentlicht. Möglicherweise gibt es in anderen Kulturen sehr viel mehr Berichte über Nahtod-Erfahrungen, die nicht auf Englisch verfasst sind, womit sich ihre Leserschaft auf die Sprache beschränkt, in der sie geschrieben wurden, und wenn das Interesse an diesen Fällen für eine Übersetzung nicht ausreicht, dann verbleiben sie in ihrem kulturellen Kontext.

In diesem Kapitel sollen einige Fälle aus anderen Kulturen zusammengefasst werden, die in der Literatur bereits dokumentiert sind. Leider ist die Untersuchung von Nahtod-Erfahrungen aus anderen Kulturen und Epochen problembeladen, und bei einem Vergleich der verschiedenen Berichte ist vieles zu beachten. Oft lässt sich nicht mehr feststellen, wie nahe die Betroffenen dem Tod tatsächlich waren. Ebenso muss man sich vergegenwärtigen, dass die verschiedenen Kulturen unterschiedliche Definitionen des Todes kennen, und ein Mensch in manchen Kulturen bereits in dem Moment als tot gilt, in dem er das Bewusstsein verliert – zum Beispiel in Melanesien. Ein weiterer Faktor, der den Inhalt einer Nahtod-Erfahrung beeinflussen kann, ist die abweichende Lebenserwartung in den verschiedenen Kulturen. Manche Gesellschaften haben keinen Zugang zu medizinischer Versorgung, und ein Tod in jungen Jahren ist häufig. Dies erhöht die Wahrscheinlichkeit, dass die Menschen sich mit ihrer Sterblichkeit auseinandersetzen und die von ihren Stammesältesten tradierten kulturellen Überlieferungen beachten sowie Erfahrungen von Menschen in Todesnähe anerkennen.

Wie bereits erwähnt, gibt es aus anderen Kulturen weniger Berichte in englischer Sprache, daher sind die uns vorliegenden Dokumentationen nicht unbedingt eine zutreffende Widerspiegelung der Nahtod-Erfahrungen aus den jeweiligen Kulturen. Viele Berichte sind historisch[4], nicht immer stammen sie von den Betroffenen selbst[5], und einige sind anhand von Transskripten und nicht nach den Original-Interviews erstellt worden.[6] Manche stammen womöglich aus mündlicher Überlieferung, werden schon seit vielen Jahren weitererzählt und haben so eventuell Ausschmückungen oder einen Bedeutungsverlust erfahren. Die meisten in der Literatur vorhandenen Berichte wurden von Entdeckern und Anthropologen zusammengestellt, die jeweils unterschiedliche Interessen hatten und ihre Angaben zu unterschiedlichen Zwecken niederschrieben; andere sind autobiographische Erzählungen. Heutige methodische Überlegungen wurden von den ersten Forschern nicht beachtet, und die Fragebögen waren nicht einheitlich: Die Fälle wurden nicht zufällig ausgewählt und zur Beurteilung, ob tatsächlich eine Nahtod-Erfahrung vorliegt, wurden keinerlei Instrumente wie etwa die Greyson-Nahtod-Erfahrungs-Skala eingesetzt. Hinzu kommt die Sprachbarriere: In der Übersetzung geht manches unweigerlich verloren. Aufgrund der Unaussprechlichkeit der Nahtod-Erfahrungen sind die Berichte anfällig für Fehldeutungen, insbesondere dann, wenn sie aus einer anderen Sprache übersetzt werden.

Die Epoche, in der eine Nahtod-Erfahrung auftritt, kann großen Einfluss auf deren Inhalt haben, wie die Arbeit von Carol Zaleski[7] zeigt. Die mittelalterlichen Jenseitsreisen veranschaulichen besonders deutlich die historischen und kulturellen Unterschiede zwischen vierzehnhundert Jahre auseinanderliegenden Nahtod-Erfahrungen. Es gibt viele Übereinstimmungen, zum Beispiel die Grenze/den Punkt ohne Wiederkehr und die Reise als solche, aber offensichtlich wurden sie unterschiedlich ausgelegt. Mittelalterliche Nahtod-Erfahrungen waren mit Folterszenen und Qualen verbunden, ganz im Gegensatz zu den angenehmen Gartenszenen in schönen Farben bei zeitgenössischen Nahtod-Erfahrungen.

Die Berichte geben jedoch Einblick, wie Nahtod-Erfahrungen durch den Filter unterschiedlicher kultureller Konditionierungen interpretiert werden. Im Hinblick auf den Tod hat jede Kultur leicht abweichende Ansichten und Einflüsse. Eine sorgfältige Untersuchung des Glaubenshintergrundes jeder einzelnen Kultur würde den Rahmen dieses Buches sprengen, deshalb werde ich mich hier auf eine kurze Schilderung der in der Literatur beschriebenen Nahtod-Erfahrungen beschränken.

## Nahtod-Erfahrungen in Indien

1977 wurde die erste interkulturelle Studie zu Sterbebett-Visionen in Indien und Amerika durchgeführt.[8] Krankenschwestern und Ärzte, die sterbende Patienten betreuten, wurden anhand eines Fragebogens interviewt, wobei man über tausend Fälle von Menschen in Todesnähe erfasste. Es wurde beobachtet, dass viele Patienten in Todesnähe mit unsichtbaren „Personen“ sprachen oder von Visionen oder Begegnungen mit Geistern berichteten. Die Inder gaben an, religiöse Gestalten aus der hinduistischen Kultur, wie etwa den Totengott Yamraj, und dessen Boten, die „Yamduts“, gesehen zu haben, deren Aufgabe es ist, die Betroffenen mitzunehmen.

Ein verbreitetes Merkmal indischer Nahtod-Erfahrungen ist ein Mann namens Chitragupta. Er hat ein Buch, in dem alle Taten eines Menschen verzeichnet sind. Das weitere Schicksal des Menschen bestimmt sich aufgrund seines Handelns zu Lebzeiten.

Wer gute Taten vollbracht hat, kommt in den Himmel, wohingegen diejenigen, die böse Taten begangen haben, in die Hölle geschickt werden.[9] Sehr oft wird von Verwechslungen oder Schreibfehlern in dem Buch berichtet, wodurch der falsche Mensch vor Gericht geführt wird. Es wurde sogar behauptet, nach der Wiederbelebung des falschen Kandidaten sei derjenige, der eigentlich vor Yamraj oder Chitragupta erscheinen sollte, tatsächlich gestorben, wie etwa im Fall von Srinivasa Reddy, über den der indische Forscher Dr. Satwant Pasricha berichtet.[10]

In den indischen Fällen tritt anscheinend dieses Tatenbuch an die Stelle des Lebensrückblicks. Weitere Unterschiede zwischen indischen und westlichen Nahtod-Erfahrungen sind einige fehlende Komponenten, etwa Angehörige, die die Betroffenen zurück ins Leben schicken, Tunnel, Licht und außerkörperliche Erfahrungen. Es gibt auch Berichte über Spuren, die bei der Rückkehr ins Leben am Körper vorgefunden werden und auf Verletzungen zurückzuführen sind, die den Betroffenen während ihrer Nahtod-Erfahrung zugefügt wurden.

## Nahtod-Erfahrungen in Thailand

Von den zehn thailändischen Fällen, über die Todd Murphy berichtet[11], erzählen neun von der Begegnung mit Yamatuts, Boten, die vom Büro des Totengotts Yama ausgesandt werden, um die Sterbenden in die Hölle zu bringen. Yamatuts könnte man mit den Engeln in westlichen Überlieferungen vergleichen. In den von Murphy dokumentierten Fällen variiert ihr Erscheinungsbild, doch ihre Aufgabe ist es, die Betroffenen zu Yama zu führen. Ähnlich wie bei den indischen Fällen handelte es sich auch hier fünf Mal um eine Verwechslung, wobei die Yamatuts die falsche Person gebracht hatten – eben den, der daraufhin wiederbelebt wurde. In einem der Berichte über eine Verwechslung stand in Yamas Buch der Name eines anderen Menschen aus dem Dorf, dessen Todesdatum drei Tage später war – der Betroffene kehrte ins Leben zurück, und offensichtlich starb der andere, dessen Name in dem Buch stand, drei Tage später.

Auch hier wurde das Schicksal der Betroffenen durch die guten und schlechten Taten bestimmt, die sie in ihrem Leben angehäuft hatten und die in einem Buch aufgezeichnet wurden. Yamas Beamte führten über die Verdienste Buch. Gutes Karma hob negatives Karma auf.

In einem Beispiel wurde ein Höllenritt beschrieben, in dem auch Folterszenen vorkamen.[12] Menschen wurden gezwungen, über heiße Kohlen zu gehen, die Zungen der Gefangenen wurden mit glühenden Zangen gepackt, und sie wurden gezwungen, Säure zu trinken.

Es gab sowohl Ähnlichkeiten als auch Unterschiede zwischen Nahtod-Erfahrungen aus dem Westen und aus Thailand. Der Tunnel fehlte in thailändische Nahtod-Erfahrungen, ebenso Gefühle von Glückseligkeit und Ekstase. Kommen verstorbene Verwandte bei westlichen Nahtod-Erfahrungen sehr häufig vor, so traten sie in thailändischen nur in vier Fällen auf und hatten dann die Aufgabe, die Betroffenen mit den Regeln des jenseitigen Lebens vertraut zu machen. Nahtod-Erfahrungen aus Thailand waren überwiegend belastend und zeigten Höllen- und Folterszenen. Die Sterbenden wurden gezwungen, die Folter mitanzusehen, mussten sie aber nicht selbst erdulden. Es gab nur einen einzigen Fall einer Begegnung mit dem Himmel.

Auch hier ist der Lebensrückblick offensichtlich durch ein Buch der guten und schlechten Taten ersetzt, anhand dessen das Schicksal der Betroffenen besiegelt wird. Auch in thailändischen Nahtod-Erfahrungen wird von Schreibfehlern berichtet, außerdem kommt darin Yama statt eines „Lichtwesens“ vor.

## Tibetische Deloks

Tibetische Deloks sind vorwiegend Frauen, die angeben, in einer Phase der Bewusstlosigkeit oder in Todesnähe mit einer persönlichen Gottheit ins Jenseits gereist zu sein.[13] Es ist vorauszuschicken, dass die Vorstellungen vom Tod in den verschiedenen Kulturen voneinander abweichen, daher müssen nicht alle Deloks tatsächlich in Todesnähe gewesen sein: Einige waren vielleicht nur bewusstlos, hatten einen kurzen Schwächeanfall oder befanden sich in einem Erschöpfungszustand. Manche Deloks galten auch als Epileptikerinnen. Allerdings untersuchte die französische Ethnohistorikerin und Tibetologin Françoise Pommaret zehn historische Fälle und befragte mindestens vier lebende Deloks; sie war von deren Authentizität überzeugt.

Bei Deloks ist es üblich, dass sie ihren Körper verlassen und ihn unter sich sehen. Deloks werden zum Herrn des Todes gebracht und durch die Hölle geführt, wo sie mitansehen, wie andere sündige Menschen gefoltert werden. Diese bitten die Deloks, ihren Familien die Nachricht zu überbringen, sie mögen bestimmte Rituale vollziehen, um sie von ihrem Leiden zu befreien sowie andere zu moralischem Verhalten anhalten. Es kann sein, dass sie ihren verstorbenen Angehörigen begegnen, dann ins Paradies gehen und zum Herrn des Todes zurückkehren. Die Deloks beobachten ein Seelengericht, das mithilfe einer Brücke, Waagschalen oder einem Spiegel durchgeführt wird, anschließend wird über sie selbst gerichtet. Haben sie ausreichend gutes Karma angehäuft, werden sie ins Leben zurückgeschickt und erhalten eine Botschaft, die sie anderen weitergeben sollen. Wenn sie wieder zum Leben erwacht sind, wird die Botschaft übermittelt, und alle werden angehalten, die tibetische Religion treu zu befolgen. Oft gelten die Deloks als Reinkarnationen früherer Deloks.

Interessanterweise kommen die Deloks oft über eine lange Brücke, die sich über einen riesigen Fluss spannt, ins Jenseits, aber es gibt keinen Punkt ohne Wiederkehr wie bei westlichen Nahtod-Erfahrungen. Nach ihrer Rundreise durch das Land der Toten kennen sie die karmischen Folterqualen.

## Nahtod-Erfahrungen in Japan

Bis vor kurzem wurde in der westlichen Literatur sehr wenig über Nahtod-Erfahrungen in Japan berichtet. In den wenigen Meldungen stechen anscheinend dunkle Flüsse und schöne Blumen hervor.[14] Während einer Krankheit mit hohem Fieber hatte Matsunojo Kikuchi aus Iide[15] offensichtlich eine Nahtod-Erfahrung. Er reiste durch ein Mohnblumenfeld zum Familientempel. Die von ihm beschriebenen Komponenten umfassten eine außerkörperliche Erfahrung, angenehme Gefühle, ein Tempeltor, das Leute einschloss, sowie verstorbene Verwandte, die ihm sagten, er müsse zurückkehren. Tief traurig und enttäuscht beschloss er, zurückzugehen. Er erlangte das Bewusstsein wieder und merkte, dass seine Verwandten Wasser über ihm ausschütteten, um ihn wiederzubeleben.

Neuere Arbeiten über Nahtod-Erfahrungen in Japan kommen von Ornella Corazza.[16] Sie berichtet von drei Fällen japanischer Nahtod-Erfahrungen. Als Motive zeigten sich Flüsse, verstorbene Verwandte, lärmende Kinder in Mönchskleidung, eine Regenbogenbrücke, ein von einem verstorbenen Verwandten ins Leben zurückgeschicktes Wesen, Zeitverzerrung und eine Mauer aus goldenem Licht, die überschritten werden musste.

Alle drei Betroffenen bestritten, dass ihre Erfahrung ein Traum war, und beharrten darauf, es sei ein reales Erlebnis gewesen. Dieses war angenehm, und Schmerz oder Leiden kamen nicht vor.

Dr. Corazza machte außerdem auf das Werk von Yoshia Hata aufmerksam. Dieser hat siebzehn Patienten befragt, die in Todesnähe waren. Neun erinnerten sich nicht an die Erfahrung, doch acht erinnerten Visionen von Flüssen oder Teichen. Fünf der acht Erinnerungen waren jedoch unangenehm und zeigten Motive von Angst, Leiden oder Schmerz.[17]

Bei einer Konferenz über Nahtod-Erfahrungen lernte ich einen japanischen Arzt kennen, der mir einen sehr interessanten Bericht über eine Nahtod-Erfahrung seines Großvaters gab, die sich vor vielen Jahren in Japan ereignet hatte. Der Großvater war für tot erklärt und in die Leichenhalle gebracht worden, wo er später wieder ins Leben zurückfand. Er erzählte, er habe sich auf eine Reise zu seinem neuen Haus begeben, aber es war immer noch im Bau. Man sagte ihm, er solle wieder abreisen, in einem Monat wäre es fertig und er könne es beziehen. Der Großvater starb einen Monat, nachdem er wieder ins Leben zurückgekehrt war.

## Nahtod-Erfahrungen in China

Die ersten Berichte über Nahtod-Erfahrungen in China stammen von Mönchen, die schwer krank gewesen, aber wieder genesen waren. Während ihrer Krankheit durchliefen sie zutiefst subjektive Erfahrungen, die sie veranlassten, zum Reines-Land-Buddhismus überzutreten.[18] In einem Bericht hatte der Mönch eine Vision, in der er eine Kerze in der Hand hielt und sich in eine Leere begab, wo ihn der Buddha Amitabha auf seine Handfläche setzte und sich das Licht der Kerze über das ganze Universum verbreitete. Er wachte auf und erzählte von seiner Vision, die für die umstehenden Trauernden tröstliche Wirkung hatte. Sein Körper schien genesen, und es waren keinerlei Krankheitsanzeichen mehr erkennbar. Später streifte er seine Kleider und Sandalen über, stand da und schaute, als könne er etwas sehen. Er sagte, der Buddha komme, dann verstarb er.

Eine spätere Analyse von annähernd einhundertzwanzig Sterbebett-Visionen zeigte sowohl Ähnlichkeiten als auch Unterschiede zu westlichen Fällen.[19]

Bereits vor einem knappen Jahrhundert wurde der interessante Fall der Ehefrau eines konfuzianischen Gelehrten dokumentiert.[20] Frau Jang hatte zwei Unterrichtsstunden im christlichen Glauben besucht und war angeblich zum Christentum bekehrt worden. Nach langer Krankheit starb sie. Ihr Leichnam wurde für die Beerdigung vorbereitet, doch einige Stunden später hörte ihre Familie Geräusche aus ihrem Zimmer. Sie fanden sie im Bett sitzend vor; sie hatte ihr Totengewand abgelegt und trug ihre normale Kleidung.

Sie berichtete, sie sei mit Jesus zu einem Perlentor geschritten, das von Engeln geöffnet wurde. Sie ließen sie ein, sie sah Häuser in wunderschönen Farben und ging mit Jesus durch goldene Straßen. Sie sah Engel, die zu Tausenden einen Thron umkreisten, auf dem der Himmlische Vater saß, und er sagte ihr, sie könne zurückkehren und noch eine Zeit lang verweilen, müsse aber am Zwölften des Monats wiederkommen. Einige Tage vergingen, und am Zwölften des Monats legte sie ihr Totengewand an, legte sich aufs Bett und verstarb.

Offensichtlich hatte die Frau nur zwei Mal Unterricht im christlichen Glauben erhalten und dabei nichts von dem erfahren, was sie schilderte, als sie wieder ins Leben zurückgefunden hatte. Der Autorin des Buches zufolge reisten viele Leute von weither an, um ihre Geschichte zu hören. Leichte Übertreibungen sind möglich, war doch die Autorin selbst Missionarin, die Chinesen zum Christentum bekehren wollte.

Aus der chinesischen Literatur stammen die *Seltsame[n] Geschichten aus dem Liao Chai* des chinesischen Dichters Pu Sung-Ling. Darin werden Erlebnisse beschrieben, die Parallelen zu Nahtod-Erfahrungen aufweisen.[21]

Elf Jahre nach dem Erdbeben von 1976, in der chinesischen Stadt Tangschan, berichteten vierzig Prozent der einundachtzig Überlebenden von einer Nahtod-Erfahrung.[22] Sie erzählen von beschleunigten Gedanken, euphorischen Gefühlen des Friedens, panoramaartigem Gedächtnis und einem Lebensrückblick. Dass jemand ins Leben zurückgeschickt wurde oder ein „Lichtwesen" sah, wird nicht erwähnt. Einige schilderten die Erfahrung als traumähnlich bei fehlender Identifikation mit dem Körper, andere hatten den Eindruck, das Ende der Welt sei gekommen.

## Nahtod-Erfahrungen auf den Philippinen

Im Jahr 2000 wurden viele philippinische Krankenschwestern zur Arbeit in dem Krankenhaus angeworben, in dem auch ich angestellt war. So lernte ich einige kennen, die früher einmal eine Nahtod-Erfahrung gehabt hatten. Ich habe zwei Berichte aus erster Hand sowie einen, den mir die Enkelin der Betroffenen erzählt hat. Die Mehrheitsreligion auf den Philippinen ist der Katholizismus, und alle Berichte ähnelten denen aus dem Westen.

Die erste Nahtod-Erfahrung trat nach einem Fahrradunfall des Mädchens ein.

„Esther" hatte ihre Nahtod-Erfahrung aufgrund von Komplikationen bei der Geburt ihres Kindes, wobei das Kind starb. Sie stellte fest, dass sie außerhalb ihres Körpers schwebte und sich fragte, was wohl gerade vor sich gehe. Da sie in dem Krankenhaus arbeitete, in dem sie nun Patientin war, kannte sie einige diensthabende Schwestern und Ärzte und versuchte, ihnen auf die Schulter zu klopfen, um mit ihnen zu sprechen. Doch immer, wenn sie sie berühren wollte, glitt ihre Hand einfach durch ihren Körper hindurch. Sie versuchte, sie zu rufen, aber auch dann kam keine Reaktion – niemand konnte sie hören oder ihre Berührung spüren. Dann wurde alles schwarz, und sie sah einen kleinen Lichtfleck in der Ferne. Langsam schwebte sie auf dieses helle Licht am Ende eines Tunnels zu. Im Tunnel unterhielt sie sich mit einem männlichen Wesen, und obwohl sie ihn nicht sehen konnte, glaubte sie, es sei Jesus. Das Gespräch mit ihm dauerte zwar lange, aber sie konnte sich an keinerlei Inhalte mehr erinnern. Sie musste an ihre beiden anderen kleinen Kinder denken und wollte zu ihnen zurück. Kaum dass sie an ihre Kinder dachte, befand sie sich wieder in ihrem Körper. Die Erfahrung blieb ihr lebhaft im Gedächtnis, obwohl sie zu dem Zeitpunkt, als sie mir davon erzählte, über siebzehn Jahre zurück lag.

Eine weitere Kollegin berichtete vom Erlebnis ihrer Großmutter, deren Geschichte sie als Kind und Jugendliche oft gehört hatte. Vor etwa sechzig Jahren fühlte sich ihre Großmutter, die abgelegen auf dem Land wohnte, nicht wohl und verlor vor Erschöpfung das Bewusstsein. Sie atmete nicht mehr, reagierte auf keinerlei äußere Reize, und alle Zeugen hielten sie für tot. Als sie wieder zu Bewusstsein gekommen war, erinnerte sie sich, einen hohen Berg gesehen zu haben, zu dessen Füßen an einer Seite das Meer lag. Sie wusste, dass sie auf den Gipfel dieses Berges steigen musste, zugleich fürchtete sie sich davor und war sehr beklommen, denn sie hatte große Angst vor dem Wasser, und wenn sie von dem Berg abstürzte, würde sie ins Wasser fallen. Der Aufstieg auf den Berg war lang und schwer, aber schließlich gelangte sie auf den Gipfel. Dort oben stand ein Haus, und sie begegnete einem bärtigen Mann mit langem weißen Gewand. Sie dachte, es sei Jesus. Resolut gab er ihr zu verstehen, sie müsse zurück. Darüber war sie sehr aufgebracht, weil der Aufstieg für sie so schwierig gewesen war und sie große Mühe gekostet hatte. Daher bat sie ihn inständig, bleiben zu dürfen. Er sagte ihr, sie müsse zurück; denn sie habe noch eine Aufgabe zu erfüllen.

## Nahtod-Erfahrungen der Aborigines

Es gibt einen historischen Bericht über eine Nahtod-Erfahrung bei den Aborigines, der zu einer langen mündlichen Überlieferung gehört und von vielen Quellen zitiert wird.[23]

Auf dem Scheiterhaufen, der bereits zu seiner Beerdigung errichtet worden ist, erwacht ein Mann wieder zum Leben und erinnert sich, im Kanu ins Land der Toten gefahren zu sein. Dort begegnete er verstorbenen Verwandten und dem Geist des Schildkrötenmannes. Er wusste, er würde wieder ins Leben zurückkehren müssen. Die Geister tanzten für ihn, überhäuften ihn mit Gaben und sagten, er sei noch nicht tot, da er ja noch Knochen habe, aber er könne wiederkommen, wenn er richtig gestorben sei. Er kehrte wieder ins Leben zurück und erzählte von seiner Reise. Doch drei Tage später starb er.

## Nahtod-Erfahrungen der Maori

Eine Maori-Frau wurde für tot gehalten, ihr Leichnam aufgebahrt, und die Leute versammelten sich zu ihrer Beerdigung. Sie erwachte wieder zum Leben, als ihre trauernden Verwandten um sie standen.

Sie erzählte ihnen, ihr sei gewesen, als habe ihr Geist ihren Körper verlassen und sei über ihr geschwebt und dann über verschiedene Landmarken hinweg nach Norden gereist. Sie kam nach Te Rerenga Wairua – der Absprungstelle der Geister.[24] Dort vollzog sie die Rituale, die von den Toten erwartet werden, und machte sich bereit, von einem Felsvorsprung aus in die Unterwelt oder das Geisterreich zu springen. Eine Stimme sagte ihr, es sei für sie noch nicht an der Zeit, sie müsse zurückkehren, würde aber erneut gerufen.

## Nahtod-Erfahrungen auf Guam

In vier Fällen von Nahtod-Erfahrungen beim Volk der Chammorro heißt es, die Betroffenen seien durch die Luft „geflogen“ und hätten lebende Verwandte in fernen Ländern besucht; sie seien verstorbenen Wesen und Verwandten begegnet und eine Straße entlang gegangen.[25] Zu den beschriebenen Bildern gehörten: Auf Straßen gehen, durch die Wolken reisen, anderen begegnen sowie zurück ins Leben geschickt werden. Eine Dame befand sich sogar im Haus ihres Sohnes in Amerika, aber dort schenkte ihr niemand Beachtung, obwohl ihre Nichte behauptete, sie gesehen zu haben. Danach reiste sie zum Haus ihres Bruders und beobachtete diesen.

## Nahtod-Erfahrungen in Melanesien/West-Neubritannien

Aufgrund des begrenzten Zugangs zu moderner Medizin ist die Lebenserwartung in Melanesien kurz. Der Himmel ist für die Melanesier eine industrialisierte High-Tech-Welt.

Die drei Fälle, die Dorothy Counts[26] dokumentiert hat, weisen deutliche Unterschiede zu westlichen Nahtod-Erfahrungen auf. Am auffälligsten ist, dass Bilder von schönen Gärten anscheinend durch Bilder von Fabriken, Autobahnen und Industrie ersetzt wurden. Berichtet wurde von verstorbenen Verwandten oder einer religiösen Gestalt und einmal auch von einem bärtigen Mann mit weißem Gewand. Die Betroffenen kehrten nicht gern in ihren Körper zurück; einer berichtete, infolge seines Erlebnisses habe er keine Angst mehr vor dem Tod. Viele Merkmale fehlen, wie etwa die außerkörperliche Erfahrung, Frieden, Freude und Tunnel. Sehr häufig kommen Bilder von einem Gericht vor, und auch die Bestrafung von Zauberern wurde beobachtet.

## Nahtod-Erfahrungen aus Afrika

Dr. Nsama Mumbwe aus Sambia[27] beschrieb fünfzehn Fälle von Nahtod-Erfahrungen aus Afrika. Häufige Motive waren unter anderem: Ins Leben zurückgeschickt werden, Menschen in weißen Gewändern begegnen, in die Dunkelheit gehen sowie durch eine Barriere aufgehalten werden. Das Erlebnis wurde anscheinend abergläubisch gedeutet und als Vorzeichen eines Unheils oder schlechtes Omen betrachtet.

In jüngerer Zeit wurden acht zentralafrikanische Nahtod-Erfahrungen aus dem Kongo mit zwei Nahtod-Erfahrungen südafrikanischer Basuto verglichen.[28]

In den christlich geprägten Nahtod-Erfahrungen aus dem Kongo[29] ist die Rede davon, dass man gemeinsam mit anderen, die ebenfalls auf dem Weg sind, auf ein Ziel zugeht. Am Fuße eines großen Berges stieß man auf Schwierigkeiten, doch durch Anrufung Jesu konnte das Hindernis leicht überwunden werden. Ein Mann sah sich einer Gruppe von Menschen gegenüber, die das Buch des Lebens in Händen hielten, und obwohl sein Name in dem Buch stand, war seine Zeit noch nicht gekommen. Er kehrte wieder ins Leben zurück und fand sich im Kreis seiner trauernden Familie und Freunde wieder.

Die Fälle unter den Basuto waren etwas anders.[30] Ein Mann, der in einem abgelegenen Dorf lebte, war offensichtlich gestorben und wieder ins Leben zurückgekehrt. Als er tot war, so berichtet er, sei er eine Zeit lang eine unbekannte Straße entlang gegangen. Die Straße gabelte sich, und er war sich unsicher, welcher Abzweigung er folgen sollte. Er begegnete zwei Männern; der eine versuchte, ihn in die Hölle zu führen, und der andere, der ein Kreuz auf der Stirn trug, rettete ihn. Er wurde angewiesen, ins Leben zurückzukehren und sich einen Lehrer zu suchen. Der Mann wurde wieder lebendig und ließ einen Katecheten rufen, der ein Kreuzzeichen auf seiner Stirn anbrachte. Dann legte sich der Mann nieder und verstarb anscheinend erneut, denn sein Sarg wurde vorbereitet, sein Grab ausgehoben und der Katechet gebeten, die Beerdigung zu halten. Noch einmal wurde der Mann lebendig, berichtete, das Kreuz sei verschwunden, und sein christlicher Führer habe ihm gesagt, er solle getauft werden. Nach seiner Taufe starb er.

Das folgende Beispiel wurde mir von einer afrikanischen Krankenschwester erzählt. Sie hatten einen Vortrag von mir gehört, bei dem ich über meine Arbeit sprach. Zunächst wollte sie kaum über ihre Nahtod-Erfahrung sprechen. Doch nach ein paar Monaten berichtete sie:

*Seit etwa zwei Tagen hatte ich mich unwohl gefühlt. Es war nichts Bestimmtes, mir war nur unwohl, ein bisschen Kopfweh. An dem Tag, als es passiert ist, sagte meine Mutter, ich sähe müde aus und solle mich hinlegen. Sie wies mich an, die Tür zu meinem Zimmer nicht abzuschließen. Ich hatte ein eigenes Zimmer, und normalerweise schloss ich die Tür ab, wenn ich zu Bett ging. Ich legte mich hin und glitt in einen wohligen Schlaf. Ich weiß nicht, wie lange ich geschlafen habe, aber als ich aufwachte, standen mein Vater, meine Mutter und meine Schwester in meinem Zimmer und weinten.*

*Ich hatte sehr erholsam geschlafen, sehr angenehm. Ganz in der Ferne konnte ich die Stimme meiner Mutter hören. Es war fast ein Flüstern, aber ich wusste, dass es die Stimme meiner Mutter war … als wenn sie mich riefe. Da war ein Bild, und ich wusste, es war das Bild meiner Mutter, aber es war kein ganzes Bild. Ich konnte ihre Gestalt sehen, aber sie war verschwommen, und ich konnte nichts Genaues erkennen – ich wusste einfach, dass es meine Mutter war. Ich konnte nicht aufwachen; ich konnte auf ihr Rufen nicht antworten. Ich habe es versucht, aber ich konnte einfach nicht. Ich dachte bei mir: „Ich muss aufwachen, aber mein Körper bewegt sich einfach nicht." Mein ganzer Körper war mir zu schwer, und ich konnte ihn nicht bewegen. Dann schwebte ich plötzlich, aber ich schwebte auf meine Mutter zu, dahin, wo ihre Stimme war. Es dauerte sehr lange. Das Ganze war wie in Zeitlupe.*

*Auf der anderen Seite, gegenüber der Stimme meiner Mutter, konnte ich die Stimme meiner Großmutter hören. Ich sah ihr Gesicht, aber nicht ihren Körper – sie sah jünger aus als bei ihrem Tod. Sie lächelte. Nur das Gesicht meiner Mutter wirkte aufgelöst. Ich konnte ihr Gesicht sehen, aber nicht ihren Körper. Als ich meine Großmutter und meine Mutter so ansah, ging ich auf meine Mutter zu, weil sie weinte und mich rief, aber meine Großmutter lächelte. Ich ging zu meiner Mutter, weil sie in Not war und mich offensichtlich mehr brauchte. Mein Körper kämpfte darum, aufzuwachen und sich zu bewegen; ich musste zu meiner Mutter; dann hatte ich das Gefühl zu schweben und ging dahin, wo meine Mutter war. Ich erinnere mich nicht daran, dass ich wirklich mit ihr in Kontakt gekommen wäre, nur daran, dass ich auf sie zu geschwebt bin.*

*An mehr kann ich mich nicht erinnern, nur daran, dass ich aufgewacht bin und mein Vater über mich gebeugt war. Mein Vater hatte mich lange geschüttelt, damit ich aufwache. Für meine Familie war ich vollkommen bewusstlos gewesen. Ich hatte mich überhaupt nicht gerührt, aber im Geist hatte ich schon den Eindruck, mich bewegt zu haben. Alle glaubten, ich sei tot.*

*Später habe ich erfahren, dass meine Mutter als Erste nach mir sah, sie rief mich und fing an, mich zu schütteln, aber es kam keine Reaktion. Sie rief meinen Vater; beide schüttelten und riefen mich, aber es kam keinerlei Reaktion, und ich habe mich nicht bewegt.*

*Als ich aufwachte, war ich noch sehr müde und wollte einfach wieder einschlafen. Aber das wollten sie nicht zulassen – sie hatten zu große Angst. Die darauffolgenden drei Nächte schlief meine Mutter bei mir im Zimmer und weckte mich jede Nacht auf, weil ich in einen sehr tiefen Schlaf gefallen war. Jedes Mal, wenn sie mich aufweckte, hatte sie an meiner Atmung erkennen können, dass ich in einen sehr tiefen Schlaf gefallen war. Ich weiß nicht, ob das etwas mit dieser Erfahrung zu tun hatte, aber immer, wenn ich geweckt wurde, hatte ich in dem Moment sehr seltsame Träume. Beim ersten Mal war ich in einem tiefen Graben, und meine Mutter versuchte, mich herauszuholen; dann steckte ich in einem Auto fest, und meine Mutter versuchte, mich zu befreien; an den dritten Traum kann ich mich jetzt nicht erinnern. Immer wenn sie mich aufweckte, brauchte ich sehr lange, bis ich wach war, viel länger als normal.*

*Ich habe mir nichts dabei gedacht, bis ich dich darüber reden hörte. Meine Mutter hat mir immer verboten, über den Vorfall zu reden, weil sie das viel zu sehr erschreckte; ich durfte nie darüber sprechen. Der einzige Mensch, dem ich je etwas darüber erzählt habe, war meine Schwester, aber das war Jahre später. Wir sprachen über den Tag, an dem ich nicht aufgewacht bin, und sie sagte, ich hätte die ganze Familie in Angst und Schrecken versetzt. Da habe ich ihr erzählt, woran ich mich erinnerte. Ich habe dem nie irgendwelche Bedeutung beigemessen; ich habe es einfach nur als merkwürdiges Erlebnis eingestuft.*

Interessanterweise erzählte mir dieselbe Krankenschwester von einem Patienten, den sie wiederbelebt hat, als sie noch in Afrika war.

*Als der Mann wiedererwachte, stieß er einen tiefen Seufzer der Erleichterung aus. Ich fragte ihn, ob es ihm gut ginge, und er sagte, er sei an einem seltsamen Ort gewesen, um ihn herum lauter Taxis. Die Taxis hatten alle möglichen Farben, aber es war auch ein rotes darunter. Leute wollten ihn zwingen, in das rote Taxi zu steigen. Er wollte aber nicht in das rote Taxi, weil Rot für ihn Gefahr symbolisierte. Er wollte in ein andersfarbiges Taxi steigen. Schließlich wurde er doch in das rote Taxi geschoben. Auch im Inneren des Wagens war alles rot, und er wurde an einen Ort gebracht, an dem ebenfalls alles rot war. Er mühte sich ab, aus dem Auto herauszukommen. Als er das Bewusstsein wiedererlangte, war es für ihn, als hätten ihn Leute aus dem roten Taxi geworfen. Deshalb der tiefe Seufzer der Erleichterung: „Was war das denn? Ich war in einem roten Auto! Oh .... Oh ... ich war schon in einem roten Auto. Ich habe wirklich schwer gekämpft, um da wieder herauszukommen.“*

*Das hat in mir die Erinnerung an mein eigenes Erlebnis wieder geweckt, aber ich habe ihm nichts davon erzählt, ich habe nur gesagt, dass manche Menschen solche Erlebnisse haben.*

## Nahtod-Erfahrungen bei amerikanischen Ureinwohnern

Die wichtigste Quelle für Erzählungen von amerikanischen Ureinwohnern sind die ersten Entdecker sowie ethnographische und einige autobiographische Berichte.[31] Dem Brauch entsprechend, werden die Toten in ihren besten Kleidern bestattet, und während die Familie die Vorbereitungen trifft, spricht sie mit den Toten, als wären diese noch am Leben. (Das ist auch unter Krankenschwestern üblich, während ein Leichnam hergerichtet wird.) Die Toten werden auf Gefahren hingewiesen, auf die sie treffen könnten, etwa dunkle, schnell fließende Flüsse.

Einen längeren Fall einer Nahtod-Erfahrung, die sich irgendwann zwischen 1900 und 1910 abgespielt hat, schildert der Hopi

Don Talayesva.[32] Zu den Komponenten der von ihm beschriebenen Nahtod-Erfahrung gehören das Verlassen des Körpers, Schmerzfreiheit, der Anblick seiner Verwandten, ohne dass diese jedoch ihn sehen können, Begegnung mit einem Mann, der ihn an den Ort der Toten begleitet, Betreten eines tunnelartigen Lochs, eine beruhigende Stimme, ein Ort des Gerichts und der Anblick des Totengottes Masau'u. Talayesva musste sich nackten Hexen und Clowns mit bemaltem Körper stellen. Das Dorf wurde von einem männlichen Geist bewacht, der die Toten einließ – die Tugendhaften wurden einen leichten Weg entlanggeführt, während schlechte Menschen sich durch schweres Gelände schlagen mussten. Er wurde angewiesen, in seinen Körper zurückzukehren, bevor der Sarg geschlossen würde. Talayesva erwachte, und die Stationsschwester sagte ihm, er sei in der Nacht gestorben, aber sein Körper sei nicht abgekühlt, deshalb hätten sie ihn nicht beerdigt.

Ein viel zitierter Fall ist der von Black Elk [33], der während einer Kinderkrankheit, an der er fast gestorben wäre, eine Nahtod-Erfahrung hatte. Beschrieben sind außerdem weitere elf Erzählungen,[34] einschließlich zweier Fälle, bei denen die Betroffenen offensichtlich wieder zum Leben erwacht sind, als sie bereits bestattet waren. Zu den häufig vorkommenden Komponenten gehören der Anblick lebender Verwandter und Kommunikationsversuche mit ihnen, das Begehen von Pfaden, die schwer oder leicht sein können, sowie dicht bevölkerte Siedlungen in schöner Landschaft mit großen Tieren. Es gab keinen Lebensrückblick, das Erlebnis wurde nicht als angenehm bezeichnet, es gab kein „Lichtwesen" und keine außerkörperliche Erfahrung, die mit den westlichen vergleichbar wäre. Dunkelheit war kein vorherrschendes Element, und in wenigen Einzelfällen wurden ein tunnelartiges Loch sowie eine unterirdische Reise erwähnt. Die Rede war außerdem von Führern mit beschützender Funktion. Einige Betroffene wurden in ihre Körper zurückgeschickt, weil sie anderen sagen sollten, wie sie leben müssen.

## Nahtod-Erfahrungen auf Hawaii

Ein einziger Bericht ist in den *Hawaiian Folk Tales* von Thomas Thrum in der Ausgabe von 1907 dokumentiert.[35] Nach dem augenscheinlichen Tod einer Dame wurde ihr Leichnam aufgebahrt. Während ihrer Beerdigung erwachte sie wieder zum Leben und schilderte eine Nahtod-Erfahrung. Zu den Komponenten, die sie erlebte, gehörten eine außerkörperliche Erfahrung, der Gang auf dem Weg zu einem Vulkan, die Begegnung mit Menschen, die ihres Wissens tot waren, sowie ins Leben zurückgeschickt zu werden.

## Nahtod-Erfahrungen beim Volk der Mapuche in Chile

In Chile lebt das Volk der Mapuche oder „Landmenschen". Ein Mapuche-Mann war augenscheinlich zwei Tage tot, erwachte dann wieder zum Leben und berichtete von einer Nahtod-Erfahrung.[36] Er schilderte eine Reise zu einem Vulkan, zu dem nur die Seelen der Toten gelangen. Weitere Komponenten der von ihm beschriebenen Nahtod-Erfahrung waren die Begegnung mit verstorbenen Verwandten, die Ankunft an einer Grenze (das Durchschreiten mehrerer Tore) und ins Leben zurückgeschickt zu werden. Er erzählte allen, dass alle Toten an einem sehr glücklichen Ort beisammen sind.

## Muslimische Nahtod-Erfahrungen

Eine erste Untersuchung ergab scheinbar, dass trotz monatelanger Forschungen und intensiver Arbeit keine Fälle von Nahtod-Erfahrungen bei Muslimen zu finden waren.[37] Nachfolgende Forschungen haben jedoch bestätigt, dass Nahtod-Erfahrungen in einer muslimischen Population sehr wohl vorkommen, und bisher sind insgesamt siebenundzwanzig Fälle dokumentiert.[38]

Ein zwölfjähriger Junge namens Muktar verlor nach dem Sturz von einem Baum das Bewusstsein. Nachdem er wieder zu sich gekommen war, berichtete er von einer Nahtod-Erfahrung mit grünen Wiesen (untypisch für seine sandige Umgebung), ungewöhnlicher

Musik, einem hellen Licht, das nicht in den Augen schmerzte, und der Begegnung mit verstorbenen Verwandten, mit denen er telepathisch kommunizierte.[39]

Mustafa fiel auf der Pilgerreise nach Mekka ins Meer und ertrank anscheinend. Er erinnerte sich an ein helles, nicht blendendes Licht, die Passage durch einen Tunnel sowie einen sehr detaillierten Lebensrückblick.[40]

## Zusammenfassung

Im Internet finden sich viele Berichte über Nahtod-Erfahrungen aus verschiedenen Kulturen; eine besonders informative Quelle ist die Website der *Near-Death Experience Research Foundation* (NDERF), die Dr. Jeffrey Long und Jodie Long unter www.nderf.org betreiben.

Es ist erwiesen, dass Nahtod-Erfahrungen ein weltweit verbreitetes Phänomen sind, weshalb vermutet wurde, sie seien lediglich Folgewirkungen des sterbenden Gehirns.[41] In einigen Kulturen tauchten jedoch Komponenten auf, die in anderen nicht vorkommen, was etliche materialistische Erklärungen ausschließt.[42] Da manche Komponenten kulturell interpretiert werden, kann man vernünftigerweise annehmen, dass die Komponenten von den Betroffenen symbolisch durch ihren jeweiligen kulturellen Filter gedeutet werden. Dies kann auf ein zugrunde liegendes kollektives Unbewusstes schließen lassen, wie Carl Gustav Jung meint.[43] Damit wären physiologische Ursachen der Erfahrung auszuschließen, weil es sich um psychische Interpretationen von Symbolen handelt.

Dieses Kapitel hat zwar beispielhaft gezeigt, was Menschen in anderen Kulturen erleben, doch es muss zum wiederholten Mal betont werden, dass es sich hierbei nur um eine kleine Anzahl von Fällen handelt, die nicht repräsentativ für alle Nahtod-Erfahrungen innerhalb der jeweiligen Kultur sein mögen. Bis eine gründliche multi-kulturelle Umfrage mit denselben Forschungs- und Befragungsmethoden durchgeführt worden ist, können keine endgültigen Schlüsse gezogen werden, und die Fälle in der Literatur können nur als Anhaltspunkte dienen. Dieses Kapitel hat jedoch bestätigt, dass subjektive Erfahrungen in Todesnähe oder bei Bewusstlosigkeit aufgrund einer Erkrankung in verschiedenen Kulturen vorkommen, wenngleich sie inhaltlich variieren.

# Fünf

## Erfahrungen am Lebensende und nachtodliche Kommunikation

„,... und weiter zum nächsten Abschnitt. ‚Billy' in Bett sechs hat sich auf den Weg gemacht, bis zum Mittag ist er weg. Seit drei Uhr morgens spricht er mit seiner verstorbenen Mutter." Ich sah von meinem Notizblock auf. Wollten die anderen Krankenschwestern mich schockieren oder sich einen merkwürdigen Spaß mit mir machen, weil heute mein erster Tag als auszubildende Krankenschwester auf Station war? Alle anderen machten weiter, als sei nichts Außergewöhnliches gesagt worden. Niemand würdigte mich auch nur eines Blickes.

Als die Übergabe abgeschlossen war, trat ich an Billys Bett. Er lag da und sah aus, als würde er schlafen. Ein paar Minuten später sah ich, dass er einen Arm hob, als rufe er jemanden. Ich kam näher und hörte, wie er jemandem, den ich nicht sehen konnte, etwas zuflüsterte. Dann ließ er den Kopf wieder auf das Kissen sinken und schloss die Augen. Ich wurde gerufen, um der diensthabenden Schwester bei einem anderen Patienten zu helfen. Den ganzen Morgen über beobachtete ich immer wieder, wie Billy mit jemand Unsichtbarem gestikulierte und anfing, seine Mutter zu rufen. Schließlich lächelte er, ließ den Kopf aufs Kissen sinken und schloss zum letzten Mal die Augen. Wie die Nachtschwester vorhergesagt hatte, starb er, bevor der Morgen um war.

Dies war meine erste Begegnung mit dem Tod als junge Krankenschwester, und es wollte mir einfach nicht in den Kopf, wie sachlich-nüchtern die Nachtschwester Billys Tod vorhergesagt hatte. Nach dem Ende meiner Schicht an jenem Tag dachte ich noch lange darüber nach. Das Ereignis blieb mir im Gedächtnis, doch erst etliche Jahre später habe ich dem Tod wirklich Beachtung geschenkt. Im Laufe meines weiteren Berufslebens als Krankenschwester wurde mir bewusst, dass es den rasch herannahenden Tod bedeutet, wenn Patienten unsichtbare Menschen rufen, mit ihnen sprechen oder gestikulieren, und dass dies bei vielen Schwestern, mit denen ich zusammenarbeitete, allgemein akzeptiert war.

Visionen auf dem Sterbebett wurden im 19. Jahrhundert von Mitgliedern der *Society for Psychical Research* (SPR)[1] dokumentiert, 1908 folgte James Hyslop und 1926 schrieb Sir William Barrett – inspiriert durch die Vision einer Patientin seiner Frau, die Geburtshelferin war – ein Buch mit dem Titel *Death Bed Visions.* In den 1970er Jahren wurde in den USA und Indien eine große, interkulturelle Studie zu Sterbebett-Visionen durchgeführt, die zeigte, dass die Patienten berichten, verstorbene Verwandte, Freunde oder Haustiere seien gekommen, um sie abzuholen und in den Tod zu führen. Dabei wurde festgestellt, dass die Patienten üblicherweise innerhalb von zwei bis fünf Tagen nach dem Einsetzen solcher Visionen starben.[2] Ähnliche Erfahrungen wurden auch bei kleinen Kindern dokumentiert.[3] Zu diesem Phänomen gibt es neuere Veröffentlichungen,[4] und einschlägige Forschungen wurden auch in Palliativ-Hospizen und Pflegeheimen in Großbritannien durchgeführt.[5]

Am Ende des Lebens treten häufig lebhafte Träume von verstorbenen Verwandten auf,[6] es wird in einer symbolhaften Sprache gesprochen oder es ist die Rede davon, auf eine Reise zu gehen oder den Koffer zu packen.[7] Wenn das Lebensende unmittelbar bevorsteht, kommunizieren die Patienten anscheinend oft mit einer unsichtbaren Person. Menschen, die Visionen auf dem Sterbebett beobachtet oder selbst erlebt haben, sprechen meist nicht gerne darüber, weil sie befürchten, für verrückt oder merkwürdig gehalten zu werden,[8] und Patienten berichten eher Krankenschwestern als Ärzten davon.[9] Diese Erlebnisse gelten zwar als Halluzinationen, aber Pflegende behaupten, sie seien anders als durch Medikamente ausgelöste Halluzinationen und träten bei klarem Bewusstsein auf.[10] Sterbebett-Visionen führen zu einer gelassenen Akzeptanz des Todes, wohingegen Halluzinationen Angst oder Verwirrung auslösen können.[11]

Brayne und Fenwick[12] stellen fest, dass es zwei Arten von Sterbebett-Visionen oder Erfahrungen am Lebensende gibt: transpersonale und letztsinnige. Zu den transpersonalen Erfahrungen am Lebensende, von denen Menschen in Gesundheitsberufen und Angehörige berichten, die bei sterbenden Patienten waren, gehören:

- Temperaturveränderungen um das Bett des oder der Sterbenden
- Beobachtung, dass die Patienten sich mit verstorbenen Angehörigen unterhalten
- Wahrnehmung eines Lichts um den Körper unmittelbar vor Eintritt des Todes
- Erscheinung des Sterbenden bei einem Verwandten, der am Sterbebett nicht anwesend ist
- Ausfall der elektrischen Geräte
- Uhren, die zum Todeszeitpunkt stehen bleiben.

Manchmal wird auch von anderen Störungen berichtet, etwa von Gläsern, die im Moment des Todes zerbrechen oder von Vögeln in der Nähe des sterbenden Menschen.[13]

Letztsinnige Erfahrungen am Lebensende beziehen sich auf die Motivation der Sterbenden, Unerledigtes abzuschließen und Familienangelegenheiten zu klären. Manchmal haben verwirrte Patienten einen klaren Moment, in dem sie sich von ihren Angehörigen verabschieden können – besonders deutlich wird dies in Berichten über Menschen, die an Alzheimer erkrankt sind.[14]

Vor achtzehn Jahren half ich meiner Großmutter, meinen Großvater väterlicherseits zu pflegen. Ich erinnere mich, dass er in den Tagen vor seinem Tod oft zur Türöffnung zeigte und flüsterte: „Schau mal, wer da ist. Sie stehen unter der Tür." Meine Großmutter konnte es nicht leiden, wenn er so redete, und verließ dann jedes Mal das Zimmer. Er sagte, ihr verstorbener Vater sei bei ihm. Damals hatte ich noch nichts von Visionen auf dem Sterbebett gehört, deshalb kam es mir gar nicht in den Sinn, näher nachzufragen.

Die folgenden beiden Fälle wurden mir von einer Krankenschwester berichtet, die in einem Hospiz arbeitet:

*Vor ein paar Wochen pflegte ich in der Nachtschicht eine Patientin gemäß den „Behandlungsrichtlinien für die Versorgung am Lebensende". Sie war inzwischen ohne Bewusstsein und gut versorgt. Sie war seit etwa fünf Tagen auf dieser Behandlungsstufe, und ihre Familie war die ganze Zeit bei ihr geblieben und hatte kaum geschlafen. Während einer Nachtschicht hatte ich mich mit dem Schwiegersohn unterhalten, und er erzählte mir, vor einer Woche habe die Patientin einen Punkt an der Decke angestarrt und gesagt, sie sähe ihren Bruder und ihren Mann, die beide schon verstorben waren. Sie säßen in einem Pub, prosteten ihr zu und riefen sie. Sie erwiderte, dazu sei sie noch nicht bereit. Etwa zur selben Zeit rief sie auch einen Namen und sah zu den Vorhängen bei der Tür. Ihr Schwager versicherte ihr, er sei da; denn es war sein Name, den sie gerufen hatte. Die Patientin erwiderte, sie habe ihren Bruder gerufen (der denselben Namen trug). Sie sagte, er stünde bei den Vorhängen.*

*Letzten Sommer habe ich einen Mann Anfang sechzig gepflegt. Im Gespräch mit dem Patienten und seiner Frau fand ich heraus, dass sie eine spiritualistische Kirche besuchten. Der Zustand des Patienten verschlechterte sich, und er sah lebhafte Bilder von Menschen, die an sein Bett kamen. Die Ärzte führten dies auf Halluzinationen zurück und reduzierten seine Morphin-Dosis, obwohl er keine weiteren Anzeichen einer Opiat-Toxizität zeigte. Eines Morgens sprach ich ihn beim Waschen auf seine Spiritualität an. Er erzählte mir, sein Vater habe mit den Toten sprechen können, und auch er habe diese Gabe besessen, wenngleich sie nachgelassen habe und er schon seit Jahren nicht mehr in die spiritualistische Kirche gehe. Als ich ihn nach den Gestalten an seinem Bett fragte, erklärte er, das sei dieselbe Erfahrung wie früher, als er noch mit den Toten gesprochen habe. Er hatte keine Angst vor den Gestalten, betrachtete sie aber als Zeichen, dass sein Leben sich dem Ende zuneigte. Er wirkte erleichtert, dass jemand ihm zuhörte und seine Erlebnisse nicht auf die Medikamente schob.*

Die vierzehnjährige Tamsin war nach schwerer Krankheit dem Tode nahe. Ihre Mutter berichtete:

*Einmal hat Tamsin geschildert, sie habe das Gefühl gehabt, sie sterbe (Wochen vor ihrem Tod), und ihre (verstorbene) Oma zeigte ihr den Himmel. Sie sagte, dort sei es wunderbar, und sie sei sehr glücklich gewesen. Tamsin sagte, dort gebe es einen sehr tiefen Brunnen, und sie könne am Brunnenrand sitzen und vom Himmel aus mit uns auf der Erde kommunizieren. Tamsin malte Bilder von dieser Vision, die eine afrikanische Anmutung hatten.*

*Ein anderes Mal sagte Tamsin, sie habe gespürt, wie sie das Leben losgelassen habe und in das erstaunlich schöne Licht gegangen sei, wo sie sich wunderbar gefühlt hätte und glücklich war. Aber sie sei zurückgekommen. Eine dieser Visionen fand im Krankenhaus statt, als sie sehr krank war und nur noch nach Hause wollte, weil sie nicht im Krankenhaus sterben wollte.*

## Lichter um den Körper, wenn der Tod naht

Einige Menschen berichten, zum Todeszeitpunkt Lichter oder Dunst um den Sterbenden herum gesehen zu haben. Das Folgende hat mir Hazel Cornwell erzählt. Es handelt sich um die Erfahrung ihrer Großmutter, die in einem schmalen Büchlein veröffentlicht worden ist.[15]

*Mein Vater starb leider 1934 an Krebs, doch als er verschied, geschah etwas Wunderbares. Meine Mutter und ich besuchten ihn in einem altmodischen Krankenhaus in Fulham, wo die Patienten auf großen Pritschen liegen mussten und über Dads Pritsche ein kleines Fenster war. Ich habe es immer als Wunder empfunden, denn wir saßen da, und sein Gesicht war ganz verzerrt vom Schmerz, da sah ich plötzlich, wie ein Licht von seiner Brust über seinen Kopf und dann durch das Fenster hinaus ging. Als ich wieder in sein Gesicht schaute, war es wunderschön – alle Falten waren verschwunden. Als wir an jenem Abend wieder zu Hause waren, sagte ich zu meiner Mutter: „Das war komisch mit Dad heute", und bevor ich fortfahren konnte, erwiderte sie: „Ich weiß, was du mir sagen willst, denn ich habe es auch gesehen."*

Hazel fährt fort:

*Meine Oma kannte viele solche Geschichten. Ich weiß noch, dass sie mir erzählt hat, sie sei dabei gewesen, als jemand anderer aus unserer Familie auf dem Sterbebett lag. Ich glaube, es war ihre Mutter. Ihre Mutter hatte plötzlich angefangen zu singen, obwohl sie sehr krank und dem Tode nahe war. Als ihre Familie sie fragte, warum sie singe, sagte sie, sie singe mit den Engeln, die am Fuß ihres Bettes stünden.*

## Todesahnungen

Eine Dame schrieb:

*Das Folgende geschah 1966. Ich war zu meiner Großmutter gegangen, wie ich es immer tat, wenn ich mit den Hunden raus musste. An diesem Morgen war sie wegen irgendetwas, das in der Nacht geschehen war, ganz aufgelöst. Sie sagte, es sei wie ein Traum gewesen, aber es war kein Traum – so hat sie es erklärt.*

*Sie sagte, sie war irgendwo, wo eine Brücke stand, und am einen Ende der Brücke war „der Vater" – so nannte sie meinen in den 1950er Jahren verstorbenen Großvater immer. Sie betrat die Brücke und wollte zu ihm gehen, aber er hob die Hand und sagte: „Nein, du nicht, geh wieder zurück." Dies hatte sie völlig aufgewühlt, aber ich nahm es auf die leichte Schulter und sagte irgendetwas wie: „Bestimmt hast du gestern Abend etwas gegessen, was dich durcheinandergebracht hat."*

*An jenem Abend geschah etwas Schreckliches. Meine Mutter, die einundsechzig und bei ziemlich guter Gesundheit war und an jenem Tag in der Stadt ihre Schwester besucht hatte, erlitt einen schweren Schlaganfall. Sie war bewusstlos; um drei Uhr morgens erlitt sie zwei weitere Schlaganfälle und starb. Meine Großmutter sagte, er habe in jener Nacht meine Mutter gerufen. Meine Großmutter war sechsundachtzig, bei bester Gesundheit und neigte ganz sicher nicht zu Überspanntheit. Ich glaube fest, dass da etwas dran war. Sie lebte übrigens noch, bis sie siebenundneunzig war.*

Tamsin, deren Sterbebett-Visionen weiter oben beschrieben wurden, erschien nach ihrem Tod ihrer Schwester. Ihre Mutter berichtete Folgendes:

*Als unsere jüngere Tochter elf Jahre alt war, saß sie einmal neben dem Fernseher und plauderte mit mir über dies und das. Plötzlich unterbrach sie sich mitten im Satz, wirkte völlig verblüfft und konnte durch die halboffene Tür jemanden im Arbeitszimmer sehen. Dann lächelte sie und sagte: „Oh, es ist Tamsin. Sie schwebt auf den Rennmaus-Käfig zu." Tamsin habe „keine Schwerkraft", meinte sie. Das Ganze dauerte nur einen Moment, dann war die Vision vorbei.*

*Ich bat sie, näher zu beschreiben, was sie gesehen hatte, und sie sagte, Tamsin habe neblig und wie schwebend ausgesehen, habe aber ein langes Kleid in einem ganz hellen Rosa getragen und größer gewirkt als normal. Eine halbe Stunde später kam mein Mann aus dem Bad ins Zimmer und fragte uns, ob wir gemerkt hätten, dass Tamsins Rennmaus in ihrem Käfig gestorben sei. Tagsüber hatte sie noch gelebt, aber es war ihr nicht gut gegangen. Nimmt man die beiden Ereignisse zusammen, dann sieht es so aus, als sei Tamsin da gewesen, als ihre Rennmaus starb, als ob sie ihren Geist mitnehmen wollte. Das klingt völlig grotesk, aber hätte ich nicht das Gesicht meiner jüngeren Tochter gesehen, während sie dies beobachtet hat, hätte ich meine Zweifel an dem, was sie da als Tamsin beschrieben hat.*

Noch ein Bericht:

*Vor knapp zehn Jahren war ich in den USA und besuchte Freunde in Virginia. Mitten in der Nacht wurde ich wach, und in meinem Zimmer erschien meine alte Nanny. Ich hatte sie seit Jahren nicht mehr gesehen, aber an Geburtstagen etc. schrieben wir uns.*

*Im wirklichen Leben war sie weit über achtzig, aber in der Vision war sie alterslos und umgeben von einem ungeheuer hellen Licht. Sie lächelte mir zu, streckte die Hand aus und übermittelte mir telepathisch, alles sei gut. Ich war schockiert und von da an hellwach. Am nächsten Morgen sagte ich meinen Gastgebern, ich glaubte, meine alte Nanny sei gestorben. Noch am selben Tag kehrte ich in mein Haus in Florida zurück und erzählte meiner Familie davon. Später rief eine Cousine aus England an, um mir zu sagen, dass sie gestorben war. Es war absolut erstaunlich. Ich träume überhaupt nie. Ich kann Ihnen nur sagen, es hat mir so viel Zuversicht für die Zukunft gegeben. Sie hat mir etwas Geld hinterlassen, aber das eigentliche Vermächtnis war ihre telepathische Botschaft.*

Die neununddreißigjährige Kinderbuchautorin Shelley E. Parker nahm nach einem Zeitungsartikel Kontakt mit mir auf. Shelley ist sehr interessant, denn sie hat schon seit ihrer Kindheit Vorahnungen und außerdem in neuerer Zeit eine Nahtod-Erfahrung erlebt – worüber sie allerdings nie gesprochen hat, aus Angst, man könne sie für verrückt halten oder ihr nicht glauben. Bei ihr wurde ein Burkitt-Lymphon festgestellt, und sie erhielt Chemotherapie. Nach einer bestimmten Chemotherapie-Behandlung wäre Shelley beinahe gestorben und hatte eine Nahtod-Erfahrung. Als sie neunzehn Jahre alt war, hatte sie außerdem die Vorahnung, dass sie mit Mitte dreißig Krebs bekäme.

*In dem Traum, den ich mit neunzehn hatte, wonach ich mit Mitte dreißig Krebs bekäme, kam ein junger Assistenzarzt vor, der dann bei meiner echten Krebsbehandlung tatsächlich mein behandelnder Arzt war. In einem Abschnitt des Traumes führte er eine medizinische Maßnahme durch, für die er an meinem rechten Handgelenk Blut entnahm – ein Verfahren, von dem ich nicht einmal wusste, dass es wirklich existiert. Dieses Verfahren wurde dann bei meiner Krebsbehandlung tatsächlich angewandt: derselbe Assistenzarzt, dasselbe Verfahren. Dabei wird sauerstoffhaltiges Blut aus einer Arterie entnommen, um den Sauerstoffgehalt des Blutes zu bestimmen; und er entnahm mir das Blut an meinem rechten Handgelenk, genauso, wie er es vor fast zwanzig Jahren in meinem Traum getan hatte.*

*Dass ich mit etwa Mitte dreißig Krebs bekommen würde, wusste ich deshalb, weil ich im Traum sein Alter schätzte – er wirkte wie etwa dreiundzwanzig, daher stellte ich mir vor, dass ich dann fünfunddreißig wäre. Tatsächlich war er fünfundzwanzig, ich lag also zwei Jahre daneben und erhielt die Diagnose mit siebenunddreißig. Aufgrund des Traumes wusste ich jedoch, dass ich auf jeden Fall Krebs bekommen würde – ich weiß nicht, woher ich das wusste, aber von da an hatte ich auch die Gewissheit, dass ich wieder gesund würde. Dieses Wissen machte es mir ein wenig leichter, mit der Diagnose fertig zu werden. Als ich einen meiner Ärzte fragte, ob ich daran sterben würde, schrie eine geisterhafte Stimme in meinem Kopf „NEIN!" – auch dies beruhigte mich.*

Welche tiefgreifenden Auswirkungen solche Erfahrungen haben, zeigt sich besonders deutlich darin, wie sehr die folgende Vorahnung Shelley geholfen hat, den Verlust ihres Verlobten zu überwinden. Wenn jemand mit einem solch verheerenden Verlust so gut zurechtkommt, dann ist dies ein Beweis dafür, welch enorme Wirkung diese Erfahrungen haben können:

*Mein Verlobter Steven und ich waren vierundzwanzig Jahre zusammen. Es war eine Sandkastenliebe. Ich wusste, dass wir nur eine bestimmte Zeit zusammen sein würden, und zwar aufgrund einer Sache, die bei unserer allerersten Begegnung passiert ist (eine Vorahnung). Eine Woche vor dem Absturz war ich schwer an Lungenentzündung erkrankt, die ich mir infolge meiner Chemotherapie zugezogen hatte. Als es mir besser ging, „spürte" ich den Tod und nahm an, dies gelte mir. Ich fing an, meine Angelegenheiten zu ordnen, aber am Tag danach bewegte sich etwas, und das Todesgefühl verschob sich auf Steven. Ich versuchte, dem keine Beachtung zu schenken, aber es ging einfach nicht weg.*

*In der Nacht vor dem Absturz hatte ich einen Traum. Ich träumte, ich sei in einem schönen Haus und ginge in ein Zimmer an der rechten Seite des Flurs. In dem Zimmer stand doch tatsächlich der Altar meiner Kirche hier am Ort. Steven stand neben mir, aber es war, als befände er sich in einem Traumzustand und spiele in meinem Traum gar keine Rolle. Links vom Altar stand Gott (ich weiß, das klingt verrückt, aber es ist wahr). Bis zum Hals war er Mensch, und sein Kopf war eine Masse sich bewegender grauer und silberner Kritzeleien – so wie ich Gott immer gesehen habe, als ich noch klein war.*

*Gott sagte mir, ich wisse ja, dass Steven vor mir sterben würde, und nun sei es so weit. Ich protestierte und fragte, ob nicht ich an seiner Stelle gehen könne – ich hatte Krebs, da erschien es doch sinnvoll so. Er lehnt ab und sagte, ich hätte hier noch etwas zu erledigen. Er war sehr streng mit mir. Er wirkte sehr enttäuscht von mir – was ich heute besser verstehen kann.*

*Gott sagte, Steven würde am nächsten oder übernächsten Tag sterben, je nachdem, was in seinem Leben passierte. Er sagte, es sei gut so, immer wenn ich in diesem Traumzustand sei, würde die Zeit schnell vergehen, und Er sagte, ich wisse ja bereits, dass es dort, wohin Steven gehe, ein Leben nach dem Tod gäbe. An der Rückwand des Zimmers öffnete sich eine Tür und gab den Blick auf einen schönen blauen Himmel frei. Dadurch ging es mir besser, und ich war einverstanden, Steven loszulassen – unter der Voraussetzung, dass ich ihn bald wiedersehen und er mir die ganze Zeit nahe sein würde. Ich wusste, dass ich Steven nicht sagen durfte, dass er sterben würde, und das habe ich auch nicht. Heute frage ich mich, ob ich seinen Tod hätte verhindern können, wenn ich es ihm gesagt hätte, aber ich glaube nicht.*

*Mir wurde gezeigt, wie er sterben würde. Ich spürte ein Rauschen und meinte dann, ich fiele auf den Boden. Ich weiß noch, dass ich verärgert war, dass man es mir gezeigt hatte, da ich sowieso wusste, dass er bei einem Helikopter-Absturz sterben würde. Mein Eindruck ist, wäre es nicht so gekommen, wäre er wohl bei einem Auto-Unfall gestorben, aber gestorben wäre er. Ich glaube, hier kommt der freie Wille ins Spiel. Als ich ihn am nächsten Morgen sah, konnte ich ihn kaum gehen lassen. Ich nahm eine Plastiktüte, die er in der Hand gehabt hatte, mit ins Krankenhaus (ich war übers Wochenende zu Hause gewesen), nur um etwas zu haben, mit dem er eben noch in Kontakt gewesen war. Er starb an jenem Tag um die Mittagszeit.*

*Ich weiß, das klingt unglaubhaft. Es ist wahr, und ich kann es nicht erklären, aber es hat mir große Kraft gegeben. Ich glaube, es gibt einen Grund, warum ich auf solche großen Dinge in meinem Leben vorbereitet werde. Ich hoffe, Sie glauben mir. Wie bereits erwähnt, bin ich erfolgreiche Kinderbuchautorin, und wenn ich Lügen über das Jenseits erzählen wollte, dann könnte ich mit wesentlich dramatischeren Geschichten aufwarten! Ich hoffe sehr, dass diese Erfahrungen den Leuten helfen, den Tod zu akzeptieren und vielleicht zu verstehen, dass es meiner Meinung nach eindeutig ein Leben nach dem Tod gibt, weil ich es ja gesehen habe. Ich persönlich glaube, dass jeder das auch selbst erleben kann, und ich frage mich, ob es vielleicht daran liegt, dass ich selbst dem Tode so nahe war, dass es bei mir so lebhaft und prophetisch war. Ich meine es wirklich ernst, wenn ich sage, ohne diesen Traum von Steven wäre ich nicht hier – ich hätte unmöglich ohne ihn leben können, wäre ich auf seinen Tod nicht vorbereitet worden und hätte ich nicht das Versprechen erhalten, dass ich ihn wiedersehe.*

In einem weiteren Gespräch stellte sich heraus, dass Shelley schon einmal etwas Ähnliches erlebt hatte:

*Vor etwa zehn Jahren hatte ich noch einen Traum, von einem kleinen Mädchen. Sie war die Tochter eines Bekannten und knapp drei Jahre alt, als es passiert ist. Sie war ein süßes, hübsches, fröhliches kleines Mädchen, fit und gesund. Ich kannte sie nicht gut, hatte sie aber ein paar Mal gesehen. Ich war etwa fünf Monate weg, lebte in dieser Zeit in den USA, und als ich wiederkam, hatte ich den folgenden, sehr lebhaften Traum. In meinem Traum war ich in Bala in Nordwales (doch im Geist wusste ich, dass es „der Vorhof des Himmels" war); ich ging einen Weg entlang, und vor mir ging das kleine Mädchen. Ihre Tante war bei ihr. Ich weiß nicht, wie zutreffend das Bild von der Tante war, ich habe sie nie kennengelernt oder Fotos von ihr gesehen – ich wusste nur, dass sie vor etwa zwanzig Jahren gestorben war. Ich schaute nicht hinter mich, denn ich „wusste", dort wäre nur leerer Raum. Die Tante sagte, sie sei gekommen, um das kleine Mädchen in den Himmel zu bringen. Das Mädchen war ganz in Rosa gekleidet, trug rosa Sandelsachen bei sich und hatte Glitzer-Make-up an einer Gesichtsseite. Sie war ganz glücklich und aufgeregt, dass sie in den Himmel durfte, und zugleich enttäuscht, dass sie noch nicht da war. Aus lauter Vorfreude tanzte sie herum. Die Tante sagte, sie sei den ganzen Tag bei dem Mädchen gewesen und sei nun erschöpft, weil sie sich die ganze Zeit um sie gekümmert habe. Das kleine Mädchen müsse erst noch gehen, und sie, die Tante, wäre dann bei ihr. Ich wusste, dass beide in den Himmel kämen, aber sie mussten nacheinander hinein. Im Hintergrund waren Berge, und ich konnte den Lehm im Boden riechen; der Erdgeruch war echt überwältigend. Dann war der Traum vorbei.*

*Am nächsten Morgen wachte ich auf und war tief beunruhigt. Ich spielte mit dem Gedanken, den Vater des Mädchens anzurufen, überlegte es mir dann aber noch einmal und versuchte, mir mit dem Verstand einzureden, es sei bloß ein Traum gewesen. Doch das Gefühl banger Erwartung hielt den ganzen Tag über an, ich konnte es einfach nicht abschütteln. Am Abend ging ich mit meiner Familie essen. Im Restaurant sah ich auf die Uhr – es war zehn nach zehn, und plötzlich fielen die Unruhe und die bange Erwartung von mir ab, und ich dachte, endlich kann ich mich wieder entspannen. Am nächsten Tag erhielt meine Mutter einen Anruf, in dem sie erfuhr, dass das kleine Mädchen am Vorabend überraschend verstorben war. Sie wurde erst einige Zeit danach für tot erklärt, weil sie im Krankenhaus noch bearbeitet wurde, aber die Befreiung hatte ich um zweiundzwanzig Uhr zehn gespürt.*

## Empathische Erlebnisse mit Sterbenden

Ein Phänomen, über das weniger häufig berichtet wird, sind die empathischen Erlebnisse mit Sterbenden.[16] Ein Fall aus der Literatur schildert, wie es Louisa am Sterbebett ihres Mannes erging.[17] Plötzlich spürte sie, dass sie sich aus ihrem Körper erhob und merkte, dass sie in Begleitung ihres Mannes war, der viel jünger und strahlender aussah. Sie gingen auf einen dunklen Tunnel zu, aber Louisa wurde durch eine Lichtmauer am Weitergehen gehindert. Ihr Mann schaute sich noch einmal kurz nach ihr um und ging dann in das Licht hinein. Sie spürte, wie sie in ihren Körper zurückfiel und merkte, dass sie die Hand ihres verstorbenen Mannes hielt. Obwohl sein Tod sehr schmerzlich für sie war, half ihr dieses Erlebnis doch im Trauerprozess. Ähnliches wurde mir auch in den nun folgenden Situationen beschrieben.

Zwei Fälle von empathischen Erlebnissen mit Sterbenden erreichten mich von Angehörigen, die am Bett des Sterbenden gewesen waren, außerdem erfuhr ich von einem Fall, in dem eine Tochter Gefühle der Glückseligkeit verspürte, als viele hundert Kilometer weiter ihre Mutter verstarb, sowie vom ungewöhnlichen Erlebnis einer Ärztin, die dabei war, als ihre Patientin starb. In den ersten beiden Fällen hatten die Familienmitglieder ebenfalls Visionen und begleiteten die sterbenden Patienten ein Stück weit auf ihrer Reise. In diesen Visionen durften die Angehörigen nur kurz mitkommen, dann gingen die Sterbenden alleine ins Licht. Dieser Moment fiel mit dem Todeszeitpunkt zusammen. Die Angehörigen berichteten, danach seien sie von erhabener Glückseligkeit und Fröhlichkeit erfüllt gewesen, weil sie wussten, dass ihre Lieben Frieden gefunden hatten.

Berichte über empathische Erlebnisse sind nach wie vor selten. Das erste Beispiel erreichte mich durch einen Mann, der nach der Lektüre eines Zeitungsartikels über meine Forschung mit mir Kontakt aufnahm. Die folgenden Schilderungen stammen aus zwei voneinander unabhängigen Telefonaten, die ich mit ihm und seiner Tochter geführt habe:

*Ehemann: Dies ist ein sehr seltsames Ereignis, das ich nur schwer beschreiben kann. Ich bin mir noch nicht einmal sicher, was genau passiert ist, aber es war auf jeden Fall etwas sehr „Ungewöhnliches" – in Ermangelung eines besseren Wortes. Meine Frau starb 2004. Ich war bei ihr, wie auch unser Sohn und unsere Tochter; wir waren vierundzwanzig Stunden am Tag bei ihr. Am Tag ihres Todes wusste ich, dass es zu Ende ging. Mein Sohn und ich hielten ihre Hand, und meine Tochter hatte die Hand auf der Stirn meiner Frau.*

*Meine Tochter sagte: „Mama geht mit ein paar Leuten mit. Nein, sie ist stehen geblieben, sie geht zurück; nein, sie geht zu den Leuten …", dann sah ich das sehr helle Licht, und ein großer Mann trat aus dem Licht hervor. Ich habe das wie mit den Augen meiner Frau gesehen. Dieser große Mann streckte die Arme aus, als wolle er meine Frau begrüßen und sie willkommen heißen. Sie ging weiter auf dem Weg, bis sie bei dem großen Mann angekommen war. Er wartete dort, als wolle er sie zur Begrüßung umarmen; es war eine Atmosphäre voller Frieden und Liebe. Bis zum Tod meiner Frau hatte so viel Traurigkeit geherrscht, dann geschah dies, und wir waren fast froh. Ich kann es nicht erklären. Die Krankenschwestern und die Stationsschwester müssen uns für völlig unsensibel gehalten haben, weil wir alle so froh und glücklich waren. Was für uns alle ein trauriges Ereignis hätte sein sollen, machte uns glücklich und zauberte uns ein breites Lächeln aufs Gesicht, weil wir wussten, dass sie nun anderswohin gegangen war, wenn Sie so wollen. Verstehen Sie mich nicht falsch, wir waren alle aufgewühlt, dass sie gestorben ist, aber dieses Erlebnis nahm uns die ganze Traurigkeit und ersetzte sie durch ein Gefühl unaussprechbarer Ekstase und Freude.*

*Tochter: Wir haben es beide ein wenig unterschiedlich erlebt. Dad hat es wie durch Mamas Augen „gesehen", aber ich bin mir gar nicht so sicher, was ich erlebt habe. Ob ich es nun gesehen habe oder ob es ein Bild vor meinem geistigen Auge war, weiß ich nicht. Mama war bewusstlos, und ich hatte meine Hand auf ihrem Kopf. Mein Bruder und ich waren bereit, sie gehen zu lassen. Plötzlich konnte ich sehen, wie sie auf einem Weg immer weiter weg ging. Es war wie ein Sommerabend, und um ihren Kopf war so etwas wie eine Sonne. Rechts von ihr konnte ich die Silhouette einiger Leute erkennen. Die Augen meiner Mutter waren die ganze Zeit geschlossen. Dad schluchzte, und ich schaute mich um und sah den großen Mann – ich weiß nicht, wer er war. Sie ging auf dem Weg auf ihn zu. Als sie bei ihm angelangt war, nahm er sie in die Arme, wie bei einer herzlichen Umarmung zur Begrüßung. Die Geste war voller Liebe. Mamas Atmung wurde flacher, dann atmete sie nicht mehr, und das Bild oder sie Szenerie verschwand. Ich weiß nicht, was es war, aber Dad hat es auch gesehen; mein Bruder hat hingegen gar nichts gesehen. Alles war sehr lebhaft. Danach war ich ruhig und konnte Mamas Tod besser annehmen. Die Folge davon ist, dass ich keine Angst mehr vor dem Tod habe.*

Von einer Dame, die am Sterbebett ihrer Mutter gesessen hatte, erhielt ich folgenden Brief:

*Ich habe Ihren Artikel in der Zeitschrift gelesen. Unmittelbar bevor meine Mutter starb, hatte ich ein Erlebnis. Drei Tage vor ihrem Tod fiel Mama ins Koma. Ich stand meiner Mutter sehr nahe. Schockiert hat mich das, was geschehen ist, als meine Mutter ins Koma fiel. Meine ganze Familie war im Zimmer meiner Mutter; ich saß an ihrem Bett und hielt ihre Hand, hob ihre Hand an meine Wange. Auf einmal ging Mama auf einem Fußweg vor mir. Sie drehte sich um und sah so glücklich und gesund aus. Dann sagte sie: „Geh jetzt wieder zurück, du bist noch nicht dran." Mama ließ meine Hand los, und wie mit einem Schlag war ich wieder in der Realität. Meine Mutter war ins Koma gefallen. Ich habe mit einem Medium gesprochen, weil ich so durcheinander war, warum das passiert ist; ich dachte, so etwas passiert nur Leuten, die hinübergehen. Das Medium sagte, es sei eine Ehre, dass mir dies widerfahren sei; meine Mutter habe mir gezeigt, dass es ihr gut gehe. Ich wäre Ihnen dankbar, wenn Sie mir erklären könnten, was da geschehen ist.*

Im September 2011 sprach ich bei der Jahreskonferenz der Transpersonalen Sektion der Britischen Psychologischen Gesellschaft. Beim Frühstück unterhielt ich mich mit einigen anderen Teilnehmern über meine Forschung, und die transpersonale Psychologin Hara Wilow erwähnte ein Erlebnis, das sie an dem Tag hatte, an dem ihre Mutter starb. Sie berichtete:

*Vor zwanzig Jahren bin ich Ende April um 6:45 Uhr aus einem tiefen Schlaf erwacht. Allein das war schon ungewöhnlich, da ich vor einem Monat aus dem direkt am Meer gelegenen Hoylake in die Waliser Berge gezogen war, die etwa dreihundert Meter über dem Meeresspiegel liegen. Ich hätte nicht gedacht, dass sich dreihundert Meter Höhenunterschied irgendwie bemerkbar machen, aber meinen Verlobten und mich hat der Umzug von einer Stadt am Meer auf einen Bauernhof in den Bergen offensichtlich vollkommen umgehauen. Ein ganzes Jahr lang schliefen wir jede Nacht etwa zwölf Stunden, bevor wir uns an die Bergluft und die körperliche Arbeit auf einem Kleinbauernhof gewöhnt hatten. Wir gingen normalerwei-*

*se um acht oder neun Uhr abends ins Bett und wachten kaum einmal vor halb neun Uhr morgens auf.*

*An jenem Morgen, es war der 27. April 1991, wurde ich viel früher wach als üblich. Ich setzte mich auf, sah auf die Uhr, dann zu meinem schlafenden Verlobten und schließlich aus dem Fenster, wo die Sonnenstrahlen durch die Blätter der Birken fielen. Ich fühlte mich großartig. Dann vertiefte sich dieses Wohlbefinden zu einem unvorstellbaren Gefühl des Friedens, der Liebe und der Stimmigkeit. Ich erinnere mich, dass das Gefühl vollkommen von mir Besitz ergriff; ich war geistig gar nicht mehr in dem Zimmer anwesend, sondern ging völlig in dem Erlebnis auf. Plötzlich wusste ich einfach, dass ich mir nie um irgendetwas Sorgen machen musste; ich war umgeben und erfüllt von der tiefsten, reinsten, ekstatischsten, bedingungslosesten Liebe, einer Liebe, wie ich sie noch nie verspürt hatte. Sie war total, sie durchdrang mich bis ins Letzte, erfüllte mich mit Freude. Ich wusste, dass immer für mich gesorgt war, dass dies immer schon so war und auch immer so sein würde; dass alles genau so war, wie es sein sollte; dass es nie einen Grund zur Angst gab, dass alles PERFEKT war und nie anders sein konnte. Dass das Universum sich ganz genau so entwickelte, wie es sollte. Es war, als sähe ich das Leben, das Universum und alles mit Abstand und klarem Blick, aus einer Perspektive außerhalb meiner selbst und als sei diese Perspektive die WAHRHEIT, und als kenne ich sie bereits. Auch wenn ich mich nicht erinnern kann, schon vorher einmal so empfunden zu haben. (Seither habe ich dieses Gefühl jedoch in ganz wenigen kostbaren Augenblicken im Schlaf oder in tiefer Meditation wieder verspürt.)*

*Allmählich ließ das Gefühl wieder nach und wich einem normalen Wohlbefinden, das Zimmer um mich herum nahm wieder Gestalt an, und mit einem Lächeln legte ich mich hin und schlief wieder ein, eng an meinen künftigen Mann gekuschelt. Um acht Uhr klingelte das Telefon. Meine Schwester rief an, um mir zu sagen, dass um 6:45 Uhr an jenem Morgen unsere Mutter plötzlich und unerwartet gestorben sei.*

*Erst einige Monate später, ich steckte immer noch mitten in der Trauer um meine Mutter, stellte ich endlich die Verbindung zwischen ihrem Tod und dem wunderbaren Erlebnis her, das ich gehabt hatte. Ich saß im Garten und hörte einen Vortrag von Elisabeth Kübler-Ross, damals die weltweit führende Expertin für Tod, Sterben und Übergang. In diesem Vortrag erzählte sie die Geschichten verschiedener Leute, die ähnliche Erfahrungen gemacht hatten. Sie waren nur ein kleines Beispiel für die vielen Menschen, deren Erlebnisse dokumentiert worden waren. Alle hatten im Moment des Todes eines sehr lieben Angehörigen eine Spielart dieser reinen Liebe, des Friedens, der Freude und Vollkommenheit verspürt. Meist handelte es sich um sehr enge Beziehungen zwischen Eltern und Kindern oder Mann und Frau, die durch den Tod des Angehörigen irgendwo in der Ferne ein plötzliches Ende fanden. Beim Zuhören weinte ich mir die Augen aus und spürte in mir eine Regung, dass ich meine Trauer möglicherweise überwinden könnte. Ich erinnerte mich an die Gewissheit, die ich empfunden hatte, dass es nichts gab, wovor ich mich fürchten oder weswegen ich mir Sorgen machen müsste und alles gut war. Da wusste ich, dass sie an jenem Ort war und mich an dem, was sie dort spürte, hatte teilhaben lassen. Ich war tief bewegt und dankbar, dass meine Mutter mich daran hatte teilhaben lassen, und in diesem Moment begann die eigentliche Heilung meiner Trauer.*

Hara wurde durch ihr Erlebnis offenbar ebenso sehr verändert wie Nahtod-Erfahrene:

*Seither habe ich keinerlei Angst mehr vor dem Tod oder dem Sterben. Ich weiß seit dieser Zeit und aufgrund der Erfahrungen, die ich später gemacht habe, dass der Tod nicht das Ende unseres Bewusstseins ist. Ich hatte zahllose Erlebnisse, die mir dies beweisen. So nehme ich zum Beispiel manchmal Geister um mich herum wahr, darunter auch ein paar Mal meine Mutter und verschiedentlich meine Großmutter. Sie habe ich auch an meinem Geburtstag gesehen, als ich bei einem Retreat in den USA war. Ich habe sogar gesehen, wie der Geist eines Kindes – der Zwilling eines Mädchens, das ich kenne – hinter der Mutter herging. Ich habe dieses Kind so deutlich gesehen, dass ich dachte, es sei das lebende Zwillingskind, das aber in Wirklichkeit über dreihundert Kilometer weit weg war. Erst als ich der Mutter erzählte, was ich gesehen hatte, erfuhr ich, dass sie Zwillinge geboren hatte, ein Kind aber gestorben war. Da erkannte ich, dass das Kind, das ich gesehen hatte, im Geist war, dass sie erwachsen geworden und genauso alt war wie ihre lebende Zwillingsschwester. Ich hatte auch einen Traum von der Beerdigung eines Nachbarn, den ich seit über fünfunddreißig Jahren kannte, und erfuhr danach, dass er gestorben war.*

*Ich muss an dieser Stelle hinzufügen, dass ich seit dem Tod meiner Mutter regelmäßig und mit großer Hingabe meditiere, chante sowie Yoga und andere spirituelle Übungen mache. Ein Lehrer, den ich sehr liebe, sagte mir, meine medialen Fähigkeiten seien vielleicht Siddhis – die bekannten Nebenwirkungen spiritueller Praxis. Da sie aber eigentlich ernsthaft erst nach dem Tod meiner Mutter angefangen haben, frage ich mich, ob mich nicht vielleicht dieses Erlebnis für eine tiefere spirituelle Verbindung und einen vertieften Glauben geöffnet hat und ob nicht dies mit den sehr tiefen und häufigen Erfahrungen, die ich seither habe, in Verbindung steht.*

*Im Laufe der letzten zwanzig Jahre hat es sehr viele wunderbare und erstaunliche Vorkommnisse gegeben, aber das schönste dieser „medialen" Erlebnisse, wie Sie sie wohl nennen würden, trat während meiner Schwangerschaft ein. Ich war damals etwa in der zwölften Woche schwanger und hatte meine Schwangerschaft vor noch gar nicht allzu langer Zeit entdeckt. Eines Nachts hatte ich einen Traum und sah einen wunderschönen Jungen. Er war etwa drei oder vier Jahre alt und ähnelte ein wenig meiner Mutter und meinem Großvater mütterlicherseits. Er sprach mit mir und sagte: „Mama, wir sind zu zweit hier drin." Als ich aufwachte, erinnerte ich den Traum, als sei er ein Erlebnis im Wachzustand gewesen, und wusste, dass es ein echtes Gespräch mit meinem damals noch ungeborenen Kind gewesen war. Ein paar Tage danach ging ich zur ersten Vorsorge in die Entbindungsklinik und sagte dort, ich glaubte, es könnten Zwillinge sein. Daraufhin wurde ein Ultraschall gemacht, und ich war tatsächlich mit Zwillingen schwanger. Heute sind sie neunzehn Jahre alt. Beides Jungs. Einer der beiden, Kris, war das Kind, das mit mir gesprochen hat. Als er etwa drei oder vier Jahre alt war, sah er genauso aus wie das Gesicht in meinem Traum. Er ähnelt meiner Mutter und meinem Großvater. Wir sind auch heute noch immer wieder einmal medial miteinander verbunden.*

*Als meine Jungs zwei Jahre alt waren, begann ich eine Ausbildung zur Geistheilerin am College of Healing in Malvern, und ich stellte fest, dass ich eine natürliche Affinität dazu habe. Auch Kris war der geborene Heiler, er kann es einfach von Natur aus. Ich channele Energie aus jener Quelle, an die ich im Moment des Todes meiner Mutter gerührt habe. Ich liebe mein Leben und ich lebe gerne, aber ich freue mich auch voller Vertrauen, Glauben und Offenheit darauf, eines Tages wieder völlig in jene Reinheit, in jene Freude und jenen Frieden einzutauchen und wieder bei meiner Mutter zu sein.*

Ich erlebe immer wieder, dass Leute mir von ihren Erlebnissen erzählen, sobald sie von meiner Forschung erfahren. Vor kurzem unterhielt ich mich mit einer Ärztin, die Folgendes berichtete:

*In meiner Allgemeinpraxis hatte ich auch eine Krebs-Patientin, die im Sterben lag. Im Laufe der Monate machte ich etliche Hausbesuche und lernte sie und ihren Mann daher gut kennen. Eines Tages zeigte mir der Mann ein Foto seiner Frau im Alter von etwa neun Jahren. Neben ihr standen ihr Vater und ein großer schwarzer Hund; es war ein sehr altes Foto. An dem Tag, als die Dame starb, war ich dort. Als sie starb, hatte ich ein überwältigendes Gefühl, dass alles gut würde. Ich wusste einfach, dass ihr Vater und der schwarze Hund gekommen waren und sie abgeholt hatten. Dies war ein sehr seltsames Erlebnis für mich, das ich einfach nicht erklären konnte. Ich habe über achtzehn Jahre Erfahrung als Ärztin und habe viele sterbende Patienten betreut. Doch weder davor noch danach hatte ich je bei einem Patienten ein so überwältigendes Gefühl. Es war ein schönes Gefühl – als sei die Dame nun wohlbehütet und glücklich vereint mit ihrem Vater und mit dem Hund aus Kindertagen.*

Diese Erfahrungen lassen sich wesentlich schwieriger als Produkte eines nicht mehr funktionierenden Gehirns erklären oder verwerfen, da sie Menschen widerfahren, die dem Tode nicht nahe sind.

Sie haben erkennbar überwältigende Wirkung auf die Betroffenen, sind aber mit unseren heutigen wissenschaftlichen Auffassungen nicht zu erklären.

## Terminale Geistesklarheit: Erlebnisse am Lebensende bei Menschen mit Morbus Alzheimer

Ein weiteres interessantes Gebiet sind die Erfahrungen einiger Menschen mit Alzheimer in Todesnähe. Zwar ist dieses Thema in der Forschung noch neu, doch es gibt Publikationen aus den letzten Jahren, die darauf schließen lassen, dass Menschen mit Alzheimer in Todesnähe wieder zu geistiger Klarheit finden.[18]

So bespricht Michael Nahm mehrere Fälle von Menschen mit geistigen Einschränkungen, die in der historischen englischen und deutschen Literatur erwähnt sind.[19] Diese Fälle zeigen anschaulich, wie Menschen, die an Demenz und anderen Formen geistiger Erkrankungen leiden, in einer kurzen Zeit unmittelbar vor ihrem Tod zur großen Überraschung ihrer Behandler luzide und kohärent wurden.

Zwei sehr interessante Beispiele wurden mir von verschiedenen Freunden erzählt. Das erste stammt von Lyon White aus Sussex:

*Meine Mutter Peggy hatte Alzheimer im fortgeschrittenen Stadium und war zu keinerlei zusammenhängender Konversation mehr fähig. Man kann es nicht anders ausdrücken, als dass ihre Gespräche nur noch ein einziges Kauderwelsch waren. Im Krankenhaus hatte sie einen besonderen Anfall: Bei einem meiner Besuche lag sie mit dem Rücken zur Tür im Bett. Als ich langsam ins Zimmer trat, hörte ich sie mit geschlossenen Augen ganz klar sprechen … Ich hörte aufmerksam zu und bemerkte, dass sie mit ihrem bereits vor vielen Jahren verstorbenen Vater im Gespräch war. Er war in Kent ein sehr beliebter Polizist gewesen und im Dienst ermordet worden. Meine Mutter war am Boden zerstört, denn sie standen einander sehr nahe. Ich hörte sie sagen: „Ja, Dad, ich weiß, wie sehr mein Bobby mich geliebt hat“ – Bobby war mein Vater, der vor etwa sechs Monaten verstorben war. In diesem Moment merkte meine Mutter, dass je-*

*mand im Zimmer war, öffnete die Augen und verfiel wieder in den Zustand, in dem sie nicht mit verständlichen Worten kommunizieren konnte.*

*Es sind ja vielleicht nur Vermutungen, aber für mich war klar, dass sie in einer anderen Dimension bei meinem Großvater war. Meine Mutter hatte immer gesagt, sie könne „gehen", wenn ich mit ihr käme. Wenn sie davon sprach, nach Hause zu gehen, dann wusste ich, dass sie damit kein Haus aus Stein meinte!*

Meine gute Freundin Dr. Ayesha Ahmad berichtete, sie habe Folgendes beobachtet:

*Agatha litt an Morbus Alzheimer und war über siebzig Jahre alt. In ihren letzten Jahren hatten ihre Kinder sich auf eine Art und Weise um sie gekümmert, die der mütterlichen Fürsorge ihrer Kindheit nicht allzu unähnlich war. Tag für Tag legte Agatha eine schöne Perlenkette an und ging im Pflegeheim spazieren, wobei sie sich auf ihre übliche goldige Weise mit dem Personal und den Bewohnern unterhielt. Nach einigen Jahren bei relativ stabiler Gesundheit veränderte sich Agatha. Die Veränderung schritt rapide voran. Innerhalb weniger Tage verlor Agatha deutlich an Gewicht, war sehr erschöpft, und es war offensichtlich, dass sie sterben würde.*

*Agatha verbrachte ihre letzten Stunden in einem friedlichen Zustand, ihre Familie hielt ihr die Hand. Hin und wieder wachte Agatha auf und versuchte, die letzten Worte zu sprechen, die je über ihre Lippen kommen sollten. Während einer dieser Episoden wiederholte Agatha immer wieder den Namen „Jane". Für das Personal, das Agatha seit vielen Jahren gepflegt hatte und das alle Namen und Hinweise kannte, die Agatha in ihrem Redeschwall fallen ließ, ergab der Name „Jane" keinen Sinn. Doch die Gefühle, die mit „Jane" verbunden waren, hatten für Agatha deutlich erkennbar große Bedeutung.*

*Mitzuerleben, dass Agatha immer wieder „Jane" sagte, bestürzte ihre Familie. Irgendwie war dieser Name mit einem gemeinsamen Gefühl verbunden; er hatte eine Bedeutung, die mit gemeinsamen Erfahrungen verknüpft war. Agathas Tochter erklärte ruhig: Jane war Agathas erstgeborene Tochter. Leider war Jane in ihrem ersten Lebensjahr gestorben, was in Agatha so große Trauer auslöste, dass sie ihren Namen seither nie wieder ausgesprochen hatte.*

*Doch in dieser Situation in Agathas Zuhause, wenn es auch nicht das Heim war, das sie ihrer Familie bereitet hatte, und in ihrem sterbenden Körper – der nun nicht mehr blühte wie einst, als sie in blühender Jugend vier Kindern das Leben geschenkt hatte – spürte Agatha die Erinnerung, spürte sie die Geburt ihrer Tochter und den Tod ihrer Tochter. Sie holte sie ins Zimmer, damit sie bei ihren übrigen Geschwistern wäre, damit die Einheit der Brüder und Schwestern unter dem fürsorglichen Blick der Mutter gewahrt wäre – unter jenem Blick, der sie zu Beginn ihres Lebens willkommen geheißen hatte, und unter jenem Blick, dank dem ihre Mutter sich nun, getragen von der Liebe ihrer Kinder, in den Tod fallen lassen konnte – eine Erinnerung, die nie vergessen werden konnte.*

## Kontrolle über den Todeszeitpunkt

Im Laufe meines Berufslebens hat sich gezeigt, dass die Patienten tatsächlich mehr Kontrolle über den Zeitpunkt ihres Todes haben, als uns bewusst ist. Das erste Mal fiel mir dies auf, als ich über einen Fall nachdachte, der meine Kolleginnen und mich besonders beschäftigt hatte.

Es war Sonntagmorgen, und der Herzmonitor, an den eine junge Patientin angeschlossen war, gab Alarm, weil ihr Blutdruck abgefallen war. „Jean" war seit zehn Jahren chronisch krank und zu Hause von ihrem Mann gepflegt worden. Vor einer Woche war sie auf der Intensivstation eingeliefert worden, daher hatten wir sie und ihre Familie recht gut kennengelernt und waren voller Bewunderung dafür, dass sie zu Hause so gut gepflegt worden war. Jeans Mann war es nicht gewohnt, ohne sie zu sein, und er konnte sich kaum vorstellen, dass er nun wieder Zeit für sich haben sollte. Jeans Zustand war stabil, daher ließ er sich von Freunden und Familie dazu überreden, sich ein wenig Entspannung zu gönnen und seine Mutter bei einem Tagesausflug zu begleiten, der von ihrer Kirchengemeinde organisiert worden war. Am Morgen des Ausflugs rief er an und erkundigte sich nach Jeans Befinden. Wir versicherten ihm, Jeans Zustand sei stabil, es ginge ihr gut, und er solle den Tag mit seiner Mutter genießen.

Eine Stunde später fiel Jeans Blutdruck plötzlich ab, und trotz Behandlung wurde sie innerhalb von dreißig Minuten sehr instabil. Wir riefen ihren Mann an, berichteten ihm von dem plötzlichen Verfall und rieten ihm, ins Krankenhaus zu kommen. Auf seiner Fahrt ins Krankenhaus rief er jede halbe Stunde an. Plötzlich verlangsamte sich Jeans Herzfrequenz und setzte schließlich ganz aus. Eine halbe Stunde später kam ihr Mann in einem schrecklichen Zustand auf die Station gerannt: Er war untröstlich und machte sich Vorwürfe, dass er nicht für sie da gewesen war. Es war ein schrecklicher Anblick für uns, und wir machten uns alle Vorwürfe, dass wir ihm zu dem Ausflug geraten hatten. Er verweilte noch ein wenig an ihrem Bett und ging dann ganz verzweifelt mit der übrigen Familie nach Hause. Durch diese Situation war das gesamte Team an jenem Tag sehr mitgenommen, und als die Nachmittagsschicht zum Dienst kam, wussten sie instinktiv, dass etwas schiefgelaufen war.

Ich dachte an andere Patienten, die ich gepflegt hatte und die ebenfalls gestorben waren, als ihre Familie nicht da war, und betrachtete dann die gesamte Situation. In Gedanken legte ich es mir so zurecht, dass den Patienten der Übergang in den Tod leichter fiel, wenn die Familie nicht dabei war. Mir scheint, die Liebe der Familie erhielt sie am Leben, und dass die Familie körperlich nicht anwesend war, erleichterte ihnen das Loslassen.

Mit den Jahren habe ich oft beobachtet, dass Patienten gestorben sind, wenn ihre Familie gerade eine kurze Pause machte. „Sam" war Mitte achtzig und im Endstadium seiner Krankheit. Seine Familie war die ganze Woche über fast ständig bei ihm gewesen. Als ich mich um Sam kümmerte, fiel mir auf, wie müde seine Familie war, und ich schlug ihnen vor, kurz in die Cafeteria zu gehen und sich eine Pause zu gönnen – es war 14:00 Uhr, und sie waren seit 8:00 Uhr morgens an seinem Bett. Sie nahmen den Vorschlag dankbar an und verließen das Bett. Ich machte mit Sams Pflege weiter, und bei einem Blick auf den Herz-Monitor fiel mir auf, dass sich seine Herzfrequenz verlangsamte. Sie erholte sich nicht, sondern blieb auf der niedrigen Frequenz, daher kümmerte sich meine Kollegin um ihn, während ich in die Cafeteria rannte, um seine Familie zu holen. Bis wir wieder auf der Intensivstation waren, war Sam gestorben, zum Leidwesen seiner Familie. Das ist nicht ungewöhnlich, und ich habe es mehrfach miterlebt. Ähnliche Erfahrungen sind auch anderswo dokumentiert.[20]

Dr. John Lerma, Leitender Oberarzt im Hospiz und Facharzt für Palliativversorgung, berichtet, siebzig bis achtzig Prozent seiner Patienten warteten mit dem Sterben, bis ihre Angehörigen das Zimmer verlassen.[21] Außerdem merkt er an, er habe miterlebt, wie Patienten, die sicher für tot erklärt worden waren, wieder zum Leben erwachten, weil der Schmerz ihrer Angehörigen sie von dem Ort des Friedens und der Liebe wieder weggezogen hatte.[22]

Manche Patienten lassen sich aber allem Anschein nach Zeit, bis ein entfremdetes Familienmitglied ans Sterbebett kommt, oder sie warten ein besonderes Ereignis ab, etwa einen Geburtstag oder eine Hochzeit. In einem Fall wurde berichtet, dass ein Mann mehrere Tage über den erwarteten Todeszeitpunkt hinaus im Zustand der Bewusstlosigkeit ausharrte. Er starb an dem Tag, an dem eine Versicherungspolice gültig wurde und seine Frau dadurch finanziell abgesichert war.[23]

## Nachtodliche Kommunikation

Ein Phänomen, über das häufig berichtet wird, ist die sogenannte Nachtod-Kommunikation.[24] In den Tagen, Wochen oder Monaten nach dem Tod eines Angehörigen ist es nicht ungewöhnlich, dass Menschen angeben, ihren Angehörigen gesehen, gespürt oder sein Parfüm gerochen zu haben. Manchmal haben sie einen sehr lebhaften, luziden Traum. Diese Erlebnisse lindern das Verlustgefühl und helfen den Betroffenen im Trauerprozess. Obwohl dies in der medizinischen Literatur bereits seit 1971 anerkannt ist,[25] wird es doch nach wie vor überwiegend ignoriert.

In den letzten Jahren wurden Techniken zur Herbeiführung einer Kommunikation nach dem Tod entwickelt,[26] weitere Techniken wurden in der Trauertherapie entdeckt.[27] Bei der Behandlung von Patienten mit posttraumatischen Belastungsstörungen entdeckte der Psychologe Allan Botkin zufällig, dass einige Patienten von der Begegnung mit verstorbenen Angehörigen berichteten. Mithilfe der EMDR-Technik (Eye Movement Desensitization and Reprocessing, wörtlich: Augenbewegungs-Desensibilisierung und Neuverarbeitung) sollen die Patienten sich neu mit ihren verstorbenen Angehörigen verbunden fühlen und sich dadurch psychisch vollständig von ihnen lösen können.

Hazel Cornwell – von der Erfahrung ihrer Großmutter wurde hier bereits berichtet – schreibt:

*Meine Mutter hatte angerufen, um mich wissen zu lassen, dass meine Oma friedlich verstorben war. Das war im Juli 2008, und meine Oma war schon seit einem Monat sehr krank gewesen. Sie war fünfundneunzig und hatte immer wieder gesagt, sie habe nun genug und wolle gehen.*

*Nach dem Anruf meiner Mutter wollte ich nicht alleine sein, daher traf ich mich mit einer Freundin, und wir gingen einen Kaffee trinken. Ich saß still da und las eine Zeitschrift. Ich war ganz entspannt, obwohl mir bewusst war, dass mich der Tod meiner Großmutter aufwühlte. Rechts von mir spürte ich eine kleine Energiekugel. Sie schwebte etwa dreißig Zentimeter über dem Boden und hatte die Größe einer Grapefruit. Ihre Energie war extrem stark (ich bin Reiki Practitioner und Medium, daher kann ich Energie gut spüren), und die Kugel fing langsam an zu wachsen, bis sie einen bestimmten Punkt erreicht hatte, dann hörte das Wachstum auf. Ich konnte mich währenddessen auf nichts anderes konzentrieren, und ich kann es nur so erklären, dass es eine menschliche Aura ohne den zugehörigen Menschen in der Mitte war. … Es war reine Energie! Ich war überwältigt von Liebe und Glück, und ich wusste sofort, dass es meine Oma war. Vor meinem geistigen Auge konnte ich sehen, wie sie ein Rad nach dem anderen schlug. Sie war so glücklich und sagte mir: „Sei nicht traurig; ich bin zu Hause!" Die Energie blieb noch kurze Zeit neben mir, dann kam sie langsam auf mich zu und ließ sich in mir nieder. Die Energie meiner Hände pulsierte, und sie fühlten sich an, als wären sie riesig. Ich musste die Toilette in dem Café aufsuchen, weil ich das Bedürfnis hatte, allein zu sein. Meine Oma liebte Reiki, und immer wenn ich bei ihr war, bat sie mich, ihr welches zu geben; für mich war dies eine wortlose Bestätigung ihrer Anwesenheit.*

*Ich kann nur sehr schwer sagen, wie lange dieses Erlebnis angedauert hat, aber wahrscheinlich waren es nur ein paar Minuten, obwohl es mir sehr viel länger vorkam. Meine Oma glaubte fest an ein Leben nach dem Tod, und ich spürte, dass sie sich damit auf ihre Weise verabschiedete. Es war ein schönes Erlebnis, und ich werde es nie vergessen. Meine Mutter, meine Tante und mein Onkel waren bei meiner Oma gewesen, als sie ging, und meine Mutter sagte, unmittelbar bevor sie verschied, wurde es im Zimmer ganz still und friedlich, und sie wusste, dass mein Opa da war …*

Auch Tamsin kommunizierte anscheinend nach ihrem Tod mit ihrer Familie. Ihr Vater sagte:

*Tamsin starb in den frühen Morgenstunden des 8. August 2008; es war ein Montag. Am Mittwoch besuchten wir ihren aufgebahrten Leichnam in der Aufbahrungshalle und machten anschließend einen Spaziergang. Tamsins Schwester war ein Stück zurückgefallen. Dann hörte meine Frau schnelle Schritte hinter sich und drehte sich um, weil sie dachte, es sei Tamsins Schwester, aber die trödelte immer noch ein ganzes Stück hinter uns her. Die Schritte klangen ganz so wie Tamsin immer klang, wenn sie in ihren Joggingschuhen in ihrem typischen soliden Tempo lief, doch als meine Frau sich umdrehte, war niemand zu sehen.*

Ihre Mutter berichtete:

*Später einmal ging mein Mann mit dem Hund spazieren. Er ging allein, da sah er plötzlich zwischen den Bäumen ein helles Licht und hörte Tamsins Kichern. Er kann das nicht logisch erklären und ist sehr skeptisch, was irgendwelche Erklärungen im Zusammenhang mit einem Leben nach dem Tod anbelangt, aber er hatte den Eindruck, er habe in dem Licht Tamsins Stimme gehört.*

Shelleys Geschichte über ihre Vorahnung des Todes ihres Verlobten wurde bereits erzählt. Kurz nach seinem Tod berichtete Shelley Folgendes:

*Was mir passiert ist, ist recht langwierig zu erzählen. Es geschah etwa zwölf Tage nach Stevens Absturz. Steven und ich haben uns oft tagsüber SMS geschickt, und mein Handy war immer griffbereit. Ich war im Krankenhaus, es war Sonntagabend, und im Fernsehen lief* Dirty Dancing. *Diese Beziehung im Film anzuschauen, machte mich fast rasend vor Trauer, und ich machte mir Sorgen, weil ich das Gefühl nicht mehr im Griff hatte. Ich hatte Glück, dass ich auf einer Krebsstation war und deshalb lauter Frauen um mich hatte, die wesentlich älter (und tauber) waren als ich und ich daher weinen konnte und dabei in Ruhe gelassen wurde. Die Schwestern wussten, dass ich weinte, aber ich hatte ihnen gesagt, das ginge vorbei, und sie waren mit anderen Patientinnen beschäftigt.*

*Immer wieder sagte ich „Ich liebe dich." Gerade als ich an dem Punkt war, dass ich dachte, ich würde verrückt vor Trauer, wie es immer heißt, piepste mein Telefon drei Mal. Das hatte es noch nie getan. Das Geräusch war der ganz normale SMS-Klingelton, aber er holte mich vor Schreck eine Sekunde aus meiner Trauer, und ich sah nach, hatte aber weder eine SMS noch einen Anruf erhalten. Ich fing wieder an zu weinen und sagte ständig: „Ich liebe dich." Immer, wenn ich es sagte, piepste das Telefon drei Mal. Ich habe das eine ganze Zeit lang gar nicht bemerkt, weil ich zwischendurch aufhörte zu weinen, bis die Gefühle wieder aufwallten. Als mir endlich klar wurde, was da vor sich ging, hatte das Ganze schon etwa eine Viertelstunde gedauert. Das Telefon piepste nur, wenn ich „ich liebe dich" sagte. Ich fing an, mit dem Telefon zu reden, das auf meinem Nachttisch lag. Ich habe nicht gefragt, ob es Steven war.*

*Das beruhigte mich, und nach einiger Zeit wurde ich müde. Ich weiß noch, dass ich zu dem Telefon sagte, ich würde nun schläfrig und er doch sicher auch. Ich sagte noch einmal „ich liebe dich". Das Telefon piepste noch drei Mal und blieb dann still. Ich habe das nie wieder gemacht, und etwa drei Wochen, nachdem ich aus dem Krankenhaus entlassen worden war, fiel es in meinen Händen auseinander, mitten in einem Gespräch mit Stevens Bruder. Ich habe es trotzdem noch. Es gibt noch mehr in dieser Richtung, aber sonst schreibe ich die ganze Nacht, wenn Sie also noch etwas interessiert, schreibe ich Ihnen ein anderes Mal mehr darüber.*

Shelley sprach mit einer Cousine von Steven darüber:

*„Merkwürdigerweise habe ich einer Cousine von Steven von seinem „Telefonanruf" erzählt, und sie sagte, seit seinem Absturz gingen bei ihr ständig die Lichter an und aus, insbesondere in ihrem Schlafzimmer, und nur dann, wenn sie gruselige Vampirbücher lese und an eine unheimliche Stelle komme! Darüber musste ich lachen, weil ich immer eine schreckliche Vampir-Phobie hatte (traurig, aber wahr! Nur sehr wenige Leute wissen das – drei, um genau zu sein, und jetzt Sie – und ganz bestimmt niemand aus Stevens Familie), die Steven immer zum Lachen fand; deshalb ist es komisch, dass ihr Licht flackert, wenn sie solche Bücher liest. Sie und ihr Sohn rufen sogar „Steven, lass das", wenn sie flackern; denn sie wohnen jetzt seit zehn Jahren in dem Haus, und das passiert erst seit dem Absturz. Bis zu Stevens Absturz habe ich seine Cousine kaum gesehen, und wir lernen uns eigentlich gerade erst kennen, deshalb höre ich immer nur von ihren Erlebnissen.*

*Sie und ihre Mutter (Stevens Tante) haben es beide erlebt, dass ihre Mobiltelefone seit seinem Tod im unpassendsten Moment einen Klingelton von sich gaben, der noch nicht einmal programmiert war – letzte Woche ist es sogar während der Beerdigung des Vaters meiner Freundin passiert. Als sein Sarg aus der Kirche gefahren wurde, stand Stevens Tante vor der Kirche, und ihr Telefon spielte ein Seemannslied, was ihr unendlich peinlich war. Sie hat versucht, es noch einmal abzuspielen, kann es aber auf ihrem Telefon nicht finden. Zum Glück dachten alle, es gehöre zum Beerdigungs-Gottesdienst, denn es war richtig laut, und es dauerte eine ganze Weile, bis sie es abstellen konnte. Der Mann, der beerdigt wurde, war viele Jahre Kadett zur See gewesen, weshalb alle dachten, es gehöre zur Beerdigung dazu. Steven hätte so etwas witzig gefunden, deshalb sind sie alle überzeugt, dass das sein Werk war!*

*Steven hatte einen sehr schrägen Humor, und sie sind sicher, dass er es war. Beim Geburtstagsessen seines Vaters letztes Jahr spielte das Telefon seines Bruders „Mr. Blue Sky", gerade als er neben mir saß. Steven mochte dieses Lied immer, und sein Bruder staunte, weil sein Telefon eigentlich nicht so eingestellt war, dass es überhaupt etwas spielen sollte. Alle sind überzeugt, dass Steven das ist. Auch das Buch, das ich veröffentlicht habe und das Steven gewidmet war, weil er mir geholfen hatte, Ideen zu finden, fiel bei seinen Eltern ständig aus dem Regal, was es vor seinem Tod noch nie getan hatte.*

Solche Erlebnisse sind offensichtlich viel häufiger, als mir klar war. Ich sprach mit einer Kollegin über meine Nahtod-Forschungen, mit einer Krankenschwester aus Nigeria:

*Oh, das ist sehr interessant, denn als mein Vater in Nigeria starb, ist etwas ganz Ähnliches passiert. Meine älteste Schwester war weiter in den Norden gezogen, und am Tag, an dem er starb, erschien er ihr. Er war gut gekleidet, so als wolle er auf eine Reise gehen. Er lächelte sie an und sah viel jünger und sehr gesund aus; um ihn herum war ein helles Licht. Meine Schwester wusste damals noch nicht einmal, dass es ihm nicht gut ging. Der Zeitpunkt, zu dem sie ihn sah, entsprach in etwa dem Moment seines Todes; wie ist so etwas zu erklären?*

2006 schickte mir Bev Newcombe auf einen Zeitungsartikel hin folgende E-Mail:

*Ich bin achtundvierzig Jahre alt, und das Folgende ist passiert, als ich zweiundzwanzig war. Meine Mutter hatte viele Jahre an schrecklichem Darmkrebs gelitten. Sie hatte mir immer versprochen, wenn sie diese Welt einmal verlässt und es eine Möglichkeit gibt, mir zu zeigen, dass das Leben nach dem Tod weitergeht, dann würde sie das tun. Etwa eine Woche nach ihrem Tod ging ich eines Abends ins Bett und hatte eine Vision, in der ich auf eine Reise ging (bevor jetzt jemand sagt, ich müsse geträumt haben – das habe ich nicht!).*

*Nach einem langen weißen Tunnel kam ich auf ein wunderbares warmes helles Licht zu und verspürte einen inneren Frieden, wie ich ihn auf dieser Welt noch nie erlebt habe. Ich befand mich in einem weißen, hellen Raum, und in dem Raum stand ein langer Tisch, so ähnlich wie der beim letzten Abendmahl, und am Ende des Tisches stand meine Mama – mit rosigen Wangen und wunderschönem goldenen Haar schaute sie mich an und lächelte mir zu (ganz anders, als sie diese Welt verlassen hat, wie Sie sich vorstellen können) – sie sah sehr gesund und glücklich aus. Wir unterhielten uns im Geiste, aber ich brachte nichts anderes heraus als: „Mama, geht es dir gut?"*

*Sie sagte: „Oh ja, es geht mir sehr gut, und ich bin glücklich, aber du musst jetzt gehen. Du kannst nicht bleiben."*

*„Aber Mama, ich will hier bei dir bleiben."*

*Sie sagte: „Nein, das geht nicht, du musst gehen" – und damit wurde ich langsam nach hinten weggezogen, wieder in meinen Wachzustand.*

*Nicht lange nach diesem Ereignis weckte mich eines Abends „etwas", und als ich langsam die Augen öffnete, beobachtete ich etwas, das mein ganzes weiteres Leben verändern sollte und mich auf einen Weg gebracht hat, der mich bis heute fasziniert und begeistert.*

*Vor mir war ein helles, aber nicht blendendes Licht, das sich wie ein feines Gespinst von der Zimmerdecke herab ergoss. Die Macht, DIESES Ding, sagte mir, wir/die Menschheit seien nur Sandkörner im Vergleich zur Macht und Stärke dieses Bildes; es war ebenso schnell wieder verschwunden, wie es gekommen war, und ich weiß bis heute nicht, warum es mir überhaupt erschienen ist, um mir Kraft für die bevorstehenden Jahre zu geben, denn die würde ich ganz bestimmt brauchen – ich habe es seither nie mehr erlebt, aber ich weiß, was ich gesehen und gespürt habe – seither habe ich mehrere Geistwesen gesehen, aber ich würde nie behaupten, ich sei ein Medium.*

*Ich weiß aber, dass solche Erfahrungen kein Zufall und keine Folge von Meditation und so weiter sind. Ich war ein junger, gesunder Zweiundzwanzigjähriger mit einer bejahenden Einstellung zum Leben. – Habe ich Angst vor dem Sterben? Die Antwort lautet Nein, weil ich weiß, dass es etwas gibt, das viel größer ist, als wir je erkennen oder uns vorstellen können – ich glaube auch, dass uns nicht gestattet ist, das herauszufinden, bevor unsere Zeit gekommen ist!*

Ein weiteres, sehr häufig vorkommendes Phänomen ist der Anblick des Ehepartners nach dessen Tod.[28] So hat auch meine Großmutter väterlicherseits nachts, wenn sie im Bett war, sehr oft meinen Großvater gespürt. Sie sagte, sie habe körperlich gespürt, wie er im Bett neben ihr lag; es war ihr ein großer Trost in den langen Jahren, die sie benötigte, um über seinen Tod hinwegzukommen.

Ein weiteres Beispiel:

*Meine Frau starb vor zweieinhalb Jahren im Alter von sechsundsiebzig Jahren; ich bin achtundsiebzig. In der Nacht, wenn ich im Bett bin, ist sie mir oft neben dem Bett erschienen, ja sie lag sogar neben mir im Bett auf der Seite, wo sie immer geschlafen hat. Die Sache ist, meine Augen sind offen, ich schlafe nicht – gibt es eine Erklärung für solche Vorkommnisse?*

## Zusammenfassung

An diesen Berichten zeigt sich, dass viele Menschen beim Herannahen des Todes angenehme Erlebnisse haben. Wenn wir darauf achten, was die Sterbenden uns auf subtile Weise zu verstehen geben wollen, können wir helfen, ihre spirituellen Bedürfnisse zu erfüllen, und dafür sorgen, dass sie einen friedlichen Tod haben. Wenn Menschen, die einen solchen Zustand nicht erlebt haben, diese transzendenten, spirituellen Erlebnisse einfach von der Hand weisen, könnte dies den Sterbenden schaden und ihren Sterbeprozess traumatischer machen. Es ist wichtig, dass die Sterbenden ihre Erlebnisse äußern dürfen und die Bestätigung erhalten, die sie brauchen, indem man ihnen versichert, dass solche Erlebnisse häufig vorkommen, ganz gleich, was der Pflegende selber glaubt. Visionen auf dem Sterbebett haben heilsame Eigenschaften,[29] spenden Trost, schenken den Menschen Zeit, ihr Leben noch einmal zu betrachten, und verleihen dem Lebensende einen Sinn. Patienten, die Visionen erleben, haben meist einen friedlichen Übergang in den Tod.[30] Vor ein paar Jahren unterhielt ich mich mit einer Oberärztin im Hospiz, die im Laufe ihres Berufslebens viele sterbende Patienten begleitet hatte. Sie glaubte, dass die Patienten mit dem friedlichsten Tod diejenigen waren, die zuvor einmal eine Nahtod-Erfahrung erlebt hatten.

Die Versorgung sterbender Patienten löst bei unerfahrenen Pflegekräften oft Ängste aus. Den Umgang mit einem Sterbenden kann man nicht in der Ausbildung oder aus einem Lehrbuch lernen. Beides vermittelt wertvolle Erkenntnisse, aber erst wenn man tatsächlich Sterbende versorgt, lernt man wirklich etwas. Daher ist es wichtig, dass alle Pflegenden und Menschen in Gesundheitsberufen auf das vorbereitet sind, was ihnen bei ihrer Arbeit begegnen kann.

Visionen auf dem Sterbebett sind ein häufiges Phänomen, doch als Gesellschaft sprechen wir anscheinend nicht darüber. Das liegt nicht etwa daran, dass sie nicht zum Sterbeprozess dazugehörten, sondern es liegt daran, dass wir sie nicht im selben Umfang mitbekommen wie noch vor Jahren. Früher wurden Sterbende öfter zu Hause versorgt, und der Tod war ein gesellschaftliches Ereignis, bei dem Familie, Freunde, Nachbarn und Kinder am Sterbebett zusammenkamen. Ab den 1880ern ging man häufiger zum Arzt, und es gab Fortschritte in den Operationstechniken, wodurch das Sterbebett sich irgendwann in den 1930er Jahren von zu Hause ins Krankenhaus verlagerte.[31] Seither sind wir vom Tod stärker abgeschirmt, und er ist für uns kein erwarteter Teil des Lebens mehr. Weitere technische Fortschritte haben dazu geführt, dass heute mehr Patienten denn je auf Intensivstationen behandelt werden. Die meisten Patienten, die auf Intensiv sterben, sind an viele verschiedene Maschinen angeschlossen und liegen in einem künstlichen Koma, was Visionen auf dem Sterbebett keinen Raum mehr lässt. Selbst Patienten, die auf einer normalen Krankenstation oder im Hospiz sterben, werden von ihren Angehörigen nicht vierundzwanzig Stunden am Tag beobachtet, daher sind also nicht immer Familienangehörige anwesend, wenn Sterbebett-Visionen auftreten. Es ist also durchaus nicht so, dass sie nicht vorkommen – wir bekommen sie nur nicht mehr so häufig mit.

# Sechs

## Vermutete physiologische und psychologische Erklärungen für Nahtod-Erfahrungen

Eine neue wissenschaftliche Wahrheit pflegt sich nicht in der Weise durchzusetzen, dass ihre Gegner überzeugt werden und sich als belehrt erklären, sondern vielmehr dadurch, dass ihre Gegner allmählich aussterben und dass die heranwachsende Generation von vornherein mit der Wahrheit vertraut gemacht ist.
MAX PLANCK[1]

In diesem Kapitel soll ein Abriss einiger populärer materialistischer Theorien zur Erklärung von Nahtod-Erfahrungen gegeben werden. Es gab darüber hinaus viele weitere Thesen, wodurch Nahtod-Erfahrungen zu erklären seien, etwa ein NMDA-Rezeptor im Gehirn, neurobiologische Prozesse, Schläfenlappenepilepsie, Psychose, Schizophrenie, Abwehrmechanismen, Depersonalisation, multiple Persönlichkeitsstörung und Erinnerungen an die Geburt. Um den Rahmen dieses Buches nicht zu sprengen, habe ich nur die bekanntesten Theorien ausgewählt. Diese Erklärungen sind der Versuch, logisch zu begründen, was Nahtod-Erfahrungen auslöst; gräbt man tiefer nach, können sie jedoch viele Aspekte der Erfahrungen nicht ausreichend erklären. Nahtod-Erfahrungen sind ein hochkomplexes multifaktorielles Phänomen, was es unglaublich schwierig macht, dafür eine angemessene Erklärung zu finden.

## Anoxie und Hypoxie

Eine der bekanntesten materialistischen Erklärungen für Nahtod-Erfahrungen lautet, sie seien auf eine Anoxie oder Hypoxie zurückzuführen. Anoxie bedeutet, dass überhaupt kein Sauerstoff mehr ins Gehirn gelangt, Hypoxie ist ein Abfall des Sauerstoffgehalts im Blut.

Erste Studien zu den Auswirkungen einer Hypoxie zeigten eine Reduzierung sowohl der körperlichen als auch der geistigen Funktionen sowie Erregbarkeit, Konzentrationsmangel und Gedächtnisschwäche.[2] In Todesnähe kann eine Hypoxie nach und nach eintreten, so dass der Körper den allmählichen Sauerstoffverlust kompensieren kann; je nach den Umständen kann sie aber auch plötzlich entstehen. Zum Beispiel wird bei einem Herzstillstand der Blutfluss zum Gehirn sofort unterbrochen, wohingegen der Körper bei Atemnot den allmählichen Sauerstoffverlust kompensieren kann. Wird der Blutfluss zum Gehirn unterbrochen, verliert der Mensch innerhalb von zehn bis zwanzig Sekunden das Bewusstsein.[3] Ist der Blutfluss länger als fünf bis zehn Minuten unterbrochen, wird das Gehirn irreversibel geschädigt.[4]

Mit fortschreitender Hypoxie werden die Hirnfunktionen zunehmend desorientiert, wirr und desorganisiert, was schließlich zur Bewusstlosigkeit führt. Dies habe ich bei meiner Arbeit als Krankenschwester oft beobachten können.

Bei Nahtod-Erfahrungen wird jedoch von großer Geistesklarheit berichtet: Es sind luzide, strukturierte Erlebnisse, die Betroffenen sprechen von einem erhöhten Bewusstseinsgrad, und die Erinnerung daran bleibt in vielen Fällen das gesamte weitere Leben lang sehr lebendig. Von einem desorganisierten Gehirn ohne oder mit stark vermindertem Blutzufluss würde man so etwas nicht erwarten. Ich habe Hunderte bewusstloser Patienten versorgt (die nicht von einer Nahtod-Erfahrung berichtet haben), und wenn sie das Bewusstsein wiedererlangen, so ist dies ein gradueller Prozess, und normalerweise sind die Patienten benommen und verwirrt, wenn sie zu sich kommen.

Bewusstlosigkeit infolge der Schwerkrafteinwirkung (der Fachbegriff lautet g-LOC für Loss of Consciousness durch Gravitation) ist ein anerkanntes Phänomen, das bei Piloten auftreten kann, wenn sie sehr starken Beschleunigungen ausgesetzt sind.[5] Bei bestimmten Ausbildungs-Elementen werden Piloten ohnmächtig, weil das Herz es unter hoher Belastung nicht schafft, das Blut gleichmäßig durch den ganzen Körper zu pumpen. Diese Vorfälle wurden mit Nahtod-Erfahrungen verglichen, da einige Komponenten scheinbar gleich sind, zum Beispiel Visionen, euphorische Gefühle, positive Empfindungen und außerkörperliche Erfahrungen. Es gibt allerdings auch Unterschiede – diese Erlebnisse waren nur schwer erinnerlich und traten recht willkürlich auf, außerdem traten offensichtlich bei keinem Piloten Veränderungen im Leben ein, wie Nahtod-Erfahrene es berichten. Außerdem existiert der Fall eines Piloten mit einer Nahtod-Erfahrung, der auch Hypoxie in großer Höhe erlebt hat und die beiden Erlebnisse als vollkommen unterschiedlich empfindet.[6]

Man hat vermutet, die Komponenten Tunnel und Licht seien auf Hypoxie sowie die bei der Wiederbelebung verabreichten Medikamente zurückzuführen.[7] Wenn Adrenalin oder Atropin verabreicht wird, erweitern sich die Pupillen, was, so wird angenommen, zur Wahrnehmung des Tunnels und des hellen Lichts führt.[8] Wer allerdings schon einmal eine Pupillenleuchte auf seine Augen gerichtet hat, der weiß, dass die Augen spontan geschlossen werden, weil das Licht schmerzt. Das Licht, von dem bei Nahtod-Erfahrungen die Rede ist, schmerzt jedoch nicht in den Augen. In einem dunklen Raum erweitern sich die Pupillen, daher schließen sich die Augen reflexhaft, wenn sie einem hellen Licht ausgesetzt werden. Sind die Pupillen aufgrund von Medikamenten erweitert, können sie als Reaktion auf das Licht nicht kontrahieren. Es ist daher unwahrscheinlich, dass das erwähnte Licht als hell, aber nicht in den Augen schmerzend beschrieben würde. Auch erklärt dies nicht die Nahtod-Erfahrungen, bei denen diese Medikamente nicht verabreicht und keine Wiederbelebungsmaßnahmen durchgeführt worden sind. Weil die Tunnel-Komponente nicht in allen Kulturen beschrieben wird, wurde behauptet, sie sei nur ein symbolisches

Bild in westlichen Nahtod-Erfahrungen,[9] was die Anoxie/Hypoxie-Theorie ebenfalls widerlegen würde. Wenn Nahtod-Erfahrungen auf Anoxie zurückzuführen sind, dann sollten alle Herzstillstands-Patienten von einem solchen Erlebnis berichten, aber knapp achtzig Prozent der Überlebenden eines Herzstillstands berichten nicht von einer Nahtod-Erfahrung. In meinem Berufsleben habe ich Hunderte von Patienten gepflegt, die hypoxisch waren, aber nur sehr wenige sprachen von einer Nahtod-Erfahrung. Wenn Nahtod-Erfahrungen auf Sauerstoffmangel zurückzuführen wären, dann würde ich erwarten, dass die Mehrheit dieser Patienten von einem solchen Erlebnis berichtete.

## Hyperkarbie

Die Nebenwirkungen hoher $CO_2$-Werte im Blut wurden erstmals durch den ungarisch-amerikanischen Psychiater Ladislas Meduna[10] entdeckt, der zur Behandlung psychiatrischer Störungen mit Kohlendioxid experimentierte. Zu den beschriebenen Nebenwirkungen gehörten außerkörperliche Erfahrungen, frühe Erinnerungen, helle Farben, wunderbare Gefühle, real wirkende Träume, geometrische Muster und das Gefühl, eine Entdeckung gemacht zu haben; wobei einige Erlebnisse angsteinflößend waren. Manches davon erscheint zwar auch typisch für Nahtod-Erfahrungen, aber Medunas Patienten zeigten außerdem neurologische Ausfälle, und bei keinem traten die für Nahtod-Erfahrungen typischen Nachwirkungen auf.

Ich habe auch viele hyperkarbische Patienten gepflegt: Ihre Muskeln zucken und rucken spasmodisch, was während einer Nahtod-Erfahrung nicht vorkommt. Wäre Hyperkarbie die Ursache für Nahtod-Erfahrungen, so würde ich erwarten, dass sie häufiger erwähnt würden.

## Drogen

Euphorische, glückselige, halluzinatorische Zustände können auch durch die Einnahme von Freizeitdrogen wie LSD (Lysergsäurediethylamid), Psilocybin, DMT (N,N-Dimethyltryptamin-130),

Ketamin, Cannabis und Meskalin ausgelöst werden. Unter dem Einfluss solcher psychotroper Drogen haben Konsumenten von Bewusstseinserweiterung, heiterer Gelassenheit und kosmischen Erkenntnissen berichtet.[11] Im Gegensatz zum feststehenden Muster der Nahtod-Erfahrungen können Drogenerlebnisse allerdings willkürlich verlaufen. Und obwohl Einzelne behauptet haben, durch ihre Drogen-Erfahrungen transformiert worden zu sein, konnten sie diese Behauptung durch ihr Verhalten nachweislich nicht belegen,[12] Menschen mit einer Nahtod-Erfahrung hingegen schon.

Wenn solche Drogen konsumiert werden, dann normalerweise mit dem Ziel einer bewusstseinsverändernden Erfahrung. Daher müssen auch psychische Verfassung, Setting und Kontext in Betracht gezogen werden. Mit Verfassung sind die Eigenschaften des Konsumenten wie Stimmung, Vorerfahrung, Persönlichkeit und Erwartungen gemeint. Das Setting umfasst die Umgebung und die anwesenden Personen. Als Kontext wird der Rahmen bezeichnet, in dem sich die Erfahrung abspielt – erfolgte sie unter Anleitung? Wurde konsumiert, um Problemen auszuweichen? Oder aus Experimentierlust? Alle diese Faktoren können den Verlauf des Erlebnisses beeinflussen. Während Drogen mit einer bestimmten Absicht eingenommen werden, treten Nahtod-Erfahrungen unerwartet und plötzlich auf. Bei beiden Erfahrungsarten können die Betroffenen denselben Bewusstseinszustand erreichen, dieser wird jedoch je nach den Begleitumständen anders interpretiert.

Eine neuere Studie zum Vergleich der Ähnlichkeiten zwischen Nahtod- und Ketamin-Erfahrungen[13] wies auf viele Ähnlichkeiten zwischen beiden hin. Ketamin-Konsumenten berichteten von den wesentlichen Merkmalen einer Nahtod-Erfahrung (entsprechend der Greyson-Skala für Nahtod-Erfahrungen[14]), etwa von der Begegnung mit verstorbenen Verwandten und Freunden, Gefühlen des Friedens, Wahrnehmung eines Lichts, kurzen Bildern aus ihrem Leben und Eintritt in eine andere Welt.

Es gab auch Unterschiede zwischen der Nahtod-Erfahrungs- und der Ketamin-Gruppe. In der Nahtod-Erfahrungsgruppe berichtete ein wesentlich höherer Prozentsatz von der Begegnung mit verstorbenen Verwandten und Visionen religiöser Gestalten, insbesondere Jesus. Die Ketamin-Gruppe sprach lediglich von einer Präsenz oder einem nicht näher erkennbaren Lichtwesen. Ein wesentlich höherer Prozentsatz der Nahtod-Erfahrenen berichtete von einem hellen Licht. In der Ketamin-Gruppe berichtete hingegen ein wesentlich höherer Prozentsatz von einem Gefühl der Einheit mit dem Universum oder der Harmonie. In der Ketamin-Gruppe berichteten nur sehr wenige von einer Grenze oder einem Punkt ohne Wiederkehr, wohingegen die Mehrheit der Nahtod-Erfahrenen von diesen Dingen sprach.

Wie Dr. Ornella Corazza, die Verfasserin der Studie, betont, ähneln nicht alle Erlebnisse unter Ketamin einer Nahtod-Erfahrung. Ein Erlebnis vom Typus einer Nahtod-Erfahrung trat am deutlichsten beim erstmaligen Konsum von Ketamin auf und ließ bei häufigerem Gebrauch nach. Selbstverständlich nahmen alle Ketamin-Konsumenten die Droge mit Absicht und gewissen Erwartungen ein.

DMT kommt natürlich im Körper vor, und es wurde vermutet, dass es bei Nahtod-Erfahrungen eine Rolle spielen kann.[15] Bei kontrollierten Experimenten mit dieser Droge zeigte sich jedoch, dass die berichteten Erlebnisse leicht von Nahtod-Erfahrungen abwichen: Sehr häufig war von der Begegnung mit Alien-artigen Wesen die Rede. Eine Versuchsperson berichtete von einem Erlebnis, das Motive einer Nahtod-Erfahrung aufwies, zum Beispiel einen Tunnel oder einen hellen, pulsierenden Lichtkanal. Der Tunnel war sehr groß, und die Versuchsperson begegnete darin Wesen, die wie kleine Kobolde mit Flügeln und Schwänzen aussahen.[16] Die Ähnlichkeiten zu einer Nahtod-Erfahrung sind offenkundig, dabei ist allerdings zu berücksichtigen, dass die Versuchsperson Bücher über Nahtod-Erfahrungen von Betty Eadie[17] und Dannion Brinkley[18] gelesen hatte, in denen zahlreiche Berichte mit solchen Bildern vorkommen.

Dass Anästhetika und Analgetika wie Morphin halluzinatorische Erlebnisse auslösen können, ist allgemein bekannt. Durch Drogen oder Medikamente ausgelöste Erlebnisse können jedoch sowohl subjektiv als auch objektiv sein. Ich habe sehr oft beobachtet, dass Patienten nach der Verabreichung solcher Medikamente halluziniert haben; ihr unangemessenes Verhalten ist klar als solches erkennbar. Sie werden unvernünftig, paranoid und versuchen, Tropfinfusionen herauszureißen oder aus dem Bett zu steigen; es kann sogar sein, dass sie dem Personal gegenüber aggressiv werden. Im Gegensatz dazu treten Nahtod-Erfahrungen in der Regel auf, wenn die Patienten bewusstlos und nicht ansprechbar sind.

Bis sich die Wirkung von Anästhetika verflüchtigt hat, kann es einige Zeit dauern, und die Patienten sind postoperativ meist etliche Stunden schläfrig. Wenn ich für meine Studie Patienten befragte, konnten sich die meisten kaum oder gar nicht mehr an ihren Aufenthalt auf der Intensivstation erinnern. Auch dies steht in völligem Kontrast zu den lebhaft erinnerten Nahtod-Erfahrungen. Außerdem sind auch Nahtod-Erfahrungen dokumentiert, die aufgetreten sind, ohne dass Medikamente verabreicht worden wären.

## Endorphine

Der Körper kann eigene Opiate herstellen, die als Endorphine bezeichnet werden. Sie dienen zur Schmerzreduktion und können Gefühle des Friedens, der Ruhe und des Wohlbefindens auslösen und damit dazu beitragen, dass Zeiten hoher Belastung besser überstanden werden. Endorphine werden unter Bedingungen ausgeschüttet, unter denen auch Nahtod-Erfahrungen auftreten können. Sie wurden in Gehirn und Körperflüssigkeiten von Hunden nachgewiesen, die zum Zeitpunkt ihres Todes bei Bewusstsein waren.[19] Wenn jedoch im Moment des Todes Endorphine ausgeschüttet werden, dann erklärt dies nicht, warum nicht alle Menschen, die in Todesnähe waren, von einer Nahtod-Erfahrung berichten.

Allerdings wurde auch behauptet,[20] dass bei Langstreckenläufern ein hoher Endorphinspiegel zu erwarten sei, doch diese berichten nicht von Nahtod-Erfahrungen. Außerdem wurde vermutet, Endorphine seien als Halluzinogene nicht stark genug.[21] Die Wirkung von Endorphinen kann bis zu zweiundzwanzig Stunden anhalten,[22] doch eine Nahtod-Erfahrung ist sehr kurz, und der Schmerz kehrt noch im selben Moment zurück, in dem die Betroffenen das Bewusstsein wiedererlangen.

Auf die Endorphin-Ausschüttung folgt ein schläfriger, traumähnlicher Zustand.[23] Während eines epileptischen Grand-Mal-Anfalls werden Endorphine ausgeschüttet, doch danach sind die Betroffenen normalerweise benommen und erschöpft.[24] Beides ist das genaue Gegenteil des hellwachen Zustandes bei einer Nahtod-Erfahrung.

## Neurobiologische Prozesse

Neurobiologische Prozesse wurden als eine mögliche Ursache der Nahtod-Erfahrung vorgeschlagen, und es gibt mehrere Theorien, die diese Prozesse im Detail beschreiben.[25] Diese Theorien wurden zumeist nach der Prämisse entwickelt, das Gehirn erzeuge das Bewusstsein. Unerklärt bleibt jedoch, wie bewusste Erfahrung aus neurologischen Strukturen entstehen und mit neurologischen Prozessen einhergehen kann.[26] Im Lichte weiterer Forschungen im klinischen Bereich erscheint es vielmehr plausibler, dass diese neurologischen Prozesse das Bewusstsein nicht *erzeugen*, sondern lediglich *vermitteln*. Weitere Forschungen über Nahtod-Erfahrungen könnten stärker untermauern, dass diese neurobiologischen Prozesse Korrelate und nicht, wie nach verbreiteter materialistischer Auffassung angenommen, Kausalitäten sind. Allein dies würde unser Verständnis des Bewusstseins von Grund auf revolutionieren.

## Die außerkörperliche Erfahrung

Paul und Linda Badham[27] schlugen vor, die Nahtod-Erfahrungs-Komponente außerkörperliche Erfahrung in meiner Forschung zu verifizieren. Die Idee zur Verifizierung dieser Komponente kam durch Experimente aus den 1960er und 1970er Jahren.[28] Versuchspersonen, die behaupteten, sie könnten ihren Körper verlassen, projizierten sich erfolgreich in Versuchsräume, in denen ihre Haustiere ruhten. Zum Zeitpunkt der angeblichen Projektion wurden die Tiere unruhig und verhielten sich ganz so, als ob ihr Besitzer anwesend wäre. Eine Dame nannte die richtige Zahl, die über dem Bett, in dem sie im Labor schlief, in eine Schachtel gelegt worden war.[29]

Auch in aufgehängten Schachteln versteckte Gegenstände wurden korrekt erkannt.[30] Es handelt sich hier jedoch nur um einige wenige Studien, und sie wurden nicht repliziert.

## Autoskopie und Heautoskopie

Bei einer autoskopischen Erfahrung[31] sieht man bei unveränderter körperlicher Selbstbewusstheit einen zweiten Körper. Der Geist identifiziert sich nach wie vor mit dem ersten Körper, was für die veränderte Körper/Geist-Wahrnehmung, wie sie bei einer außerkörperlichen Erfahrung dokumentiert ist,[32] nicht typisch ist. Bei einer heautoskopischen Erfahrung[33] sehen die Betroffenen ein Phantom ihrer selbst, wobei Geist und Körper miteinander identifiziert bleiben. Bei einer heautoskopischen Erfahrung tritt eine Identifikation mit dem Phantom-Körper ein, und oft beschreiben die Betroffenen das Gefühl, an zwei verschiedenen Orten zugleich zu sein und wahrzunehmen. Das beobachtete Phantom ist für gewöhnlich aktiv in Bewegung und transparent, wobei nur das Gesicht oder Teile des Körpers sichtbar sind. Im Gegensatz dazu existiert während der außerkörperlichen Erfahrung im Rahmen einer Nahtod-Erfahrung der Geist völlig getrennt vom physischen Körper und erkennt ihn im Gegensatz zu einem Abbild als etwas völlig Separates.

## Die außerkörperliche Erfahrung bei einem epileptischen Anfall

Von außerkörperlichen Erfahrungen wurde zuvor bereits bei epileptischen Anfällen, Psychosen und Schläfenlappenepilepsie berichtet.[34] Einige Fälle mögen Erlebnissen vom Typus einer Nahtod-Erfahrung ähneln, doch die Betroffenen zeigten außerdem groteskes Verhalten, was darauf schließen ließ, dass sie den Bezug zur Realität verloren hatten. Die Ähnlichkeiten unter den epileptischen Erlebnissen beschränkten sich größtenteils auf die Autoskopie,[35] die sich sehr stark von den klar definierten, präzisen und exakten außerkörperlichen Erfahrungen unterscheidet, wie sie bei einer Nahtod-Erfahrung erlebt werden, bei der die Betroffenen ja glauben, getrennt von ihrem Körper existiert zu haben. Bei genaueren Nachforschungen stellte sich außerdem heraus, dass die Ereignisse ungenau wiedergegeben worden waren, während andere sagten, sie hätten sich distanziert gefühlt, als seien sie im Kino oder träumten.

Bei einer durch elektrische Reize im Gehirn ausgelösten Schläfenlappenepilepsie ist das Erleben fragmentarisch und variabel,[36] ganz anders als bei der klaren, einheitlichen Nahtod-Erfahrung.

Viele Einzelheiten der Halluzinationen werden innerhalb von drei bis vier Minuten nach dem Reiz vergessen.[37] Trotz seiner über dreißigjährigen Erfahrung in der Behandlung von Schläfenlappenepilepsie stellte Rodin[38] fest, er habe noch nie einen Patienten behandelt, der nach einem Anfall von einem Erlebnis berichtet hätte, das einer Nahtod-Erfahrung ähnelt. Einige Anfälle führen zu einer Veränderung des Körperbildes, des Raum- und Zeitempfindens sowie zu Déja-vu-Erlebnissen, aber diese sind sehr verworren. Aufgrund von abnormalen Entladungen in den Schläfenlappen können einige Komponenten einer Nahtod-Erfahrung in verworrener, fragmentarischer Form auftreten.[39] Es ist allerdings sehr unwahrscheinlich, dass ein so zerstörerisches Ereignis im Gehirn eine stark strukturierte Nahtod-Erfahrung auslösen könnte. Während Nahtod-Erfahrungen lebensverbessernd wirken, können die Erfahrungen, von denen epileptische und psychotische Menschen berichten, den gegenteiligen Effekt haben.

## Die außerkörperliche Erfahrung und elektrische Reize

In den 1980ern entwickelte der kanadische Neurowissenschaftler Michael Persinger einen „Gott-Helm“. In der Absicht, mystische Erlebnisse herbeizuführen, wurden Magnetfelder unterschiedlicher Stärke durch den auf dem Kopf der Versuchsperson sitzenden Helm geleitet. Durch den Helm wurden kleinste epileptische Anfälle in den Schläfenlappen ausgelöst, was, wie Persinger prognostizierte, zu außerkörperlichen Erfahrungen sowie religiösen/mystischen Erlebnissen führen würde. Die Ergebnisse der Experimente zeigten, dass zwei Drittel der Versuchspersonen angaben, eine Präsenz gespürt zu haben, wenn die Magnetfelder aktiviert wurden. Interessanterweise gab aber auch ein Drittel der Kontrollgruppe denselben Effekt an, obwohl bei ihnen keine Magnetfelder aktiviert worden waren.[40] Keines der magnetischen Erlebnisse ähnelte einer Nahtod-Erfahrung, und die Berichte der Versuchspersonen widersprachen sich gegenseitig.

Eine Wiederholung derselben Experimente erbrachte deutlich andere Ergebnisse. Die einzigen beiden Versuchspersonen, die von starken spirituellen Erlebnissen berichteten, gehörten außerdem zur Kontrollgruppe und waren keinen Magnetfeldern ausgesetzt worden. Die Forscher schlossen daraus, Persingers Ergebnisse seien auf psychologische Suggestion zurückzuführen.[41]

Phänomene vom Typus einer außerkörperlichen Erfahrung wurden auch durch elektrische Reizung des Gehirns hervorgerufen.[42] Auf den ersten Blick erscheinen sie identisch mit den außerkörperlichen Erlebnissen im Rahmen einer Nahtod-Erfahrung, eine eingehende Untersuchung offenbart jedoch viele Unterschiede. Einige Patienten bezeichneten die Erfahrung als ihrem Bewusstsein aufgezwungen sowie zusammenhang- und beziehungslos.[43] Untersucht man diese Forschungsarbeit näher, so ist für alle, die sich mit außerkörperlichen Erfahrungen auskennen, offenkundig, dass die beschriebenen Erlebnisse einer außerkörperlichen Erfahrung zwar ähneln, sich jedoch sehr stark von der akkuraten, präzisen außerkörperlichen Erfahrung, wie sie im Zusammenhang mit einer Nahtod-Erfahrung beschrieben wird, unterscheiden.

2002 und 2004 erschienen Forschungsarbeiten,[44] die darauf schließen ließen, dass eine elektrische Reizung des Gyrus angularis im Gehirn außerkörperliche Erfahrungen hervorrufen kann, was die Auffassung untermauerte, dass außerkörperliche Erfahrungen vom Gehirn erzeugt werden. Ich habe die Artikel mit Interesse gelesen. Leider wurden sie unter der Prämisse verfasst, dass Bewusstsein ein Nebenprodukt des Gehirns ist, weil die Forscher überzeugt waren, außerkörperliche Erfahrungen würden vom Gehirn erzeugt. Die Verfasser stellten die Berichte ihrer sechs Versuchspersonen zur Verfügung; alle waren Neurologie-Patienten, wobei vier unter epileptischen Anfällen litten, ein Patient arterielle Hypertonie (Bluthochdruck) hatte und einer an hemiplegischer Migräne erkrankt war. Bei allen Patienten wurde ein Neuroimaging, also eine Bildgebung des zentralen Nervensystems, sowie ein EEG gemacht, wobei der Fokus auf der „Beschreibung der außerkörperlichen Erfahrung/autoskopischen Phänomene" lag.

Was die einzelnen Patienten berichteten, unterschied sich sehr stark von den präzisen und klaren außerkörperlichen Erlebnissen, die im Zusammenhang mit einer Nahtod-Erfahrung beschrieben werden. Die Versuchspersonen in der Studie von Blanke et al. sprachen davon, unbekannte Menschen gesehen zu haben; einen „vagen Eindruck des Träumens" gehabt zu haben; nur Beine und den unteren Rumpf gesehen zu haben; an zwei Stellen zugleich zu sein, ohne das Gefühl zu haben, den Körper verlassen zu haben; Verzerrungen in den Körperbewegungen zu verspüren; nur den oberen Rumpf und das Gesicht zu sehen. Über den Bereich um den Körper herum konnten sie keine Angaben machen. Dies ist nicht typisch für die präzisen und klaren Einzelheiten, die bei einem außerkörperlichen Erlebnis, wie es bei einer Nahtod-Erfahrung auftritt, beschrieben werden. Die exakten Details der Berichte der einzelnen Versuchspersonen können Sie den veröffentlichten Aufsätzen entnehmen.

Ein weiterer Fall wurde mir gemeldet (siehe auch Patient Zehn aus meiner in Kapitel Sieben beschriebenen Studie). Diese Dame schilderte eine außerkörperliche Erfahrung während einer Operation:

*Ich bin Mutter und Großmutter. Nach meiner außerkörperlichen Erfahrung, die ich vor etwa acht Jahren hatte, bin ich zur Universität gegangen. Ich habe einen Abschluss in Psychologie und einen Master in Psychoanalyse – nicht schlecht für ein älteres Semester, das obendrein noch Legasthenikerin ist!*

*Ich hatte Probleme, und, kurz gesagt, sie gipfelten in einer Operation. Die private Operation sollte zwischen 16:30 Uhr und 17:00 Uhr zu Ende sein; mein Mann wurde gebeten, den Chirurgen um 17:00 Uhr anzurufen. Dieser würde dann mit ihm sprechen und ihm sagen, wie es gelaufen sei.*

*Das Erste, was passiert ist: Ich merkte, dass ich in einem sehr hellen gelben Raum hellwach war. Mir war, als wären die Wände gelb gefliest und die Lampen sehr hell. Ich wusste sofort, dass ich im Krankenhaus war. Ich war ganz ruhig, und es ging mir rundum gut. Ich schaute nach links und sah die Uhr an der Wand. Sie zeigte 18:50 Uhr. Sofort tat mir mein Mann sehr leid, denn ich wusste, er würde schier umkommen vor Angst, weil man ihm noch nicht gesagt hatte, dass alles gut verlaufen war. Ich sah nach unten und konnte meine Arme sowie meinen Unterkörper sehen. An meiner linken Hand war ein doppelter Zugang (mit zwei Zuläufen für Medikamente) gelegt. Ich merkte, dass hinter mir Leute waren, konnte sie aber nicht sehen. Ich versuchte, nach rechts zu schauen, aber diese Seite des Raumes konnte ich nicht richtig erkennen.*

*In dem Raum herrschte Panik, die mich zu meiner Überraschung aber überhaupt nicht beunruhigte; ich machte mir viel mehr Gedanken um meinen Mann. Rechts hinter mir war eine Frau – sie informierte meinen Chirurgen (den ich erkannte, obwohl er Grünzeug, weiße Gummistiefel sowie eine blaue Kopfhaube trug und ihm ein Mundschutz ums Kinn baumelte), dass mein Blutdruck abfiel. Diese Info wiederholte sie ziemlich regelmäßig. Mein Chirurg wurde richtig sauer und aufgebracht, was mich überraschte, denn von dieser Seite kannte ich ihn gar nicht. Er schrie den Mann im weißen Kittel an, der von rechts ins Bild kam und den ich als denjenigen erkannte, der vorher meine Bluttests gemacht hatte. Er trug ein Klemmbrett in der Hand und hielt den Blick darauf gerichtet; er war erkennbar erschüttert über den Ton des Chirurgen ihm gegenüber. Der Chirurg wollte wissen, wie viele Einheiten Blut ich bekommen hatte, er erwiderte „zwei", worauf der Chirurg explodierte: „Eben nicht, es lagen mindestens drei leere auf dem Boden." Er ging links von mir eilig auf und ab und sah sehr besorgt aus. Von rechts kam ein weiterer Mann in normaler Kleidung herein. In ihm erkannte ich den Anästhesisten. Der Chirurg herrschte auch ihn schroff an und verlangte, dass er etwas tue. Der Anästhesist ignorierte das Gepolter und sprach in ruhigem Ton mit der Frau hinter mir. Er fragte, wie tief mein Blutdruck abgesunken sei, und warf dann einen gelassenen Blick auf das Klemmbrett, das der Mann im weißen Kittel in der Hand hielt.*

*Er gab es zurück und ging ums Fußende des Bettes herum. Ich sah zu, wie er meine linke Hand anhob. Damit hat er mich nicht etwa begrüßt. Er hielt vielmehr eine Spritze in der Hand, nahm die Kappe auf einem der beiden Zugänge ab und setzte die Spritze an.*

*Alles wurde schwarz, ich war wieder in meinem Körper und mir war schrecklich schlecht. Ich versuchte, mich aufzusetzen und mit dem Chirurgen zu sprechen, aber sie hielten mich fest und zogen mir das „Ding" aus dem Rachen. Ich würgte und sagte dann: „Pflaumen Sie die anderen nicht so an." Ich wollte noch etwas sagen, musste mich aber plötzlich übergeben. Ich schaute zur Uhr. Sie zeigte noch exakt dieselbe Uhrzeit wie vorhin, es war 18:50 Uhr. Ich schaute nach rechts und konnte jetzt das Ende des Raumes sehen (nur Betten und eine Wand). Ich überprüfte, ob ich nicht alles nur geträumt hatte. Aber das hatte ich eindeutig nicht. Der Raum war ein Aufwachraum, nicht ganz so hell oder gelb, aber es war derselbe Raum. Der Chirurg war so erleichtert, dass er mich auf die Wange küsste. Er riss sich die blaue Haube vom Kopf, nahm den Mundschutz ab und sagte: „Jetzt kann ich nach Hause gehen." Ich warf einen verstohlenen Blick nach unten, als er wegging – und da waren die weißen Gummistiefel!*

*Am nächsten Tag sah der Chirurg nach mir; er fragte, ob ich mich an irgendetwas vom vorherigen Abend erinnern könne. Ich sagte ihm, sie hätten Schwierigkeiten mit meinem ständig sinkenden Blutdruck gehabt. Ihm fiel die Kinnlade herunter – ich glaube, das war ein Schock für ihn. Er sagte, der Blutdruck sei tatsächlich abgefallen, es sei Adrenalin gegeben worden, und danach sei alles wieder in Ordnung gewesen. Es hatte Komplikationen gegeben, und die OP hatte länger gedauert als erwartet.*

*Ich weiß ohne jeden Zweifel, dass das Erlebnis echt war, die Uhr, der zeitliche Ablauf, die Kleidung des Chirurgen und das, was ich gesehen habe und was passiert ist.*

Es besteht ein scharfer Kontrast zwischen dieser Erfahrung und denen, die durch elektrische Reize ausgelöst werden. Unter Elektrostimulation wurde Unspezifisches berichtet, das in keinem Zusammenhang mit dem umgebenden Raum stand. So bezog sich zum

Beispiel eine der beschriebenen außerkörperlichen Erfahrungen nicht auf etwas, was sich im Raum abspielte, sondern auf die Frau des Probanden bei ihm zu Hause. Zwar gab es einige vage Ähnlichkeiten zwischen den außerkörperlichen Erfahrungen im Zuge einer Nahtod-Erfahrung und den durch Elektrostimulation ausgelösten Erlebnissen, doch liefert dies nicht den Beweis dafür, dass außerkörperliche Erfahrungen vom Gehirn ausgelöst werden. Die mit diesen Erfahrungen verbunden Hirnregionen können ebenso gut Korrelate sein und nicht die Ursache. Eine ausführlichere Entgegnung auf die oben genannte Forschung finden Sie in dem Artikel von Holden, Long und McClurg.[45] Die außerkörperlichen Erfahrungen, von denen im Rahmen einer Nahtod-Erfahrung berichtet wird, unterscheiden sich erkennbar von den durch elektrische Reizung ausgelösten, was darauf schließen lässt, dass es ein wenig gewagt ist, wenn die Verfasser behaupten: „Diese Beobachtungen zeigen, dass außerkörperliche Erfahrungen und komplexe somatosensorische Illusionen durch elektrische Reizung der Hirnrinde künstlich induziert werden können."[46]

## Die außerkörperliche Erfahrung in der prospektiven Forschung

In der Literatur gibt es Berichte über Patienten, die eine außerkörperliche Erfahrung hatten und danach zutreffende Angaben über Dinge machten, die sie in ihrem Gesichtsfeld im Moment des Notfalls nicht gesehen haben konnten.[47]

Andere Studien versuchten, die Wahrhaftigkeit der außerkörperlichen Erfahrung während einer Nahtod-Erfahrung nachzuweisen.[48] Dazu wurden in der Unfall-Notaufnahme, auf der Intensivstation und auf der kardiologischen Intensivstation Marker-Karten platziert, die nur aus einer außerkörperlichen Perspektive einzusehen waren. Diese Versuche wurden von Dr. Sam Parnia[49] und von mir repliziert. Keine Studie konnte schlüssige Ergebnisse liefern, aber Patient Zehn aus meiner Studie beschrieb das Handeln von Krankenschwester, Arzt und Physiotherapeutin, die bei seiner Notfall-Situation zugegen waren, sehr exakt.[50] Dass sein Bericht zutreffend ist, weiß ich deshalb, weil ich die anwesende Krankenschwester war. Die aktuelle AWARE-Studie[51] führt dasselbe Wahrhaftigkeits-Experiment durch.

## Hypnagoger und hypnopomper Zustand, Träume, REM-Intrusion

Der Zustand beim Einschlafen wird als hypnagog, der beim Aufwachen als hypnopomp bezeichnet. In diesen Phasen können visuelle Bilder auftreten[52] und plötzliche Erkenntnisse „erlangt" werden. Beide Zustände gelten als förderlich für die Einleitung einer außerkörperlichen Erfahrung außerhalb der Todesnähe.[53] Menschen, die so etwas erleben, berichten von einem friedlichen, ruhigen, entspannten, gleichgültigen und distanzierten Gefühl. Betroffene, die von einer außerkörperlichen Erfahrung im hypnagogen Zustand berichten, geben an, sich wie ein passiver Beobachter ohne jedes analytische Denken gefühlt zu haben.

Außerkörperliche Erfahrungen werden häufig als Traum eingestuft, es gibt allerdings klare Unterschiede.[54] REM-Schlafphasen (von rapid eye movement, schnelle Augenbewegungen) treten nach jedem neunzigminütigen Schlafzyklus auf. Sie gehen mit motorischer Lähmung, Muskelanspannung und periodischen Ausbrüchen von Aktivität einher. Die knappe Forschung zu außerkörperlichen Erfahrungen und EEG[55] zeigte Unterschiede zwischen diesen Erlebnissen und dem REM-Schlaf. Auch fehlen bei außerkörperlichen Erfahrungen die für den REM-Schlaf typischen Augenbewegungen. Außerkörperliche Erfahrungen werden klar erinnert, wohingegen die Erinnerung an die REM-Phasen neblig, verworren und sehr schwierig ist. Beim Erwachen erkennen die Betroffenen, dass sie geträumt haben, wohingegen Menschen mit einer außerkörperlichen Erfahrung diese als gesteigerte Realität empfinden. Während Nahtod-Erfahrungen und außerkörperliche Erfahrungen lebensverändernd wirken, lösen Träume keine Veränderungen in Persönlichkeit und Lebensweise aus.

Auch REM-Intrusionen wurden als mögliche Erklärung für Nahtod-Erfahrungen genannt. Dabei handelt es sich um einen Zustand, der während des REM-Schlafes auftritt und sich durch schnelle Augenbewegungen, einen verringerten Muskeltonus und Träume auszeichnet. Gelegentlich kann der REM-Zustand beim Aufwachen oder Einschlafen auftreten. Dann spricht man von einer REM-Intrusion. Diese kann in Form von Halluzinationen in der hypnagogen oder hypnopompen Phase wahrgenommen werden oder sich als Schlafparalyse manifestieren. In letzterem Fall sind die Betroffenen sich der Vorgänge bewusst und fühlen sich hellwach, sind aber nicht in der Lage, sich zu bewegen oder zu sprechen. In den Jahren 2006 und 2007 wurden zwei Artikel veröffentlicht, die zu dem Schluss kommen, dass es eine Beziehung zwischen Nahtod-Erfahrungen und REM-Intrusion gibt. Beide Artikel erschienen in *Neurology*, einer der angesehensten medizinischen Fachzeitschriften über die Erforschung des Nervensystems.[56] Die Veröffentlichung löste ein großes Medien-Echo aus, und es wurde der Eindruck erweckt, Nahtod-Erfahrungen seien diesen neurologischen Prozessen zuzuschreiben. Diese Behauptung wurde jedoch in einer vierunddreißigseitigen Entgegnung widerlegt, die im *Journal of Near-Death Studies* erschien.[57]

Ergänzend möchte ich zu dieser Entgegnung das Folgende aus meiner eigenen Forschung hinzufügen. Die Forscher[58] sprachen von „Kampf oder Flucht" als der normalen psychischen Reaktion auf Gefahr oder ein lebensbedrohliches Ereignis. Die mit „Kampf oder Flucht" verbundenen Nervenbahnen sind dieselben, die auch mit der REM-Intrusion verbunden sind. Die Verfasser argumentierten nun, dass durch ein lebensbedrohliches Ereignis, wie sie ja auch bei Nahtod-Erfahrungen geschildert werden, die mit Angst verbundenen Nervenbahnen, die auch mit REM-Intrusion im Zusammenhang stehen, angeregt werden könnten. Dies würde einen möglichen Zusammenhang zwischen Nahtod-Erfahrungen und REM-Intrusion untermauern. In meiner Studie schien dies nicht der Fall zu sein. Im ersten Jahr befragte ich alle Patienten, die die Einweisung auf die Intensivstation überlebt hatten. Alle befanden sich in einer geschlossenen Intensiv-Umgebung, die Mehrheit außerdem in einer lebensbedrohlichen Situation. Selbst diejenigen, die nicht in Todesnähe waren, lagen doch in Hörweite von Wiederbelebungsmaßnahmen und der Behandlung von Patienten im kritischen Stadium in anderen Bettenbereichen in ihrer Nähe. Ich habe miterlebt, dass Patienten durch das, was sie gehört oder einen kurzen Moment mitangesehen hatten, so sehr verängstigt wurden, dass sie versucht haben, aus dem Bett zu springen und wegzulaufen. Die Mehrheit der im ersten Studienjahr befragten Patienten kannte solche Situationen, doch weniger als ein Prozent gaben an, eine Nahtod-Erfahrung gehabt zu haben. Wären Nahtod-Erfahrungen auf REM-Intrusion zurückzuführen, dann würde ich eine höhere Anzahl von Berichten erwarten.

## Der Lebensrückblick als Rückerinnerungsprozess der Psyche

Mit zunehmendem Lebensalter werden Rückerinnerungen häufiger.[59] Sich die Vergangenheit noch einmal vor Augen zu führen und zu beurteilen, kann den Betroffenen das beruhigende Gefühl eines gelungenen Lebens vermitteln, es fördert Weisheit und verbessert das Verständnis; es gibt daher dem Leben Sinn und hilft, sich auf den Tod vorzubereiten.[60] Der Lebensrückblick ist allem Anschein nach eine beschleunigte Form der Rückerinnerung und ein wichtiger psychischer Prozess.

Bergsteiger, die einen beinahe tödlichen Absturz überlebt haben, berichteten von Gefühlen der Ruhe, des Friedens, der Klarheit und gaben an, im Fallen sei ihr Leben noch einmal vor ihrem geistigen Auge vorübergezogen.[61] Diese Bergsteiger befanden sich im betreffenden Moment nicht im Sterbeprozess, aber der Tod war sehr konkret im Bereich des Möglichen. Anscheinend wird die Rückerinnerung angesichts unerwarteter Todesnähe-Situationen stark beschleunigt. Unklar ist allerdings, warum es nötig ist, aus unserem früheren Verhalten zu lernen, wenn das Bewusstsein mit dem Tod des physischen Körpers enden sollte. Tatsächlich hat eine systematische Durchsicht von Nahtod-Erfahrungen mit Lebensrückblick ergeben, dass dieser nur dann einen Sinn ergibt, wenn man annimmt, dass das Leben danach in irgendeiner Form weitergeht, da er weitreichende Konsequenzen hat.[62]

## Psychische Abwehr-Mechanismen

Nahtod-Erfahrungen und außerkörperliche Erfahrungen wurden mit den psychischen Syndromen Derealisation, Dissoziation und Depersonalisation verglichen. Derealisation ist eine verfremdete Wahrnehmung der Umwelt, die als traumähnlich und nicht real beschrieben wird. Dissoziation wird als strukturierte Abtrennung mentaler Prozesse von der Umgebung der Betroffenen sowie in extremen Fällen als Ablösung von körperlichen und emotionalen Erfahrungen definiert.[63] Eine lebensbedrohliche oder angsteinflößende Situation kann dieses Syndrom, das sich nachweislich in der Kindheit entwickelt, auslösen.[64] Häufig tritt es auch bei Menschen auf, die zuvor großen Belastungen ausgesetzt waren.[65] Körperlicher Schmerz oder Angst werden dann nicht wahrgenommen, weil die Betroffenen sich in eine andere Realität dissoziiert haben, in der sie sich nicht mit ihrem Körper verbinden. Zwar neigen manche Nahtod-Erfahrenen zur Dissoziation, aber sie sind nicht pathologisch.[66]

Zu den Merkmalen der Depersonalisation oder Störung des Ich-Erlebens gehören ein Gefühl der Distanziertheit und der Unwirklichkeit, eine veränderte Selbst-Wahrnehmung[67] sowie erhöhte Wachsamkeit.[68] Das funktionierende und das beobachtende Ich werden als voneinander getrennt erlebt,[69] aber die Betroffenen haben nicht unbedingt das Gefühl, sich „außerhalb ihres Körpers"[70] zu befinden; außerdem kann Benommenheit auftreten. Das Erlebnis hat etwas Traumähnliches, und eine Grenze zwischen dem beobachtenden und dem funktionierenden Ich ist oft kennzeichnend für eine Depersonalisation.

## Halluzinationen

Viele Patienten, die auf die Intensivstation kommen, halluzinieren oder entwickeln eine Intensivstations-Psychose. Die Hauptgründe sind Schlafentzug, vermehrte Sinneseindrücke, Verlust des Tag-Nacht-Rhythmus, der Geräuschpegel und die Gespräche des Personals, ausgedehnter Aufenthalt in beleuchteter Umgebung, konstantes „weißes Rauschen" und die verabreichten Medikamente.[71]

Die Patienten berichten von lebhaften angsteinflößenden Bildern und grotesken, traumähnlichen Erlebnissen. Selbst wenn sie zusammenhängend sprechen und angemessen reagieren, stellt sich später doch heraus, dass sie in dem Moment halluziniert haben.[72] Halluzinationen sind willkürlich, und im Nachhinein können die Patienten rational erkennen, dass sie halluziniert haben, wohingegen Nahtod-Erfahrungen strukturiert sind, einem Muster folgen und die Patienten im Nachhinein ausdrücklich darauf beharren, dass sie echt sind.

Keith Augustine führt sehr interessante und wichtige Argumente dafür an, dass außerkörperliche Erfahrungen halluziniert werden.[73] Gegenargumente wurden vorgebracht. Interessierten Leserinnen und Lesern, die die Argumente und Gegenargumente genauer verfolgen wollen, empfehle ich die Lektüre der Sommer-, Herbst- und Winterausgabe des *Journal of Near-Death Studies* 2007.

## Wunschdenken/Erwartung

Da die meisten Nahtod-Erfahrungen angenehm sind, ist es logisch, daraus abzuleiten, dass es sich um Wunschdenken oder unsere Erwartungen handeln könnte, was bei unserem Tod geschieht. Die meisten Nahtod-Erfahrungen treten in unerwarteten Situationen ein, und die Betroffenen kommen gar nicht dazu, über das Geschehen nachzudenken, geschweige denn in einer Zeit, in der ihr Gehirn einem schweren Angriff ausgesetzt ist, eine ausgeklügelte Szenerie zu konstruieren. Viele Nahtod-Erfahrungen werden unter der Geburt oder bei Komplikationen während einer Geburt gemacht – dabei ist der Tod doch sicher das Letzte, was einer werdenden Mutter vor Augen steht. In meiner Studie konnte ich nicht feststellen, dass Nahtod-Erfahrungen die Erfüllung eines Wunsches gewesen wären – hierüber wird im nächsten Kapitel noch näher zu sprechen sein.

Es wurde behauptet, Nahtod-Erfahrungen seien sehr fantasieanfällig.[74] Professor Bruce Greyson widerspricht dem jedoch und hebt hervor, dass es keinerlei Beweise dafür gibt.[75] Möglicherweise erzielen Nahtod-Erfahrene bei Standard-Messungen der Fantasieanfälligkeit höhere Werte als Menschen, die keine Nahtod-Erfahrung hatten, aber diese Werte reichen nicht einmal annähernd aus, um die Betroffenen als besonders zu Fantasien neigende Persönlichkeiten einzustufen.

Obwohl Nahtod-Erfahrungen in den Medien ein beliebtes Thema sind, bleibt festzustellen, dass sich die inhaltlichen Angaben dazu vor und nach der Veröffentlichung von Raymond Moodys Buch im Jahr 1975 nicht verändert haben. Berichte aus den Jahren nach 1975 waren nicht ausgeschmückt oder anders als die aus den Jahren davor.[76]

Es ist offensichtlich, dass die materialistischen Theorien die große Bandbreite der Komplexitäten von Nahtod-Erfahrungen nicht erklären können. Auch nach über dreißig Jahren Forschung über das Phänomen der Nahtod-Erfahrungen liefert nicht eine dieser vorgebrachten Theorien eine geeignete Erklärung. Es gibt Hunderte von Fällen, die anekdotisch berichtet, aber nie ernst genommen worden sind, da man annahm, sie seien mit den oben erwähnten Theorien zu erklären. Eine weitere gern vorgebrachte Kritik lautet, die Forschungsteams berichteten Unzutreffendes. Um diese Behauptung zu rechtfertigen, bedürfte es allerdings einer großen Verschwörung von medizinischem Personal, Pflegekräften, Patienten und Forschern; und heute, da diese Forschung in klinischen Bereichen betrieben wird, ist sie nicht mehr ganz so einfach von der Hand zu weisen.

Können diese Erfahrungen also in klinischer Umgebung untersucht werden? Stützen die Daten aus prospektiven Studien die materialistische Argumentation, Bewusstsein sei ein Nebenprodukt der Gehirnaktivität? Das nächste Kapitel stellt die Ergebnisse meiner fünfjährigen Studie in Kurzfassung vor.

# Sieben

# Fünfjährige prospektive Studie zu Nahtod-Erfahrungen

1997 erhielt ich die Genehmigung der hiesigen Forschungsethik-Kommission für ein fünfjähriges Forschungsprojekt zur Untersuchung von Nahtod-Erfahrungen auf der Intensivstation, auf der ich arbeitete. Die vorausgehende Erstellung des Forschungsprotokolls, also des Aktionsplans, nahm etwa achtzehn Monate in Anspruch. Darüber hinaus erhielt ich von der Pflegedienstleitung sowie von allen Oberärzten im Krankenhaus (mit Ausnahme von dreien in der Neurochirurgie) die Erlaubnis, ihre Patienten zu befragen. Alle Patienten wurden eingeladen, an der Forschung mitzuwirken, und ihre schriftliche Zustimmung wurde eingeholt. Namen wurden nicht verwendet, sondern jeder Patient durch eine Zahl kodiert.

Es gab keine Freistellung oder finanzielle Unterstützung für die Studie: Sie wurde vollständig mit eigenem Zeitaufwand und aus eigenen Mitteln bestritten. Ich hatte jedoch das Glück und werde immer sehr dankbar dafür sein, dass die Lifebridge Foundation in New York in den acht Jahren, die die Fertigstellung meiner Dissertation beanspruchte, meine Studiengebühren übernommen hat. Zwar habe ich mich auch an viele Fördereinrichtungen in Großbritannien gewandt, aber keine wollte diese Forschung unterstützen.

Was folgt, ist lediglich eine kurze Zusammenfassung der Studie, die ich durchgeführt habe; die vollständige Beschreibung ist in meinem vorangegangenen Buch nachzulesen.[1]

## Die Studie

Nach sorgfältiger Durchsicht der vor Beginn meiner Studie verfügbaren Literatur wollte ich verschiedene Aspekte näher untersuchen und außerdem frühere Forschungen ergänzen. Zehn ganz bestimmte Forschungsfragen wollte ich ansprechen, darunter wie häufig Nahtod-Erfahrungen sind, ob sie mit anomalen Blutwerten zu erklären sind, ob sie durch die verabreichten Medikamente ausgelöst werden, ob es sich dabei um Wunschdenken oder Halluzinationen handelt und ob Nahtod-Erfahrungen nur bei Herzstillstand auftreten. Eine Komponente der Nahtod-Erfahrung war wahrscheinlich verifizierbar, nämlich die außerkörperliche Erfahrung.

## Ist die außerkörperliche Erfahrung verifizierbar?

Zur Untersuchung, ob die Komponente außerkörperliche Erfahrung wahrhaftig war, entschloss ich mich, frühere Forschungen zu replizieren, die in den 1980er Jahren von Professor Janice Holden[2] und später von Dr. Madeleine Lawrence[3] unternommen worden waren. Dazu brachte ich willkürlich ausgewählte Symbole auf Neonpapier an, das die Aufmerksamkeit auf sich ziehen sollte. Diese Symbole wurden laminiert und an der Oberseite des Herzmonitors angebracht, der neben jedem Bett steht. Die Monitore befinden sich in einer Höhe von gut zwei Metern über dem Boden. Um jedes Symbol wurde eine Leiste angebracht, damit sichergestellt war, dass es nur bei einer außerkörperlichen Erfahrung einzusehen wäre.

### Die Pilotstudie

Die Pilotstudie wurde im Sommer 1997 durchgeführt. Sie war eine große Hilfe, da ich dadurch erkannte, was ich im Planungsprozess übersehen hatte, und entsprechende Verbesserungen am Verfahren vornehmen konnte. Im Laufe der Pilotstudie stellte ich fest, dass meine Kolleginnen und Kollegen sehr neugierig auf die Symbole waren; in meiner Abwesenheit waren einige sogar auf eine Leiter gestiegen, um sie zu sehen! Daraufhin wurden die Symbole allen gezeigt, die auf den entsprechenden Stationen Dienst taten, und durch neue ersetzt. Es wurde allen noch einmal deutlich erklärt, wie wichtig es war, dass sie die Symbole nicht kannten; denn wenn sie versehentlich am Bett über die Symbole sprächen, könnte das die gesamte Forschung entwerten. Bis die formelle Forschung begann, konnte ich feststellen, dass sich die Neugier meiner Kolleginnen auf die Symbole gelegt hatte.

### Die Studie beginnt

Im ersten Jahr befragte ich jeden Patienten, der auf die Intensivstation kam, ganz gleich, wie nah er oder sie dem Tode gewesen war. Damit sollte festgestellt werden, wie häufig und mit welchen medizinischen Zuständen Nahtod-Erfahrungen überwiegend verbunden sind. Außerdem wollte ich so verhindern, dass ich eine Nahtod-Erfahrung verpasste, weil nicht aus eigenem Antrieb darüber berichtet worden war. Durch eine Befragung aller Patienten ließ sich auch leichter ermitteln, ob Nahtod-Erfahrungen durch psychische Abwehrmechanismen ausgelöst werden könnten, etwa wenn die Patienten sich für kränker halten, als sie tatsächlich sind.

Wenn ich die Patienten ansprach, fragte ich einfach: „Erinnern Sie sich an irgendetwas aus der Zeit, als Sie bewusstlos waren?" Die Forschung wurde erklärt und die Patienten wurden eingeladen, sich daran zu beteiligen. Ihre schriftliche Zustimmung wurde eingeholt und ihr Fall mit einer Zahl kodiert. Die meisten Patienten erinnerten nichts, wenn aber doch, wurden sie weiter befragt. Dazu wurden die *Greyson Nahtod-Erfahrungsskala* sowie ein vertiefender, semistrukturierter Fragebogen verwendet.

Nach Ablauf des ersten Jahres war ich erschöpft und konnte die Praxis, jeden Patienten zu befragen, nur unter Schwierigkeiten aufrechterhalten. Alle Patienten wurden in meiner Freizeit noch einmal befragt, das heißt, ich musste früher zur Arbeit kommen, nach dem Ende meiner Schicht noch länger bleiben und selbst an meinen freien Tagen anwesend sein, um Patienten zu befragen, die auf die Station entlassen wurden, wenn ich nicht im Dienst war. Ich verbrachte mehr Zeit bei der Arbeit als zu Hause, daher wurde mir klar, dass ich die Forschungsmethode verändern musste, da ich ein solches Maß an Engagement nicht weitere vier Jahre durchgehalten hätte.

Während der darauffolgenden vier Jahre wollte ich deshalb nur noch Patienten befragen, die einen Herzstillstand überlebt hatten, sowie außerdem alle, die im Zusammenhang mit einem anderen medizinischen Leiden aus eigenem Antrieb von einer Nahtod-Erfahrung berichteten. Darüber hinaus blieb mir nichts anderes übrig, als meine Wochenarbeitszeit als Krankenschwester zu reduzieren; ich arbeitete daher nur noch Teilzeit, um mehr Zeit für die Forschung zu haben.

Nach dem ersten Jahr hatte ich zweihundertdreiundvierzig Patienten befragt, aber nur zwei berichteten von einer Nahtod- (0,8 Prozent) und zwei weitere von einer außerkörperlichen Erfahrung (0,8 Prozent). Tatsächlich hatte ich mit sehr viel mehr Patienten gesprochen, doch einige waren aus verschiedenen Gründen für die Aufnahme in die Studie nicht geeignet, sei es weil sie verwirrt waren oder weil ihr medizinischer Zustand sich drastisch verschlechterte und so weiter. Ich hatte nicht erwartet, viele Berichte über Nahtod-Erfahrungen zu erhalten, da nicht viele der befragten Patienten dem Tode nahe gekommen waren.

Interessant fand ich allerdings den Vergleich dieser Stichprobe mit den Patienten, die einen Herzstillstand erlitten hatten. Bei der Befragung der Überlebenden eines Herzstillstands in den darauffolgenden vier Jahren stellte ich fest, dass trotz wesentlich kleinerer Stichprobe ein wesentlich höherer Prozentsatz an Nahtod-Erfahrungen auftrat. Am Ende der fünf Jahre hatten von neununddreißig Überlebenden eines Herzstillstands sieben (17,9 Prozent) von einer Nahtod-Erfahrung berichtet.

In der Zeit, als ich mich ausschließlich auf Herzstillstands-Patienten konzentrierte, berichteten auch einige Patienten mit anderen Erkrankungen, bei denen kein Herzstillstand eingetreten war, aus eigenem Antrieb von einer Nahtod-Erfahrung. Insgesamt gaben in den fünf Jahren fünfzehn Patienten an, eine Nahtod-Erfahrung gemacht zu haben, außerdem wurde acht Mal von einer außerkörperlichen Erfahrung berichtet.

Die am häufigsten genannte Komponente einer Nahtod-Erfahrung war die Begegnung mit verstorbenen Verwandten: Elf von fünfzehn Patienten berichteten davon. Weitere vorherrschende Elemente waren der Eintritt in eine andere Welt, der Anblick eines hellen Lichts, Gefühle der Freude, des Friedens und der Ruhe, Zeitverzerrung, hellwache Sinne, ins Leben zurückgeschickt werden, der Anblick eines Lichtwesens und die Ankunft an einer Grenze. Interessanterweise berichtete kein Patient von einem vollständigen, panoramaartigen Lebensrückblick und ebenfalls keiner von Zukunftsvisionen.

Zwei Patienten sprachen von einer belastenden Nahtod-Erfahrung, davon entsprach eine dem üblichen Typus, wurde aber als belastend interpretiert; die andere war ein höllisches Erlebnis. In der Zeit ihrer Bewusstlosigkeit, während des Herzstillstands, glaubte Patientin Vier, sie schaue in die Hölle, und wurde durch die Erinnerung daran traumatisiert.

### Ein interessanter Fall

Fünfzehn Nahtod-Erfahrungen mit vielen interessanten Aspekten wurden mir gemeldet. Patient Zehn hatte jedoch die tiefste Erfahrung in dieser Studie – eine Nahtod-Erfahrung mit vielen bemerkenswerten Komponenten. Eine vollständige Untersuchung dieses Falles finden Sie in dem sechzehnseitigen Artikel von Sartori, Badham und Fenwick.[4] Das Erlebnis trat nicht während eines Herzstillstands, sondern in einer Phase tiefer Bewusstlosigkeit ein, in der er weder auf verbale noch auf schmerzhafte Reize reagierte. Dieser Fall ist absolut einzigartig, tatsächlich war ich an jenem Tag die ihm zugewiesene Krankenschwester und daher in der Zeit, in der sich der ganze Geschehensablauf abspielte, anwesend.

Der Patient erholte sich gut von einer kritischen Erkrankung und wurde zum Zeitpunkt seiner Erfahrung noch beatmet. Nachdem wir den Patienten in den Sessel neben dem Bett gesetzt hatten, verschlechterte sich sein Zustand rapide, und er verlor sehr schnell das Bewusstsein. Im Sommer 2013 befragte ich Patient Zehn erneut, um herauszufinden, ob seine Nahtod-Erfahrung zu großen Veränderungen in seinem Leben geführt hat. Der Vorfall hatte sich im November 1999 ereignet, doch obwohl seither über dreizehn Jahre vergangen waren, stand er dem Patienten immer noch lebhaft vor Augen, wie der folgende Bericht zeigt:

*Oh ja, ich erinnere mich noch daran. Es ist noch genauso klar; es steht mir lebhaft vor Augen. Das Erste, woran ich mich erinnere, ist, dass ich in dem Sessel saß. Als Nächstes schwebte ich nach oben unter die Zimmerdecke. Ich schaute herunter und konnte meinen Körper auf dem Bett sehen. Es war schön, so friedlich und überhaupt keine Schmerzen. Alle meine Schmerzen waren weg.*

*Ich ging in den rosafarbenen Raum und sah meinen Vater neben einem Mann stehen. Ich habe gesagt, es hätte Jesus sein können, aber woher sollte ich das wissen, ich hatte ja Jesus noch nie gesehen. Aber sein Haar war strubbelig, wissen Sie, als wenn es mal wieder gekämmt werden müsste. Er hatte allerdings hübsche Augen; ich erinnere mich, dass ich ihm in die Augen geschaut habe. Ich weiß, dass mein Vater etwas gesagt hat, aber nicht mit dem Mund, dennoch haben wir miteinander gesprochen; es ist schwer zu erklären.*

*Dann spürte ich, dass jemand mein Auge berührt hat. Ich schaute nach unten, sah meinen Körper und den Arzt und konnte Sie sehen, Penny. Der Arzt hat irgendetwas wegen meines Auges gesagt. Danach haben Sie mir dann dieses rosa Lutscherding in den Mund geschoben, um ihn zu reinigen. Auch die andere junge Frau war da; sie hat sich außerhalb des Vorhangs versteckt; sie hat sich Sorgen um mich gemacht und immer wieder nachgesehen, wie es mir geht.*

*Dann hörte ich, wie jemand sagte: „Er muss wieder gehen." Der Jesus-Mann hat es gesagt. Aber ich wollte dort bleiben, es war so schön. Mir gefiel es dort. Dann bin ich rückwärts geschwebt und wieder in meinen Körper gekommen. Ach, der Schmerz war schrecklich, als ich wieder in meinen Körper kam, es war fürchterlich. Ich werde das nie vergessen; es war alles so klar. Wenn ich die Augen schließe, sehe ich alles wieder vor mir, obwohl es doch viele Jahre her ist. Ich habe das, was Sie auf dem Regal versteckt haben, nicht gesehen – nur das, was mit meinem Körper und um das Bett herum passiert ist.*

*Es war ganz klar, nicht wie die Halluzinationen, die ich unter dem Morphium hatte. Diese Halluzinationen waren schrecklich; ich kann mich heute nicht mehr so deutlich an sie erinnern, aber ich weiß noch, dass das Zimmer sich gedreht hat, Spinnen an den Wänden auf und ab krabbelten und es sich so anfühlte, als setze sich das Bett in Bewegung und dringe durch die Wände. Nein, die Todeserfahrung war ganz anders als das.*

Es gab einige unbedeutende Aspekte, die Patient Zehn vergessen hatte, zum Beispiel den Namen der Physiotherapeutin, doch die Nahtod-Erfahrung war offensichtlich immer noch so, wie er sie beim ersten Mal geschildert hatte. Sie hatte anhaltende Wirkung auf Patient Zehn und hat ihm geholfen, mit schwierigen Situationen fertig zu werden, zum Beispiel mit dem Tod seiner Frau.

*Oh, die Erfahrung hatte große Auswirkungen auf mein Leben. Ich glaube an Gott, und ich mache mir definitiv keine Gedanken über den Tod. Wenn der Arzt mir sagen würde, ich müsse morgen sterben, dann würde ich mich gelassen zurücklehnen und mich darauf freuen. Ich will damit nicht sagen, dass ich sterben will, aber ich will sagen, dass ich keine Angst habe, wenn ich gehe. Ich sage allen, die mir über den Weg laufen, dass sie keine Angst vor dem Sterben zu haben brauchen.*

*Als meine Frau vor ein paar Jahren starb – ich glaube, wenn ich diese Erfahrung nicht gehabt hätte, dann hätte ich einfach mit ihr sterben wollen. Vor meiner Erfahrung habe ich mir ein Leben ohne sie nie vorstellen können. Als sie im Sterben lag, habe ich sie im Pflegeheim besucht; sie öffnete die Augen und sagte: „Danke, dass du mich besuchen kommst; ich gehe jetzt gleich mit meiner Mutter weg." Kurz danach ist sie gestorben, und ich weiß, dass sie jetzt glücklich und bei ihrer Mutter ist. Natürlich habe ich geweint, als sie gestorben ist, aber ich weiß einfach, dass sie da, wo sie jetzt ist, glücklich ist.*

Der interessanteste Aspekt an diesem Fall war für mich, dass sich ein Geburtsfehler nach der Nahtod-Erfahrung offensichtlich spontan zurückgebildet hat. Patient Zehn hatte *Infantile Zerebralparese*, daher war seine rechte Hand seit der Geburt ständig geschlossen. Dies wurde von seiner Schwester bestätigt, die eine entsprechende schriftliche Aussage unterzeichnet hat.

Als ich ihn nach Auswirkungen fragte, verstand er meine Frage falsch und öffnete seine Hand. Zunächst habe ich die Bedeutung dessen gar nicht verstanden, bis ich dann mit den Physiotherapeuten und den Ärzten darüber sprach. Physiologisch sollte er dazu gar nicht in der Lage sein, weil die Sehnen sich in einer dauerhaft kontrahierten Position befinden. Bis jetzt gibt es keinen bekannten Mechanismus, der diesen Aspekt erklären könnte. Hätte er meine Frage nicht falsch verstanden, wäre dieser Aspekt höchstwahrscheinlich übersehen worden, da ich ihn im Rahmen meiner Untersuchungen gar nicht erwartet hatte. Als ich Patient Zehn im Jahr 2013 erneut befragte, war ich neugierig, ob er seine Hand wohl immer noch würde öffnen können.

*Ja, meine Hand lässt sich immer noch öffnen, aber seit etwa einem Jahr nicht mehr ganz so weit. Geld kann ich jetzt nicht mehr vom Tisch aufheben. Notizblätter und Stifte kann ich greifen, aber seit etwa einem Jahr geht es nicht mehr ganz so leicht. Bei kalter Witterung wird es schlimmer, und ich glaube, ich habe jetzt Arthritis in der Hand. Aber doch, öffnen kann ich sie noch.*

Dieser Fall war höchst interessant, da der Patient den Arzt, der ihn untersuchte, zutreffend identifiziert und auch das Verhalten der Krankenschwester und der Physiotherapeutin während seiner Bewusstlosigkeit korrekt beschrieben hat. Alles, was er sagte, hatte sich wirklich so zugetragen, und er schilderte es ganz exakt – ich weiß dies, weil ich die gesamte Zeit über dabei war. Doch erst als er das Bewusstsein wiedererlangt hatte, wurde mir klar, dass er eine Nahtod-Erfahrung und gleichzeitig eine außerkörperliche Erfahrung gehabt hatte.

### Andere interessante Fälle

In einer Nachtschicht besuchten meine Kolleginnen und ich einen Patienten, der eine Sterbebett-Vision hatte, als sich sein Zustand verschlechterte. Alle, die dabei waren, bemerkten, wie glücklich der Patient wirkte. Seine Familie hatte von meiner Forschung gehört, daher wollten sie sich am nächsten Tag mit mir unterhalten; denn bei ihrem Besuch am darauffolgenden Morgen hatte er ihnen erzählt, in der Nacht seien nicht nur seine verstorbene Mutter und Großmutter zu ihm gekommen, sondern interessanterweise hatte er auch davon gesprochen, er habe seine Schwester gesehen. Ohne sein Wissen war seine Schwester tatsächlich vor einer Woche gestorben, aber seine Familie hatte es ihm nicht gesagt, um ihm auf dem Weg der Genesung nicht zu schaden. In den Tagen bis zu seinem Tod hatte er noch mehrere Erscheinungen seiner verstorbenen Familienmitglieder, und jedes Mal wirkte er dabei sehr glücklich.

Ein weiterer interessanter Fall wurde mir von einer Angehörigen eines Patienten berichtet, der zu Hause einen Herzstillstand erlitten hatte. Zu einem Zeitpunkt, der mit dem Herzstillstand zusammenfiel, war der Patient seiner Mutter erschienen, die an einem fünfundsechzig Kilometer entfernten Ort im Krankenhaus lag. Sie schilderte einen „lustigen Traum", in dem ihr Sohn an ihrem Bett erschien, ganz in Weiß gekleidet und umgeben von einem hellen Licht. Er unterhielt sich mit ihr und erklärte, es gehe ihm nicht gut. Sie hatte den Eindruck, er sei gekommen, um sich zu verabschieden. Von ähnlichen Fällen wird auch an anderer Stelle in der Literatur berichtet.[5]

Nach seiner Nahtod-Erfahrung, die in einer Phase tiefer Bewusstlosigkeit eingetreten war, kommunizierte Patient Elf mit einem toten Angehörigen, der ihm eine Nachricht für einen seiner lebenden Verwandten mitgab. Als Patient Elf das Bewusstsein wiedererlangt hatte, gab er seinem lebenden Angehörigen die Nachricht weiter, der sehr erstaunt darüber war, woher Patient Elf das wusste. In einer Zeit tiefer Bewusstlosigkeit hatte dieser Mann Kenntnis von etwas erlangt, das ihm davor nicht bewusst gewesen war – wie war dies möglich? Nach der gängigen Erklärung, wonach Bewusstsein ein Nebenprodukt des Gehirns ist, sollte so etwas nicht möglich sein. Dennoch wurde es in einer prospektiven Studie eindeutig erfasst.

## Die Verifizierung der außerkörperlichen Erfahrung

Im Laufe der fünf Jahre wurde acht Mal von Erlebnissen vom Typus einer außerkörperlichen Erfahrung berichtet. Kein Patient gab jedoch an, das versteckte Symbol gesehen zu haben. Einige Patienten erhoben sich nicht weit genug aus ihrem Körper, andere begaben sich an den Symbolen gegenüberliegenden Stellen im Raum, und zwei Patienten waren so sehr damit beschäftigt, was mit ihrem

Körper vor sich ging, dass sie nicht nach versteckten Symbolen auf dem Herzmonitor schauten! Ein Patient war so sehr von seinem Erlebnis überzeugt, dass er mir sagte, hätte er gewusst, dass irgendwo ein Symbol versteckt war, hätte er es sich angeschaut und mir gesagt, was es war.

Interessanterweise berichtete eine Patientin von einer außerkörperlichen Erfahrung, bei der sie exakt beschrieb, was im Operationssaal vor sich gegangen war. Allerdings gab sie auch an, an ihrem Krankenhaus-Nachthemd habe ein Schmuckstück gesteckt, was nicht zutraf. Im Operationssaal ist keinerlei Schmuck erlaubt, und die Einhaltung dieser Vorschrift wird streng kontrolliert. Diese Patientin wurde außerdem nach ihrer Operation ein paar Tage lang sediert und erlebte in dieser Zeit auch Halluzinationen, daher ist nicht auszuschließen, dass die Medikamente ihr Erlebnis oder die Erinnerung daran beeinflusst haben.

Da diese Forschung im Krankenhaus betrieben wurde, war eine sorgfältige Untersuchung jeder Nahtod-Erfahrung und jeder außerkörperlichen Erfahrung möglich. Eine Dame (Patientin Fünfundfünfzig) berichtete von einem Erlebnis, das eher einer autoskopischen Erfahrung[6] ähnelte. Die nähere Untersuchung ergab, dass ihr Bericht eine leicht verwirrende Erfahrung in der Erholungsphase nach der Anästhesie wiedergab. Während sie das Bewusstsein wiedererlangte, legte sich ihr Verstand aus den rudimentären visuellen und taktilen Reizen ein Modell zurecht. Sie konnte einige Instrumente sehen und spüren, die in diesem Moment zu ihrer Behandlung benutzt wurden. Weitere Komponenten einer Nahtod-Erfahrung wurden nicht genannt.

### Kontrollgruppe außerkörperliche Erfahrung

In einer älteren Forschungsarbeit wurde eine Kontrollgruppe mit Herzpatienten, die sich mit den Vorgängen in einem Krankenhaus auskannten, genutzt, um zu untersuchen, ob die außerkörperliche Erfahrung ein imaginäres Erlebnis oder ein Denkmodell ist, das sich die Patienten aus dem, was sie um sich herum hören, zurechtlegen.[7] In jener Studie sollten die Patienten erraten, was wohl zu ihrer Wiederbelebung unternommen werden würde, und es stellte sich heraus, dass alle Vermutungen falsch waren. Kritik daran kam von Dr. Susan Blackmore,[8] die berechtigterweise darauf hinwies, dass nicht alle Patienten einen Herzstillstand erlitten hatten. Aufbauend auf diesen Arbeiten bat ich im Rahmen meiner Forschungsarbeit alle Patienten, die einen Herzstillstand erlitten, aber nicht von einer außerkörperlichen Erfahrung berichtet hatten, zu erraten, was mit ihnen gemacht worden war.

Die meisten Patienten hatten keine Ahnung, wie sie reanimiert worden waren. Die wenigen Patienten in meiner Kontrollgruppe, die tatsächlich erraten konnten, was zu ihrer Wiederbelebung unternommen worden war, machten Fehler. Einige nahmen an, ein Defibrillator sei zum Einsatz gekommen, wo sie tatsächlich nur eine Herz-Lungen-Reanimation und Medikamente erhalten hatten. Die wenigen Patienten, bei denen tatsächlich eine Defibrillation durchgeführt worden war, konnten nicht die korrekte Position der Paddles am Körper angeben. Wäre die außerkörperliche Erfahrung eine Schöpfung des Gehirns als eine Reaktion auf die Vorgänge, die die Patienten zum fraglichen Zeitpunkt hören und an sich spüren konnten, dann hätte ich erwartet, dass auch die Kontrollgruppe zutreffend berichten könnte, welche Maßnahmen bei ihrer Reanimation tatsächlich durchgeführt worden waren.

## Die Qualität der außerkörperlichen Erfahrung

Bei der Interpretation von Berichten über eine außerkörperliche Erfahrung ist Vorsicht geboten. Zwar gab es bei meiner Studie acht außerkörperliche Erfahrungen, aber diese waren nicht von derselben Qualität wie die in der Literatur beschriebenen. Das soll nicht heißen, dass die Berichte in der Literatur etwa ausgeschmückt wären, aber es macht deutlich, dass für gewöhnlich nur außerkörperliche Erfahrungen von ausreichender Qualität und auffälliger Wirkung gemeldet werden. Durch die prospektive Untersuchung dieses Phänomens erhalten wir wesentlich genauere Angaben darüber, wie häufig außerkörperliche Erfahrungen sind und mit welch unterschiedlicher Qualität sie auftreten.

Das oben Gesagte erhellt zugleich die Schwierigkeiten, auf die man bei der Untersuchung von außerkörperlichen Erfahrungen stößt. Allem Anschein nach sind außerkörperliche Erfahrungen von guter Qualität, bei denen die Patienten eindeutig berichten, außerhalb ihres Körpers gewesen zu sein und die Notfall-Situation beobachtet zu haben, sehr selten. Wie ich festgestellt habe, sind sogar diejenigen, die eine außerkörperliche Erfahrung von guter Qualität haben, so sehr damit beschäftigt, was mit ihrem Körper geschieht, dass sie nicht an der Oberseite von Monitoren nach versteckten Symbolen suchen.

Andererseits ist nicht auszuschließen, dass diese Art der Forschung positive Resultate erbringt, weil durchaus von Fällen berichtet wird, in denen Patienten außerhalb ihres Körpers waren und die Kurven und Zahlen auf dem Bildschirm des Herzmonitors erkennen konnten.[9] Ich habe einen Brief von einer Dame erhalten, die selbst Krankenschwester war und vor vielen Jahren eine Nahtod-Erfahrung gehabt hat. Darin berichtet sie mir, im außerkörperlichen Zustand sei sie vor den Herzmonitor „geschwebt", aber es sei ihr nicht gelungen, irgendetwas auf dem Bildschirm zu entziffern.

Daher sollte man sich bei dieser Art der Forschung – und insbesondere beim gerade laufenden AWARE-Projekt – unbedingt vor Augen halten, dass ein Nichterkennen der Symbole nicht unbedingt heißt, dass die außerkörperliche Erfahrung nicht zu verifizieren ist. Es könnte lediglich sein, dass die Qualität der wiedergegebenen außerkörperlichen Erfahrung nicht dem entspricht, was erforderlich wäre, um die Symbole zu entdecken. Das heißt, die Patienten müssen hoch genug über ihren Körper aufsteigen, sich am Anbringungsort des Symbols befinden und die Geistesgegenwart besitzen, auch anderes anzusehen und nicht nur ihren Körper. Das sind hohe, mit sehr viel Zeit und Geduld verbundene, vielleicht aber erreichbare Anforderungen – oder auch nicht. Die Zeit wird es zeigen. Wird die Forschung aber nicht durchgeführt, werden wir es nie erfahren, und natürlich wird uns diese Unterlassung von vielen Seiten Kritik eintragen, da bin ich mir sicher.

Auf eines ist noch hinzuweisen: Einige Patienten, die von außerkörperlichen Erfahrungen berichtet haben, wurden nach ihrer Notfall-Situation eine Zeit lang sediert. Es ist nicht auszuschließen, dass die Sedierung die Erinnerung an das Erlebnis in gewisser Weise beeinflusst hat. Dies haben auch andere Forscher festgestellt.[10] Weiter unten werde ich noch näher darauf eingehen, dass Medikamente und Drogen zu verworrenen Erlebnissen beitragen können, die in einem deutlichen Gegensatz zu den klaren, luziden, gut strukturierten Nahtod-Erfahrungen stehen.

### Sind Nahtod-Erfahrungen Wunschdenken?

Es erscheint unwahrscheinlich, dass Nahtod-Erfahrungen auf Wunschdenken zurückzuführen sind. Zwei Patienten haben von belastenden Nahtod-Erfahrungen berichtet. Die erste war eine Nahtod-Erfahrung klassischen Typs, wurde allerdings auf belastende Weise interpretiert. Der zweite Fall war ein höllisches Erlebnis, und die Erinnerung daran war für den Patienten so entsetzlich, dass ich die Befragung abbrechen musste. Solche Erfahrungen sind wohl kaum das Resultat von Wunschdenken. Außerdem sind einige Patienten verstorbenen Verwandten begegnet, die sie gar nicht erwartet hatten, andere erfuhren unerwartete Reaktionen von diesen Verwandten, während andere ganz und gar nicht erlebten, was sie erwartet hätten. Allem Anschein nach wurden die Erwartungen nicht erfüllt, und es traten unerwartete Faktoren zu Tage.

### Sind Nahtod-Erfahrungen dasselbe wie Halluzinationen?

Zweifellos leiden viele Patienten auf der Intensivstation an schrecklichen Halluzinationen. Tatsächlich habe ich als ganz junge, noch auszubildende Krankenschwester auch gedacht, die Patientin, die ich versorgte, müsse halluziniert haben, als sie mir von ihrer Nahtod-Erfahrung berichtete. Da ich inzwischen jedoch das Glück hatte, diese Forschung betreiben zu können, außerdem mehr über Nahtod-Erfahrungen weiß und Erfahrung mit der Betreuung von halluzinierenden und nahtod-erfahrenen Patienten habe, bin ich heute ganz anderer Ansicht. Werden Halluzinationen und Nahtod-Erfahrungen sowohl gründlich untersucht als auch miteinander verglichen, dann zeigen sich sehr große Unterschiede, und es wird deutlich, dass es definitiv nicht Erfahrungen desselben Typs sind.

Im ersten Jahr meiner Datenerhebung habe ich alle gefragt, die ihre Einweisung auf die Intensivstation überlebt haben. In dieser

Zeit sind mir zwölf Fälle von Halluzinationen begegnet, die ich ebenfalls untersucht habe. Von den betroffenen Patienten hatten elf hohe Dosen schmerzstillender oder sedierender Medikamente (oder eine Kombination aus beiden) erhalten. Ein Patient hatte Halluzinationen aufgrund starken Schlafentzugs. Bei näherer Untersuchung konnte festgestellt werden, dass die Erlebnisse, von denen die halluzinierenden Patienten berichteten, auf tatsächliches Geschehen zurückzuführen waren: Auf Ereignisse, die sich im Hintergrund abspielten – wenn die Sedierung nachließ, waren die Geräusche um sie herum und die Gespräche des Personals für sie zu hören. Ihr Gehirn verschmolz diese zu grotesken und verworrenen Erlebnissen, da die Patienten versuchten, den Sinneseindrücken beim Aufwachen einen Sinn abzuringen. Die folgenden Punkte beschreiben kurz die willkürlichen und grotesken Dinge, von denen berichtet wurde. Die Halluzinationen wechselten sprunghaft vom einen zum anderen. Zu den halluzinierten Eindrücken gehörten:

- Verfolgung und Nadelstiche durch Drogendealer;
- mit dem Hubschrauber in ein Gefängnis in Kalifornien gebracht werden, wobei der Oberarzt der Intensivstation der Pilot war;
- in Vietnam, dann auf einem Kreuzfahrtschiff sein, wo ein plastisch-chirurgischer Eingriff vorgenommen wird;
- in einem Zug sitzen, auf der Durchreise durch Bosnien mit wunderschönen bäuerlichen Landschaften, dann Aufenthalt in einem Krankenhaus in Palästina. Es hatte einen Unfall gegeben, bei dem eine Frau ums Leben gekommen war und ihr Mann und ihr Baby in das palästinensische Krankenhaus eingeliefert worden waren;
- an Kampfhandlungen beteiligt; von Lichtkugeln getroffen, die sehr viel Kraft hatten und den Patienten gegen Wände schleuderten;
- wieder im Bombenhagel in Swansea, dann afrikanischer Entdecker im 19. Jahrhundert und überzeugt, tot zu sein, weil afrikanische Frauen den Körper mit Gras abreiben;
- bei der eigenen Beerdigung in einer Kapelle, die es nicht mehr

gibt. Im hinteren Teil der Kapelle war ein Tante-Emma-Laden – konstantes Pling-Pling-Geräusch im Ohr (das Alarmsignal des Herzmonitors). Danach überzeugt, die betreuende Krankenschwester sei eine verkleidete Indianerin, daher den Krankenschwestern gegenüber misstrauisch;

- erstaunt, dass er beim Blick aus dem Fenster neben seinem Bett eine schöne Waliser Landschaft mit einer Seil- und Kabelbrücke sieht. Als seine Krankenschwester die Vorhänge um ihn herum zuzog, um ihn zu waschen, konnte er zwei riesige Baguettes sehen und bot der Krankenschwester an, wenn sie Hunger habe, können sie sie gerne essen.

Einige Fälle zeigen recht anschaulich, inwiefern reale Ereignisse als verwirrende Halluzinationen wahrgenommen werden können:

Eine Dame (Patientin Achtundfünfzig) erinnerte sehr lebhafte Halluzinationen. Unter anderem erinnerte sie sich daran, gesehen zu haben, wie Vorhänge um sie herum zugezogen wurden und sie dachte, das läge daran, dass sie gleich stürbe. Alles war völlig durcheinander und ergab für sie keinen Sinn. Doch sie erinnerte sich auch, in einem Theater gewesen zu sein, dort fand ihre Beerdigung statt, und ihr Leichnam lag auf der Bühne. Außerdem glaubte sie einmal, sie sei auf einer Fähre nach Irland und spürte, wie ihr Körper schwankte und dabei immer wieder leicht ins Wasser tauchte.

Nachforschungen ergaben, dass diese Bilder eindeutig mit Dingen in Verbindung standen, die sich ereigneten, als ihre Sedierung nachließ. Außerdem hatte die Krankenschwester, die ihr in der Zeit zugewiesen war, einen starken irischen Akzent. Eine ausführlichere Erklärung findet sich in meinem ersten Buch.[11]

Ein Patient wurde sehr aufgebracht, während ich ihn versorgte, obwohl er sediert war. Er versuchte, aus dem Bett zu springen und alles, woran er angeschlossen war, von sich zu reißen. Sofort kamen mir fünf Kolleginnen zu Hilfe, um zu verhindern, dass er sich selbst gefährdete.

Als es diesem Patienten besser ging, befragte ich ihn, und er erinnerte sich an schreckliche Alpträume. Er wiederholte die genauen

Worte des Arztes, der versucht hatte, ihn zu beruhigen, doch der Patient hatte die Stimme des Arztes versehentlich jemandem zugeordnet, der ihm etwas antun wollte.

Es gab auch einige Fälle, in denen man die Halluzinationen fälschlicherweise für eine Nahtod-Erfahrung hätte halten können, wie die unten angeführten Beispiele zeigen. Deshalb ist es so wichtig, dass jeder, der diese Erfahrungen erforschen will, sie sehr sorgfältig untersucht und gründliche Kenntnisse über Nahtod-Erfahrungen hat, um zwischen Halluzinationen und Nahtod-Erfahrungen unterscheiden zu können.

Ein Patient erinnerte sich, dass er glaubte, er sei in der Hölle und werde an einem Spieß mit Fett übergossen. Zunächst hielt ich dies für eine belastende Nahtod-Erfahrung. Als ich die Angaben vollständig überprüfte, stellte ich jedoch fest, dass der Eindruck durch die Geschehnisse beim Aufwachen aus der Narkose ausgelöst worden war. Er war mit sehr niedriger Körpertemperatur aus dem Operationssaal gekommen, deshalb wurde er in eine Foliendecke und eine Heißluftdecke gewickelt. Außerdem nässten seine Wunden recht stark; deshalb mussten die Schwestern ihn recht oft erst auf die eine, dann auf die andere Seite drehen, um seine Bettwäsche zu wechseln. Die Krankenschwester, die sich zum fraglichen Zeitpunkt um ihn kümmerte, erinnerte sich, dass er währenddessen einmal plötzlich aufgewacht war und große Angst hatte.

Eine andere Patientin halluzinierte unter anderem, sie ginge durch einen Tunnel auf ein rotes Licht zu. Eine Kollegin hatte mich darauf aufmerksam gemacht, weil sie glaubte, die Patientin spräche von einer Nahtod-Erfahrung. Als ich dem jedoch nachging, stellte sich heraus, dass es sich dabei um ihr reales Erleben während eines CTs handelte. Ein CT-Scanner sieht aus wie ein riesiges rundes Pfefferminzbonbon mit Loch in der Mitte, und oben, direkt in ihrem Blickfeld, befindet sich ein rotes Licht. Wird ein Patient durch das CT geschoben, kann der Eindruck entstehen, er fahre durch einen Tunnel.

Wenn Patienten halluzinieren, dann zeigen sie oft ein irrationales Verhalten. Sie wehren sich womöglich gegen die Behandlung, werden aggressiv gegenüber dem Pflegepersonal, versuchen, aus dem

Bett zu steigen und wegzulaufen und können in extremen Fällen sogar zur Gefahr für sich und andere werden. Intravenöse Infusionen, Wunddrainagen, Katheder oder Ableitungen, über die sie mit den Monitoren verbunden sind, werden oft herausgerissen oder entfernt, was normalerweise dazu führt, dass Blut und Körperflüssigkeiten überall herumspritzen und auch alle treffen, die versuchen, die Patienten zu beruhigen. Ihr groteskes Verhalten ist offensichtlich und für das medizinische Team eindeutig als Verwirrung erkennbar, doch die Patienten sind von der Realität ihrer subjektiven Eindrücke überzeugt. Sobald sie vollständig genesen sind, haben sie jedoch meist keine Erinnerung mehr an ihr Verhalten oder sie erkennen, dass sie halluziniert haben, und es ist ihnen äußerst peinlich.

Eine nähere Untersuchung der Berichte über Halluzinationen zeigte, dass sie tatsächlichen Ereignissen, Hintergrundgeräuschen und Gesprächen des Personals, während die Patienten aus der Sedierung erwachten, zugeordnet werden konnten. Im Nachhinein konnten die Patienten erkennen, dass sie halluziniert hatten, während diejenigen, die eine Nahtod-Erfahrung gehabt hatten, nach wie vor darauf beharrten, alles sei wirklich so geschehen. Darüber hinaus zeigen Menschen, die halluzinieren, nicht dieselben Lebensveränderungen wie Nahtod-Erfahrene.

Einige Patienten in der Studie hatten sowohl Halluzinationen als auch eine Nahtod-Erfahrung und konnten daher zwischen den beiden Erlebnissen unterscheiden. Patient Zehn hat dies bereits an früherer Stelle in diesem Kapitel erwähnt. Er bezeichnete seine Halluzinationen als nicht real und eher so wie ein „böser Traum, mit dem etwas schiefgelaufen“ sei.

Interessant ist an dieser Stelle Professor Bruce Greysons Anmerkung:[12]

*Woran liegt es, dass die Wissenschaftler, die die meiste Nahtod-Forschung betrieben haben, glauben, der Geist sei nicht ausschließlich im Gehirn beheimatet, wohingegen diejenigen, die Nahtod-Erfahrungen als Halluzinationen betrachten, im Großen und Ganzen keine einzige Studie zu den Phänomenen durchgeführt haben?*

## Sind Nahtod-Erfahrungen auf Anoxie oder Hyperkarbie zurückzuführen?

Im Laufe der Forschungsarbeit wurde mir klar, dass viele Faktoren zu berücksichtigen sind, wenn man die Blutwerte als mögliche Erklärung für Nahtod-Erfahrungen heranziehen will. Nicht immer konnte zweifelsfrei festgestellt werden, in welcher Phase der Notfall-Situation das Blut abgenommen worden war. Auch war es in vielen Fällen nicht möglich festzustellen, ob die Nahtod-Erfahrung zum Zeitpunkt der Blutentnahme stattgefunden hatte. Blutwerte sind daher mit großer Vorsicht zu behandeln, da sie nur provisorische Einschätzungen und Anhaltspunkte liefern können.

Es gab jedoch zwei Patienten in meiner Studie (die Patienten Elf und Siebzehn), denen zum Zeitpunkt ihrer Nahtod- bzw. außerkörperlichen Erfahrung Blut abgenommen worden war. Beide Fälle standen nicht im Zusammenhang mit einem Herzstillstand, und beide Patienten wurden zur fraglichen Zeit beatmet und erhielten Sauerstoff. Ihre Sauerstoffwerte auf dem Herzmonitor waren normal und stabil, ebenso sämtliche Vitalparameter wie Blutdruck und Puls. Diese beiden Fälle stützen die Anoxie- und Hyperkarbie-Theorie nicht; da die Stichprobe jedoch zu klein ist, können daraus keine belastbaren Schlüsse gezogen werden. Allerdings deuten diese Ergebnisse darauf hin, dass abnormale Blutwerte eine Nahtod-Erfahrung nicht vollständig erklären können.

## Sind Nahtod-Erfahrungen auf die verabreichten Medikamente zurückzuführen?

Eine vollständige Untersuchung der verabreichten Medikamente findet sich in meinem ersten Buch. Kurz zusammengefasst lässt sich jedoch sagen, dass die Mehrheit der Patienten, die im ersten Studienjahr befragt wurden, starke Schmerzmittel oder Sedativa erhielten, aber nur sehr wenige von einer Nahtod-Erfahrung berichteten. Wären Medikamente die Ursache der Nahtod-Erfahrungen, so hätte ich bei dieser Stichprobe eine höhere Fallzahl erwartet.

Von den Patienten mit Herzstillstand erhielten viele schmerzstillende und sedierende Medikamente, gaben aber nicht an, eine Nahtod-Erfahrung gehabt zu haben. In dieser Gruppe gab es allerdings auch Patienten, die von einer Nahtod-Erfahrung berichteten und zum fraglichen Zeitpunkt keinerlei Medikamente erhielten.

Von den fünfzehn Patienten, die von einer Nahtod-Erfahrung berichteten, erhielten zwanzig Prozent keinerlei schmerzstillende oder sedierende Medikamente. Patient Zehn, der die Nahtod-Erfahrung mit der exakt zutreffenden außerkörperlichen Erfahrung schilderte, hatte keinerlei Medikamente erhalten.

Ein Patient berichtete seinen Besuchern, er habe Engel an seinem Bett gesehen, als er bewusstlos war. Danach verschlechterte sich sein Zustand, und er brauchte weitere Sedativa. Als er sich jedoch zum zweiten Mal wieder erholt hatte, konnte er sich nicht mehr daran erinnern, Engel gesehen oder dies seinen Angehörigen erzählt zu haben. Anscheinend hatten die verabreichten Sedativa amnestische Wirkung.

Betrachtet man die Medikamentengabe in der Halluzinations-Gruppe, dann zeigt sich interessanterweise, dass von den zwölf Patienten, die von grotesken Halluzinationen berichteten, elf (fast zweiundneunzig Prozent) sowohl schmerzstillende als auch sedierende Medikamente erhalten hatten. Dies scheint darauf hinzudeuten, dass Medikamente zu verworrenen, grotesken Halluzinationen beitragen können, die in starkem Kontrast zu den klaren, luziden, gut strukturierten Nahtod-Erfahrungen stehen, über die berichtet wurde.

## Weitere interessante Feststellungen

Je näher ein Mensch dem Tode kommt, desto wahrscheinlicher berichtet er später von einer Nahtod-Erfahrung. Unter Herzstillstands-Patienten ist das Aufkommen an Nahtod-Erfahrungen höher.

Nahtod-Erfahrungen sind ein lückenhaft dokumentiertes Phänomen. Von den fünfzehn Patienten, die eine Nahtod-Erfahrung hatten, machten nur zwei von sich aus Angaben.

Nahtod-Erfahrungen sind selten. In den fünf Jahren der Datenerhebung wurden annähernd dreitausend Patienten auf der Intensivstation aufgenommen, doch in diesem Zeitraum wurden nur fünfzehn Nahtod-Erfahrungen entdeckt, und davon waren nur zwei tiefe Erlebnisse, ähnlich denen, wie sie in der bisherigen Literatur zum Thema beschrieben sind.

Endorphine werden häufig als eine Ursache der Nahtod-Erfahrungen genannt. Im Falle von Patient Zehn war dieser während der Erfahrung schmerzfrei, doch sobald er in seinen Körper zurückkehrte, litt er unter qualvollen Schmerzen. Endorphine haben Langzeit-Wirkung,[13] wären Nahtod-Erfahrungen also auf Endorphine zurückzuführen, sollte man ein allmähliches Wiedereinsetzen der Schmerzen erwarten statt des sofortigen Schmerzes, den der Patient beschrieb.

Nahtod-Erfahrungen sind anscheinend keine Reaktion auf die Bedrohlichkeit des Todes für die Psyche.[14] Die Intensivstation, auf der die Forschung stattfand, ist offen angelegt, und die Patienten befinden sich in unmittelbarer Nähe zueinander. Umliegende Patienten können oft hören, wenn irgendwo ein Notfall eintritt. Wäre die Nahtod-Erfahrung eine psychische Reaktion, so wäre eine höhere Häufigkeit zu erwarten.

Die Betroffenen, die von den tiefsten Nahtod-Erfahrungen berichteten, hatten danach absolut keine Angst mehr vor dem Tod.

Nicht alle Nahtod-Erfahrungen in der Studie hatten die erzählerische Qualität der aus der Literatur bekannten Erlebnisse. Einige waren lediglich fragmentarische Komponenten einer Nahtod-Erfahrung, die die Patienten nicht verstanden oder beachtet haben. Dies lässt darauf schließen, dass es eine Untergruppe von Nahtod-Erfahrungen gibt, die den Betroffenen nicht so signifikant erscheinen, dass sie sich motiviert fühlen, darüber zu berichten.

### Grenzen der Studie

Wie bei jeder Forschung, gab es gewisse Grenzen. Die größte Schwierigkeit war die Unvorhersehbarkeit der Nahtod-Erfahrungen. Notfall-Situationen und Herzstillstand treten normalerweise mit sehr geringer Vorwarnzeit ein.

Als begeisterte Forscherin hätte ich die Patienten liebend gerne länger befragt, doch die Realität sah leider so aus, dass sie oft zu erschöpft waren für ein langes Interview. Zum Glück gewann meine

Erfahrung als Krankenschwester die Oberhand, und ich beendete die Befragung, wenn deutlich wurde, dass sie für die Patienten zu anstrengend wurde.

Schon zu einem frühen Zeitpunkt der Studie habe ich erfahren, wie wichtig es ist, dass ich so früh wie möglich so viel wie möglich von den Betroffenen erfahre, denn in einigen wenigen Fällen verschlechterte sich der Zustand der Patienten, und sie verstarben, bevor ich sie vollständig und eingehend befragen konnte. Dies wurde auch von anderen Forschern berichtet und ist unvermeidlich.[15] Manchmal war es auch frustrierend, die Interviews durchzuführen, weil sie von Angehörigen, die zu Besuch kamen, unterbrochen wurden.

Am schwierigsten war die Nachbefragung der Patienten, insbesondere wenn sie nach Hause entlassen worden waren. Möglicherweise hätte eine langfristige Begleitung aller Nahtod-Erfahrenen weitere Informationen erbracht. Es war jedoch sehr schwierig, die Patienten weiter zu begleiten, vor allem deshalb, weil ich alles selbst machen musste und es einfach nicht geschafft habe, die Daten zu erheben, zu analysieren, die Arbeit zu schreiben, dabei Vollzeit als Krankenschwester zu arbeiten und dann noch die Patienten zu begleiten, die nach Hause entlassen worden waren. Ich habe es dennoch versucht, musste aber feststellen, dass viele verstarben, nachdem sie nach Hause entlassen worden waren. Manche wollten einfach nicht, dass noch einmal Kontakt zu ihnen aufgenommen wurde, andere waren umgezogen, und ich verlor die Verbindung zu ihnen. Doch es gelang mir, Kontakt zu Patient Zehn zu halten.

## Empfehlungen für künftige Forschungen

Künftige Forschungen könnten davon profitieren, wenn ein Team aus mehreren Leuten, die viel von Nahtod-Erfahrungen verstehen, die Daten erhebt und nicht nur eine Einzelperson. Erst als ich meine Forschungsarbeit abgeschlossen hatte, erkannte ich, welch immense Aufgabe ich mir gestellt hatte. Was dazu führte, dass ich nach dem Abschluss meiner Dissertation völlig erschöpft und ausgebrannt war.

Im Idealfall würde diese Art der Forschung von einer Gruppe durchgeführt, die rund um die Uhr im Schichtdienst in einer kardiologischen oder anderen Intensivstation arbeitet. So wäre dafür gesorgt, dass alle potenziellen Fälle von Nahtod-Erfahrungen erfasst werden könnten. Auch könnten alle Patienten baldmöglichst befragt werden, bevor sie auf die Station entlassen werden, wo man später ein weiteres Gespräch mit ihnen führen und sie erneut befragen könnte. So könnten fehlerhafte Erinnerungen korrigiert werden, und es wäre dafür gesorgt, dass mögliche Berichte über außerkörperliche Erfahrungen sofort mithilfe des zum fraglichen Zeitpunkt anwesenden Personals überprüft werden können.

Unabdingbar ist außerdem, dass künftige Forscher gute Kenntnisse über Nahtod-Erfahrungen haben. Im Laufe meiner Forschungsarbeit haben mich etliche Kolleginnen zu Patienten gerufen, die ihrer Meinung nach von einer Nahtod-Erfahrung berichtet hatten, doch als ich diese Fälle untersuchte, stellte sich heraus, dass es sich nicht um eine Nahtod-Erfahrung handelte, sondern um Fehldeutungen von Ereignissen in der Umgebung.

Wichtig wäre auch, Menschen ins Forschungsteam mit aufzunehmen, die Nahtod-Erfahrungen äußerst skeptisch gegenüberstehen. Damit wäre dafür gesorgt, dass jeder denkbare Aspekt gründlich untersucht und jede mögliche Erklärung sorgfältig geprüft werden könnte. Statt dass Forscher und Skeptiker gegeneinander arbeiten, wäre es wesentlich sinnvoller, wenn wir unsere Köpfe zusammensteckten und eine wasserdichte Methode entwickelten, die unser Verständnis des Bewusstseins voranbringen könnte.

Die Gültigkeit dessen, was Nahtod-Erfahrene berichten, wird von vielen bestritten. Werden solche Fälle anekdotisch erzählt, gibt es keine Möglichkeit zu überprüfen, ob diese Berichte und insbesondere die Komponente außerkörperlicher Erfahrung den Tatsachen entsprechen. Man kann unmöglich wissen, ob die Betroffenen dem Tode wirklich nahe waren, ob ihr Herz ausgesetzt hatte, ob sie wirklich bewusstlos waren, welche Medikamente sie erhalten oder ob ihre Blutwerte gestört waren. Heute jedoch, wo prospektive Krankenhausstudien durchgeführt und daher alle diese Daten erhoben werden, wird es wesentlich schwieriger, Nahtod-Erfahrungen von der Hand zu weisen und sie schlicht materialistischen Faktoren wie Anoxie oder Medikamenten zuzuschreiben.

Misst man materialistische Theorien an den Forschungsergebnissen, so ist festzustellen, dass sie keine vollständige Erklärung für die durchstrukturierten, luziden, kohärenten Nahtod-Erfahrungen bieten, die in vielen Fällen zu einem Wandel in Leben und Werten der Betroffenen führen. Dies ist allerdings nur eine kleine Studie, doch sie stimmt mit anderen prospektiven Forschungsarbeiten zu Nahtod-Erfahrungen überein, die zu ähnlichen Ergebnissen gekommen sind.[16] Wenn man über gründliche Kenntnisse der Nahtod-Erfahrung verfügt, tatsächlich in der Umgebung arbeitet, in der Patienten am ehesten von solchen Erlebnissen berichten, und diese Forschung durchgeführt hat, zeigt sich, dass materialistische Argumente zur Erklärung der sehr komplexen Nahtod-Erfahrung schlicht nicht genügen. Es ist von entscheidender Bedeutung, dass künftige Forscher aufgeschlossen bleiben und in alle Richtungen untersuchen. Offensichtlich bleibt nichts anderes übrig, als diese Erfahrungen aus einem anderen Blickwinkel zu betrachten, und der logischste Erklärungsweg wäre der, dass Bewusstsein durch das Gehirn *vermittelt*, aber nicht *erzeugt* wird. Wenn solche Forschung betrieben wird, könnte sie uns ein völlig anderes Verständnis von Bewusstsein vermitteln oder aber zeigen, dass die materialistischen Argumente zutreffend sind. Solange das Bewusstsein nicht aus einer anderen Perspektive erforscht wird, werden wir nie zufriedenstellende Antworten finden. Es ist völlig klar, dass noch wesentlich mehr geforscht werden muss, da die prospektive Forschung deutlich macht, dass die gängige wissenschaftliche Auffassung, Bewusstsein werde vom Gehirn erzeugt, an ihre Grenzen stößt.[17]

# Acht

## Eine kurze Geschichte der Medikalisierung des Todes

Wie unsere Gesellschaft hat sich auch unsere Sicht und unser Verständnis des Todes weiterentwickelt. Wurde er einst als Bestandteil des Lebens erwartet, ist der Tod heute zugunsten eher materieller Aspekte verfemt. Durch die Beschäftigung mit dem Materiellen entziehen wir uns der Auseinandersetzung mit der Tatsache, dass wir alle eines Tages sterben werden. Folglich ist das, was einst ein gemeinschaftliches Ereignis war, an dem die ganze Familie und Freunde Teil hatten, heute in ein einsames Nebenzimmer oder auf eine hoch technisierte Intensivstation in einem Krankenhaus verbannt, wo die Kontrolle über die Art des Sterbens allein in den Händen der Ärzte und Pflegenden liegt.

Überall auf der Welt verfügen die verschiedensten Kulturen über Aufzeichnungen in alten Schriften, die als „Totenbücher"[1] bezeichnet werden und dazu da sind, den Sterbenden auf ihrem Weg zu helfen und die Angehörigen in der Akzeptanz ihres Verlustes zu unterstützen. Das Ägyptische Totenbuch ist die älteste derartige Schrift. Es umfasst eine Sammlung uralter Papyri auf der Grundlage einer Literatur, die als *Pert em Hru* bezeichnet wird, was „Herauskommen bei Tag" oder „Manifestation im Licht" bedeutet.[2] Die Schrift umfasst Werke aus unterschiedlichen Epochen innerhalb einer Zeitspanne von fünftausend Jahren. Für den Sterbenden wurde aus der großen Masse der Begräbnisschriften eine einzigartige individualisierte Zusammenstellung angefertigt. Dieses Verfahren war ursprünglich allein dem Pharao vorbehalten, wurde aber später auf andere prominente Mitglieder der Gesellschaft erweitert.

Das bekannteste Totenbuch ist das der Tibeter,[3] das *Bardo Tödrol* oder die „Befreiung durch Hören auf der Ebene nach dem Tod". Es wurde erstmals im 8. Jahrhundert n. Chr. schriftlich niedergelegt. Obwohl es auf einer wesentlich älteren mündlichen Überlieferung beruht, wird es dem großen Weisheitslehrer Padmasambhava zugeschrieben. Es ist eine Anleitung für die Sterbenden und die Toten und dient als Führer durch die verschiedenen Stufen des Zwischenzustandes zwischen Tod und Wiedergeburt, wie es dem tibetischen Glauben entspricht. Tibetische Lamas rezitieren über dem Körper des Sterbenden laut aus dem Buch, um ihn auf subjektive Erlebnisse vorzubereiten, die beim Übergang in den Tod eintreten können.

Auch die Kultur der Maya hatte großes Interesse am Tod. Ein Großteil ihrer alten Schriften wurde durch die spanischen Eroberer und die klimatischen Verhältnisse zerstört. Das *Popol Vuh*[4] ist ein Maya-Epos, das auf einer älteren mündlichen Überlieferung beruht. Es erzählt die Geschichte zweier „Helden-Zwillinge", die sich in die Unterwelt begeben, wo sie viele Prüfungen bestehen müssen, bevor sie Tod und Wiedergeburt erfahren. Ein weiteres Totenbuch ist das von Nahuatl, das auch den Mythos von Quetzalcoatl mit einschließt, einem bärtigen Mann mit weißem Gesicht, der ihre Religion begründete. Der Mythos erzählt von dem universellen Motiv Tod und Auferstehung, Sünde und Erlösung sowie von der Verwandlung eines Menschen in einen Gott.

In europäischen Ländern gibt es die Tradition des Strebens nach einem guten Tod, wie er in den mittelalterlichen Erbauungsschriften über die *Ars Moriendi*, die Kunst des Sterbens, dargestellt wird. In jener Zeit war der Tod ein alltägliches Ereignis. Tod und Beerdigungsriten gehörten zum Leben; dafür sorgten Hungersnöte, Kriege, Epidemien, öffentliche Hinrichtungen und das Abschlachten angeblicher Hexen, Ketzer und Satanisten.

Die *Ars Moriendi* bestand aus zwei Teilen und war nicht auf die Kranken, Alten oder Sterbenden begrenzt, denn sie vermittelte auch Erkenntnisse über das Leben. Wert gelegt wird auf die Einstellung zum Tod zu Lebzeiten. Der erste Teil lehrt, materialistische Einstellungen seien falsch, weil der Sterbende keine Besitztümer mit in den Tod nehmen könne. Die wichtigste Aussage lautet: Die Vergegenwärtigung des Todes ist der Beginn aller Weisheit – *mors certa, hora incerta* (der Tod ist gewiss, die Stunde ungewiss).

Die zentrale Botschaft ist: Wir sollen in der Gegenwart leben, jeden Tag genießen, als wäre er unser letzter, und nicht danach streben, das Leben um jeden Preis zu verlängern. Schädigendes Verhalten soll man meiden und ein gesetzestreues Leben führen.

Der zweite Teil beschäftigt sich mit der Erfahrung des Sterbens und der Kunst, die Sterbenden auf ihrem Weg zu geleiten. Die Sterbenden werden darauf hingewiesen, welche Zustände sie auf ihrer Seelenreise durchlaufen. Es wird sehr viel Wert darauf gelegt, keine falschen Hoffnungen zu wecken und den Tod nicht zu leugnen. Das Handbuch betont, es sei schädlicher, unvorbereitet zu sterben, als den Tod zu früh zu erwarten.

Der Historiker des Todes Philippe Ariès[5] beschrieb die Geschichte des Todes im Westen vom Mittelalter bis ins 20. Jahrhundert. Im Mittelalter war der Tod allgegenwärtig, daher existierte eine große Liebe zum Leben und die Menschen freuten sich ihres Lebens – in der modernen Zeit, in der der Tod geleugnet wird, erscheint diese Vorstellung kaum begreiflich.

Die mit dem Tod verbundenen Einstellungen und Vorstellungen wandelten sich vom „gezähmten Tod" im frühen Mittelalter zum „eigenen Tod" im 13. Jahrhundert. Beim Herannahen des Todes war es üblich, dass der Sterbende sich in Erinnerungen erging, seine Sünden beichtete und Gott um Vergebung bat sowie nach der Absolution von Familie und Freunden umgeben war. Man glaubte, die Toten wohnten im Paradies, umgeben von Blumengärten und Bächen aus Licht – Motive, die in den Nahtod-Erfahrungen wiederkehren.

Im 13. Jahrhundert tauchen auf Kunstwerken erstmals Szenen des Jüngsten Gerichts auf. Neben dem Sterbebett wird nun Christus dargestellt. Er hält ein Buch in der Hand, in dem die guten und schlechten Taten verzeichnet sind. Außerdem gibt es engelhafte und dämonische Wesen. Der Lebensrückblick tritt im 14. Jahrhundert erstmals als Bestandteil des Sterbeprozesses auf. Über die Rituale bestimmt aber nach wie vor der Sterbende, der immer noch im Mittelpunkt der Aufmerksamkeit steht.

Einhergehend mit vermehrten Todesfällen durch Krankheiten und Hungersnöte tritt auch in der Kunst ein Wandel ein. Es finden sich vorwiegend grauenerregende Motive sowie Darstellungen verwesender Leichen. Zwischen dem 16. und 18. Jahrhundert signalisiert die Einführung von Letztem Willen und Testament, womit Anweisungen für das Begräbnis erteilt wurden, dass die Kontrolle nun in den Händen der Menschen im Umfeld des Sterbenden liegt. In der zweiten Hälfte des 18. Jahrhunderts wird der Letzte Wille auf ein juristisches Dokument zur Verteilung des Besitzes reduziert. Um diese Zeit setzt auch die Unterdrückung der Trauer bei Angehörigen und Freunden ein.

Hatte das Trauern bisher aufrichtig leidende Angehörige und Freunde vor übergroßem Leid bewahrt und der Familie ermöglicht, ihrem Kummer Ausdruck zu geben, nahm es im 19. Jahrhundert übertriebene Formen an und wurde damit zum Anzeichen der Angst vor dem Tod. Bis 1885 gab es überall Bestattungsunternehmer, und ihre Rolle nahm der Familie Pflichten ab, die eigentlich helfen, den Trauerprozess zu bewältigen. Auch die Beerdigungsriten veränderten sich, und die Toten wurden nun da bestattet, wo man sie besuchen konnte.

Der nächste Einstellungswandel führte dazu, dass der Tod zur Schande wurde – zum „verbotenen" oder „unsichtbaren" Tod. Es wurde allgemein üblich, den Sterbenden durch Lügen und Verschweigen des bevorstehenden Todes zu schützen. Um 1930 änderte sich allmählich auch der Ort des Todes; die Menschen wurden zum Sterben ins Krankenhaus geschickt, und die Kontrolle vollständig in die Hände des Arztes gelegt.

Sterbebett-Szenen stehen im krassen Gegensatz zu den heutigen Abläufen im Krankenhaus. Medizinische Fortschritte führten zur Unterteilung pathologischer Prozesse in reversible und nicht reversible sowie zur Bevorzugung lebenserhaltender Maßnahmen. Physiologische Fortschritte führten zu Behandlungsmethoden und dazu, dass immer mehr Menschen immer älter werden. Reanimationstechniken ermöglichen es heute, manche Menschen wiederzubeleben, doch den weniger Glücklichen bescheren sie einen grauenhaften, unwürdigen Tod. Tatsächlich wurde die Intensivstation, in der ich gearbeitet habe, kontinuierlich erweitert: Von sieben Betten 1993 auf zwölf Betten 1998, auf sechzehn Betten 2003 und schließlich auf siebzehn Intensivbetten plus zwölf Wachstationsbetten 2009. Aufgrund der ständig steigenden Bettennachfrage ist die Intensivstation inzwischen größer als manche Normalstationen, und es gibt immer wieder Situationen, in denen die Nachfrage so hoch ist, dass die Patienten im Aufwachraum neben dem Operationssaal versorgt werden müssen.

Häufig kommt es vor, dass ältere Menschen, die erkennbar am Ende ihres Lebens angelangt sind, wiederbelebt werden. Technisch sind wir vielleicht sehr weit fortgeschritten, aber wir verstehen überhaupt nichts vom Tod und lernen, ihn zu verleugnen.[6] Wir werden in allen Fächern unterrichtet – außer in dem Fach, das den Schlüssel zum Sinn des Lebens enthält. Unsere heutige Technik legt den Schwerpunkt auf die Behandlung, nicht auf Pflege und Fürsorge; und zuzugeben, dass keine weitere Behandlung mehr möglich ist, kommt dem Eingeständnis einer Niederlage gleich.[7]

Der Tod trifft nicht nur ältere Menschen; er kann in jedem Alter eintreten. Versuche, das Leben zu erhalten, sind heute garantiert. Einzig in der Hoffnung, dem Tod ein Schnippchen zu schlagen, wird eine Kakophonie der Behandlungen eingeleitet, die meist großes Leid mit sich bringt – Operationen mit ungewissem Ausgang und verlängerte Aufenthalte auf der Intensivstation, wenn die Situation aussichtslos ist. In unserer Gesellschaft sind wir der Auffassung, wenn schon Fehler bei der Behandlung von Patienten unterlaufen, dann sollten diese in einem Zuviel und nicht in einem Zuwenig bestehen – und berauben damit die Patienten ihrer Würde.[8]

Ich wurde Zeugin eines Gesprächs zwischen den Oberärzten auf der Intensivstation und einem jungen Chirurgen, der ein Bett für eine Patientin anfragte, die er operieren wollte. Die Dame war siebenundachtzig und im Endstadium einer Altersdemenz; sie war immobil, und es gab bei ihr mehrere prädisponierende Faktoren, warum sie als Kandidatin für das Überleben einer Vollnarkose ausschied. Der Chirurg bestand darauf, sie zu operieren, und rechtfertigte sich damit, dass die Familie es wünsche. Auch wenn es der ausdrückliche Wunsch der Familie war, frage ich mich doch, wie gut man sie über die möglichen Folgen aufgeklärt hatte. Hatte der junge Chirurg die erforderliche intensive postoperative Pflege sowie die Wahrscheinlichkeit erklärt, dass die Patientin mehrere Tage oder Wochen auf der Intensivstation verbringen und selbst dann möglicherweise nicht überleben würde? Wurde der Familie gesagt, dass ihre Angehörige wahrscheinlich mehrere Tage oder Wochen an ein Beatmungsgerät angeschlossen wäre und nicht würde sprechen können? Hatte man der Familie gesagt, dass der Patientin jede Stunde ein Absaugkatheder in den Tubus eingeführt würde, um den Auswurf aus ihrer Lunge zu entfernen? Hatte man ihnen gesagt, wie laut es auf der Intensivstation zugeht und wie wenig Schlaf und Ruhe die Frau bekommen würde? Hatte man ihnen gesagt, dass ihre Angehörige alle zwei bis vier Stunden umgedreht würde, was für die Patientin sehr unangenehm und sogar beängstigend sein kann? Hatte man ihnen gesagt, dass möglicherweise eine Niereninsuffizienz eintreten könnte? Hatte man ihnen gesagt, dass ihre Angehörige durch Ödeme aufgrund der Flüssigkeiten, die ihr zur Behandlung verabreicht werden, bis zu Unkenntlichkeit entstellt sein könnte? Hatte man ihnen gesagt, dass selbst nach einer solchen lebenserhaltenden Behandlung die Wahrscheinlichkeit sehr hoch war, dass sie trotzdem starb?

Darüber hinaus ist der Kontakt zu den Angehörigen im Krankenhaus eingeschränkt. Die Einhaltung der Besuchszeiten wird konsequent kontrolliert, und es wird wenig Rücksicht darauf genommen, dass dies für den Patienten die letzte Möglichkeit sein könnte, mit seinen Angehörigen zu kommunizieren.

Manchmal führt das Unvermögen, den Tod zu akzeptieren, dazu, dass die Angehörigen sich Unterstützung beim Sterbenden holen, was das Leiden aller noch vergrößert.[9]

„Ann“ war in einem sehr instabilen Zustand auf die Intensivstation gekommen. Zunächst sprach sie gut auf die Behandlung an, doch nach ein paar Tagen war klar, dass sie im Sterben lag. Sie hatte eine große Familie, die so lange wie möglich bei ihr am Bett blieb. Ann wusste, dass sie sterben würde, und versuchte, dies ihrer Familie zu vermitteln – sie konnte nicht sprechen, weil sie beatmet wurde. Offensichtlich machte sie sich Gedanken um ihren Ehering und versuchte, ihrem Sohn und ihren Töchtern zu erklären, wer den Ring bekommen sollte, wenn sie stirbt. Mehrmals habe ich mitbekommen, wie die Familie ihr sagte, sie werde nicht sterben und solle so etwas nicht „sagen", denn sie *müsse* einfach wieder gesund werden, was sowohl für Ann als auch für ihre Familie alles noch schwerer machte. Nach weiteren zehn Tagen auf der Intensivstation verstarb Ann. Leider konnte sie ihren Wunsch, was mit ihrem Ehering geschehen sollte, nie äußern, weil ihre Familie ihren bevorstehenden Tod nicht akzeptieren konnte. Es bricht einem das Herz, wenn man so etwas und auch den Kummer mitansehen muss, den sowohl die Patienten als auch ihre Familien erleiden.

Schriften wie die Totenbücher weisen viele Ähnlichkeiten zu Nahtod-Erfahrungen auf. Jahrtausende lang wurden sie als Mythen abgetan, aber heute erscheinen sie als „Landkarten der inneren Gebiete der Psyche, auf die man in tiefen nicht-alltäglichen Bewusstseinszuständen trifft".[10] Vielleicht sind sie notwendig, damit wir unsere spirituellen Wurzeln und unsere enormen technischen Fortschritte wieder zu einem Ganzen verbinden können.

# Neun

# Die Bedeutung eines besseren Verständnisses und der Anerkennung von Nahtod-Erfahrungen

Die westliche Medizin, mit ihrer materialistischen Konzentration auf den Körper und ihrem beharrlichen Ignorieren des Geistes, macht uns buchstäblich krank – und es dann praktisch unmöglich, dass wir heilen können.
RAPHAEL KELLMAN[1]

## Folgen für das Gesundheitswesen

### Spirituelle Aspekte der Patientenversorgung

Wird im heutigen Gesundheitswesen oder im Alltag das Thema Spiritualität angesprochen, so ist die Resonanz aus vielerlei Gründen gering. Spiritualität ist schwer zu definieren und wird oft mit Religion gleichgesetzt. Doch Spiritualität ist wesentlich mehr als die Befolgung einer religiösen Praxis – sie ist etwas, das dem Leben Sinn gibt.

Eine neuere Umfrage unter Krankenschwestern zeigte, dass spiritueller Beistand zwar als sehr wichtig eingeschätzt wurde, jedoch nur fünf Prozent der Befragten glaubten, den spirituellen Bedürfnissen ihrer Patienten gerecht geworden zu sein.[2] Leider sind die spirituellen Aspekte der Krankenpflege ein Bereich, der aus vielen Gründen große Mängel aufweist, zum Beispiel weil die Pflegenden sich dies nicht zutrauen, weil ihnen die Erfahrung fehlt oder weil es an Kontinuität in der Pflege mangelt; der wichtigste Faktor ist aber wahrscheinlich die zunehmende Arbeitsbelastung und der daraus resultierende Mangel an Zeit und Pflegekräften.[3]

Wenn Patienten ins Krankenhaus eingeliefert werden, wird zuerst für die Behandlung des Physischen gesorgt. Die spirituellen Bedürfnisse anzusprechen und die Patienten ganzheitlich zu behandeln, birgt jedoch das Potenzial, Heilung und Genesung zu beschleunigen sowie die erforderlichen Medikamentengaben und benötigten Ressourcen zu reduzieren und damit den Krankenhausaufenthalt zu verkürzen – was im heutigen Gesundheitswesen mit seinen überbelegten Krankenhäusern höchst willkommen wäre. Dass die Patienten einen Sinn in ihrem Leiden entdecken können und sich gut aufgehoben fühlen, ist für positive Resultate von entscheidender Bedeutung. Die Fürsorge für die spirituellen Bedürfnisse der Patienten könnte auch dazu führen, dass Menschen in Gesundheitsberufen ihren eigenen spirituellen Bedürfnissen nachspüren.[4]

Die Vorstellung, den Körper durch Geist und Seele zu heilen, ist nicht neu; sie wird im gegenwärtigen wissenschaftlichen Paradigma lediglich selten anerkannt. Der Geist kann enorme Wirkung auf den Körper ausüben, und jeder Mensch verfügt über das Potenzial, seinen Körper zu heilen.[5] Aufbauend auf den jüngsten Forschungen zur Wirkung positiver Gefühle auf die Gesundheit konnte nachgewiesen werden, dass Empfindungen von Wohlbefinden und Liebe die Genesung und Heilung stark verbessern können.[6] Fallbeispiele von Patienten, die durch ihre positive Einstellung wesentlich zu ihrer Heilung beigetragen haben, zeigen, wie Menschen in Gesundheitsberufen einfache Techniken in ihre Berufspraxis (und in ihren Alltag) integrieren könnten, die eine positive, aufbauende Atmosphäre schaffen und damit die Versorgung der Patienten verbessern.[7] Wenn der Geist nicht geheilt wird, wie können wir dann erwarten, dass der Körper heilt? Würden die spirituellen Bedürfnisse der Patienten angesprochen, wäre dies auch für alle, die eine Nahtod-Erfahrung gehabt haben, eine große Hilfe.

## Die Kenntnisse der Menschen in Gesundheitsberufen

Ganz offensichtlich treten bei Menschen, die eine Nahtod-Erfahrung hatten, auch psychische Veränderungen ein. Es ist von allergrößter Wichtigkeit, dass alle, die in Gesundheitsberufen tätig sind, über Nahtod-Erfahrungen aufgeklärt werden, damit sie die für eine rasche Genesung und ein besseres Verständnis der Erfahrung notwendige Unterstützung leisten können.

Es gibt in der Literatur zahlreiche Fälle, in denen bei Menschen, die von einer Nahtod-Erfahrung berichtet haben, fälschlicherweise eine psychiatrische Erkrankung diagnostiziert wurde. Eine neuere Vergleichsstudie lässt darauf schließen, dass das Wissen der Psychologen über Nahtod-Erfahrungen in den letzten zwanzig Jahren stagniert hat und überschätzt wird.[8] Nahtod-Erfahrungen werden oft fälschlich als posttraumatische Belastungsstörung oder dissoziative Störung diagnostiziert, obwohl in der Literatur ausdrücklich darauf hingewiesen wird. Sie werden als konventionelle diagnostische Erkrankungen eingestuft, die mit Nahtod-Erfahrungen nichts zu tun haben.[9] Die Ergebnisse einer weiteren Studie mit Krankenhausärzten zeigten, dass den meisten Teilnehmern Kenntnisse über Nahtod-Erfahrungen fehlten.[10]

Bei einer Dame, von deren Fall Dr. Yvonne Kason berichtet, hatte die Nahtod-Erfahrung sowohl überwältigende als auch verwirrende Wirkung. Sie musste feststellen, dass sie mit niemandem über ihre Erfahrung sprechen konnte, weil keiner verstand, was sie zu sagen versuchte. Zunächst probierte sie, mit ihrem Mann darüber zu reden, der verstand sie jedoch nicht, und schließlich ließen sie sich scheiden. Dann sagte ihr der Pastor ihrer Kirchengemeinde, ihr Erlebnis sei das Werk des Teufels. Daraufhin ging sie zu ihrem Arzt, der noch nie von Nahtod-Erfahrungen gehört hatte und sie an einen Psychiater überwies, der ebenfalls noch nie von Nahtod-Erfahrungen gehört hatte. Es wurde vermutet, sie habe einen ungelösten emotionalen Konflikt, der Wahnvorstellungen ausgelöst habe. Wegen der Wahnvorstellungen solle sie sich in eine Langzeit-Psychotherapie begeben und gegen ihre Ängste Tranquilizer einnehmen. Sie war zunehmend durcheinander, weil sie viele positive Veränderungen in ihrem Leben wahrnahm, doch erst als sie viele Jahre später auf ein Buch über Nahtod-Erfahrungen stieß, konnte sie ihr Erlebnis endlich verstehen.[11]

Bei einer Umfrage unter Krankenschwestern gaben zwar siebzig Prozent an, Nahtod-Erfahrungen seien ihnen vertraut, doch bei einem Test zur Beurteilung ihres Wissensstandes zeigten neunundachtzig Prozent diesbezüglich keine guten Kenntnisse.[12] Andere vermeldeten ähnliche Ergebnisse.[13]

Eine Studie über Art und Bedeutung von Nahtod-Erfahrungen für Patienten und Intensiv-Krankenschwestern zeigte, dass „Nahtod-Erfahrungen und verwandte Phänomene auf der Intensivstation ein schlecht verstandenes Ereignis" sind.[14] Da ich in den vergangenen siebzehn Jahren selbst auf einer Intensivstation gearbeitet habe, kann ich dem nur zustimmen. Obwohl Nahtod-Erfahrungen in den Medien ein beliebtes Thema sind, mangelt es den Menschen in Gesundheitsberufen immer noch an entsprechendem Wissen, um den betroffenen Patienten die Versorgung zukommen zu lassen, die sie brauchen.

Dank unserer immer weiter fortgeschrittenen Technik überstehen heute viele Patienten kritische Erkrankungen, die noch vor zwanzig Jahren tödlich verlaufen wären. Daraus könnte man logisch ableiten, dass wahrscheinlich sehr viel mehr Patienten eine Nahtod-Erfahrung erleben. Leider ist das Wissen darüber bei Menschen in Gesundheitsberufen nach wie vor recht oberflächlich, weil einfach nicht genug über dieses Phänomen aufgeklärt wird. Die Beobachtung, dass im Laufe der letzten zwei oder drei Jahre immer mehr Universitäten das Thema zur Sprache bringen, ist ermutigend. Es ist von höchster Priorität, dass Nahtod-Erfahrungen in die Ausbildung aller Menschen in Gesundheitsberufen aufgenommen werden.

Hilfreich wäre es, wenn komplette Module über Nahtod-Erfahrungen in die Ausbildungspläne aller Gesundheitsberufe aufgenommen und auch Fortbildungen zu diesem Thema angeboten würden. Es wäre günstig, wenn in diesen Modulen Nahtod-Erfahrene über ihr Erlebnis berichteten, denn es hat sich für alle, die diese Erlebnisse besser verstehen wollen, als sehr hilfreich erwiesen, wenn sie durch Schilderungen aus erster Hand etwas über Nahtod-Erfahrungen hören konnten.[15] Meiner Erfahrung nach machen Krankenschwestern und Ärzten, insbesondere wenn sie noch unerfahren sind und erst am Anfang ihrer Laufbahn stehen, die Themen Tod, Sterben und alles, was damit verbunden ist, am meisten Angst. Aus- und Fortbildungsmodule über Tod und Sterben auf der Intensiv- und Wachstation sollten verpflichtend sein. Dies würde zur Mitarbeiterbindung in diesen Bereichen beitragen und käme den Patienten und ihren Familien sehr zugute.

Module über Nahtod-Erfahrungen, die in die Ausbildung von Medizinstudenten aufgenommen wurden, waren sehr erfolgreich und halfen den Studierenden, den Patienten mit Aufgeschlossenheit und Achtung zu begegnen. Die Studierenden setzten sich danach mit der breiteren Rolle des Arztes auseinander und gingen auch besser mit Patienten und Kollegen um, die abweichender Meinung waren.[16]

### Anerkennung von und Umgang mit Nahtod-Erfahrungen

Wenn jemand von einer Nahtod-Erfahrung berichtet, dann hat er normalerweise lange darüber nachgedacht und sehr viel Mut aufgebracht, bis er offen über ein so überwältigendes und oft zutiefst persönliches Erlebnis sprechen kann. Nahtod-Erfahrungen haben so gravierende Auswirkungen auf die Betroffenen, dass sie mit einer existenziellen Krise gleichgesetzt wurden.[17] Eine Nahtod-Erfahrung ist ein transzendentes Erlebnis, und es gibt nichts, womit man sie vergleichen könnte. Viele bezeichnen sie als „wirklicher als wirklich". Wird sie dann als trivial abgetan, kann dies als Kränkung verstanden werden und zeigt einen völligen Mangel an Verständnis. Oft ziehen sich die Betroffenen daraufhin in sich selbst zurück und versuchen nie wieder, darüber zu sprechen. Menschen, die eine Nahtod-Erfahrung hatten, sprechen meist nicht gern in der Öffentlichkeit darüber. Tatsächlich kann es eine ganze Zeit dauern und sie müssen ihr Gegenüber erst besser kennenlernen, bis sie das ganze Ausmaß dessen preisgeben, was sie erlebt haben – aus den unterschiedlichsten Gründen. Manche Patienten sprechen von einem „merkwürdigen Traum" oder Ähnlichem, um zu testen, wie ihr Gegenüber reagiert, bevor sie jemandem ihr ganzes Erlebnis anvertrauen.[18] Die meisten befürchten, dass man ihnen nicht glaubt, sich über sie lustig macht oder sie für verrückt hält. Manche können ihr Erlebnis jahrelang nicht ganz verstehen oder in ihr Leben integrieren. Manchmal entstehen starke Schuldgefühle, weil die Betroffenen ihr Erlebnis am liebsten fortsetzen möchten, wohl wissend, dass sie damit Angehörige, insbesondere Kinder, im Stich lassen würden. Bei vielen kann die Erinnerung an die Erfahrung heftige Gefühle auslösen. Für andere ist die Erfahrung so persönlich, dass sie sie einfach für sich behalten möchten.

Zuhören ist das Entscheidende, damit die Patienten mit ihrem Erlebnis zurechtkommen können. Es ist unbedingt erforderlich, dass die Erfahrung anerkannt wird, dass die Patienten Zeit bekommen, ihr Ausdruck zu verleihen, und dass man ihnen versichert, dass auch andere so etwas bereits erlebt haben. Sehr oft brauchen die Betroffenen einfach nur eine Bestätigung für ihre Erfahrung, damit sie wieder nach vorne schauen können.[19] Die schlichte Versicherung, dass sie nicht allein sind und andere Ähnliches erlebt haben, kann eine große Hilfe sein. Pflegende sollten Nahtod-Erfahrungen und Erlebnisse am Lebensende nicht verwerfen, weil sie nicht zu ihrem persönlichen Weltbild passen, sondern den Betroffenen Mut machen, sie positiv zu nutzen und als Geschenk zu betrachten.[20] Zwar lernen wir Krankenschwestern, dass Halluzinationen zu „korrigieren" sind, doch es ist äußerst wichtig, dass Nahtod-Erfahrungen nicht in dieser Weise behandelt, sondern angehört werden.[21]

Wenn Menschen in Gesundheitsberufen über die Komplexitäten von Nahtod-Erfahrungen nicht vollständig Bescheid wissen, dann macht dies eine angemessene Reaktion sehr schwierig. Denn gewöhnlich sind sie die ersten, die mit einem Betroffenen nach seiner Nahtod-Erfahrung in Kontakt kommen, und manchmal sind sie sogar anschließend mit seiner langfristigen Genesung befasst. Wenn ich von Menschen in Gesundheitsberufen spreche, dann meine ich Ärzte, Krankenschwestern, Heilhilfspersonen, Krankenhauspfarrer, Psychologen und Psychiater; alle Berufe mit direktem Patientenkontakt. Dies gilt allerdings für alle Menschen, denn manchmal sind Angehörige die ersten, denen sich die Betroffenen anvertrauen. Manche betrachten Nahtod-Erfahrungen immer noch als Halluzinationen, und viele versuchen sie als Folgeerscheinungen der verabreichten Medikamente oder eines Sauerstoffmangels zu erklären. Das soll keine Kritik sein; bei oberflächlicher Betrachtung der Nahtod-Erfahrungen erscheinen diese Erklärungen sehr vernünftig und plausibel – ja, so habe ich anfänglich selbst darauf reagiert. Jetzt zeigt die Forschung im klinischen Bereich, dass diese Faktoren unzureichende Erklärungen bieten und entsprechende Reaktionen schädlich für Verständnis und Verarbeitung der Nahtod-Erfahrungen durch die Betroffenen sein können.

Aus der Sicht einer Krankenschwester lässt sich sagen, dass die Kolleginnen, die einen Patienten betreut haben, der von einer Nahtod-Erfahrung berichtet hat, dadurch selbst zu einer spirituellen Suche angeregt wurden. Sie wurden empfänglicher für die Bedürfnisse der Patienten, verständnisvoller und mitfühlender, und es fiel ihnen leichter, mit Patienten und ihren Familien über den Tod zu sprechen. Sie achteten auch besser darauf, was sie während einer Reanimation sagten.[22] Das gilt auch für mich.

Es ist entscheidend, dass auch belastende Nahtod-Erfahrungen anerkannt werden; denn diese rufen in den Betroffenen offensichtlich die stärksten Gefühle hervor und hinterlassen bei einigen ein schwärendes psychisches Trauma. Viele wollen nicht über eine belastende Nahtod-Erfahrung sprechen, und manche verspüren sogar Schamgefühle, weil ihr Erlebnis belastend war. Auch hier ist es wichtig, dass ihnen bestätigt wird, dass sie mit ihrem Erleben nicht allein sind. Ich habe festgestellt, dass es den Patienten gut tut, wenn man erwähnt, dass es dokumentierte Fälle gibt, in denen sich belastende Erfahrungen im weiteren Verlauf in angenehme Erfahrungen verwandelt haben.[23] Es gibt zahlreiche Quellen, an die die Patienten verwiesen werden können. So unterhält die International Association for Near-Death Studies (IANDS) auch eine deutsche Sektion, auf deren Website netzwerk-nahtoderfahrung.org außerdem Kontaktpersonen für Österreich, Belgien, die Niederlande und die Schweiz angegeben sind. Das Institut für Grenzgebiete der Psychologie und Psychohygiene bietet ebenfalls Beratung an. Es wäre hilfreich, wenn in allen Praxen, Kliniken und Einrichtungen Hinweise auf diese Informations- und Unterstützungsmöglichkeiten ebenso leicht greifbar wären wie etwa Anleitungen zur richtigen Wundversorgung.

Nach einem Retreat zum besseren Verständnis ihrer Erlebnisse erstellte eine Gruppe von Nahtod-Erfahrenen Vorschläge, was künftigen Betroffenen helfen könnte:[24]

- Verständnisvolle, gut informierte Menschen in Gesundheitsberufen,
- Informationen über: Forschung, Vergleiche mit mystischen Traditionen, historische Betrachtungsweisen, persönliche Erfahrungen und Nachwirkungen,
- Zeit für Meditation, zur Verarbeitung der Erfahrung, für das Gebet oder den Aufenthalt in der Natur,
- spirituelle Therapeuten, seelsorgerisch entsprechend ausgebildete Geistliche, informierte Ehe- und Familientherapeuten, Begleiter und Mentoren,
- Workshops, Retreats, Konferenzen, Selbsthilfegruppen, Kurse, Online-Angebote
- Selbsthilfe-Material
- vermehrte Aufklärung der Öffentlichkeit über alles, was eine Nahtod-Erfahrung mit sich bringt.
- Orte, an denen man mehr über Nahtod-Erfahrungen erfahren, darüber sprechen, Netzwerke bilden und sie beruflich integrieren kann,
- Retreats für Kinder, die eine Nahtod-Erfahrung hatten.

Viele erliegen der falschen Vorstellung, dass man sterben muss, um eine Nahtod-Erfahrung zu erleben – das stimmt nicht. Nahtod-Erfahrungen treten zwar vermehrt bei Herzstillstand auf, können aber in den unterschiedlichsten Zusammenhängen vorkommen. Das folgende Beispiel betrifft Sherry, eine zweiundfünfzigjährige Dame aus Lancashire, die nach einem Verkehrsunfall in einem Auto eingeklemmt war. Als Sherry zum ersten Mal Kontakt mit mir aufnahm, wurde deutlich, dass sie ihre Erfahrung nicht verstehen konnte. Dass diese außerdem von Menschen in Gesundheitsberufen verworfen wurde, verschärfte ihr Problem noch.

*Ich habe heute Morgen in der Zeitung den Artikel gelesen und möchte Ihnen mein Erlebnis mitteilen, das ich nie richtig verstanden habe. Der Grund, warum ich es nicht begreifen kann, ist folgender: Immer, wenn ich versucht habe, darüber zu sprechen, wurde es verworfen, weil ich damals zwar nicht gestorben bin, aber geglaubt habe, ich müsse sterben. ... Ich habe sogar gehört, wie einer der Sanitäter zu den Notärzten sagte, er glaube, ich stürbe. Ich weiß nicht, wie viel Information Sie möchten, deshalb kann ich Ihnen nur mein Erlebnis berichten und hoffen, dass es nicht zu lang gerät.*

*Vor drei [inzwischen acht] Jahren war ich in einen Unfall verwickelt. Zwei Freundinnen und ich fuhren bei jemandem im Auto mit, weil wir uns verlaufen hatten. Ein Auto hatte angehalten, so dass wir nach dem Weg dorthin fragen konnten, wohin wir wollten, und wir durften mitfahren. Der Wagen war winzig, wir stiegen alle drei hinten ein. Eine Freundin kletterte zuerst hinein, dann kam ich; aber als ich den Kopf in den Wagen steckte, hatte ich ganz stark das Gefühl, es drohe Gefahr. Ich hatte keine Ahnung, was das war, stieg aber wieder aus und fragte meine andere Freundin, ob sie vielleicht als Nächste einsteigen wolle (das war nicht sehr nett, und ich habe es ihr später auch gestanden und mich entschuldigt, obwohl sie anscheinend ziemlich froh darüber war!). Irgendwie hatte ich das Gefühl, dass es da, wo sie saß, für mich gefährlich werden könnte. Auch das ist immer verworfen worden, weil viele Leute nicht gerne in der Mitte sitzen. Ich konnte mir selbst nicht erklären, was da in mir vorging, legte aber den Gurt an ... eine Maßnahme, die mir das Leben gerettet hat. Meine beiden Freundinnen legten ihren Gurt nicht an. Wir waren höchstens fünf Minuten in dem Auto, und es herrschte ein Durcheinander, weil sie sich verfahren hatte und meine Freundin in der Mitte immer wieder versuche, die Fahrerin dazu zu bringen, rechts abzubiegen und in der Richtung zurückzufahren, aus der wir gekommen waren. Während noch alle eifrig nach rechts schauten, erkannte ich zu meinem Entsetzen, dass sie auf einer dicht befahrenen Straße mitten in den entgegenkommenden Verkehr hineingeriet!*

*Was dann folgte, geschah in Zeitlupe. Ich sah zu, wie ein Auto auf mich zukam und wappnete mich innerlich, wider alle Hoffnung hoffend, es würde entweder den Beifahrer treffen oder an uns vorbeifahren, aber er fuhr direkt in meine Seite hinein, und weil es ein kleines Auto und ich gegen die Tür gequetscht war, habe ich den ganzen Aufprall abbekommen. Das Auto wurde herumgewirbelt und wieder in den Verkehr hineingeschleudert. Ich wusste sofort, dass ich schwer verletzt war, und noch bevor der Wagen zum Stillstand kam, dachte ich, ich sei mitten im Todesprozess. Eine scheinbare Ewigkeit lang rang ich nach Luft. Wie durch ein Wunder war niemand ernstlich verletzt worden, und alle kletterten durch die Fahrertür aus dem Auto. Sie baten mich inständig, ich solle versuchen auszusteigen, falls das Auto noch einmal getroffen würde, aber ich war eingeklemmt, zu schwer verletzt und hatte Panik, dass man mich alleinließe. Seit diesem Erlebnis habe ich ein Posttrauma, weswegen ich immer noch in Behandlung bin, aber ich mache großartige Fortschritte.*

*Ich rang nach Luft und hatte einen Schock wegen der gebrochenen Knochen in meinem Brustraum, Schmerzen, Todesangst, Angst, meine Tochter und meinen Mann nie mehr wiederzusehen. Mein Mann wusste noch nicht einmal, dass ich in einem Auto war, denn am Anfang bin ich mit meiner Freundin mit dem Zug gefahren. Meine liebe Freundin streckte die Hand ins Auto und hielt meine. Ich sagte ihr, ich würde sterben, und sie solle meinem Mann und meiner Tochter sagen, dass es mir leid tue und ich sie liebe. Die Sanitäter waren hervorragend: Einer kletterte ins Auto, der andere kam durchs Heckfenster und tat das Übliche – schnitt meine Kleidung auf, untersuchte mich und redete mit mir. Zuerst habe ich gesagt, bitte lasst mich nicht sterben ... mein Herz hatte einen Schlag abbekommen und schlug unregelmäßig. Die Feuerwehr schnitt das Dach ab, konnte mich aber nicht befreien, also schnitten sie das Heck des Wagens auf, dann die Rückseite von meinem Sitz ... was äußerst schmerzhaft war, weil ich mein Becken gebrochen hatte. Wie ich da so feststeckte, Sauerstoffmaske auf, Kopfschutz um, Hände vor meinem Gesicht, lauter Leute um mich herum, einen Schutz über meinem Gesicht, als die Fenster eingeschlagen wurden und so weiter ... wurde mir einfach alles zu viel und ich wollte nur noch weg. Ich sah den Rettungssanitäter an, der warf einem Feuerwehrmann einen Blick zu und sagte: „Wir müssen sie da rausholen. Jetzt!!!“ Ich spüre förmlich noch, wie ich den Kopf nach links gedreht und die Augen zugemacht habe. Der Rettungssanitäter redete mit mir und berührte mich im Gesicht, aber das alles wirkte so weit weg, dass es mir egal war. Im Kopf fragte ich, ob es jemanden gebe, der mir helfen könne, ich sei bereit zu sterben. Ich hatte keine Angst und dachte auch nicht mehr an meine Tochter oder meinen Mann; jetzt war es etwas ganz Persönliches, und es ging nur noch um mich, nichts anderes zählte mehr, nur das tiefe Gefühl „nach Hause zu gehen". Ich war zutiefst erleichtert, als ich spürte, dass jemand kam, um mich abzuholen.*

*Was dann geschah, überwältigt mich immer noch, und ich konnte es nie wirklich in Worte fassen. Es kam mir so vor, als würde ich in die wunderbarste Wärme gewickelt; sie fühlte sich an wie eine Decke aus Liebe, eine Art Umarmung, die so zärtlich und quasi voll war … ich kann es immer noch nicht in Worte fassen, außer dass es so schön war, dass mir immer noch die Tränen kommen, wenn ich daran denke. Plötzlich zog es mich zurück, und ich wurde aus dem Heck des Wagens heraus und auf eine Trage gezogen, und alles andere war nur noch Chaos … Kälte, Lärm, Schmerz, Stimmen und die Stimme eines Mannes, der sagte, er sei der Notarzt und wäre bei mir, wenn ich in die Klinik käme. Ich litt Höllenqualen, aber das war alles unwichtig: Ich konnte nur noch an eines denken – dass ich zutiefst von etwas geliebt bin, das nicht aus diesem Leben ist.*

*Ich bin immer noch damit beschäftigt, mich körperlich und psychisch von dem Unfall zu erholen, aber meine Erfahrung hat mich nie verlassen, nicht einmal in den dunkelsten Stunden meiner Genesung. Sobald ich dazu in der Lage war, fragte ich nach einem Priester und wurde unter Medikamente gesetzt, weil ich einfach nicht aufhören konnte zu weinen. Ich litt an einer posttraumatischen Belastungsstörung und habe immer noch Symptome, aber das Gespräch mit dem Priester hat mir geholfen. Sobald ich wieder gehen konnte, bat ich um religiöse Unterweisung, die schließlich dazu führte, dass ich Christin … und ein Jahr danach katholisch getauft wurde. Ich bin mir nicht sicher, was mein Erlebnis war, mein Priester meinte im Scherz, vielleicht sei es ja doch nur die Wirkung des Morphins gewesen!! … Ich bin keine „Vorzeige-Christin" … ich habe einfach nur das tiefe Gefühl, dass uns etwas Warmes und Wunderbares erwartet, wenn wir hinübergehen, und was mich anbelangt: Obwohl ich nicht in den Fängen des Todes war, wie ich dachte … ich glaube, von irgendwoher ist etwas gekommen und hat in der Stunde meiner tiefsten Not den Arm um mich gelegt. Ich bin da ganz aufgeschlossen: War es ein Schutzengel, war es ein Angehöriger oder haben wir einen superschlauen Körper, der sich in traumatischen Zeiten selber trösten kann?*

*Merkwürdigerweise stehe ich irgendwie unter Strom und bekomme immer einen Schlag von Autotüren und von den Kleiderstangen in Läden und so weiter. Ich erwähne dies wegen Ihres Artikels und weil ich da einfach eine Verbindung hergestellt habe, da ich das vorher nie in dem Ausmaß hatte. Ich weiß, dass sich mein Erlebnis nicht mit denen der Leute aus Ihrem Artikel vergleichen lässt, aber es hatte doch tiefgreifende Wirkung auf mich und mein Selbstverständnis, will heißen, dass man den Tod nicht zu fürchten braucht. Obwohl ich immer noch Angst davor habe, wie man geht!! … Ich hoffe, es passiert im Schlaf, und ich werde nicht wieder von einem Auto zerquetscht! Alles Gute für Ihre Arbeit.*

Heute, fünf Jahre nachdem Sherry erstmals Kontakt mit mir aufgenommen hatte, versteht sie besser, was sie erlebt hat. Ich fragte sie, wie man damals besser für sie hätte sorgen können:

*Nach diversen Operationen im Laufe mehrerer Jahre bin ich allmählich wieder fit. Außerdem habe ich mein Erlebnis bei meiner Rettung vor acht Jahren nie vergessen.*

*Wenn ich nun, da ich kein Posttrauma mehr habe, mit neuen Augen zurückblicke, ist die Erinnerung genauso lebendig wie damals. Diese angstfreie, sorglose Welle von etwas Unerklärlichem – sie war so schön, dass man weinen könnte. Mein Mann und meine Tochter waren mir egal, ich wollte mit diesem Schönen mitgehen, das ich nicht mit Worten ausdrücken kann … wie eine Decke aus Liebe, die mich umhüllt … Der Kontrast des plötzlichen Schocks, ein schrecklicher Schlag, dass an einem herumgezerrt wird und man wieder in der Kälte ist. Ja, ich glaube, das ist etwas, das kann man einfach nicht vergessen.*

*Für mich hatte die Nahtod-Erfahrung insofern tiefgreifende und positive Auswirkungen, als ich glaube, dass die meisten Menschen Angst vor dem Sterben, vor dem Unbekannten, haben. Ich hatte den Eindruck, ich könne nicht darüber sprechen, aus Angst, ich würde ausgelacht oder präsentierte mich in einem nicht ganz so günstigen Licht. Natürlich habe ich immer noch Angst vor dem Tod, hinsichtlich dessen, WIE ich sterben werde; ich möchte nicht unbedingt den Schmerz spüren wie bei dem Unfall, aber das Sterben selber, wenn es denn in etwa so ist wie das Erlebnis, das ich hatte, ist wirklich sehr schön. Ich habe immer gedacht, ich möchte nicht sterben und meine Lieben verlassen, weil sie mir fehlen würden und weil ich so neugierig bin, dass ich es gar nicht aushalten würde. Die Wahrheit ist: Als diese Befreiung kam, wollte ich einfach nur noch mit dem mitgehen, wozu es mich da so stark hingezogen hat, und alle Gedanken an das Leben davor waren verblasst. Es war ein Gefühl tiefsten Friedens und Einsseins. Ich kann es nicht ausdrücken, es war etwas, das ich nicht mit Worten beschreiben kann, weil ich keine Worte dafür habe.*

*Ich hatte das Gefühl, dass ich es zur Erklärung brauchte. Es heißt, man habe sich große Sorgen um mich gemacht, und ich erinnere mich, dass der Sanitäter einmal zum Feuerwehrmann, wie ich annehme, aufschaute und in drängendem Ton sagte „Wir müssen sie jetzt da rausholen." Das war genau in dem Moment, als ich aufgeben und nicht mehr auf irgendwelche Anweisungen reagieren wollte. Ich wollte nur noch weg.*

*Ein Priester wurde geholt, der mit mir sprechen sollte, weil meine Familie glaubte, es könne eine religiöse Erfahrung gewesen sein. Der Priester sagte, er glaube, es sei ein Geschenk gewesen, das ich wertschätzen solle. Ich bin mir nicht sicher, ob es unbedingt eine religiöse Erfahrung war, eine Art Einheit, Frieden und Liebe. Im Gegensatz dazu steht die unbeantwortete Frage, was es war, das mir zu Hilfe kam. Das beunruhigt mich ein bisschen.*

*Tatsächlich waren Sie es, Penny, die mir mein Empfinden sinnvoll erklären konnte. Und Ihre Gedanken aufgreifend, dass es tatsächlich die Kriterien einer Nahtod-Erfahrung erfüllt: Es ist von grundlegender Bedeutung, dass man es anerkennt und nicht verwirft oder darüber lacht, weil nur so die Patienten etwas scheinbar Sinnlosem einen Sinn abgewinnen können.*

*Dem medizinischen Personal hätte man in der Ausbildung etwas über Nahtod-Erfahrungen beibringen müssen, vielleicht durch Ihr*

*Buch. So wie zur Versorgung der Patienten und zum Behandlungsplan Faltblätter über Verbände gehören, könnte man doch auch über Nahtod-Erfahrungen ein Faltblatt mit Informationen ausgeben, vielleicht mit einer Kontakt-Telefonnummer oder einem Hinweis auf Ihr Buch. Dies könnte doch Bestandteil jedes Behandlungsplans sein oder auf den Stationen im Krankenhaus, an der Rezeption und so weiter ausliegen. Ich habe mich nie für etwas Besonderes gehalten, warum sollte so etwas also mir und nicht jemand anderem passieren? Es hätte mir geholfen, wenn ich gewusst hätte, dass das nichts Ungewöhnliches ist, sondern etwas ganz Natürliches. Es kann einen tief bewegen, wenn man erfährt, dass wir vielleicht wirklich eine Seele haben, die den Körper verlässt, wenn dieser stirbt. Wohin Sie dann geht, könnte ein neues Buch für Sie werden, finde ich!!! Es ist mir eine große Ehre, dass ich eine winzig kleine Rolle in diesem Buch spielen durfte. Danke, Penny, dass Sie mir die Chance gegeben haben, mich zu öffnen und meinen Frieden mit meiner Nahtod-Erfahrung zu machen.*

## Therapeutischer Nutzen

### Unheilbare Krankheit und Linderung der Todesangst: Wie und wann sprechen wir das Thema Tod an?

In den letzten Jahren hat unsere Technik große Fortschritte gemacht, was dazu geführt hat, dass viele Leiden, die früher unheilbar waren, heute erfolgreich behandelt werden können. Ständig werden weitere neue Techniken entwickelt. Wenn jemand schwer krank ist, ist es ein großes Glück, dass diese Technik und die entsprechenden medizinischen und pflegerischen Fähigkeiten entwickelt wurden. Ich war immer sehr stolz darauf, an einem großartigen Krankenhaus und mit einem unglaublichen Team zu arbeiten. Es ist stets eine Bereicherung, wenn man sieht, dass ein Patient oder eine Patientin nach einer kritischen Erkrankung wieder gesund wird. Und dies kommt oft vor. Es gibt aber auch Patienten, die sich nicht erholen, obwohl alles versucht wird, um ihren Krankheitsverlauf umzukehren, was oft dazu führt, dass sie ihre letzten paar Tage, Wochen oder manchmal auch Monate in einem halbbewussten Zustand in der Schwebe zwischen Leben und Tod dahindämmern.

Wenn Patienten ihrem Lebensende nahe sind, dann sind Entscheidungen über ihre weitere Behandlung für alle Beteiligten schwer. Auf die Intensivstation kommen die Patienten in Notfall-Situationen. Oft sind sie bei ihrer Ankunft ohne Bewusstsein, daher werden die Entscheidungen über weitere Maßnahmen von den behandelnden Ärzten getroffen. Wenn es um uns selber geht, denken wir nur selten über das Lebensende nach – hauptsächlich deshalb, weil wir in unserer Alltagsroutine keinen Grund dazu haben. Es geschieht erst, wenn das Unerwartete eintritt, wenn wir vor einer Situation stehen, auf die wir meist nicht vorbereitet sind. Selbst wenn eine tödliche Krankheit diagnostiziert wird, meiden wir häufig lieber den Gedanken an den Tod.

Der Tod ist etwas, was wir als Gesellschaft völlig ignorieren oder woran wir kaum einen Gedanken verschwenden. Selbst in Bereichen, in denen mit dem Tod zu rechnen ist, bleibt er ein Tabu, über das man nicht spricht. Gespräche über den Tod gelten im Allgemeinen als unangebracht, es sei denn, der Patient spricht das Thema selber an. Das Wissen darum, was man sterbenden Patienten sagt, ist ein Aspekt der Pflege, der vielen Krankenschwestern Angst macht. Wann ist der richtige Zeitpunkt, das Thema Tod anzusprechen? Will der Patient überhaupt darüber sprechen? Wie können wir jemanden unterstützen, der gerade eben die Diagnose einer tödlichen Erkrankung erhalten hat? Wie können wir ihm helfen, mit der Diagnose zurechtzukommen? So sehr wir auch helfen möchten, vielleicht ist der Patient für das, was wir ihm sagen könnten, gar nicht empfänglich oder möchte einfach nur in Ruhe gelassen werden.

Trotz all meiner Erfahrung auf der Intensivstation stehe auch ich hin und wieder vor Ereignissen, auf die nichts mich vorbereiten kann. Die Intensivstation ist eine Umgebung, die sich schnell verändert und in der oft überraschend neue Situationen entstehen. Jeder Arbeitstag hält eine neue Lernerfahrung bereit. Nur zwei Tage nach einem öffentlichen Vortrag vor riesigem Publikum stand ich vor einer Situation, die mich bestürzt, aber auch vieles gelehrt hat.

In dem Vortrag hatte ich erwähnt, dass es Menschen mit einer tödlichen Erkrankung helfen kann, Berichte über Nahtod-Erfahrungen zu hören. Diese Behauptung sollte an jenem Tag auf den Prüfstand gestellt werden.

Als ich um halb sieben Uhr morgens auf der Station ankam, fiel mir auf, dass in der Wachstation das Licht brannte, was nie ein gutes Zeichen ist: Um diese Zeit schlafen die Patienten dort normalerweise noch. Ich schlüpfte in meinen Kittel und warf einen Blick auf den Dienstplan. Ich sollte mich um zwei Patienten auf der Wachstation kümmern. Ich öffnete die Tür – und wurde begrüßt von überall verstreuten Gerätschaften, aufgeregten Schwestern und zwei Ärzten, die versuchten, einer Patientin, die irgendwo unter blutgetränkten sterilen Tüchern versteckt war, intravenöse Zugänge zu legen. Die Nachtschwester übergab mir ihre beiden Patienten, und mittlerweile war es den beiden Ärzten gelungen, die Zugänge zu legen.

Ich stellte mich dem Mann im Bett nebenan, um den ich mich kümmern sollte, kurz vor, wandte dann aber rasch meine Aufmerksamkeit der Dame („Sian") zu, die mich dringender brauchte. Ich ging zu dem Bett, entfernte die sterilen Tücher und stellte mich vor. Der Dame lief der Schweiß in Strömen übers Gesicht, ihr Blutdruck war nicht messbar, und ich konnte kaum einen Puls spüren, als ich ihre Hand nahm.

Während ich die Patientin versorgte und die Materialien wegräumte, kündigte sich der Bereitschafts-Chirurg mit seinem Gefolge zur Untersuchung an und erklärte der Patientin, dass eine Operation erforderlich werden könnte. Rasch ging ich zum Besucherraum, um mich Sians Mann sowie ihrem Sohn und ihren beiden Töchtern vorzustellen und zu erklären, was los war. Zehn Minuten später tauchte der Oberarzt der Chirurgie mit *seinem* Gefolge auf. Er stand am Bett, schrie herum und verlangte das Krankenblatt der Patientin, das nicht auffindbar war. Im selben Moment kam der Röntgenassistent, um Sian zu röntgen.

Die Oberärztin der Intensivstation untersuchte Sian sofort, und auf ihre Anweisung gab ich Medikamente, die ihren Blutdruck stützen sollten. Während ich eilig die notwendige Ausrüstung zusammenstellte, um Sian in den Operationssaal zu bringen, versuchte ich der völlig verängstigten Dame zu erklären, dass sie nach ihrer Operation vielleicht an ein Beatmungsgerät angeschlossen wäre; dann würde ein Tubus durch ihren Mund in die Lungen führen, deshalb könnte sie vorübergehend nicht sprechen. Ich erledigte den notwendigen Papierkram und bereitete Sian in Rekordzeit für den OP vor.

Der Chirurg kam noch einmal, stieß mir grob den Finger in die Schulter und fragte, ob die Leute am Bett Sians Mann und Kinder waren. Er trat hinter die Abschirmung, nahm Sians Hand und sagte in freundlichem, aber bestimmtem (und lautem!) Ton, er habe sich ihr CT angesehen, und es habe keinen Sinn, sie in den Operationssaal zu bringen, denn sie würde die Operation nicht überleben. Er könne nichts mehr für sie tun.

Es folgte ein Bild tiefster Verzweiflung. Sie weinte laut und hysterisch und ihre Familie ebenso. Sie lagen einander in den Armen und weinten. Der Chirurg ging, und ich stand da und fühlte mich überfordert mit dem Versuch, sie alle zu trösten; es hatte mich kalt erwischt. Die Familie rannte hysterisch hinaus, der Sohn schrie wütend herum, so laut er nur konnte, und ich blieb allein hinter der Abschirmung mit Sian. Ich hielt ihre Hand, sprach aber nicht, und dies aus zwei Gründen: 1) Ich wusste nicht, was ich sagen sollte und 2) selbst wenn mir irgendetwas Hilfreiches eingefallen wäre, hätte ich doch keinen Ton herausgebracht, denn ich hatte einen Kloß im Hals und Tränen in den Augen. Die gesamte Wachstation war in ungläubigem Schweigen erstarrt. Keiner der übrigen drei Patienten, die alle in Hörweite der Worte lagen, die gefallen waren, sagte auch nur ein Wort. Das Klingeln des Telefons durchbrach die Stille, und meine Kollegin streckte den Kopf hinter der Abschirmung hervor und übermittelte mir eine Nachricht – ich konnte sehen, dass auch sie geweint hatte.

Sian schrie immerfort laut: „Ich sterbe, ich sterbe.“ Ich fragte sie, ob sie Angst vor dem Tod habe und ob sie sich ausmale, was passieren könne. Sie hatte nicht viel über den Tod nachgedacht, sie hatte einfach Angst. Dabei hatte ich die ganze Zeit die Worte aus meinem Vortrag im Hinterkopf. War es angebracht, wenn ich das

Thema Sian gegenüber ansprach? Ich hatte auch früher schon mit Patienten über meine Forschung gesprochen, aber das war, nachdem ich Zeit gehabt hatte, eine Beziehung zu ihnen aufzubauen und wusste, dass es angemessen war, das Thema anzuschneiden. Sian hatte ich gerade erst kennengelernt, doch sie hatte die verheerendste Nachricht erhalten, die man nur bekommen kann, und sie sah dem Tod buchstäblich ins Gesicht – es gab kein Zurück mehr.

Es wäre wesentlich leichter gewesen, es dabei zu belassen und nicht zu versuchen, in die Praxis umzusetzen, was ich darüber gesagt hatte, dass Nahtod-Erfahrungen dazu beitragen können, bei Menschen mit tödlichen Erkrankungen die Angst vor dem Tod zu lindern. Ich hätte es vermeiden können, weiter darüber zu reden und mich anderen Aufgaben zuwenden können, die erledigt werden mussten. Aber sie war am Ende, und das konnte ich nicht ignorieren; ich musste versuchen, es ihr leichter zu machen. Ich beschloss, ihr so gut wie möglich zu helfen, und fragte Sian, wovor sie beim Sterben am meisten Angst hätte. Sie wusste es nicht; darüber hatte sie noch nie nachgedacht, aber sie wollte nicht sterben und hatte Angst. Ich erwiderte, ich hätte mit vielen Menschen gesprochen, die vorübergehend tot gewesen, aber wiederbelebt worden seien. Ich sagte, sie hätten von wunderbaren Erlebnissen berichtet, und wenn sie wolle, könnte ich ihr später mehr darüber erklären, wenn sie es wünsche. Ich überließ es ihr, betonte aber noch einmal, dass das, was ich zu sagen hätte, sowohl ihr als auch ihrer Familie helfen könne.

Weitere Ärzte und behandelnde Krankenschwestern kamen, um nach Sian zu sehen und dafür zu sorgen, dass ihre Schmerzen gut kontrolliert wurden. Ihre verstörte Familie wurde von den Ärzten gründlich informiert und kam wieder an ihr Bett. Sie hielten einander an der Hand, weinten ein wenig und versuchten dann unter Schluchzen, ein wenig miteinander zu reden.

Um es kurz zu machen – um vierzehn Uhr sah Sian erkennbar besser aus. Im Laufe des Morgens hatte ich einmal gedacht, Sian habe nur noch wenige Stunden zu leben. Die Behandlung, die sie, wenn auch nur kurz, erhalten hatte, hatte sich als wirksam erwiesen und Fortschritte gebracht. Sie saß aufrecht im Bett, trug einen

Pyjama, der Schweiß rann ihr nicht mehr übers Gesicht, ihr Blutdruck war gestiegen und sie hatte Farbe auf den Wangen. Sie war umgeben von Angehörigen und Freunden und sagte, sie sei noch nicht bereit zu sterben; sie wollte mit ihrem Enkelsohn nach Disneyworld, sie wollte noch dieses und jenes. Was würde ich tun und was würde mir durch den Kopf gehen, wenn mir jemand sagte, ich würde gleich sterben?

Dann fragte sie, ob ich kommen und mit ihr über meine Forschungsarbeit sprechen wolle. Sie schickte die Freunde und entferntere Familie hinaus, bat aber ihren Mann, ihren Sohn und ihre beiden Töchter zu bleiben. Ich wusste, dass es andere Patienten und auch meinen eigenen Großvater getröstet hatte, als sie im Sterben lagen, doch ich habe immer leise Zweifel, wenn ich mit Patienten über den Tod spreche. Ich zog einen Stuhl heran und erklärte, dass ich mich für den Tod interessiere, weil er auf der Intensivstation sehr häufig vorkomme. Ich hätte über etwas nachgelesen und dazu geforscht, was man als Nahtod-Erfahrung bezeichnet, und Menschen, die diese Erfahrungen gemacht haben, hätten mehrheitlich keine Angst mehr vor dem Tod und wüssten, dass er etwas Wunderbares sei. Ich erklärte die verschiedenen Komponenten und dass es heiße, aller Schmerz verschwinde. Ich sagte, was ich gerade erkläre, könne für sie im Moment vielleicht völlig irrelevant sein, vielleicht aber könne es, wenn ihr Tod näherkäme, für sie auch einen Sinn ergeben und ihr durch den Prozess hindurchhelfen. Ich betonte auch noch einmal, dass sie den Zeitpunkt ihres Todes wesentlich stärker selbst bestimmen könne, als ihr bewusst sei. Wir saßen eine Zeit lang beisammen und unterhielten uns, ich ermunterte alle, Fragen zu stellen, und ließ sie dann mit ihrer Familie allein, damit sie etwas Zeit füreinander hätten.

Am nächsten Tag erfuhr ich von der behandelnden Krankenschwester, dass Sian wieder auf der normalen Station war, im Bett saß, mit ihrer Familie Tee trank und keine Schmerzen mehr hatte. Dadurch, dass Sian in diese Situation hineingeworfen wurde, hatte sie Zeit gehabt, ihrer Familie all das zu sagen, was sie ihr wohl nicht hätte sagen können, wären die Ergebnisse andere gewesen. Was nun die Frage anbelangt, wie effektiv Nahtod-Erfahrungen jemandem helfen können, mit dem eigenen Tod zurechtzukommen, kann ich nur sagen, dass Sian in den acht Stunden zwischen Beginn und Ende meiner Schicht ein völlig anderer Mensch geworden war. Sie wirkte wesentlich ruhiger, und sie und ihre Familie waren dankbar für das, was ich ihnen erklärt hatte. Hätte ich nicht den Vorteil gehabt, dass ich über Nahtod-Erfahrungen forschte und viel darüber wusste, ich weiß nicht, wie ich dann mit der Situation umgegangen wäre.

In Sians Fall war es offensichtlich eine Hilfe, dass sie etwas über Nahtod-Erfahrungen hörte, oder zumindest lenkte es ihre Gedanken von dem ab, wovor sie Angst hatte. Als mein Großvater mütterlicherseits starb, stand ich kurz vor dem Abschluss meiner Forschungsarbeit. Wir unterhielten uns oft lange über den Tod, und er fragte mich häufig, was die Patienten berichteten. Er war ein sehr stiller Mensch und behielt seine Gedanken fast immer für sich, doch als er mit seiner eigenen Sterblichkeit konfrontiert wurde, wollte er mehr über meine Arbeit wissen. Er starb zu Hause, umgeben von der gesamten Familie, und sein Tod kam recht schnell und sehr friedlich.

So etwas ist keine Seltenheit, und derartige Fälle ereignen sich täglich. Wenn daher Menschen in Gesundheitsberufen mehr über den therapeutischen Nutzen von Kenntnissen über Nahtod-Erfahrungen wüssten, könnte vielen Patienten in einer Zeit, in der sie äußerst verletzlich und verängstigt sind, sehr viel besser geholfen werden.

### Sedierung und Medikation am Lebensende

Sterben ist ein einzigartiger Prozess, und bei jedem Patienten verläuft der Tod anders. Manche sterben sehr friedlich, aber andere sind offensichtlich in großer spiritueller Not. Sie können sehr aufgewühlt sein, wenn der Tod näher rückt; einige werden sogar ziemlich aggressiv. Manche tragen vielleicht noch eine ungesühnte Schuld mit sich herum oder fürchten sich vor Strafe für etwas, was sie im Leben getan haben. Es ist schade, dass sie vielleicht nie die Möglichkeit hatten, über ihre Ängste oder Sorgen zu sprechen. Wenn spirituelle Bedürfnisse ebenso erkannt und angesprochen werden wie die körperlichen, kann dies zu reduziertem Schmerzmittelbedarf und einem friedlichen Übergang in den Tod führen.

Bei der Auswertung meiner Daten habe ich entdeckt, dass die Schmerzmittel und Sedativa, die wir den Patienten geben, sich anscheinend hemmend auf Nahtod-Erfahrungen auswirken. Auch andere haben dies vermutet.[25] Dr. Yvonne Kason[26] verweist auf den Fall Christina. Während der Geburt ihres Sohnes hatte sie ein spirituelles Erlebnis (dies ähnelte einer Nahtod-Erfahrung, jedoch ohne lebensbedrohliche Umstände), doch als Morphin verabreicht wurde, kam der gesamte Prozess zum Stillstand. Ein ähnliches, aber stärkeres Erlebnis trat auch bei der Geburt ihres zweiten Kindes ein, und auch dieses brach ab, sobald Tranquilizer verabreicht wurden.

Meine Forschung und andere Fälle, die ich untersucht habe, haben mich dafür sensibilisiert, dass wir durch die Medikamente, die wir am Lebensende geben, den Patienten möglicherweise wertvolle Aspekte des Sterbeprozesses vorenthalten. Ich möchte betonen, dass ich nicht dafür eintrete, solche Medikamente am Lebensende nicht zu geben, aber es ist wichtig, die Patienten am Lebensende nicht übermäßig zu sedieren, nur weil sie aufgewühlt sind, wenn der Tod näher rückt. Es ist eine Herausforderung für das Personal auf der Intensivstation, zwischen Halluzinationen und spirituellem Ausdruck zu unterscheiden. Es wurde empfohlen, bei Formen des spirituellen Ausdrucks nur dann Medikamente zu verabreichen, wenn die Patienten sich selbst gefährden oder danach verlangen.[27] Wenn die Patienten sich wohlfühlen, besteht keine Notwendigkeit, mit der Sedierung zu beginnen oder sie zu erhöhen. Es war der Wunsch eines Sterbenden, dass seine Schmerzen gelindert würden, ohne dass er dabei das Bewusstsein verlöre, weil er seine letzten Momente mit seiner Familie genießen und seine spirituelle Praxis ausüben wollte.[28] Besonders deutlich wird dies an einem Fall von Barbara Rommer: „Ich habe Angst vor dem körperlichen Schmerz – wie alle anderen auch. Aber seit meiner Nahtod-Erfahrung bete ich darum, dass ich bei Bewusstsein bin, wenn ich sterbe."[29]

Es wäre günstig, wenn Krankenschwestern, die beobachten, dass ein Patient Sterbebett-Visionen hat, diese Informationen hilfreich an andere Kolleginnen weitergäben, indem sie sie im Behandlungsplan des Patienten dokumentieren und bei der Übergabe erwähnen. In vielen Hospizen ist dies bereits ganz normaler Bestandteil der Übergabepraxis.

In manchen Fällen brauchen die Patienten keine Sedativa oder Opiate.[30] Wenn körperliche Schmerzen ein Thema werden, dann kann die Dosierung so angepasst werden, dass die Betroffenen kohärent und bei Bewusstsein bleiben. Einem Hospiz-Arzt gelang es, die Schmerzmittelgabe bei einer Dame so einzustellen, dass sie ihrem Wunsch entsprechend mit ihrer Tochter sprechen konnte und keine wertvolle Zeit mit ihr verpasste. In der Anpassungsphase ihres Körpers war sie zunächst schläfrig, doch nach ein paar Tagen fand sie zu ihrem normalen Bewusstseinszustand zurück, was ihre Tochter zu der Bemerkung veranlasste, es sei schön, sie wiederzuhaben.[31]

Als sich der Zustand meines Großvaters rapide verschlechterte und seine körperlichen Schmerzen stärker wurden, erhielt er eine Schmerzmittel-Infusion. Wir haben ihn zu Hause gepflegt, und im Gespräch mit dem Palliativpflege-Team bat ich darum, Midazolam in der Infusion wegzulassen. (Im Rahmen meiner Forschungsarbeit hatte ich festgestellt, dass dieser Wirkstoff stark zu Verwirrtheits-Erlebnissen beiträgt.) Dem wurde zugestimmt, es sei denn, er würde nicht mehr handhabbar, in diesem Fall wäre die Gabe erneut zu prüfen. An jenem Abend war meine in Frankreich lebende Mutter angekommen, und mein Großvater freute sich sehr, sie zu sehen. Sie plauderten kurz, dann wurde ihr Gespräch durch die Ankunft der Abendschwestern unterbrochen, die ihn noch nie gesehen hatten. Die Schmerzmittel-Infusion lief erst seit ein paar Stunden, daher schrie er verständlicherweise auf vor Schmerz, als sie ihn bewegen wollten. Dann wurde es still. Die Krankenschwestern kamen aus seinem Zimmer und sagten, sie hätten ihm etwas zur Beruhigung gegeben und gingen. Ich überprüfte sein Krankenblatt, er hatte Midazolam erhalten. Ich war außer mir. Ich hatte überhaupt nicht daran gedacht, den Schwestern zu sagen, dass ich nicht wollte, dass dieses Medikament gegeben würde, weil es ihm ja gut ging und er es nicht brauchte. Danach war mein Großvater bewusstlos und erlangte das Bewusstsein nicht wieder, um das Gespräch mit meiner Mutter fortzusetzen. Er kam nicht wieder zu Bewusstsein und starb am darauffolgenden Tag – ohne die Möglichkeit, seiner Tochter all das zu sagen, was er ihr womöglich noch sagen wollte.

Wenn die Menschen mehr über den Sterbeprozess wüssten, würden sich viele mit einer tödlichen Krankheit zu einer Patientenverfügung entschließen, in der sie detailliert erklären, was sie wünschen, wenn ihr Zustand sich verschlechtert. Manche Einrichtungen bieten auch an, gemeinsam mit den Patienten und ihren Angehörigen einen individuellen Lebens- und Sterbeplan zu erstellen. Dabei muss stets bedacht werden, dass sich die Ansichten der Betroffenen mit dem Fortschreiten ihrer Erkrankung drastisch ändern können.[32] Wenn eine Genesung wahrscheinlich ist, dann ist die Intensivstation der beste Ort, um diese anzustoßen. Wenn das Gesamtbild jedoch zeigt, dass die Chancen für eine Genesung gering sind, dann behalten die Betroffenen mit einer Patientenverfügung bzw. einem Lebens- und Sterbeplan selbst die Kontrolle über den weiteren Verlauf, statt sich auf die Entscheidungen anderer verlassen zu müssen.[33]

## Suizid und Nahtod-Erfahrungen

Die therapeutische Wirkung von Nahtod-Erfahrungen ist von anderen erkannt und effektiv genutzt worden.[34] So unpassend es erscheinen mag, Nahtod-Erfahrungen haben einen sehr positiven Effekt[35] und sind bei der Behandlung von Menschen mit mehrfachen Suizidversuchen bereits therapeutisch eingesetzt worden.[36] Man könnte glauben, dass Berichte über wunderbare Orte voll Frieden, Freude und Liebe sowie der Empfang durch verstorbene Angehörige suizidale Menschen in den Freitod treiben könnten, tatsächlich jedoch ist anscheinend das Gegenteil der Fall. Professor Bruce Greyson stellte fest, dass bei Patienten, die bereits mehrere Suizidversuche unternommen, dann jedoch eine Nahtod-Erfahrung gehabt hatten, die Wahrscheinlichkeit eines erneuten Suizidversuchs deutlich sank. Die Gründe dafür könnten in einer neuen Wertschätzung für das Leben und in dem Gefühl der Sinnhaftigkeit des eigenen Lebens liegen.[37] Ja, diejenigen, die bei einem Suizidversuch eine

Nahtod-Erfahrung hatten, empfanden den Suizid danach nicht mehr als Option.[38] Die Nahtod-Erfahrung stärkte sie, weil sie ihnen das Gefühl gab, dass ihr Leben einen Sinn hat, und führte zu der überwältigenden Erkenntnis, dass sie ihre Probleme mitnahmen, selbst wenn sie nicht mehr in ihrem Körper waren – den Problemen war einfach in keiner Weise zu entkommen, ein Suizidversuch war daher sinnlos.[39] Der Psychotherapeut John M. McDonagh [40] stellte außerdem fest, dass suizidale Gedanken und Intentionen nachließen, wenn die Betroffenen mit Berichten über Nahtod-Erfahrungen in Berührung kamen; seine Patienten wurden außerdem zu eigenen Recherchen auf Websites über Nahtod-Erfahrungen angeregt.

*Das abendländische Totenbuch*, zusammengestellt aus Berichten über Nahtod-Erfahrungen, wurde von Engelbert Winkler entwickelt.[41] Es wurde sehr umsichtig in der Behandlung eines kleinen Jungen eingesetzt, dessen suizidale Tendenzen sich nach dem Tod seines Vaters entwickelt hatten. Die Behandlung verlief bei dem kleinen Jungen wie auch bei späteren schwierigen Fällen sehr erfolgreich, und Winkler betrachtet es als „äußerst nützliches Heilinstrument". Weiter schlug er vor, Berichte über Nahtod-Erfahrungen als „High-Tech-Buch vom Leben und Sterben" zu nutzen – solche Bücher wurden zu allen Zeiten in allen Kulturen verwendet, fehlen aber heute in unserer Gesellschaft.

### Trauertherapie

Über den Verlust eines Angehörigen hinwegzukommen, ist nicht einfach, denn dieser kann verheerende Auswirkungen haben. Tatsächlich habe ich Patienten gepflegt, deren Unvermögen, mit ihrer Trauer fertig zu werden, Verhaltensweisen wie Alkoholismus oder Verwahrlosung ausgelöst hatten, was wiederum dazu führte, dass sie auf der Intensivstation eingeliefert wurden. Die Lektüre von Berichten über Nahtod-Erfahrungen hat sich auch für Trauernde als hilfreich erwiesen, und viele Trauerbegleiter schlagen ihren Klienten vor, sich mit der Literatur über Nahtod-Erfahrungen zu beschäftigen. Aus meiner persönlichen Sicht kann ich sagen, dass mein Wissen über Nahtod-Erfahrungen meinen Umgang mit dem Verlust eines lieben Angehörigen nach dem Beginn meiner Forschungsarbeit ganz sicher verändert hat. Es hat mir den Schmerz und die Traurigkeit nicht genommen, aber es hat diese Gefühle erträglicher gemacht. Auch Freunden hat es geholfen, wenn ich ihnen Bücher über Nahtod-Erfahrungen empfohlen habe.

Darüber hinaus kann der Trauerprozess sehr beschleunigt werden, wenn man anerkennt, dass Nachtod-Kommunikationen häufig vorkommen. Menschen, die von Nachtod-Kommunikationen berichten, sind sich sicher, dass es sich dabei um eine echte Kommunikation handelt, ändern daraufhin ihr Weltbild radikal und entdecken einen neuen Sinn im Leben und im Tod. Mit dieser neuen Sicht des Lebens können emotionale Wunden heilen und innerer Frieden kann einkehren.[42]

Der Psychologe Allan Botkin hat bei der Behandlung von Patienten mit posttraumatischer Belastungsstörung eine Technik entwickelt, die er als *Induzierte Nachtod-Kommunikation* (INTK) bezeichnet. In der INTK-Therapie berichten die Patienten, sie kommunizierten mit Angehörigen. Sehr häufig werden bei diesen Kommunikationen ungelöste Themen aufgearbeitet, was die Patienten in eine sehr positive Gemütsverfassung versetzt. In vielen Fällen markierte die INTK einen Zeitpunkt, zu dem die Patienten wieder nach vorne schauen konnten und eine weitere Behandlung nicht mehr nötig war.[43] Die Therapie führte in vielen Fällen zur Anregung der Selbstheilungskräfte.

Es gibt viele ablehnende Haltungen, dies sei eine sehr ungewöhnliche Therapie, offensichtlich ohne jede wissenschaftliche Grundlage. Allerdings hat sich die Therapie nachweislich in vielen Fällen als sehr heilsam erwiesen – das, was in der Therapie geschieht, hat eine heilsame Qualität und kann vielen Menschen guttun, wenn dafür gesorgt wird, dass sie denjenigen, die für eine solche Therapie offen sind, frei zugänglich ist.

## Evolutionäre Folgen

### Positive Auswirkungen auf unseren Umgang mit anderen

Das starke, lebensverändernde Potenzial der Literatur über Nahtod-Erfahrungen ist seit Langem bekannt, da Menschen, die selbst keine Nahtod-Erfahrung hatten, aus den Berichten Nahtod-Erfahrener Trost, Hoffnung und Inspiration schöpfen. Nahtod-Erfahrungen sind insofern mit einem „gutartigen Virus" verglichen worden, als diejenigen, die ihnen aufgeschlossen gegenüberstehen und mit Zeugnissen von Nahtod-Erfahrenen in Berührung kommen, dieselben Veränderungen in ihrem Leben aufweisen wie Nahtod-Erfahrene.[44] Die übergreifende Botschaft der Nahtod-Erfahrungen lautet, dass wir alle miteinander verbunden sind und andere so behandeln sollten, wie wir selbst behandelt werden möchten. Viele Nahtod-Erfahrene stellen fest, dass sie vermehrt Mitgefühl, Liebe, Toleranz und Verständnis für andere entwickeln.

Jahrelang bot Professor Kenneth Ring im Grundstudium ein Seminar über Nahtod-Erfahrungen an. Dabei fiel ihm auf, welch enorm positiven Effekt das Seminar auf die Studierenden hatte. In seinem „Omega-Projekt" stellte er fest, dass seine Kontrollgruppe aus Personen, die sich mit Nahtod-Erfahrungen beschäftigten, aber selbst keine Nahtod-Erfahrung erlebt hatten, von denselben Veränderungen berichtete wie die Nahtod-Erfahrenen, wenngleich in geringerem Ausmaß.[45] Die Personen ohne eigene Nahtod-Erfahrung konnten sich außerdem selbst besser akzeptieren, wussten das Leben besser zu schätzen, wurden mitfühlender, spiritueller, umweltbewusster und weniger materialistisch. Bei einer informellen Umfrage am Ende des Seminars stellte er fest, dass sechsundneunzig Prozent stärker von der Echtheit der Nahtod-Erfahrungen überzeugt waren, einundsechzig Prozent sich als eher spirituell orientiert einschätzten und achtundsechzig Prozent Sinn und Ziel in ihrem Leben sahen. Die Umfrage wurde in zwei drauffolgenden Seminaren wiederholt – mit annähernd denselben Ergebnissen.

Ring bemerkt: „Anscheinend können einige Vorteile der Nahtod-Erfahrung indirekt übertragen werden, einfach dadurch, dass man relevante Informationen über das Thema an Menschen weitergibt, die Interesse an Nahtod-Erfahrungen haben oder entwickeln."[46]

Professor Bruce Greyson[47] verglich eine Gruppe Nahtod-Erfahrener mit Mitgliedern der IANDS, die selbst keine Nahtod-Erfahrung gehabt hatten, sich aber so sehr für das Thema interessierten, dass sie einer solchen Gruppe beigetreten waren. Insbesondere interessierten ihn vier persönliche Werte: Selbstverwirklichung, Altruismus, Spiritualität und Erfolg im Leben. Sowohl die Menschen mit als auch die ohne Nahtod-Erfahrung betrachteten Selbstverwirklichung, Altruismus und Spiritualität als wichtige Werte, wobei zwischen ihnen keine statistischen Unterschiede zu erkennen waren. Beide Gruppen waren weniger auf Erfolg bedacht, die Nahtod-Erfahrenen wiesen hier jedoch statistisch signifikant niedrigere Werte auf.

Soziologie-Professor Charles Flynn[48] arbeitete in einem Seminar mit dem Titel „The Love Project“ mit Video-Interviews mit Nahtod-Erfahrenen. Seine Studierenden wurden außerdem angewiesen, sich liebevoll gegenüber jemandem zu verhalten, den sie nicht näher kennenlernen würden. Die Ergebnisse zeigten, dass sich eine vermehrte Sorge um andere, vermehrte persönliche Reife sowie ein Wertewandel einstellten. Zuwächse gab es außerdem bei Selbstverständnis und Selbstachtung, und es trat ein gesteigertes Sinn- und Zielempfinden im Leben ein.

Im Rahmen einer Langzeit-Studie an Menschen, die als Kind eine Nahtod-Erfahrung gehabt hatten, stellte Dr. Melvin Morse[49] fest, dass sie körperlich, psychisch und spirituell stabil waren und Empathie für andere zeigten; sie waren erfolgreich in der Schule, ernährten sich gesund, und keiner war drogen- oder alkoholabhängig geworden.

Bei einer prospektiven Studie mit Überlebenden eines Herzstillstands[50] wurde festgestellt, dass Nahtod-Erfahrene altruistische Tendenzen entwickelten. Bei ihnen zeigte sich im Vergleich zu nicht Nahtod-Erfahrenen eine signifikant höhere Zunahme der Fähigkeiten, anderen gegenüber Liebe zu zeigen, zuzuhören, andere zu tolerieren und zu verstehen, verbunden mit dem Wunsch, anderen zu helfen.

Krankenschwestern, die mit der Pflege von Patienten betraut waren, die von einer Nahtod-Erfahrung berichtet hatten, wurden dadurch dazu angeregt, ihrer eigenen Spiritualität nachzuspüren, was zu positiven Veränderungen in ihrem beruflichen wie persönlichen Leben führte. Ihre Einstellung den Patienten gegenüber änderte sich, und sie wurden mitfühlender und sensibler für deren Bedürfnisse. Es fiel ihnen außerdem leichter, mit ihren Patienten und deren Familien über Nahtod-Erfahrungen und den Tod zu sprechen.[51]

Diese Ansteckung ist nicht nur auf Menschen begrenzt, die Nahtod-Erfahrungen aufgeschlossen gegenüberstehen. Professor Neal Grossman berichtete über die Veränderungen bei einem „entschieden materialistischen" Master-Studenten, der seine Seminare über Nahtod-Erfahrungen besuchte. Dadurch, dass er einem Professor zuhörte, der über seine eigene Nahtod-Erfahrung sprach, blieb dem Studenten gar nichts anderes übrig, als seine persönlichen Überzeugungen noch einmal zu überprüfen.

*Einem Nahtod-Erfahrenen zuzuhören, der von einer tiefen Erfahrung erzählt, insbesondere im persönlichen Gespräch, stellt für den Zuhörer ein tiefgreifendes Erlebnis dar und ist psychologisch überzeugender, als wenn lediglich ein Haufen Bücher gelesen werden.*[52]

Eine ähnliche Bemerkung zitiert Ryan Rominger:[53] „Ich habe noch nie direkt von Nahtod-Erfahrungen gehört, außer in Büchern, und jetzt dachte ich, wow, das ist echt. Ich meine, es ist nicht nur eine Geschichte … jemand hat das wirklich erlebt!"

### Positive Bedeutung für individuelle Gesundheit und Wohlbefinden

Zu den stärksten Nachwirkungen der Nahtod-Erfahrung zählt vermehrte Selbstliebe und Mitgefühl mit sich selbst, was letzten Endes auch auf andere übertragen wird. Auf der DVD *I AM*[54] hebt Dacher Keltner, Psychologie-Professor in Berkeley, hervor, dass in Darwins *Die Abstammung des Menschen* das Wort „Liebe" fünfundneunzig Mal vorkommt, die Wendung „Überleben des Stärkeren" jedoch nur zweimal. Obwohl die Menschheit weder besonders stark und beweglich ist noch große Reißzähne und dergleichen besitzt, hat sie überlebt und sich enorm entwickelt. Darwin glaubte, dies läge an unserer Fähigkeit zur Kooperation und zum Mitgefühl. Für Darwin war Mitgefühl der stärkste Instinkt in der Natur – es gibt tiefgreifende Gründe, warum wir uns so entwickelt haben, dass wir gut zu anderen sind: Es ist in unserer DNS verankert.

Leider wurde dieser Aspekt ignoriert, und die Aufmerksamkeit richtete sich stattdessen auf das Überleben des Stärkeren. Daher wurden wir konditioniert zu glauben, wir seien voneinander getrennt. Mit der Auffassung, wir seien alle Einzelne, entwickeln wir ein egoistisches Verhalten und stellen unsere Bedürfnisse über die anderer. Dean Radin[55] sagt, wenn wir in dem Bewusstsein lebten, dass wir alle miteinander verbunden sind, dann wäre unser Verhalten anderen gegenüber ein völlig anderes. Dies wird in der Lebensrückblick-Komponente der Nahtod-Erfahrungen bekräftigt, wenn die Betroffenen die Konsequenzen ihres Handelns für andere aus der Perspektive eines Dritten erleben – sie erleben am eigenen Leib, wie ihr Verhalten anderen geschadet oder gutgetan hat. Diese Verbundenheit wird buchstäblich hautnah erlebt, und es ist, als programmiere diese Erfahrung die Psyche der Betroffenen neu und entferne die falschen Vorstellungen, die in ihrem Leben vor der Nahtod-Erfahrung ihrem Glaubenssystem aufgeprägt worden waren. Nach der Nahtod-Erfahrung modifizieren daher die Betroffenen ihr künftiges Verhalten entsprechend. Wenn wir uns also als miteinander verbunden betrachten, dann ist das nicht nur dem Überleben unserer Art zuträglich, sondern auch dem Überleben unseres Planeten.

Die Verbundenheit, von der Nahtod-Erfahrene berichten und die sich auch in empathischen Erlebnissen mit Sterbenden zeigt, war auch Einstein ersichtlich, der sie als „spukhafte Fernwirkung" bezeichnete. 1935 veröffentlichte Einstein zusammen mit seinen Kollegen Rosen und Podolsky die Ergebnisse ihres Gedankenexperiments mit Elektronen.[56] Sie entdeckten, dass bei zwei Elektronen, die einmal miteinander in Verbindung waren und dann sehr weit voneinander entfernt werden, der Spin des einen Elektrons genau zum selben Zeitpunkt stoppt, zu dem der des anderen Elektrons gestoppt wird. Dafür gibt es keinen bekannten Mechanismus, weil eigentlich eine Zeitverzögerung eintreten sollte. Heute wird dies als Quantenverschränkung bezeichnet. Es würde bedeuten, dass wir auf einer sehr tiefen Ebene miteinander verbunden sind. Auch dies bekräftigt wieder, was Nahtod-Erfahrene berichten und was alle großen Weisheitstraditionen der Welt seit jeher sagen – wir sind nicht getrennt, sondern miteinander verbunden und Teil eines großen Ganzen.

Dies wirkt sich nicht nur positiv auf unsere Beziehungen zu anderen aus, sondern hat auch positiven Einfluss auf unsere Gesundheit. Wenn Mitgefühl empfunden wird, steigt der Spiegel von Immunglobulin A (IgA) im Speichel signifikant an – dies ist die erste Verteidigungslinie des Körpers gegen Krankheitserreger in der Nahrung.[57] Außerdem wurde festgestellt, dass Menschen, die über große Zielstrebigkeit, das Gefühl der Zugehörigkeit und Verbundenheit mit anderen verfügen, gut mit Stress umgehen können, weniger anfällig für Krankheiten sind und länger leben.[58] Zu den überwältigendsten Erkenntnissen Nahtod-Erfahrener gehört, dass wir alle miteinander verbunden sind.

*Das Gefühl der Verbundenheit und Verantwortlichkeit, sei es mit Menschen, Haustieren oder Pflanzen, zieht uns wohl aus uns selbst heraus und verbindet uns mit einer größeren Welt. Die Veranlagung, mit anderen zu kommunizieren, Bindungen einzugehen, ist für unsere Gesundheit offensichtlich entscheidend.*[59]

Zu weiteren Veränderungen, die Nahtod-Erfahrene erleben, zählen die Motivation zu ehrenamtlichem Engagement und zum Einsatz für andere; auch für dieses Verhalten ist belegt, dass es mit einem guten Gesamtgesundheitszustand korreliert.[60] Es gibt eine Überfülle an von Experten begutachteten wissenschaftlichen Artikeln, die zu dem Schluss kommen, dass Mitgefühl, Freundlichkeit und Liebe sehr wohltuend für unsere Gesundheit sind. Einen Überblick über derartige gesundheitsrelevante Artikel finden sie in Dr. David Hamiltons Werk.[61] Eine Nahtod-Erfahrung zu haben oder sich mit dem Thema zu beschäftigen, kann also allem Anschein nach zu besserer Gesundheit und höherer Lebenserwartung führen.

Nahtod-Erfahrungen ähneln außerdem sehr stark den bei Abraham Maslow[62] beschriebenen „Gipfelerlebnissen“ und mystischen Erfahrungen. Menschen, die mystische Erfahrungen gemacht haben, sind nachweislich gut angepasst und psychisch gesund.[63] Auch nach einer mystischen oder religiösen Erfahrung kommt es zu einer entsprechenden Einstellungsveränderung, was zu einem Empfinden von Sinn und Ziel im Leben führt.[64]

Viele wenden sich nach einer Nahtod- oder einer mystischen Erfahrung der Meditation oder dem Gebet zu, was der Stärkung der Gesundheit und der Abwehr von Krankheiten förderlich ist.[65] Meditation spielt eine große Rolle in der Rehabilitation von Herzpatienten und trägt effektiv zur Senkung des Blutdrucks bei. In unserer Konsumgesellschaft wird in erster Linie auf das Bedürfnis nach immer mehr Geld und materiellem Besitz geachtet, wodurch der Einzelne oft in die belastende Situation gerät, unter hohem Druck arbeiten und viele Überstunden machen zu müssen, um diesen Lebensstil aufrechterhalten zu können. Es liegt auf der Hand, dass die Anerkennung der spirituellen Aspekte des Lebens und die Aufnahme einer spirituellen Praxis sowohl zu körperlicher und psychischer Gesundheit führen als auch die Fähigkeit zum Mitgefühl mehren und den Materialismus verringern kann.

Eine weitere wichtige Auswirkung ist das verstärkte Umweltbewusstsein der Nahtod-Erfahrenen. Die zunehmende Industrialisierung führt dazu, dass der Mensch heute die Natur zugunsten kurzfristiger Gewinne zerstört. Nahtod-Erfahrene berichten über eine vermehrte Liebe zur Natur und wachsendes Verständnis dafür, dass alle Menschen und Dinge auf der Erde miteinander verbunden sind: dieselbe Ansicht wie die Gaia-Hypothese. Der Geophysiologe James Lovelock vertritt die Theorie, dass alle Organismen und ihre anorganische Umgebung auf der Erde eng miteinander verbunden sind und ein einziges, sich selbst regulierendes komplexes System bilden, das die Bedingungen für das Leben auf der Erde aufrechterhält.[66] Indigene Völker haben diese Verbundenheit seit jeher verstanden und leben bis heute in großem Respekt vor dem Land und der Erde. Würden mehr Menschen diese Erkenntnisse begreifen, könnte dies zu einer Neubeurteilung unserer Umweltzerstörung führen und eine ausgeglichene Zukunft mit größerer Wertschätzung der Natur begünstigen. Dies eröffnet die ermutigende Aussicht auf einen Bewusstseinswandel zugunsten der Erde.

Dass weitere Forschungen zu Nahtod-Erfahrungen und Bewusstsein unternommen werden, zeigt, dass sich unser Verständnis des

Bewusstseins wandelt. Paradoxerweise verhilft uns ausgerechnet die von unserer Wissenschaft entwickelte Technik zu diesem neuen Verständnis des Menschseins. Für mich zeigt sich sehr deutlich, dass unsere Wissenschaft sich zur nächsten Ebene hin entwickelt, die uns ein noch umfassenderes Verständnis des Lebens ermöglichen wird, das sowohl physische als auch spirituelle Aspekte des Lebens einschließt.

Es hat oberste Priorität, dass wir Nahtod-Erfahrungen aufgeschlossen begegnen und sie nicht einfach verwerfen. Völlig unabhängig von unserer persönlichen Auffassung über Nahtod-Erfahrungen und Erlebnisse am Lebensende müssen wir anerkennen, dass sie große Bedeutung dafür haben, wie wir die Menschen, die dem Tode nahe sind, und auch diejenigen, die einen geliebten Menschen verlieren, verstehen und behandeln – und dass sie unsere Gesundheit verbessern können. Es ist daher wesentlich, als Gesellschaft diese Erfahrungen stärker zu beachten und diese Themen ins Bildungssystem aufzunehmen, insbesondere in die Ausbildung der Menschen in Gesundheitsberufen. Dann können wir die Früchte der Nahtod-Erfahrungen ernten – ohne deswegen beinahe sterben zu müssen.

# Zehn

## Schluss

Bei der Nahtod-Erfahrung geht es eigentlich nicht um den Tod, sondern um das Leben. Sie kann, und hat, andere, die keinerlei transzendente Erfahrung hatten, dazu angeregt, die Botschaft und den Auftrag des Lichts umzusetzen und ein Leben der Liebe zu führen.
Charles Flynn[1]

Dies ist eine aufregende Zeit, und es ist spannend, jetzt zu leben und zu forschen. Allem Anschein nach steht die Menschheit am Rande eines evolutionären Sprungs in die vor uns liegenden Jahrtausende. Dieses Buch ist das Ergebnis eines zwanzigjährigen Versuchs, dem Tod einen Sinn abzugewinnen und dabei Wichtiges über das Leben zu lernen. Ich behaupte nicht, alle Antworten zu kennen, tatsächlich hat meine Forschung mehr Fragen aufgeworfen als beantwortet. Sie hat mir die Augen für Dinge geöffnet, die ich zuvor niemals akzeptiert hätte, einfach weil sie meiner Aufmerksamkeit bis dahin entgangen waren und weil ich auch nie darüber unterrichtet worden war. In keiner einzigen Unterrichtsstunde, weder in der Schule noch in meiner Ausbildung als Krankenschwester, war je von den Erfahrungen der Sterbenden die Rede, die ich untersucht habe.

Hin und wieder las ich kurze Beschreibungen in Zeitungen über anomale Erfahrungen, wie es beim Sterben zugeht: Geschichten, die aufgebauscht und geheimnisumwittert waren. Ich habe aber nie weiter darüber nachgedacht, weil sie unmöglich und unerklärlich wirkten. Seit der Untersuchung einer großen Anzahl subjektiver Berichte von Patienten, die ich gepflegt habe und die starben oder dem Tode nahe waren, zeigt sich für mich, dass diese Berichte nur dann geheimnisvoll bleiben, wenn sie aus dem Blickwinkel unseres gegenwärtigen wissenschaftlichen Paradigmas betrachtet werden, wonach das Bewusstsein ein bloßes Nebenprodukt des Gehirns ist.

Im Laufe meiner langjährigen Arbeit auf der Intensivstation habe ich Tausende Patienten sterben sehen. Jeder Patient wird normalerweise von verschiedenen Ärzteteams betreut, etwa von den Anästhesisten auf der Intensivstation, von orthopädischen Chirurgen, Allgemeinchirurgen, Internisten, Nephrologen und so weiter. An den Entscheidungen über die Behandlung der Patienten sind daher normalerweise mehrere Teams beteiligt. Einmal habe ich eine Situation miterlebt, in der eine Patientin erkennbar im Sterben lag und der Chirurg gerufen wurde, um sie noch einmal zu untersuchen. Innerhalb von Minuten hatten er und sein Team Masken sowie sterile Kleidung und Handschuhe übergestreift und die Unterleibswunde der Patientin freigelegt. Dann stocherten sie mit den Fingern in ihrer Bauchhöhle herum, um eine mögliche Ursache für ihren Verfall zu finden. Wir Menschen in Gesundheitsberufen sehen manchmal einfach nicht das Gesamtbild. Wir sehen nicht *die Patientin, den Menschen, die Mutter*, die Kinder großgezogen hat, die sich nun wegen ihres Zustandes verzweifelte Sorgen macht. Obwohl es eine potenzielle Lösung für das chirurgische Problem gab, haben wir nicht das Gesamtbild gesehen und begriffen, dass die Patientin im Sterben lag: Sie war ohne Bewusstsein, bekam hohe Dosen starker Medikamente zur Aufrechterhaltung ihres Blutdrucks und wurde maximal beatmet. Wie viel müssen wir tun, bis wir unsere Grenzen akzeptieren können? Dass wir das Thema Tod meiden, hat Johann Christoph Hampe bereits vor zweiunddreißig Jahren erkannt, und heute gilt dies in verstärktem Maße: „Jeder, der schon einmal im Krankenhaus oder, mehr noch, auf einer Intensivstation war, hat feststellen können, dass vor allem das Thema Tod und Sterben dort gemieden wird, gütig und beharrlich, obwohl man dies an einem solchen Ort doch am allerwenigsten erwarten würde."[2]

Bei den Fortschritten in unserer Technik ist der Tod heute nicht mehr so eindeutig definiert wie er dies früher einmal war, und oft sterben die Patienten, während sie an den neuesten lebenserhaltenden Geräten hängen und im künstlichen Koma liegen, wodurch für den natürlichen Sterbeprozess kein Raum mehr bleibt. Diese Patienten können nicht mehr darüber bestimmen, wie sie sterben. Der Tod ist ein Ereignis geworden, das als peinlich gilt; er wird in ein Nebenzimmer abgeschoben, wo die gesamte Kontrolle vollkommen in den Händen eines medizinischen Teams liegt. Wenn Patienten im Krankenhaus sterben, ist es wichtig, ihre Angehörigen nicht zu vergessen, weil diese sich in der High-Tech-Umgebung oft nutzlos vorkommen und die verschiedenen Geräte und intravenösen Infusionen wie eine Grenze zwischen Patient und Angehörigen wirken können. Der Verlust eines lieben Menschen kann enorme Bedeutung haben, und Gewissheit, dass ihr Angehöriger die bestmögliche Chance zur Überwindung seiner Krankheit erhalten hat, kann der Familie eine Stütze sein.

Es ist jetzt zwanzig Jahre her, dass ich zum ersten Mal nach einem Kurs gesucht habe, um meine Fähigkeiten in der Versorgung sterbender Patienten auf der Intensivstation zu verbessern. Auf einen solchen Kurs für Intensivschwestern warte ich immer noch. In gewisser Hinsicht sind Fortschritte erzielt worden, denn in manchen Kursen stehen Nahtod-Erfahrungen nun auf dem Lehrplan. Insgesamt gibt es jedoch sehr wenig Unterricht über den Tod, und selbst in großen Lehrkrankenhäusern werden wenig oder gar keine Vorkehrungen für die Versorgung sterbender Patienten auf Intensiv- oder Wachstationen getroffen. Themen rund um den Tod fehlen auffällig im Lehrplan für die Einführungszeit neuer Intensivschwestern, doch gerade diese Fragen treiben viele sehr um. Deshalb habe ich einen Fortbildungskurs entwickelt, der eigens diese Themen behandelt.

Unsere Krankenhäuser werden immer voller und größer. Die Menschen leben länger, doch wir haben immer noch nicht das notwendige Verständnis zum Umgang mit Patienten entwickelt, die zwischen all der Technik sterben. Viele Menschen aller Altersstufen verbringen die letzten Wochen oder Monate ihres Lebens angeschlossen an Maschinen. In den letzten paar Tagen oder Stunden, bevor das Leben der Patienten erlischt, werden die Angehörigen auf Distanz gehalten, weil ihre Besuche sich den Abläufen von Ärzten und Krankenschwestern unterordnen müssen.

Es wird immer sterbende Patienten auf der Intensivstation geben und ebenso Situationen, in denen die Patienten in einem Hospiz besser aufgehoben gewesen wären. Es ist daher in allen Abteilungen eines Krankenhauses von entscheidender Bedeutung, dass die spirituellen Aspekte der Patienten-Versorgung anerkannt werden und wir den ganzen Menschen behandeln, nicht nur den Körper.[3] Menschen in Gesundheitsberufen sind in der einzigartigen Lage, sowohl körperliche als auch spirituelle Unterstützung leisten zu können. Wenn der Tod näher rückt, kommt es entscheidend darauf an, die spirituellen Bedürfnisse der Patienten anzusprechen. Ich betrachte die Krankenpflege auf spiritueller Ebene als einen der höchsten Berufe, den man ausüben kann, und am Bett eines sterbenden Patienten zu stehen, halte ich für ein absolutes Privileg.

Der Tod sollte nicht als Niederlage betrachtet, sondern offen angenommen werden. Die Versorgung der Sterbenden sollte den gleichen Stellenwert einnehmen, den unsere Gesellschaft dem Kampf um das Leben eines Menschen einräumt. Wir sind eine den Tod leugnende, materialistische Gesellschaft. Doch gerade durch das Nachdenken über den Tod können wir innehalten und überlegen, wie wir leben. Die Erkenntnisse derer, die klinisch tot waren und von einer Nahtod-Erfahrung berichten, können große Lebensveränderungen anstoßen, die letzten Endes zu einer Verbesserung unseres heutigen Lebensstils führen werden und in einigen Fällen sogar die Wahrscheinlichkeit verringern, dass eine medikamentöse Behandlung erforderlich wird. Ich hoffe, dass dieses Buch künftigen Patienten und ihren Familien helfen kann. Insbesondere hoffe ich, dass das Nachdenken über die eigene Sterblichkeit mehr Menschen dazu ermutigt, ihr Leben neu zu überdenken. Die Beschäftigung mit Nahtod-Erfahrungen und mehr noch das Erleben einer Nahtod-Erfahrung kann den Blick dafür weiten, was das Leben zu bieten hat.

Das Nachsinnen über die eigene Sterblichkeit kann tiefgreifende Auswirkungen auf das eigene Leben haben. Dinge, an die man nie gedacht hat, werden im Angesicht des drohenden Todes plötzlich höchst relevant, und oft verschiebt sich der Schwerpunkt von einem selbst auf die Hilfe für andere. Als zum Beispiel bei der vierunddreißigjährigen Juliet Boyd eine tödliche Krankheit diagnostiziert wurde, stürzte dies ihr Leben ins Chaos. Sie stand vor der düsteren Aussicht, sich von ihrer zweijährigen Tochter verabschieden zu müssen. Die sich nie richtig an sie erinnern würde. Deshalb erstellte sie eine Liste der Dinge, die sie ihrer Tochter sagen wollte, und schrieb Erinnerungen auf, was sie in ihrem Leben getan hatte, damit ihre Tochter einen Eindruck davon bekäme, wer sie war. Glücklicherweise fand Juliet später heraus, dass es sich um eine Fehldiagnose gehandelt hatte, doch die existenzielle Angst, die sie ausgestanden hatte, hinterließ ihre Spuren. Daher wollte sie anderen helfen, die mit einer tödlichen Krankheit konfrontiert sind. Sie richtete einen Dienst ein, über den tödlich Erkrankte eine Dokumentation ihres Lebens erstellen können, die nach ihrem Tod an Angehörige weitergegeben wird.[4]

Wie in Kapitel Acht näher ausgeführt, hatten alle Kulturen einst ein Totenbuch, das den Sterbenden half, sich auf ihren Tod vorzubereiten, das aber auch den nicht Sterbenden Anleitung zum Leben gab. Unser rasendes Tempo bei technischen Durchbrüchen ging nicht mit einem entsprechenden inneren Wachstum einher, weshalb unsere heutige Gesellschaft ratlos vor der Frage steht, wie der Tod zu verstehen und wie mit ihm umzugehen ist. Wir haben in unserer heutigen Gesellschaft kein „Totenbuch", doch es ist offensichtlich, dass wir dringend eines brauchen.

Die spirituellen Aspekte unseres Lebens konnten mit unserer intellektuellen Entwicklung nicht Schritt halten. Wir stehen heute deshalb vor einer höchst fortschrittlichen Technik im Gesundheitswesen, sind aber für den Umgang mit dem, was sie mit sich bringt – die Entfremdung vom Tod – nicht gerüstet. Die Verleugnung des Todes findet nicht nur im Krankenhaus statt, sondern in uns allen. Niemand möchte, dass Angehörige und Freunde sterben, aber leider ist das eine Tatsache des Lebens. Es ist etwas, worauf wir nie vorbereitet sind, doch es würde uns helfen, wenn wir es wären. Auch meine langjährige Auseinandersetzung mit dem Tod hat mir den Schmerz und das Verlustgefühl nicht erspart, als meine Angehörigen starben, doch in den Monaten vor ihrem Tod fühlte ich mich besser darauf vorbereitet.

Deshalb halte ich diese Forschung für so wichtig. Die Menschen, mit denen ich gesprochen habe und die fast gestorben sind oder klinisch tot waren und von einer Nahtod-Erfahrung berichtet haben, empfinden den Tod nicht als etwas Schlechtes. Traurig ist er nur für die Hinterbliebenen. Ich weiß aus eigener Erfahrung, dass wir nach dem Tod eines lieben Menschen eine große, klaffende Wunde in uns tragen, die erst nach Jahren heilt – und bei manchen sogar nie. Doch Nahtod-Erfahrene kommen mit einer Botschaft der Hoffnung wieder, die den Heilungsprozess anstoßen kann. Deshalb sind sie in der Trauertherapie eine so große Hilfe. So sagt die nahtoderfahrene Jules Lyons:

*In Wahrheit gibt es keinen „Tod". Was viele als „das Ende" betrachten, ist in Wirklichkeit nur ein Wechsel, wie ein Kleiderwechsel oder ein Wechsel des Verkehrsmittels oder ein Wohnungswechsel. Ich wünschte, ich könnte den Leuten ihre ganze Todesangst nehmen, denn wenn überhaupt, dann ist das, was wir als „Tod" bezeichnen, eigentlich eine Befreiung und eine sehr, sehr schöne Reise.*

*Es bricht mir das Herz, wenn ich höre, dass Menschen um Angehörige trauern, die „für immer von uns gegangen" sind. Ich wünschte, ich könnte den Leuten begreiflich machen, dass diejenigen, die wir „verloren" haben, äußerst lebendig und uns tatsächlich wesentlich näher sind, als uns bewusst ist.*

Wenn heute mehr Menschen erfolgreich wiederbelebt werden können und mehr lebensbedrohlich Erkrankte genesen, wird wahrscheinlich auch die Anzahl der Menschen entsprechend steigen, die von einer Nahtod-Erfahrung berichten. Es ist entscheidend wichtig, dass wir diese Erfahrungen anerkennen und bejahend darauf reagieren, statt sie aufgrund der unbewiesenen Vermutung zu verwerfen, dass es sich dabei um Halluzinationen oder um das Produkt eines nicht mehr funktionierenden Gehirns handelt. Man darf hoffen, dass die Betroffenen, die mit ihrer Nahtod-Erfahrung zurechtzukommen und sie zu verstehen versuchen, ermutigt werden, sich an Menschen zu wenden, mit denen sie darüber sprechen können. Am wichtigsten aber ist mir die Hoffnung, dass Nahtod-Erfahrungen von allen anerkannt werden, insbesondere von Menschen in Gesundheitsberufen, und dass diese, unabhängig davon, was sie selbst von Nahtod-Erfahrungen halten, mitfühlend mit Menschen umgehen, die von einem solchen Erlebnis berichten und sie auf die Stellen hinweisen, die ihnen praktische, hilfreiche Informationen bieten.

Die beiden Patienten mit der tiefsten Nahtod-Erfahrung in meiner prospektiven Studie haben heute absolut keine Angst mehr vor dem Tod und behaupten beharrlich, man müsse sich davor nicht fürchten. Wie andere prospektive Forschungsarbeiten zu Nahtod-Erfahrungen[5] zeigt auch diese, dass die Betroffenen klare, luzide, bewusste Erfahrungen aus einer Zeit wiedergegeben haben, in der ihr Hirn nicht mehr oder nicht mehr optimal gearbeitet hat. Dabei handelt es sich nicht um anekdotische Geschichten, für die es herkömmliche Erklärungen gibt. Es sind vielmehr sorgfältig dokumentierte Fälle, belegt durch fachliche Notizen von Medizinern und Krankenschwestern sowie die Aussagen der Patienten und des während der Ereignisse anwesenden Personals. Darüber hinaus zeigte sich in der prospektiven Forschung eine hohe Übereinstimmung mit anekdotischen Fällen, über die zuvor bereits in der Literatur berichtet worden war.

Um es kurz zu rekapitulieren, meine Forschungsarbeit hat gezeigt, dass Nahtod-Erfahrungen in jedem Zusammenhang vorkommen können, bei Herzstillstand aber häufiger auftreten. Das könnte bedeuten, dass man umso wahrscheinlicher von einer Nahtod-Erfahrung berichtet, je näher man dem Tode war. Ein Patient, der angab, eine außerkörperliche Erfahrung gehabt zu haben, konnte das Verhalten des Arztes, der Krankenschwester und der Physiotherapeutin zu einem Zeitpunkt, als er sich in tiefer Bewusstlosigkeit befand, zutreffend beschreiben. Im Gegensatz dazu gab die Kontrollgruppe auf die Bitte hin, ihre Reanimation zu beschreiben, mehrheitlich an, keine Ahnung zu haben, und die wenigen Vermutungen, die doch angestellt wurden, waren ungenau und zeigten falsche Vorstellungen von den angewandten Verfahren und verwendeten Instrumentarien. Nahtod-Erfahrungen sind ein lückenhaft dokumentiertes Phänomen: Von den fünfzehn Nahtod-Erfahrungen kamen die Angaben nur in zwei Fällen aus eigenem Antrieb. Beide Erfahrungen waren sehr intensiv und hatten bei den Patienten einen so tiefen Eindruck hinterlassen, dass sie mit anderen darüber sprechen wollten. Die übrigen dreizehn Patienten hätten nichts über ihre Nahtod-Erfahrung erzählt, hätte ich sie nicht gefragt, ob sie sich aus der Zeit ihrer Bewusstlosigkeit an irgendetwas erinnern könnten. Außerdem gab es drei Patienten, die berichteten, sie hätten eine Nahtod-Erfahrung gehabt, jedoch kurz danach verstarben. Es könnte daher sein, dass Patienten in der akuten Phase ihrer Erkrankung eine Nahtod-Erfahrung haben, sich aber vor ihrem Tod nicht so weit erholen, dass sie darüber berichten könnten. Die materialistischen Theorien werden durch diese Forschungsergebnisse offensichtlich nicht gestützt, und wenn überhaupt, dann unterdrücken Medikamente Nahtod-Erfahrungen eher, als dass sie sie hervorrufen. Die folgenden Aspekte – Begegnung mit verstorbenen Verwandten, wobei die Betroffenen zum Zeitpunkt ihrer Erfahrung nichts von deren Tod wussten (Patient Neunzehn); Erlangung von Informationen auf anderem Wege als über die Sinne (Patient Elf und Patient Zweihundertfünfundneunzig) sowie die unerklärliche Spontanheilung eines Geburtsfehlers (Patient Zehn) – sind nicht durch physiologische, psychologische oder kulturelle Faktoren zu erklären.

Es ist leicht nachvollziehbar, dass Nahtod-Erfahrungen auf den ersten Blick von vielen zunächst als Halluzinationen verworfen werden. Bedenkt man jedoch die Komplexitäten dieser Erfahrungen und beschäftigt sich mit ihnen sowie mit den Menschen, die darüber berichten, sind sie schon wesentlich schwieriger konventionell zu erklären. Nach einer Nahtod-Erfahrung treten nicht nur große psychische und soziale, sondern in manchen Fällen auch physiologische Veränderungen ein, etwa im elektrischen Feld des Körpers sowie in Form von Spontanheilungen. Nach über dreißig Jahren Forschung über Nahtod-Erfahrungen gibt es innerhalb des heutigen wissenschaftlichen Paradigmas immer noch keine Theorie, die alle Aspekte dieses Phänomens adäquat erklären könnte. Angesichts der Tatsache, dass die prospektive klinische Forschung jetzt zeigt, dass die vorgeschlagenen Theorien, wonach Nahtod-Erfahrungen auf Anoxie, Hyperkarbie oder die verabreichten Medikamente zurückzuführen seien, nicht haltbar sind, bleibt uns nichts anderes übrig, als das Bewusstsein aus einem anderen Blickwinkel zu erforschen.

Es ist bedauerlich, dass das vorherrschende Denken den Geist mit dem Gehirn gleichsetzt. Zwar sind bestimmte Gehirnareale wohl daran beteiligt, wie eine Nahtod-Erfahrung erlebt wird, doch leider wurden diese Korrelationen mit Kausalitäten verwechselt.[6] Aus dieser Perspektive werden Nahtod-Erfahrungen nie adäquat zu erklären sein. Wenn wir jedoch die Möglichkeit in Betracht ziehen, dass das Bewusstsein und nicht der Körper das Primäre ist und das Gehirn Bewusstsein eher vermittelt als erzeugt, dann eröffnet sich ein wesentlich besseres Verständnis von Bewusstsein. Nahtod- und andere anomale Erfahrungen wurden zwar als paranormal oder übernatürlich bezeichnet, aus dieser neuen Sicht wären diese Erfahrungen jedoch ganz und gar nicht übernatürlich, im Gegenteil, sie wären ziemlich normal.

Im Verbund mit der Vielzahl früherer Studien zu Nahtod-Erfahrungen zeigen prospektive Studien, dass die Prämisse, Bewusstsein sei ein Nebenprodukt des Gehirns, eine überholte Vorstellung ist. Leider ist die Überzeugung, Bewusstsein werde vom Gehirn erzeugt, unserem gegenwärtigen Glaubenssystem so tief eingefleischt, dass alle Anhaltspunkte, die anderes vermuten lassen, sofort ignoriert oder verworfen werden, weil sie eine zu große Bedrohung darstellen. Chris Carter fasst dies treffend zusammen, wenn er sagt: „Wissenschaft kann kein objektiver Entdeckungsprozess sein, wenn sie untrennbar mit einem metaphysischen Glauben verbunden ist, der fraglos akzeptiert wird und dazu führt, dass bestimmte Beweislinien von vorneherein ausgeschlossen werden, und zwar mit der Begründung, sie widersprächen dem metaphysischen Glauben.“[7] Darüber will ich jedoch an dieser Stelle nicht streiten – vielmehr möchte ich mich darauf konzentrieren, inwiefern wir von einem besseren Verständnis der Nahtod-Erfahrungen profitieren können.

In Kapitel Neun wird ausgeführt, welchen Wert es hat, wenn wir Nahtod-Erfahrungen anerkennen und uns mit ihnen beschäftigen. Sie haben sich nachweislich bei der Prävention von Suiziden und in der Trauertherapie bewährt. Nach einer Nahtod-Erfahrung entwickeln viele Menschen ein stärkeres Umweltbewusstsein, und die Bewahrung der Erde wird ihnen sehr wichtig. Viele Nahtod-Erfahrene zeigen infolge ihres Erlebnisses altruistisches Verhalten. Tatsächlich fördern einige der am häufigsten angegebenen Nachwirkungen, wie Mitgefühl und Liebe zu anderen, die Gesundheit. Dass einige Betroffene von Heilfähigkeiten und Spontanheilungen berichten, die nicht einfach von der Hand zu weisen sind, könnte für alle Menschen von Bedeutung sein, wenn wir nur den dahinterstehenden Mechanismus verstehen würden.

Solange Nahtod-Erfahrungen konventionell erklärt oder verworfen und als Verirrungen eines desorganisierten Gehirns abgetan werden, haben wir keine Chance, diese Fähigkeiten zu unserem Nutzen zu integrieren. Würden diese Heilfähigkeiten wissenschaftlich untersucht und besser verstanden, könnten möglicherweise nichtinvasive Heilmethoden entwickelt werden, die die konventionelle Medizin ergänzen und nach Krankheiten zu einer schnelleren Gesundung führen könnten. Wenn wir diese Heilfähigkeiten verwerfen und ignorieren, verweigern wir unserem Gesundheitswesen die Weiterentwicklung und künftigen Generationen die Möglichkeit, ihre Gesundheit durch Anerkennung aller ihrer Aspekte, nicht nur der körperlichen, zu verbessern. Wenn wir die Botschaft der Nahtod-Erfahrungen zu unserem Vorteil umsetzen, dann könnte uns dies möglicherweise so sehr stärken, dass wir länger gesund blieben und die Notwendigkeit von Krankenhaus-Aufenthalten erheblich reduziert würde. Diese Vorstellungen sind neu, und viele betrachten sie vielleicht als idealistisch oder unrealistisch, doch wenn wir sie nicht beachten und untersuchen, werden wir dies nie herausfinden.

Unsere Wissenschaft leistet Erstaunliches; sie war sehr wichtig für unsere Entwicklung und hat uns an den gegenwärtigen Punkt unserer Evolution geführt. Die wissenschaftliche Vorgehensweise ist präzise und rigoros; sie erzielt ihre Fortschritte durch Messen und Wiederholen von Experimenten. Ohne die Wissenschaft wären wir nicht da, wo wir heute sind; es gäbe keine Technik und nicht die Fortschritte in der Gesundheitsfürsorge, die unsere Lebenserwartung erhöht haben. Leider befasst sich die Wissenschaft nur mit dem Physischen, und alles, was nicht gemessen werden kann, gilt als nicht existent. Die Wissenschaft hat ihre Fortschritte durch eine starke Abkoppelung des Geistes vom Körper erzielt. Es gibt jedoch etwas, das nicht gemessen werden kann und bei dem sich dennoch alle Menschen einig sind, dass es existiert – und das ist die Liebe.

Dies ist für mich das Spannende. Wenn ich darüber nachdenke, wie wir zu diesem Weltbild gelangt sind, zeigt sich, dass sich die Wissenschaft im Laufe der Geschichte immer wieder verändert hat und stets zur nächsten Ebene voranschreitet, sobald bestimmte Entdeckungen gemacht werden.

Einst war das religiöse Weltbild das vorherrschende, bis es durch die Wissenschaftliche Revolution verdrängt wurde. Verfechter der Naturwissenschaft, wie Isaac Newton und Galileo Galilei, förderten die Überzeugung, das Universum sei eine riesige Uhr, und der Mensch wurde auf eine Maschine reduziert. Alle spirituellen Aspekte des Lebens wurden dem Einflussbereich der Kirche überlassen, während die Wissenschaft das Physische erforschte. Es hat allerdings den Anschein, als ob ein Teil unseres technischen Fortschritts unserer spirituellen Natur eher zum Nachteil gereicht hätte. Spirituelle Aspekte des Lebens werden nicht anerkannt, und dieses Versäumnis hat dazu geführt, dass wir entscheidende Erfahrungen an der Wurzel der menschlichen Psyche nicht verstehen können.

Viele Aspekte des Lebens, die einst als wissenschaftlich erwiesen galten, stellten sich später als falsch heraus. Bis etwa 1500 n. Chr. galt es als „wissenschaftlich erwiesen", dass die Erde eine Scheibe ist; bis ins 4. Jahrhundert hinein galt es als „wissenschaftlich erwiesen", dass die Erde der Mittelpunkt des Universums ist. Es gilt als erwiesen, dass Bewusstsein vom Gehirn erzeugt wird, und erst seit ein paar Jahrzehnen wird dies hinterfragt. Heute glauben viele Vertreter der Nahtod- und Bewusstseinsforschung, darunter auch ich, dass Bewusstsein durch das Gehirn vermittelt, aber nicht von ihm erzeugt wird. Das ist allerdings eine gewagte Behauptung, die dem heute gängigen Weltbild widerspricht, das wiederum mit Zähnen und Klauen von all jenen verteidigt wird, die der Überzeugung sind, Bewusstsein werde vom Gehirn erzeugt.

Ein weiterer Punkt, den ich Ihnen mitgeben möchte, ist die wissenschaftliche Feststellung, dass wir alle aus Energie bestehen. Außerdem behauptet unsere Wissenschaft, Energie könne weder erschaffen noch vernichtet werden – wenn also unser physischer Körper stirbt, was passiert dann mit der Energie?

Tatsache ist schlicht, dass die Wissenschaft sich verändert, wenn sie durch den wissenschaftlichen Prozess Neues entdeckt; und was wir heute für selbstverständlich halten, galt einst als widersinnig. Nehmen wir zum Beispiel die Glühlampe. Hier einige Zitate, als ihre Erfindung bekanntgegeben wurde:

- „Gut genug für unsere transatlantischen Freunde … doch der Aufmerksamkeit praktischer und wissenschaftlicher Männer nicht wert." Komitee des britischen Parlaments, 1878
- „Erschreckende Ankündigungen wie diese sollten als der Wissenschaft unwürdig und ihrem wahren Fortschritt abträglich missbilligt werden." Sir William Siemens 1880[8]

Im Hinblick auf die Gesundheitsfürsorge erscheinen folgende Aussagen heute absolut unfassbar:

- „Die Abschaffung des Schmerzes in der Chirurgie ist eine Chimäre. Es ist absurd, dies weiter anzustreben. … Messer und Schmerz sind in der Chirurgie zwei Worte, die im Bewusstsein des Patienten auf ewig miteinander verbunden bleiben müssen." Dr. Alfred Velpeau, französischer Chirurg, 1839.[9]
- „Louis Pasteurs Keimtheorie ist eine lächerliche Erfindung." Pierre Pachet, Chirurg und Physiologie-Professor in Toulouse, 1872.
- „Der Leib, die Brust und das Gehirn werden dem Zugriff des klugen und humanen Chirurgen immer verschlossen bleiben." John Eric Ericksen, britischer Chirurg, zum Sonderchirurgen für Queen Victoria ernannt, 1873.[10]

Nahtod-Erfahrungen galten früher als der wissenschaftlichen Untersuchung nicht würdig, doch heute, da diese Erfahrungen seriös anerkannt sind und als wissenschaftliches Betätigungsfeld ihre Berechtigung haben, stehen wir offensichtlich an der Schwelle einer Erweiterung unseres heutigen Wissens vom Sinn des Lebens und des Todes. Es gibt keinen Zweifel, dass sie auftreten, wir können sie lediglich noch nicht erklären. Es gibt keinen Grund, sie zu missachten. Es gibt so viele Beweise dafür, wie wichtig es ist, das Spirituelle in unser Leben und unser Gesundheitswesen mit aufzunehmen, dass es an der Zeit ist, diese Beweise zu beachten und zur Verbesserung unseres gegenwärtigen Gesundheitssystems zu nutzen.

Nahtod-Erfahrungen kommen zweifellos vor und haben stark lebensverändernde Wirkung – nicht nur bei jenen, die sie erleben, sondern auch bei allen, die sich damit beschäftigen. Noch einmal Jules Lyons:

*Durch meine Nahtod-Erfahrung bin ich erwacht, und sie hat mich in vieler Hinsicht verändert. Sie hat mir auch endgültig klargemacht, dass niemand „durch Zufall" hier auf der Erde ist, dass wir alle Sinn und Ziel haben, etwas, weswegen wir in diesem Leben hierhergekommen sind und das wir tun wollen, bevor wir wieder „nach Hause" zurückkehren.*

*Wenn ich mir die Welt ansehe, dann kommt es mir so vor, als ob die Menschen immer mehr dafür lebten zu „nehmen", statt sich auf ihr* ***Seelenziel*** *auszurichten … welches* ***geben*** *heißt.*

Es ist Ironie des Schicksals, dass ausgerechnet die Wissenschaft, die zur Entwicklung einer Technik geführt hat, die es möglich macht, dass mehr Menschen lebensbedrohliche Krankheiten überwinden – und deshalb die Zahl der Leute steigt, die von Nahtod-Erfahrungen und Erlebnissen am Lebensende berichten – diese immer noch nicht als gültige Erfahrungen anerkennt, weil das gängige wissenschaftliche Paradigma keinen Raum für Integration und Verständnis der spirituellen Aspekte des Lebens lässt. Doch diese Wissenschaft war nutzlos für die Eltern, Großeltern und Geschwister des zweijährigen Jungen, der an Heiligabend tragisch verstarb; sie war nutzlos für den Mann und die Söhne der Frau, die sich im Urlaub einen tödlichen Virus zuzog und zwei Tage danach verstarb; sie war nutzlos für den Mann, dessen Ehefrau und Gefährtin nach fünfundsechzig gemeinsamen Jahren nach wochenlanger Krankheit starb, um nur eine winzige Minderheit der tragischen Fälle zu nennen, die mir im Laufe meines Berufslebens im Gedächtnis geblieben sind.

Wissenschaft funktioniert gut, weil sie messen und wiegen kann und Experimente wiederholbar sind. Bei den spirituellen Aspekten des Lebens ist dies nicht möglich. Die Pathologen können keine Obduktion vornehmen und dabei an einer bestimmten Stelle im Körper die Gedanken, Gefühle und Erinnerungen des Menschen entdecken. Wir haben alle Gedanken, Gefühle und Erinnerungen, doch dass wir sie nicht messen können, bedeutet nicht, dass sie in unserem Alltag nicht wichtig sind. Ich habe nicht den geringsten Zweifel, dass ich einen Meter vierundfünfzig groß bin. Die Wissenschaft bestätigt dies, weil sie es messen kann. Ich habe nicht den geringsten Zweifel, dass ich meinen Mann sehr liebe, aber die Wissenschaft hat keinerlei Möglichkeit, dies zu messen oder zu bestätigen. Dennoch kann niemand bestreiten, dass es Liebe gibt.

Frühere Untersuchungen von Nahtod-Erfahrungen wollten eine materialistische Ursache dafür finden, was von den sehr wichtigen spirituellen Erkenntnissen abgelenkt hat, die daraus wahrscheinlich zu erlangen sind. Es ist an der Zeit, dass wir mit dieser ausschließlichen Konzentration auf eine Pathologisierung dieser Ereignisse aufhören und darüber nachdenken, was sie uns über das Leben lehren können.

Leider wird Spiritualität oft mit Religion verwechselt. Aber das ist sie nicht. Man kann spirituell sein, ohne einer Religion anzugehören. Spirituelle Bedürfnisse sind allen Menschen inhärent. Auch wenn wir uns zu Atheisten oder Wissenschaftlern ohne Glauben an das Spirituelle erklären, haben wir alle verschiedene spirituelle Bedürfnisse, die unserem Leben einen Sinn geben, ganz gleich wie sehr wir versuchen, sie zu leugnen. In manchen Fällen werden diese spirituellen Bedürfnisse erst ersichtlich, wenn der Tod heranrückt. Leider habe ich bei vielen Patienten beobachtet, dass sie in spirituelle Bedrängnis gerieten, als sie dem Tode näher kamen:

Viele fürchteten sich vor dem, was mit ihnen geschieht, und viele hatten Angst davor, ihre Lieben zu verlassen oder ihre materiellen Besitztümer zu verlieren. In manchen Fällen ist es die Angst vor dem Unbekannten oder vor Kontrollverlust. Die Auseinandersetzung mit unseren spirituellen Bedürfnissen noch zu Lebzeiten kann dafür sorgen, dass wir, wenn unser eigener Tod näher rückt, froh sind, alles gesagt und getan zu haben, was wir wollten, und die Gewissheit verspüren, dass uns nichts Schreckliches erwartet.

Die spirituellen Aspekte des Lebens helfen, Mitgefühl für andere zu entwickeln, und tatsächlich geschieht dies bei den meisten Nahtod-Erfahrenen auf eine sehr tiefgreifende Weise, weil sie einen vollständigen spirituellen Wandel erfahren. Ein sinnvolles Leben ist unabdingbar, damit die physischen und die spirituellen Aspekte des Lebens miteinander im Gleichgewicht sind. Wissenschaft und Spiritualität gehen Hand in Hand. Die eine sucht Bestätigung, die andere Verständnis, beides ist für das Menschsein ausschlaggebend. Doch unsere Wissenschaft hat das Spirituelle ignoriert, weshalb die Menschheit mehrheitlich in einer sehr unausgewogenen Welt lebt. Forschungen über Altruismus, Liebe, Mitgefühl und Dankbarkeit (alles Qualitäten der Nahtod-Erfahrung) zeigen, dass alle vier der Gesundheit und unserer Weiterentwicklung förderlich sind.

Eine Nahtod-Erfahrung ist eine beschleunigte spirituelle Transformation – diese Menschen sind buchstäblich dem Tod begegnet, und dies völlig unerwartet und plötzlich. Es musste etwas geschehen, was sie in ihren Grundfesten erschüttert hat und wodurch sie das Leben auf ganz andere Art und Weise erfuhren, als man sie glauben gemacht hatte. Auch wir können durch unsere spirituelle Entwicklung aus ihren Erkenntnissen lernen. Die aus der Nahtod-Erfahrung resultierende spirituelle Transformation flößt uns Eigenschaften ein, die für die Evolution unserer Art und der Erde als ganzer sehr förderlich sind. Wir entwickeln uns ständig weiter. Aus globaler Perspektive betrachtet, wird die spirituelle Entwicklung dazu führen, dass wir überdenken, wie wir mit unseren Mitmenschen, Tieren und Pflanzen auf der Welt umgehen, wodurch wiederum ein Gleichgewicht zustande kommen kann, das für das Überleben unseres ganzen Planeten notwendig ist.

Man hat uns glauben gemacht, der Tod sei etwas Schreckliches, Trauriges und Angsteinflößendes. Doch Nahtod-Erfahrene, die ja einen vorübergehenden Tod erlebt haben, berichten mehrheitlich von einem wunderbaren, friedlichen Erlebnis. Wenn wir achtsam mit unserer Lebensweise umgehen, können daraus der Frieden und die Harmonie resultieren, nach denen wir uns alle sehnen. Wir verwenden so viel Zeit darauf, der Vergangenheit nachzuhängen oder uns auf die Zukunft zu freuen, dass wir ganz vergessen, im Moment zu leben. Es ist an der Zeit, neben der Wissenschaft auch das Spirituelle zu akzeptieren und wieder ins Gleichgewicht zu kommen, damit wir ein erfülltes Leben führen und vor allem im Moment leben können, denn das Gestern ist Geschichte, und ein Morgen gibt es womöglich nicht.

Wir können auch achtsam mit unserer Lebensweise umgehen, indem wir Nahtod-Erfahrenen zuhören. Viele sprechen nur sehr ungern über ihre Erfahrung, weil sie sich sorgen, man könne ihnen nicht glauben, oder weil sie befürchten, man könne sie für psychisch instabil halten. Doch die Erkenntnisse, die sie gewonnen haben, können uns vieles lehren. Ignorieren Sie den Tod nicht, denken Sie darüber nach. Denken Sie darüber nach, wie es Ihnen erginge, wenn bei Ihnen eine tödliche Erkrankung diagnostiziert würde. Was, wenn dies der letzte Tag oder die letzte Woche Ihres Lebens wäre – würden Sie dann jetzt sofort etwas anderes tun? Achten Sie darauf, wie Sie leben, und halten Sie nichts für selbstverständlich. Leben im Jetzt – letztendlich führt Achtsamkeit genau dazu.

Anhand der Vielzahl der Menschen, die sich im Laufe der Jahre mit mir in Verbindung gesetzt haben, wird deutlich, dass diese Erfahrungen rund um Tod und Sterben häufig sind. Ich bin sogar überzeugt, dass die meisten Leserinnen und Leser einige dieser Phänomene selbst erlebt haben oder jemanden kennen, der so etwas erlebt hat – sie sprechen nur nicht darüber. Eines zeigte sich im Laufe der Arbeit an diesem Buch ganz besonders deutlich: Wie dankbar die Menschen waren, deren Erfahrungen im Buch wiedergegeben werden, dass ihr Erlebnis anerkannt und nicht abgetan wurde. Bis das volle Ausmaß der beschriebenen Nahtod-Erfahrungen erfasst war, dauerte es in manchen Fällen Monate (in einigen wenigen bis zu zehn Jahre), und es erforderte mehrere Treffen, E-Mails oder Telefonate, bis die Betroffenen alle Aspekte offen ausgesprochen hatten, weil sie so vorsichtig waren. Es geht ihnen ganz sicher nicht darum, Aufmerksamkeit zu erregen; denn wie Sie sehen können, wollten die meisten Nahtod-Erfahrenen anonym bleiben. Wenn Journalisten bei mir anfragen und Nahtod-Erfahrene fürs Fernsehen oder Radio gewinnen möchten, kommt von den meisten Betroffenen ein entschiedenes „Nein“. Diese Menschen haben eine lebensverändernde Erfahrung gemacht, die so implausibel wirkt, dass allein der Gedanke, mit jemandem darüber zu sprechen, manche buchstäblich in Angst und Schrecken versetzt. Es ist Zeit, dass anerkannt wird, dass Nahtod-Erfahrungen ein höchst reales Erlebnis sind und die Menschen, die eine Nahtod-Erfahrung haben, mit dem Respekt behandelt werden, den sie verdienen.

Viele Nahtod-Erfahrene werden bei ihrem Erlebnis zutiefst erleuchtet und sich der Folgen ihres Denkens und Handelns bewusst, weshalb sie ihr Verhalten danach radikal ändern. Ein Gedanke erfüllt mich mit Hoffnung: Wenn immer mehr Menschen dieses Verhalten übernähmen, dann könnte unsere Welt ein wenig besser werden. Frühere Forschungen haben gezeigt, dass die Beschäftigung mit Nahtod-Erfahrungen lebensverbessernd wirken kann und Menschen, die selbst keine Nahtod-Erfahrung haben, von denselben positiven Veränderungen berichten wie Nahtod-Erfahrene, nur in geringerem Ausmaß. Stellen Sie sich vor, jeder hätte eine Nahtod-Erfahrung und wäre so tief berührt, wie die Betroffenen in diesem Buch. Stellen Sie sich vor, jeder änderte seine Sicht des Lebens und betrachtete alle Menschen als miteinander verbunden und wertvoll, als Teil desselben, allem zugrunde liegenden Bewusstseins? Was wäre, wenn jeder die Bedürfnisse des anderen über die eigenen stellte? Wie radikal würde unsere Welt sich wandeln!

Christine Stewart (deren Nahtod-Erfahrung in Kapitel Drei beschrieben ist) sagt dazu:

*Meine Überzeugung ist, wenn jeder eine Nahtod-Erfahrung hätte, würde es nie wieder Krieg geben; keiner würde hungern oder der Gewalt zum Opfer fallen, und Gier gehörte der Vergangenheit an.*

Jules Lyons:

*Ich denke oft, wenn jeder Mensch auf dieser Welt heute Nacht eine Nahtod-Erfahrung hätte und ins Jenseits reiste, dann würden wir morgen alle am Beginn einer ganz anderen Welt auf dieser Erde erwachen.*

Während der Nahtod-Erfahrung entsteht ein überwältigendes Verständnis dafür, dass alles miteinander verbunden ist. Gekoppelt mit der Lehre aus dem Lebensrückblick läuft dies auf die Haltung hinaus, dass wir, was wir anderen tun, letztlich uns selbst zufügen. Dies steht im Einklang mit der „Goldenen Regel", dem Kern aller Religionen und spirituellen Überlieferungen: „Tue anderen so, wie du willst, dass sie dir tun." Dies ist kein versponnenes New-Age-Geschwätz, sondern eine tiefe spirituelle Wahrheit, die, wenn wir sie alle befolgten und verstünden, zu gegenseitiger Achtung, Liebe und Frieden führen würde. Nahtod-Erfahrene zeigen uns, dass bewusst zu leben uns nicht nur auf den eigenen Tod vorbereitet, sondern die zweifache Wirkung hat, dass wir einander achten und unser Leben einen Sinn erhält. Ob wir uns ihre Erkenntnisse zu eigen machen, ist natürlich jedem selbst überlassen. Wie entscheiden Sie sich?

# Epilog

Das Wichtigste im Leben ist zu lernen, wie man Liebe gibt
und wie man sie in sich hereinlässt.
MORRIE SCHWARTZ[1]

Oh nein … ich hörte, wie meine Kollegin um Hilfe rief, und dann stach mir auch schon der unverwechselbare Ton des Herzstillstands-Alarms ins Ohr. Ich unterbrach meine Arbeit und schaute mich um. Ich war die Einzige in meinem Teil der Intensivstation, die einspringen konnte. Ich bat meine Kollegin, meinen Patienten im Auge zu behalten, und ging langsam zu dem Bett, um das hektisch die Vorhänge zugezogen worden waren. Mehrere Mitglieder des Teams kümmerten sich bereits um die abgemagerte Patientin, die erkennbar an ihrem Lebensende angekommen war. Eine hatte die Luft aus der Matratze ihres Bettes gelassen, die frisch examinierte Schwester hatte bereits mit der Herz-Lungen-Reanimation begonnen, eine weitere kümmerte sich um die Luftwege – ein perfekt organisierter Ablauf, bei dem jedes Mitglied des Teams seine Aufgabe mit großem Geschick und hoher Effizienz erfüllt. Das Schauspiel ging noch eine halbe Stunde so weiter; inzwischen zeigte der Herzmonitor einen sehr schnellen, unregelmäßigen Herzschlag, aber keine kardiale Auswurfleistung; es war höchst unwahrscheinlich, dass die Dame überleben würde.

Ich versuchte, unter den Leitungen des Defibrillators und den leeren Schachteln von Reanimations-Medikamenten ihren Körper ausfindig zu machen; ich konnte nicht einmal ihre Hand sehen, geschweige denn sie halten, deshalb sprach ich in Gedanken beruhigend auf sie ein, in der Hoffnung, es könne ihr eine kleine Hilfe sein. Die junge Krankenschwester und der Arzt wechselten sich mit der Herzdruckmassage ab (nach ein paar Minuten wird sie sehr anstrengend). Ich hielt mich im Hintergrund. Es waren so viele Leute um sie, dass ich mich nicht auch noch daran beteiligen musste, auf die Brust der zierlichen sechsundachtzigjährigen Dame einzuhämmern. Ich musste nicht das Knirschen gebrochener Rippen unter meinen Händen spüren, wenn ich ihre Brust niederdrückte. Ich musste nicht sehen, wie ihr das Erbrochene seitlich aus dem Mund rann, musste ihre kalte, klamme, papierdünne Haut nicht spüren und den leeren Blick in ihren Augen nicht sehen, die einfach in den Raum starrten, während ihr Körper auf dem Bett unter den Händen des Notfallteams auf und ab schlug. Die Krankenschwester entfernte kurz den Tubus zum Beatmungsgerät, um das Sekret abzusaugen, das aus ihren Lungen aufstieg, und das Team wurde mit einer Mischung aus Blut und Schleim bespritzt, die ihr dann übers Gesicht und in ihr bereits mit Erbrochenem verklebtes Haar lief. Ich glitt still und unbemerkt durch die Vorhänge, froh, dass ich nicht gebraucht wurde …

„Okay, wir sind jetzt seit vierzig Minuten dabei. Ich denke, es ist Zeit aufzuhören. Seid ihr alle einverstanden?“ Bei diesen Worten des Arztes brachen alle ihr Tun ab. Der erratische, weite, komplexe Herzrhythmus, den der Herzmonitor nun anzeigte, verlangsamte sich, sobald die Herz-Lungen-Reanimation eingestellt wurde. Keine kardiale Auswurfleistung. Der Herzrhythmus wechselte zu einer flachen Linie: Asystolie. Die Krankenschwester schaltete den Herzmonitor aus, der Arzt stellte formell den Tod fest und das Beatmungsgerät ab. Das Team streifte die Plastikschürzen und Handschuhe ab, wusch sich die Hände und verließ das Bett. Der Krankenschwester blieb es überlassen, nach dem Gemetzel sauber zu machen, bevor der Familie die traurige Nachricht überbracht würde und man sie hereinholte, damit sie ihre geliebte Mutter, Großmutter und Schwester noch ein letztes Mal sehen konnten.

Dies ist die Nacherzählung einer Reanimation, die ich vor Kurzem miterlebt habe. Zwei Tage zuvor hatte sich auf der Station die Atmung der Dame verschlechtert, deshalb war sie zur weiteren Versorgung auf die Wachstation verlegt worden. Ich war die behandelnde Schwester, und der Plan war, die Dame mit einer nicht-invasiven Sauerstoff-Therapie zu behandeln. Als sie zu uns kam, war sie sehr zerbrechlich und verängstigt und rang durch die Sauerstoffmaske nach Luft. Daher konnte sie nicht sprechen. Etwa eine Stunde nach Beginn ihrer Behandlung verbesserte sich ihre Atmung allmählich, und sie konnte in kurzen Sätzen reden. Nach weiteren zwei Stunden war ihr Sauerstoffbedarf gesunken, und sie konnte normal sprechen. Sie äußerte den Wunsch zu sterben; sie lebte allein, vor einem Jahr war ihr Mann gestorben, und sie wollte nur noch bei ihm sein. Sie liebte ihre Familie und war dankbar für alles, was sie für sie taten, aber sie wurde immer schwächer und wusste, dass es ans Sterben ging – sie wollte nicht im Krankenhaus sein. Ich versuchte, sie zu beruhigen: Nach ein paar weiteren Stunden Sauerstofftherapie würde sie sich bestimmt schon sehr viel besser fühlen und könnte vielleicht sogar schon am nächsten Tag wieder auf die Station. Leider verschlechterte sich ihr Zustand in der Nacht; sie verlor das Bewusstsein, musste intubiert und beatmet werden.

Im Laufe der Jahre haben sich meine Ansichten stark verändert, und was ich einst als heldenhaft empfand, kommt mir heute barbarisch vor. Manchmal ist es ein schmaler Grat, ob ein Patient eher in ein Hospiz oder auf die Intensivstation gehört. Als ich noch auszubildende Krankenschwester war, hielt man es nur bei wenigen Patienten für angezeigt, sie wegen ihrer schlechten Prognose auf die Intensivstation zu verlegen. Heute, über einundzwanzig Jahre später, gibt es nur noch wenige Patienten, die *nicht* auf die Intensivstation verlegt werden. Mit meiner Forschung wollte ich erreichen, dass künftige Patienten am Lebensende, wenn feststeht, dass sie ihre Krankheit nicht überleben werden, keine unwürdige Behandlung mehr erdulden müssen, insbesondere wenn sie gegen ihren Wunsch erfolgt. Das ist allerdings eine riesige Aufgabe, denn dazu gehörte ein Bewusstseinswandel bei der Masse der Menschen, nicht nur bei mir selbst.

Es ist beruhigend zu wissen, dass in meiner Studie achtzig Prozent der Patienten, die erfolgreich reanimiert worden waren, keine Erinnerung an ihre Wiederbelebung hatten. Diejenigen, die Erinnerungen hatten, erinnerten mehrheitlich eine sehr friedliche und tröstliche Nahtod-Erfahrung. Kein Patient erinnerte sich an irgendwelche Schmerzen bei der Reanimation, doch einige gaben an, nachdem sie wieder bei Bewusstsein gewesen seien, hätte ihnen die Brust wehgetan. Was die Minderheit der Patienten anbelangt, die von einer belastenden Nahtod-Erfahrung während ihrer Reanimation berichtet haben, hoffe ich, dass die Informationen in diesem Buch und anderen Quellen dazu beitragen werden, dass Menschen in Gesundheitsberufen diese Erfahrungen und die damit verbundenen Schwierigkeiten ebenso anerkennen wie die angenehmen Erlebnisse, so dass diese Patienten während ihrer Genesung psychologisch und spirituell besser unterstützt werden können.

Wäre die Begegnung mit dem sterbenden Patienten nicht gewesen, die ich am Anfang dieses Buches schildere, dann hätte ich wohl sehr unbewusst vor mich hingelebt und wäre glücklich mit dem Massenbewusstsein mitgeschwommen. Ich bin sicher, viele von Ihnen haben sich mit diesen Themen noch nie auseinandergesetzt. Sie sind irrelevant, wenn man jung, fit und gesund ist. Was aber, wenn Sie – wie viele Patienten, die ich gepflegt habe – eines Morgens das Haus verlassen, um zur Arbeit zu gehen, jedoch dort nie ankommen? Was, wenn der Bus, den Sie nehmen, oder das Auto, das Sie fahren, in einen Verkehrsunfall verwickelt wird, oder wenn Sie überfahren werden, während Sie die Straße überqueren? Wären Sie dann zufrieden, weil Sie Ihr Leben gut gelebt haben? Gäbe es noch Dinge, die Sie gern getan hätten? Gibt es noch etwas, das Sie noch sagen oder tun wollen? Lassen Sie diese Dinge nicht ungesagt und ungetan, bis die Todesstunde naht. Das Wichtigste, was die Patienten mich gelehrt haben, ist *jetzt zu leben*. So viele Male habe ich gehört, wie Angehörige ihren Lieben sagten, sobald es ihnen besser gehe, führen sie mit ihnen in Urlaub; sehr oft müssen diese Versprechen unerfüllt bleiben, weil es den Patienten nicht besser geht. Wir sind so eifrig damit beschäftigt, uns nach den Dingen zu strecken, die wir nicht haben, dass wir gar nicht mehr sehen, was wir haben. Von den Tausenden Patienten, die ich bis zu ihrem Tod gepflegt habe, habe ich keinen auf dem Sterbebett sagen hören, er wünschte, er hätte mehr Überstunden gemacht.

Seit der Begegnung mit dem Patienten, von dem ich in der Einführung erzählt habe, hat sich mein Leben drastisch verändert – sie hat mich gezwungen, „in mich zu gehen". Daraufhin ließ mich der Drang, mehr über den Tod herauszufinden, nicht mehr los, und als ich erst einmal etwas über Nahtod-Erfahrungen gelesen hatte, gab es kein Zurück mehr. Jetzt war ich versessen darauf, mehr zu erfahren. Meine ursprüngliche Skepsis – die ich einmal für rational gehalten habe – halte ich heute für irrational; denn damals habe ich Nahtod-Erfahrungen aus einem voreingenommenen Blickwinkel heraus betrachtet, war für andere Möglichkeiten nicht offen und hatte keinerlei tiefergehendes Wissen darüber. Erst seit ich gezwungen war, das große Ganze zu sehen und eingefahrene Denkgleise zu verlassen, indem ich mich völlig auf die ganze Bandbreite der mit Nahtod-Erfahrungen verbundenen Komplexitäten einließ, erkannte ich, dass die bisherigen Erklärungen unzutreffend waren und auf falschen Vorstellungen beruhten – ich war in die Falle getappt, mich vom Massenbewusstsein mitziehen zu lassen.

Nachdem ich die schreckliche Depression überwunden hatte, in die ich nach der Pflege des sterbenden Patienten, von dem ich in der Einführung spreche, gefallen war, fand ich etwas Positives, das ich für andere tun konnte. Dadurch sah meine Welt ganz anders aus; meine Werte standen in völligem Gegensatz zu früher. Ich war immer sehr ehrgeizig gewesen und hatte mir zum Ziel gesetzt, Stationsschwester zu werden, doch auf einmal spielten diese Dinge überhaupt keine Rolle mehr. Meine Dissertation habe ich nicht der höheren Qualifikation wegen geschrieben, sondern als Mittel, mehr über den Tod, das Sterben und Nahtod-Erfahrungen herauszufinden. Als ich erstmals mit Professor Paul Badham über dieses Forschungsvorhaben sprach, habe ich das Angebot, damit zu promovieren, zweimal abgelehnt. Ja, auch nach meiner Promovierung habe ich weiter im untersten und schlechtbezahltesten Dienstrang einer Krankenschwester gearbeitet, weil es mir wichtiger war, bei den Patienten zu sein – Status und ein hohes Gehalt können mich heute überhaupt nicht mehr locken. Mich auf Nahtod-Erfahrungen einzulassen und sie zu untersuchen, hat meinem Leben einen Sinn gegeben und mich viel über das Leben gelehrt; es hat mich bereichert, und dafür werde ich immer dankbar sein. Wenn jeder, der dieses Buch liest, von diesem faszinierenden Phänomen genauso „angesteckt“ wird wie ich und so glücklich wird, wie ich es aufgrund meiner Forschung bin, dann könnte die Welt ein bisschen schöner werden. Es stimmt mich hoffnungsvoll, mir vorzustellen, dass unsere Welt eine Welt des Friedens, der Liebe und der Achtung vor dem anderen sein könnte.

Ich würde gerne glauben, dass wir alle, wenn der Tod näher rückt, Frieden, Freude und bedingungslose Liebe verspüren. Dies wird jedoch nur in der Zeit bis zum Tod erlebt – was passiert, nachdem wir gestorben sind, wissen wir erst, wenn wir es bei unserem eigenen Tod selber erfahren. Das Beste, worauf wir bei unserem Tod hoffen können, ist, dass wir gut gelebt haben. Bei meinen Vorträgen werde ich oft gefragt, ob Nahtod-Erfahrene wirklich im Himmel waren. Eines ist mir im Laufe der letzten Jahre jedoch klar geworden: Der Himmel ist kein Ort – er ist eine Gemütsverfassung, und er ist in uns allen. Wir müssen nur in uns gehen und ihn finden. Ich hoffe wirklich, dass dieses Buch jede Leserin und jeden Leser dazu anregt, sich selbst an die Erforschung jener geheimnisvollen Sache zu begeben, die wir Tod nennen, und dadurch wiederum so erfüllt, bereichert und glücklich zu werden, wie ich es bin. Dann können wir alle den Himmel hier auf Erden erleben.

# Anmerkungen

**Einführung**

1 Morrie Schwartz in Albom, M. 2003, S. 81, 83
2 Sartori, P., 2008.

**Kapitel Eins**

1 Dossey, L.; 2001, S. 62.
2 Nahm, M.; 2009a
3 Zaleski, C.; 1987.
4 Evans-Wenz, W. Y.; 1960.
5 Drolma, D.; 1995; Cuevas, B. J. 2003, 2008.
6 Sabom, M.; 1982, 1998.
7 Morse et al.; 1989, Morse, M.; 1990.
8 Holden, J.; 1988, 1989.
9 Lawrence, M.; 1995, 1998.
10 Rawlings, M.; 1979, 1993
11 Van Lommel et al.2001.
12 Schwaninger et al. 2002.
13 Greyson, B. 2003.
14 Parnia et al. 2001.
15 Moorjani, A. 2012.
16 Alexander, E. 2013.
17 Ring, K. und Cooper, S. 1999.
18 Kellehear, A. 1993.
19 Ring, K. 1980, S. 67.
20 Hampe, J. 1979, S. 65-91; Greyson, B. 1993, S. 390-399; Lundahl, C. R. 1993, S. 63-76; Amatuzio, J. 2004, S. 186; Atwater, P. M. H. 1999, S. 64.
21 Atwater, P. M. H. 1999, S. 64.
22 Ellwood, G. F. 2001; Evans Bush, N. 1994; Grey, M. 1987; Greyson, B. und Bush, N. 1992; Rawlings, M. 1979, 1993; Rommer, B. 2000; Storm, H. 2000; Rominger, R. A. 2009.
23 Sartori, P. 2008, S. 365.

24 Zaleski, C., 1987.
25 Jakobsen, M. D. 1999.
26 Rawlings, M. 1979, 1993.
27 Grey, M. 1987, S. 72.
28 Greyson, B. und Bush, N. 1992.
29 Rommer, B. 2000, S. 87-96.
30 Parnia, S., Bemerkung bei einer Sitzung der Consciousness Research Group am Fetzer Institute in Kalamazoo, Michigan, 2007.
31 Ring, K. 1994.
32 Greyson, B. und Bush, N. 1992, S. 100; Ring, K. 198, S. 8; Storm, H. 2000, S. 29-30; Bonenfant, R. J. 2004.
33 Bonenfant, R. J. 2004.
34 http://www.drrajivparti.us/my-near-death-experience
35 Zaleski, C. 1987, S. 45-52; in der deutschen Fassung S. 70-81.
36 Rommer, B. 2000, S. 97-103.
37 Grey, M. 1987, S. 110.
38 Bush, N. E. 2012.
39 Bache, C. 2000, S. 95-124.
40 Rosen, D. H. 1975, S. 289-294; Ring, K. 1980, S. 118-124, 199; Fenwick, P. und Fenwick, E. 1996, S. 280-283.
41 Garfield, C., zitiert in Lundahl, C. R. 1982.
42 Lindley, J.; Bryan, S. und Conley, B. 1981.
43 Grey, M. 1987, S. 72.
44 Atwater, P. M. H. 1992.
45 Rommer, B. 2000, S. 24-25.

**Kapitel Zwei**

1 Interviewsendung in ABC News vom 23. März 2011, siehe http://abcnews.go.com/WNT/Video/elizabeth-taylor-death-experience-13201786
2 Atwater, P. M. H. 1988; Dougherty, C. M. 1990; Greyson, B. 1992, 1992-1993, 1996, 1997; Greyson, B. und Bush, N. 1992; Groth-Marnat, G. und Summers, R. 1998; Kellehear, A. 1990; Musgrave, C. 1997; White, P. R. 1997.
3 Grosso, M. 1981.
4 Bush, N. 1991; Christian, S. R. 2006; Stout et al. 2006, S. 56.

5 Stout et al. 2006.
6 Stout et al. 2006.
7 Wren-Lewis, J. 2004.
8 Christian, S. R. 2006.
9 Kircher, P 1995; Atwater, P. M. H. 1999.
10 Van Lommel, P. 2010; Morris L. und Knafl, K. 2003.
11 Fracasso, C; Friedman, H. und Young, M. 2010, S. 75.
12 Atwater, P. M. H. 1999, S. 41.
13 Kircher, P. 1995, S. 16, 21.
14 Strom, H. 2000.
15 Van Lommel, P. 2010.
16 Matthews, C. 2009.
17 Atwater, P. M. H. 1994; Morse M. und Perry, P. 1993; Ring, K. 1992; Ring K. und Valarino, E. 1998.
18 Nouri, F. M. und Holden, J. 2008.
19 Ken Eberts E-Mail an Dr. Sartori mit dem Bericht über seine Nahtod-Erfahrung sowie ein Auszug aus seinem Buch *Theater of Clouds: A Near-Death Memoir* (CreateSpace Independent Publishing Platform 2011) sind nachzulesen auf http://www.drpennysartori.com/ndecases.html.
20 Kason, Y. 2000, S. 112.
21 Sutherland, C. 1992, 1995a.
22 Morse, M. und Perry, P. 1993, S. 142-144. Siehe auch Janets Fall, S. 138-139
23 Dossey, L. 2011.

**Kapitel Drei**

1 Bush, N. E. 1983; Sutherland, C. 1995a, S. 11.
2 Bush, N. E. 1983; Serdahely, W. 1991.
3 Morse et al. 1985; Morse, M. und Perry, P. 1990.
4 Morse, M. und Perry, P. 1990; Sutherland, C. 1995a, S. 11, 186.
5 Atwater, P. H. M. 1999, S. 42.
6 Atwater, P. H. M. 1999, S. 43.
7 Morse, M. und Perry, P. 1990.
8 Lerma, J. 2009, S. 189-220.
9 Bush, N. E. 1983; Sutherland, C. 1995a.
10 Sutherland, C. 1995a, S. 11.

11 Atwater, P. M. H. 1999, S. 63.
12 Morse et al. 1985, 1986.
13 Atwater, P. M. H. 1999, S. 64; Sutherland, C. 1995a, S. 27-30.
14 Serdahely, W. 1990.
15 Sutherland, C. 1995a, S. 188.
16 Stout et al. 2006
17 Sutherland, C. 1995a, S. 13.
18 Herzog, D. und Herrin, J. 1985.
19 Atwater, P. M. H. 1999.
20 Sutherland, C. 1995a, S. 20.
21 Atwater, P. M. H. 1999, S. 81.
22 Atwater, P. M. H. 1999, S. 65.
23 Sutherland, C. 1995a.
24 Atwater, P. M. H. 1999, S. 109.
25 Atwater, P. M. H. 1999; S. 93.
26 Morse, M. und Perry, P. 2000, S. 2, 12.
27 Atwater, P. M. H. 1999, S. 108.
28 Sutherland, C. 1995a, S. 38.
29 Atwater, P. M. H. 1999, S. 116.
30 Hoffman, E. 1992, S. 47, 69, 99, 133.
31 Atwater, P. M. H. 1999, S.68-128.
32 Atwater, P. M. H. 1999, S. 113.
33 Atwater, P. M. H. 1999, S. 118.

**Kapitel Vier**

1 Gallup, G. und Proctor, W. 1984, S. 12
2 Perera et al. 2005.
3 Knoblauch et al. 2001.
4 Thrum, T. 1907; Pommaret, F. 1989; Kellehear, A. 2001.
5 Drolma, D. 1995; Kellehear, A. 2001.
6 Murphy, T. 2001.
7 Zaleski, C. 1987.
8 Osis, K. und Haraldsson, E. 1977.
9 Pasricha, S. und Stevenson, I. 1986.
10 Pasricha, S. 2008.

11 Murphy T. 2001.

12 Murphy T. 2001, S. 173.

13 Pommaret, F. 1989; Epstein, L. 1982; Carr, C. 1993; Sogyal R. 1995, Drolma, D. 1995; Bailey, L. 2001; David-Neel, A. 1997; Cuevas, B. J. 2008.

14 Morse, M. und Perry, P. 1993, S. 127; Tachibana, T. 1994.

15 Iwasaka, M. und Toelken, B. 1994, S. xv; Yanagota, K. 1975, S. 68-69.

16 Corazza, O. 2008.

17 Hadfield, P. 1991.

18 Becker, C. 1981.

19 Becker, C. 1984.

20 Vaughan, L. 1920, S. 42-46.

21 Gomez-Jeria, J. S. 2006

22 Zhi-ying, F. und Jian-xun, L. 1992.

23 Warner, L. 1937; Berndt, R. und Berndt, C. 1989, zitiert in Kellehear, A. 2008.

24 King, M. 1985; Kellehear, A. 2008.

25 Green, J. T. 1984.

26 Counts, D. 1983.

27 In Morse, M. und Perry, P. 1993, S. 120-124.

28 McClenon, J. 2006.

29 Bockie, S. 1993 in McClennon 2006, S. 25-28.

30 Keable, R. 1921 in McClennon 2006, S. 30-32.

31 Hallowell, A. I. 1967/1940; Barrett, S. M. 1970/1906; Schoolcraft, H. R. 1975/1825, Barbour, P. L. 1983; Kalweit, H. 1988, zitiert in Wade, J. 2003.

32 Talayesva, D. 1942, zitiert in Green, J. T. 2008.

33 Neihardt, J. G. 1932/1995.

34 Wade, J. 2003.

35 Thrum, T. 1907, zitiert in Kellehear, A. 2001.

36 Gomez-Jeria, J. S. 1993.

37 Kreps, J. I. 2009.

38 Nahm, M. und Nicolay, J. 2010; Fracasso et al. 2010a.

39 Nahm, M. und Nicolay, J. 2010, S. 258.

40 Nahm, M. und Nicolay, J. 2010, S. 257.

41 Blackmore, S. 1993a.

42 Kellehear, A. 1993.

43 Jung, G. C. 1996/1959.

## Kapitel Fünf

1 Gurney, E.; Myers, F. W. H. und Podmore, F. 1886
2 Osis, K. und Haraldsson, E. 1977.
3 Cooke, A. 1968; Hoffman, E. 1992; Lerma, J. 2009.
4 Morse, M. und Perry, P. 1994; Brayne, S. 2010; Fenwick, P. und Fenwick, E. 2008
5 Brayne et al. 2006; Brayne et al. 2008; Fenwick et al. 2009
6 Brayne et al. 2006, S. 4, 5.
7 Callanan, M. und Kelley, P. 1992, S. 11-27; Sanders, M. A. 2007, S. 24-35.
8 Fenwick et al. 2009, S. 6.
9 Brayne et al. 2006, S. 7.
10 Brayne et al. 2006; Brayne et al. 2008; Fenwick et al. 2009.
11 Brayne et al. 2008.
12 Brayne., S. und Fenwick, P. 2008.
13 Alvarado, C. 2006a, 2006b.
14 Osis, K. und Haraldsson E., 1977; Nahm, M. 2009b; Nahm, M. und Greyson, B. 2009; Moody, R. A. und Perry, Pr. 2010.
15 Swaddling, M. 2006.
16 Kircher, P. M. 1995, S. 140; Fenwick P. und Fenwick E. 1996a; Howarth, G. und Kellehear, A. 2001; Kason, Y. 2000; Moody, R. A. 1999; Moody, R. A. und Perry, P. 2010, van Lommel, P. 2010.
17 Kason, Y. 2000, S. 86.
18 Osis, K. und Haraldsson, E. 1977; Kircher, P. 1995, S. 71; Nahm, M. und Greyson, B. 2009, Nahm, M. 2009b, Moody, R. A, und Perry, P. 2010, S. 15, 29.
19 Nahm, M. 2009b.
20 Kircher, P. M. 1995, S. 139.
21 Lerma, J. 2009, S. 101.
22 Lerma, J. 2009, S. 163.
23 Kircher, P. M. 1995, S. 140.
24 Guggenheim, B. und Guggenheim, J. 1996; Devers, E. 1997; LaGrand, L. E. 1997; Houck, J. A. 2005.
25 Rees, W. D. 1971.
26 Moody, R. 1992, 1993.

27 Botkin, A. L. 2000; Botkin, A. L. und Hogan, R. C. 2005.
28 Rees, W. D. 1971.
29 Kircher, P. M. 1995; Betty, L. S. 2006.
30 Fenwick et al. 2009; van Lommel, P. 2010.
31 Aries, P. 1981.

**Kapitel Sechs**

1 Planck, M. 1948.
2 Henderson, Y. und Haggard, H., W. 1927; McFarland, R. A. 1932; Whinnery, J. 1990, 1997.
3 Christensen et al. 1990; Marshall et al. 2001.
4 Van Lommel, P. 2004b.
5 Whinnery, J. 1997.
6 Fenwick, E. und Fenwick, P. 1996a, S. 309.
7 Blackmore, S. 1993, S. 67-93; Woerlee, G. 2003, 2004 S. 207-215.
8 Woerlee, G. 2004, S. 207-215.
9 Kellehear, A. 1993.
10 Meduna, C. 1950.
11 Grof, S. und Halifax, J. 1977; Masters, R. und Houston, J. 2000/1966; Saunders et al. 2000; Jansen, K. 2001.
12 Masters, R. und Houston, J. 2000/1966, S. 127.
13 Corazza, O. 2008.
14 Greyson, B. 1983a.
15 Strassman, R. 2001.
16 Strassman, R. 2001, S. 244-225.
17 Eadie, B. 1992.
18 Brinkley, D. und Perry, P. 1994.
19 Sotelo et al. 1995.
20 Kellehear, A. 1996.
21 Jansen, K. 1997a; Fenwick, P. und Fenwick, E. 1996a, S. 315-317.
22 Oyama et al. 1980.
23 Oyama et al. 1980, Halifax, J. in Varela, F. J. 1997, S. 201.
24 Fenwick, P. und Fenwick, E. 1996a, S. 315-317.
25 D'Aquili, E. und Newberg, A. 1999; Marsh, M. 2010, S. 170-186.
26 Chalmers, D. 1995.

27 Badham, P, und Badham, L. 1984.
28 Mitchell, E. D. 1974; Morris et al, 1978; Osis, K. 1972; Rogo, S. 1978.
29 Tart, C. 1968, 1998; Mitchell, E. D. 1974.
30 Osis, K. 1972.
31 Lukianowicz, N. 1958.
32 Gabbard, G. O. und Tremlow, S. W. 1984.
33 Lhermitte, J. 1939; Damas Mora et al. 1980.
34 Dewhurst, K. und Beard, A. W. 1970; Gloor et al. 1982; Devinski et al. 1989; Saver, J. L. und Rabin, J. 1997.
35 Devinsky et al. 1989.
36 Ruttan, L. und Persinger, M. A. 1990; Healy, F. und Persinger, M. A. 1996; Persinger, M. A. 2003.
37 Adams, J. und Rutkin, B. 1970.
38 Rodin, E. 1989.
39 Fenwick, P. 1997.
40 Persinger, M. A. und Healey, F. 2002.
41 Granqvist et al. 2004; eine ausführlichere Kritik dieser Forschung findet sich in Beauregard, M. und O'Leary, D. 2007.
42 Penfield, W. 1955; Penfield, W. und Perrot, P. 1963; Gloor et al. 1982; Blanke et al. 2002, 2004.
43 Penfield, W. 1955; Penfield, W. und Perrot, P. 1963; Gloor et al. 1982.
44 Blanke et al. 2002, 2004.
45 Holden, J., Long, J. und McClurg, J. 2006.
46 Blanke et al. 2002.
47 Clark, K. 1984 Sabom, M. 1982, 1998; Cook, E., Greyson, B. und Stevenson, I. 1998; Kelly, E. , Greyson, B. und Stevenson, I. 2000; van Lommel et al. 2001, Sartori, P., Badham, P. und Fenwick, P. 2006; Sartori, P. 2008.
48 Holden, J. 1988, 1989; Holden, J. und Joesten, L. 1990; Lawrence, M. 1995, 1998.
49 Parnia et al. 2001.
50 Sartori, P., Badham, P. und Fenwick, P. 2006; Sartori, P. 2008.
51 Die AWARE-Studie (AWAreness during REsuscitation – Bewusstsein bei der Wiederbelebung) ist die erste Studie des Human Consciousness Project, einer multidisziplinären Gruppe internationaler Wissenschaftler und Ärzte, die sich zusammengetan haben, um gemeinsam die Beziehung zwischen Geist und Gehirn beim klinischen Tod zu untersuchen.

52 Mavromatis, A. 1987.
53 Muldoon, A. 1965; Green, C. 1967, 1968; Muldoon, S. und Carrington, H. 1974; Monroe, R. 1974.
54 Gabbard, G. O. und Twemlow, S. W. 1984.
55 Tart, C. 1968; Twemlow, S. W. 1977.
56 Nelson et al. 2006; Nelson et al. 2007.
57 Long, J. und Holden, J. 2007.
58 Nelson et al. 2006.
59 Butler, R. N. 1963.
60 Olson, M. und Dulaney. P. 1993.
61 Heim, A. 1892.
62 Stevenson, I. und Cook, E. 1995.
63 Spiegel, D. und Cardena, E. 1991.
64 Putnam, F. W. 1991.
65 Spencer, M. 1996, S. 152.
66 Greyson, B. 2000.
67 Gabbard, G. O. und Twemlow, S. W. 1984, S. 46-47.
68 Noyes, R. und Slymen, D. 1979, S. 319.
69 Gabbard, G. O. und Twemlow, S. W. 1984, S. 56-58.
70 Noyes, R. und Kletti, R. 1977.
71 Woodrow, P. 2000; Milner, Q. J. und Gunning, K. E. 2000; Shelly, M. P. 1993; Mundigker et al. 2002; McInroy, A. und Edwards, S. 2002; Christensen, M. 2002.
72 Roberts, B. und Chaboyer, W. 2004; Sartori, P. 2008, S. 465-501.
73 Augustine, K. 2007a, 2007b, 2007c.
74 Augustine, K. 2007, S. 91.
75 Greyson, B. 2007, S. 130.
76 Athapilly, G. K. ; Greyson, B. und Stevenson, I. 2006; Long, J. und Long, J. 2003.

**Kapitel Sieben**

1 Sartori, P. 2008.
2 Holden, J. 1988, 1989; Holden, J. und Joesten, L. 1990.
3 Lawrence, M. 1995, 1998.
4 Sartori. P; Badham, P. und Fenwick, P. 2006.

5 Gurney, E.; Myers, F. W. H. und Podmore, F. 1886; Morse, M. und Perry, P. 1994; Moody, R. und Perry, P. 2010.
6 Lukianowicz, N. 1958.
7 Sabom, M. 1982.
8 Blackmore, S. 1993, S. 119-120.
9 Ring, K. 194, S. 42.
10 Osis, K. und Haraldsson, E. 1977; Ring, K. 1980, S. 211-212; Sabom, M. 1982; Grey, M. 1987, S. 90, 175; Greyson, B. 1982, 2000b; Atwater, P. M. H. 1994; Rommer, R. A. 2000, S. 22; Greyson, B. Holden, J. und Mounsey, J. P. 2006, S. 95.
11 Sartori, P. 2008.
12 Greyson, B. 2007.
13 Oyama et al. 1980.
14 Ehrenwald, J. 1974, 1978; Noyes, R. und Kletti, R. 1976; Noyes et al. 1977; Owens, J.; Cook, E. und Stevenson, I. 1990.
15 Van Lommel et al. 2001; Schwaninger et al. 2002.
16 Van Lommel et al. 2001; Parnia et al. 2001; Greyson, B. 2003; Schwaninger et al. 2002.
17 Dieser Abschnitt ist nur eine sehr kurze Zusammenfassung der wichtigsten Aspekte meiner Arbeit und gibt nicht das ganze Ausmaß der damit verbundenen Forschung wider. Ausführlichere Informationen finden Sie in der Studie, die in Gänze veröffentlicht worden ist.

**Kapitel Acht**

1 Grof, S. 1994.
2 Wallis Budge, E. A. 2008.
3 Evans Wenz, W. Y. 196; Sogyal Rinpoche 2004.
4 Christensen, A. J. 2003
5 Ariès, P. 1981, 1994 (engl.) bzw. 1976, 1980 (deutsch).
6 Sogyal Rinpoche 1995, S. 7 (englisch) bzw. 26 (deutsch).
7 Ballard, P. 1996, S. 7-28.
8 Kessler, D. 1997, S. 152-162.
9 Longaker, C. 1997, S. 45-59; van Lommel, P. 2010, S. 354.
10 Grof, S. 1994, S. 7.

**Kapitel Neun**

1 Kellman, R. 2004, S. 50.
2 Funning, B. 2010.
3 Sartori, P. 2010a, 2010b.
4 Morris, L. und Knafl, K. 2003.
5 Lipton, B. 2005; Hamilton, D. 2008.
6 Lipton, B. 2005; Hamilton, D. 2008.
7 Hamilton, D. 2008.
8 Fracasso, C; Friedman, H. und Young, M. S. 2010, S. 279.
9 Fracasso, C; Friedman, H. und Young, M. S. 2010, S. 275.
10 Moore, L. H. 1994.
11 Kason, Y. 2000, S. 73-74.
12 Orne, R. M. 1986.
13 Bucher et al. 1997; Hayes, E. R. und Orne, R. M. 1990.
14 Morris, L. und Knafl, K. 2003.
15 Ring, K. 1995; Rominger, R. A. 2009.
16 Sheeler, R. D. 2005.
17 Van Lommel, P. 2010, S. 45.
18 Morris, L. und Knafl, K. 2003, S. 164; Sartori, P. 2008; s. 294-296.
19 Morris, L. und Knafl, K. 2003, S. 154.
20 LaGrand, L. E. 2005.
21 Morris, L. und Knafl, K. 2003, S. 165.
22 Morris, L. und Knafl, K. 2003.
23 Storm, H. 2000; Bonenfant, R. J. 2004.
24 Stout et al. 2006.
25 Osis, K. und Haraldsson, E. 1977; Grey, M. 1987, S. 90, 175; Greyson, B. 1982, 2000b; Atwater, P. M. H. 1994; Morse, M. und Perry, P. 1993, S. 19; Ring, K. 1980, S. 211-212, 1995; Rommer, B. 2000, S. 22; Greyson, B., Holden, J. und Mounsey, J. P. 2006, S. 95.
26 Kason, Y. 2000, S. 60-61.
27 Arslanian-Engoren, C. und Scott, L. D. 2003.
28 Longaker, C. 1997, S. 19.
29 Rommer, B. 2000, S. 172.
30 Lerma, J. 2009, S. 216.
31 Kircher, P. 1995, S. 130.

32 Finlay, I. 1996, S. 78.

33 Kircher, P. 1995, S. 134.

34 Schenk, P. 2006; W8nkler, E. 1996, 2003.

35 Greyson, B. 1981, 1984, 1992-93.

36 McDonagh, J. M. 1979, 2004.

37 Kelly et al. 2007.

38 Kircher, P. 1995, S. 127.

39 Greyson, B. 1984; Kason, Y. 2000, S. 74-76.

40 McDonagh, J. M. 1979, 2004.

41 Winkler, E. 1996.

42 LaGrand, L. E. 2005.

43 Botkin, A. L. 2000; Botkin, A. L. mit Hogan, R. C. 2005.

44 Ring, K. und Valariano, E. 1998, S. 200-215.

45 Ring, K. 1992; Ring, K. und Valariano, E. 1998, S. 202.

46 Ring, K. und Valariano, E. 1998, S. 208.

47 Greyson, B. 1983b.

48 Flynn, C. 1986, S. 120-149.

49 Morse, M. und Perry, P. 2000, S. 2, 12.

50 Schwaninger et al. 2002.

51 Morris, L. und Knafl, K. 2003.

52 Grossman, N. 2010, S. 225.

53 Rominger, R. A. 2009, S. 21.

54 *I AM* 2011, Flying Eye Productions, Regie: Tom Shadyac.

55 *I AM* 2011, Flying Eye Productions, Regie: Tom Shadyac.

56 Einstein, A.; Podolsky, B. und Rosen, N. 1935, S. 777-780. Bei der im nächsten Satz beschriebenen Form des Gedankenexperiments handelt es sich um die von David Bohm überarbeitete Fassung. In dieser Form ist das Experiment auch praktisch durchführbar. Einstein, Podolsky und Rosen wählten ursprünglich Ort und Impuls der Teilchen als komplementäre beobachtbare Größe.

57 McClelland, D. C. und Kirshnit, C. 1988; Rein, G, McCraty, R. M. und Atkinson, M. 1995.

58 Pelletier, K. R. 1994.

59 Ornstein, R. und Sobel,. D. 1987.

60 Luks, A. 1991.

61 Hamilton, D. 2010.

62 Maslow, A. 1964.
63 Maslow, A. 1954; Hood, R. 1976, 1979; Hay, D. 1982.
64 Hardy, A. 1979
65 Nataraja, S. 2008.
66 Lovelock, J. 1991.

### Kapitel Zehn

1 Flynn, C. 1986, S. 7.
2 Hampe, J. 1979, S. 24.
3 Sartori, P. 2010a, 2010b, 2010c.
4 www.inifinipartners.com
5 Sabom, M. 1998; Parnia et al. 2001; van Lommel et al 2010; Schwaninger et al. 2002; Greyson, B. 2003.
6 Marsh, M. 2010; Nelson et al. 2006, 2007.
7 Carter, C. 2010, S. 237.
8 http://qi.com/infocloud/predictions, abgerufen am 29.01.2015
9 http://www.psy.vanderbilt.edu/courses/hon182/what_they_used_to_think.htm, abgerufen am 29.01.2015
10 http://www.columbia.edu/~xs23/reject.htm, abgerufen am 29.01.2015

### Epilog

1 Morrie Schwartz in Albom, M. 2003, S. 52 bzw. 67 (deutsch).

# Bibliographie


Adams, J. und Rutkin, B. (1970); „Visual Responses to Subcortical Stimulation in the Visual and Limbic System“, *Confinia Neurologica*, Vol. 32, S. 158–164.

Albom, Mitch (2003); *Tuesdays with Morrie*, Time Warner Paperbacks, 2003 (Erstausgabe 1997); deutsch: *Dienstags bei Morrie: die Lehre eines Lebens*, aus dem Amerikanischen von Angelika Bardeleben, Goldmann 1998

Alexander, Eben (2013); *Proof of Heaven: A Neurosurgeon's Journey into the Afterlife*, Piatkus; deutsch: *Blick in die Ewigkeit: Die faszinierende Nahtoderfahrung eines Neurochirurgen*, aus dem Englischen von Juliane Molitor, Ansata 2013.

Alvarado, C. S. (2006a); „Neglected Near-Death Phenomena'. *Journal of Near-Death Studies*, Vol. 24, No. 3, Frühjahr, S. 131–51.

(2006b); „Letters“, *Journal of Near-Death Studies*, Vol. 25, No. 2, Winter, S. 129–31.

Amatuzio, Janis (2004); *Forever Ours: Real Stories of Immortality and Living from a Forensic Pathologist*, New World Library.

Ariès, Philippe (1981); *At the Hour of Death*, Penguin Books; deutsch: *Geschichte des Todes* (*L' homme devant la mort*), aus dem Französischen von Hans-Horst Henschen und Una Pfau, Hanser 1980

(1994) *Western Attitudes to Death from the Middle Ages to Present*, Itchen Printers Ltd. (Erstausgabe Johns Hopkins University Press 1974); deutsch: *Studien zur Geschichte des Todes im Abendland* (*Essai sur l'histoire de la mort en Occident du moyen-âge à nos jours*), aus dem Französischen von Hans-Horst Henschen, Hanser 1976.

Arslanian-Engoren, C. und Scott, L. D. (2003); „The Lived Experience of Survivors of Prolonged Mechanical Ventilation: A Phenomenological Study“, *Heart and Lung*, Vol. 32, S. 328–334.

Athapilly, G. K.; Greyson, B. und Stevenson, I. (2006); „Do Prevailing Society Models Influence Reports of Near-Death Experiences: A Comparison of Accounts Reported Before and After 1975“, *Journal of Nervous and Mental Disease*, Vol. 194, No. 3, S. 218–233.

Atwater, P. M. H. (1988); *Coming Back to Life: The After Effects of the Near-Death Experience*, Dodd, Mead; deutsch: *Rückkehr vom Licht: die Auswir-*

*kungen von Nahtoderfahrungen auf Betroffene und Angehörige*, Santiago-Verlag 2012.

(1992); „Is There a Hell? Surprising Observations About the Near-Death Experience", *Journal of Near-Death Studies*, Vol. 10, No. 3,S. 149–60.

(1994); *Beyond the Light: Near-Death Experiences – The Full Story,* Thorsons.

(1999); *Children of the New Millennium: Children's Near-Death Experiences and the Evolution of Humankind,* Three Rivers Press.

Augustine, K. (2007a); „Does Paranormal Perception Occur in Near-Death Experiences?", *Journal of Near-Death Studies*, Vol. 25, No. 4, Sommer, S. 203–236.

(2007b); „Near-Death Experiences with Hallucinatory Features", *Journal of Near-Death Studies*, Vol. 26, No. 1, Herbst, S. 3–32.

(2007c); „Psychophysiological and Cultural Correlates Undermining a Survivalist Interpretation of Near-Death Experiences", *Journal of Near-Death Studies*, Vol. 26, No. 2, Winter, S. 89–126.

Bache, Christopher Martin (2000); *Dark Night, Early Dawn,* State University of New York Press.

Badham, Paul and Badham, Linda (1984); *Immortality or Extinction?*, SPCK, Zweite Auflage (Erstausgabe 1982).

Bailey, L. (2001); „A ‚Little Death': The Near-Death Experience and Tibetan Delogs", *Journal of Near-Death Studies*, Vol. 19, No. 3, Frühjahr, S. 139–59.

Ballard, P. (1996); „Intimations of Mortality: Some Sociological Considerations" in Badham, P. and Ballard, P. (Hrsg.), *Facing Death*, University of Wales Press.

Barbour, Phillip L. (Hrsg.) (1983); *The Complete Works of Captain John Smith (1580–1631) in Three Volumes. Vol. II: The Generall Historie of Virginia, the Somer Isles, and New England with the Names of the Adventurers and their Adventures*, University of North Carolina Press, Originalwerk erstveröffentlicht 1623.

Barrett, S. M. (Hrsg.) (1970); *Geronimo: His own Story*, Dutton (Erstausgabe Duffield 1906); deutsch: *Geronimo: ein indianischer Krieger erzählt sein Leben*, aus dem Amerikanischen von Heinz Ullmann und Rainer Wiedemann, Trikont 1979.

Barrett, William F. (1926); *Death Bed Visions*, Methuen.

Beauregard, Mario und O'Leary, Denyse (2007); *The Spiritual Brain: A*

*Neuroscientist's Case for the Existence of the Soul*, Harper Collins Publishers.

Becker, C. (1981); „The Centrality of Near-Death Experiences in Chinese Pure Land Buddhism", *Anabiosis – The Journal for Near-Death Studies*, Vol. 1, S. 154–171.

(1984).; „The Pure Land Revisited: Sino-Japanese Meditations and Near-Death Experiences of the Next World", *Journal of Near-Death Studies*, Vol. 4, No. 1, S. 51–68

Berndt, R. and Berndt, C. (1989). *The Speaking Land: Myth and Story in Aboriginal Australia*, Penguin.

Betty, L. S. (2006); „Are They Hallucinations or Are They Real? The Spirituality of Deathbed and Near-Death Visions", *Omega*, Vol. 53, S. 37–49.

Blackmore, Susan J. (1993); *Dying to Live*, Grafton.

Blanke, O.; Ortigue, S.; Landis, T. und Seeck, M. (2002); „Stimulating Illusory Own-Body Perceptions", *Nature*, Vol. 419, September, S. 269.

Blanke, O.; Landis, T.; Spinelli, L. und Seeck, M. (2004); „Out-of-Body Experience and Autoscopy of Neurological Origin", *Brain*, Vol. 127, S. 243–258.

Bockie, S. (1993); *Death and the Invisible Powers: The World of Kongo Belief*, Indiana University Press.

Bonenfant, R. J. (2004); „A Comparative Study of Near-Death Experience and Non-Near-Death Experience Outcomes in 56 Survivors of Clinical Death", *Journal of Near-Death Studies*, Vol. 22, No. 3, Frühjahr, S. 155–78.

Botkin, Allan L. (2000); „The Induction of After-Death Communications Utilizing Eye-Movement Desensitization and Reprocessing: A New Discovery", *Journal of Near-Death Studies*, Vol. 18, No. 3, Frühjahr, S. 181–209.

Botkin, Allan L. mit Hogan, R. Craig (2005); *Induced After Death Communication: A New Therapy for Healing Grief and Trauma*, Hampton Roads Publishing Company Inc.; deutsch: *Zwischen Trauer und Versöhnung: IADC, therapeutische Kommunikation mit Verstorbenen - Heilung von Schuld und Trauma*, aus dem Amerikanischen von Isolde Seidel, VAK-Verlag 2009

Brayne, Sue (2010); *The D Word*, Continuum Publishing Corporation.

Brayne, S. und Fenwick, P. (2008); „The Case for Training to Deal with End of Life Experiences", *European Journal of Palliative Care*, Vol. 15, No. 3, S. 118–20.

Brayne, S. et al (2006); „Deathbed Phenomena and Their Effect on a Palliative Care Team: A Pilot Study", *American Journal of Hospice and Palliative Medicine*, Vol. 23, No. 1, S. 17–24.

Brayne, S. et al (2008); „End-of-Life Experiences and the Dying Process in a Gloucestershire Nursing Home as Reported by Nurses and Care Assistants“, *American Journal of Palliative Care*, Vol. 25, No. 3, S. 195–206.

Brinkley, Dannion and Perry, Paul (1994). *Saved by the Light*, Piatkus; deutsch: *Zurück ins Leben: die wahre Geschichte des Mannes, der zweimal starb*, aus dem Amerikanischen von Clemens Wilhelm

Bucher, L., Wimbush, F. B., Hardie, T. and Hayes, E. R. (1997); „Near-Death Experiences: Critical Care Nurses Attitudes and Interventions“, *Dimensions of Critical Care Nursing*, Vol. 16, No. 4, S. 194–201.

Bush, Nancy Evans (1983); „The Near Death Experience in Children: Shades of the Prison-House Reopening“, *Anabiosis: The Journal of Near-Death Studies,* Vol. 3, S. 177–93.

(1991); „Is Ten Years a Life Review?“ *Journal of Near-Death Studies*, Vol. 10, No. 1, Herbst, S. 5–9.

(1994); „The Paradox of Jonah: Response to ‚Solving the Riddle of Frightening Near-Death Experiences‘“, *Journal of Near-Death Studies*, Vol. 13, No. 1, Herbst, S. 47–54.

(2012); *Dancing Past the Dark: Distressing Near-Death Experiences,* Association of Near-Death Studies.

Butler, R. N. (1963); „The Life Review: An Interpretation of Reminiscence in the Aged“, *Psychiatry*, Vol. 26, S. 65–76.

Callanan, Maggie und Kelley, Patricia (1992); *Final Gifts: Understanding and Helping the Dying*, Hodder & Stoughton; deutsch: *Mit Würde aus dem Leben gehen: ein Ratgeber für die Begleitung Sterbender*, aus dem Amerikanischen von Friederike Zeininger, Droemer Knaur 1993.

Calvey, T. N. and Williams, N. E. (1998); *Principles and Practice of Pharmacology for Anaesthetists*, Blackwell Science. Dritte Auflage (Erstausgabe 1982).

Carr, C. (1993); „Death and Near-Death: A Comparison of Tibetan and Euro-American Experiences“, *Journal of Transpersonal Psychology*, Vol. 25, S. 59–110.

Carter, Chris (2010); *Science and the Near-Death Experience: How Consciousness Survives Death*, Inner Traditions.

Chalmers, D. (1995); „Facing Up to the Problem of Consciousness“, *Journal of Consciousness Studies*, Vol. 2, No. 3, S. 200–219.

Christensen, A. J. (2003); *Popol Vuh: The Sacred Book of the Maya,* O Books. Eine deutsche Fassung ist: *Popol Vuh. Buch des Rates. Mythos und Geschichte der Maya.* Aus dem Quiché übertragen und erläuert von Wolfgang Cordan, Diederichs 1998 (Erstausgabe 1962).

Christensen, M. (2002); „The Physiological Effects of Noise: Considerations for Intensive Care“, *Nursing in Critical Care*, Vol. 7, No. 6, S. 300–305.

Christensen, S. F., Stadeager, C. and Siemkowicz, E. (1990); „Estimation of Cerebral Blood Flow During Cardiopulmonary Resuscitation in Humans“, *Resuscitation*, Vol. 19, S. 115–123.

Christian, S. R. (2006), „Marital Satisfaction and Stability Following a Near-Death Experience of One of the Marital Partners“, *Dissertation Abstracts International Section A: Humanities and Social Sciences*, vol. 66, (11-A), 3925.

Cook, Emily; Greyson, Bruce und Stevenson, Ian (1998); „Do any Near-Death Experiences Provide Evidence for the Survival of Humnan Personality After Death? Relevant Features and Illustrative Case Reports“, *Journal of Scientific Exploration* Vol 12., No. 3, S. 377-406;

Cooke, Aileen (1968); *Out of the Mouth of Babes: Extra-Sensory Perception in Children*, James Clarke & Co. Ltd.

Corazza, O. (2008); *Near-Death Experiences: Exploring the Mind–Body Connection*, Routledge.

Counts, D. (1983), „Near-Death and Out-of-Body Experiences in a Melanesian Society“, *Anabiosis – Journal of Near-Death Studies*, Vol. 3, S. 115–35.

Cuevas, B. J. (2003); *The Hidden History of the Tibetan Book of the Dead*, Oxford University Press.

(2008); *Travels in the Netherworld,* Oxford University Press.

Damas Mora, J.; Jenner, F. und Eacott, S. (1980); „On Heatoscopy or the Phenomenon of the Double: Case Presentation and Review of the Literature“, *British Journal of Medical Psychology*, Vol. 53, S. 75–83

D'Aquili, Eugene und Newberg, Andrew B. (1999); *The Mystical Mind*, Fortress Press.

David-Neel, Alexandra (1997); *Magic and Mystery in Tibet*, Thorsons (englische Erstausgabe Souvenir Press Ltd. 1967); deutsch: *Magier und Heilige in Tibet*, aus dem Französischen von Ada Ditzen, Goldmann 2005 (deutsche Erstausgabe: *Heilige und Hexer: Glaube und Aberglaube im Lande des Lamaismus*, Brockhaus 1931)

Devers, Edie (1997). *Goodbye Again: Experiences with Departed Loved Ones*, Andrews and McMeel.

Devinsky, O.; Feldmann, E.; Burrowes, K. und Bromfield, E. (1989); „Autoscopic Phenomena with Seizures", *Archives of Neurology*, Vol. 46, Oktober, S. 1080–1088.

Dewhurst, K. and Beard, A. W. (1970); „Sudden Religious Conversions in Temporal Lobe Epilepsy", *British Journal of Psychiatry*, Vol. 117, S. 497–507.

Dossey, Larry (2011), „Dying to Heal: A Neglected Aspect of NDEs", *Explore*, Vol. 7, No. 2, März/April, S. 59–62.

Dougherty, C. M. (1990); „The Near-Death Experience as a Major Life Transition", *Holistic Nursing Practice*, Vol. 4, No. 3, S. 84–90.

Drolma, Delog Dawa (1995); *Delog: Journey to Realms Beyond Death*, Padma Publishing.

Eadie, Betty (1992); *Embraced by the Light*, Gold Leaf Press; deutsch: *Licht am Ende des Lebens: Bericht einer außergewöhnlichen Nah-Todeserfahrung*, aus dem Amerikanischen von Marie-Therese Hartogs und Ursula Rahn-Huber, Droemer Knaur 1994.

Edgar, E. (1996); „Death in Our Understanding of Life', in Badham, P. und Ballard, P. (Hrsg.), *Facing Death*, University of Wales Press.

Ehrenwald, J. (1974); „Out-of-the-Body Experiences and the Denial of Death", *Journal of Nervous and Mental Disease*, Vol. 159, No. 4, S. 227–33.

(1978); *The ESP Experience: A Psychiatric Validation*, Basic Books.

Einstein, A., Podolsky, B. und Rosen, N. (1935); „Can Quantum-Mechanical Description of Physical Reality Be Considered Complete?", *Physical Review*, Vol. 47, S. 777–780.

Ellwood, Gracia Fay (2001); *The Uttermost Deep: The Challenge of Near-Death Experiences*, Lantern Books.

Epstein, L. (1982); „On the History and Psychology of the ‚Das-Log'", *Tibet Journal*, Vol. 7, S. 20–85.

Evans-Wentz, W. Y. (1960); *The Tibetan Book of the Dead*, Oxford University Press, Erstausgabe 1927

Fenwick, E. und Fenwick, P. (1996a); *The Truth in the Light*, Headline.

Fenwick, P. (1997), „Is the Near-Death Experience Only N-Methyl-D-Aspartate Blocking?" *Journal of Near-Death Studies*, Vol. 16, No. 1, Herbst, S. 43–53.

Fenwick, P. und Fenwick, E. (2008); *The Art of Dying*, Continuum International Publishing Group.

Fenwick, P. et al (2009); „Comfort for the Dying: Five Year Retrospective and One Year Prospective Studies of End of Life Experiences“, *Archives of Gerontology and Geriatrics*, Vol. 51, No. 2, S. 173–80.

Finlay, I. (1996); „Ethical Decision Making in Palliative Care“ in Badham, P. und Ballard, P. (Hrsg.), *Facing Death*, University of Wales Press.

Flynn, C. P. (1986); *After the Beyond: Human Transformation and the Near-Death Experience*, Prentice-Hall.

Fracasso, C.; Aleyasin, S. A.; Friedman, H. und Young, M. S. (2010a); „Near-Death Experiences Among a Sample of Iranian Muslims“, *Journal of Near-Death Studies*, Vol. 29, No. 1, Herbst, S. 265–72.

Fracasso, C.; Friedman, H. und Young, M. S. (2010b); „Psychologists' Knowledge of and Attitudes about Near-Death Experiences: Changes over Time and Relationship to Transpersonal Self-Concept“, *Journal of Near-Death Studies*, Vol. 29, No. 1, Herbst, S. 273–281.

Funning, B. (2010); „Spirituality“, *RCN Bulletin*, 19. Mai, S. 5.

Gabbard, Glen O. und Twemlow, Stuart W. (1984); *With the Eyes of the Mind: An Empirical Analysis of Out-of-Body States*, Praeger.

Gallup, George jun. and Proctor, William (1984); *Adventures in Immortality*, Corgi Books; deutsch: *Begegnungen mit der Unsterblichkeit: Erlebnisse im Grenzbereich zwischen Leben u. Tod*, aus dem Amerikanischen von Wolfgang Crass, Universitas 1983

Gliksman, M. D. and Kellehear, A. (1990); „Near-Death Experiences and the Measurement of Blood Gases“, *Journal of Near-Death Studies*, Vol. 9, No. 1, Herbst, S. 41–4.

Gloor, P., Olivier, A., Quesney, L. F., Andermann, F. und Horowitz, S. (1982); „The Role of the Limbic System in Experiential Phenomena of Temporal Lobe Epilepsy“, *Annals of Neurology*, Vol. 12, No. 2, August, S. 129–144.

Gomez-Jeria, Juan, S. (1993), „A Near-Death Experience Among the Mapuche People, *Journal of Near-Death Studies*, Vol. 11, No. 4, Sommer, S. 219-222.

(2006).; „The Near-Death Experience in Pu Songling's *Strange Tales from the Liaozhai Studio*“, *Journal of Near-Death Studies*, Vol. 25, No. 2, Winter, S. 113–20.

Granqvist, P.; Fredrikson, M.; Larhammar, D.; Larsson, M. und Valind, S. (2004). „Sensed Presence and Mystical Experiences are Predicted by Suggestibility, Not by the Application of Transcranial Weak Complex Magnetic Fields“, *Neuroscience Letters*, doi: 10.1016/j.neulet.2004.10.057

Green, Celia (1967); „Ecsomatic Experiences and Related Phenomena“, *Journal of the Society for Psychical Research*, Vol. 44, S. 111–330.

(1968); *Out-of-Body Experiences*, Hamish Hamilton.

Green, J. T. (1984); „Near-Death Experiences in a Chamorro Culture“, *Vital Signs*, Vol. 4, Nr. 1–2, S. 6–7.

(2008); „The Death Journey of a Hopi Indian: A Case Study“ *Journal of Near-Death Studies*, Vol. 26, No. 4, Sommer, S. 283–93.

Grey, Margot (1985); *Return From Death,* Arkana.

(1987); *Return From Death: An Explanation of the Near-Death Experience,* Arkana.

Greyson, Bruce (1981), „Near-Death Experiences and Attempted Suicide“, *Suicide and Life-Threatening Behaviour*, Vol. 2, S. 10–16.

(1983a), „The Near-Death Experience Scale: Construction, Reliability and Validity“, *Journal of Nervous and Mental Disease*, Vol. 171, S. 369–75.

(1983b), „Near-Death Experiences and Personal Values“, *American Journal of Psychiatry*, Vol. 140, No. 5, S. 618–20.

(1992), „Reduced Death Threat in Near-Death Experiencers“, *Death Studies*, Vol. 16, S. 535–46.

(1992–93), „Near-Death Experiences and Antisuicidal Attitudes“, *Omega, Journal of Death and Dying*, Vol. 26, S. 81–9.

(1993), „Varieties of Near-Death Experiences“, *Psychiatry*, Vol. 56, November, S. 390–399.

(1996), „The Near-Death Experience as a Transpersonal Crisis“, in Scotton B. W.; Chinen, A. B. und Battista, J. R. (Hrsg.), *Textbook of Transpersonal Psychiatry and Psychology*, Basic Books.

(1997), „The Near-Death Experience as a Focus of Clinical Attention“, *Journal of Nervous and Mental Disease*, Vol. 185, Mai, S. 327–34.

(2000), „Dissociation in People Who Have Near-Death Experiences: Out of Their Bodies or Out of Their Minds?“ *Lancet*, 355, S. 460–463.

(2003), „Incidence and Correlates of Near-Death Experiences in a Cardiac Care Unit“, *General Hospital Psychiatry*, Vol. 25, S. 269–276.

(2007), „Commentary of Psychophysiological and Cultural Correlates Undermining a Survivalist Interpretation of Near-Death Experiences“, *Journal of Near-Death Studies*, Vol. 26, No. 2, Winter, S. 127–145.

Greyson, B. und Bush N. E. (1992), „Distressing Near-Death Experiences“, *Psychiatry: Interpersonal and Biological Processes*, Vol. 55, No. 1, S. 95–110.

Greyson, B.; Holden, J. M. und Mounsey J. P. (2006), „Failure to Elicit Near-Death Experiences in Induced Cardiac Arrest“, *Journal of Near-Death Studies*, Vol. 25, No. 2, Winter, S. 85–98.

Grof, Stanislav (1994); *Books of the Dead: Manuals for Living and Dying*, Thames and Hudson; deutsch: *Totenbücher: Bilder vom Leben und Sterben*, aus dem Englischen von Susanne Schaup, Kösel 1994.

Grof, Stanislav and Halifax, Joan (1977); *The Human Encounter with Death*, E. P. Dutton; deutsch: *Die Begegnung mit dem Tod*, aus dem Amerikanischen von G. H. Müller unter Mitarbeit von Thomas Schadow, Klett-Cotta 1980.

Grossman, N. (2010); „Book Review“, *Journal of Near-Death Studies*, Vol. 28, No. 4, Sommer, S. 211–232.

Grosso, M. (1981); „Toward an Explanation of Near-Death Phenomena“, *Anabiosis: The Journal of Near-Death Studies*, Vol. 1, S. 3–25.

Groth-Marnat, G. and Summers, R. (1998); „Altered Beliefs, Attitudes and Behaviours Following Near-Death Experiences“, *Journal of Humanistic Psychology*, Vol. 38, No. 3, S. 110–25.

Guggenheim, Bill und Guggenheim, Judy (1996); *Hello from Heaven! A New Field of Research Confirms that Life and Love are Eternal*, Bantam; deutsch: *Trost aus dem Jenseits: unerwartete Begegnungen mit Verstorbenen*, aus dem Englischen von Maja Ueberle-Pfaff, Scherz 1997.

Gurney, E., Myers, F. W. H. and Podmore, F. (1886); *Phantasms of the Living*, Trubner and Co.; deutsch: *Gespenster lebender Personen und andere telepathische Erscheinungen: verkürzte Übersetzung des englischen Werkes*, aus dem Englischen von Fritz Feilgenhauer, Spohr 1897.

Hadfield, Peter (1991); „Japanese Find Death a Depressing Experience“, *New Scientist*, Nol. 132, No. 1797, S. 11.

Hallowell, Alfred Irving (1967); „Spirits of the Dead in Salteaux Life and Thought“ in A. I. Hallowell, *Culture and Experience*, Schocken. Erstveröffentlichung 1940 in *Journal of the Royal Anthropological Institute*, Vol. 70, S. 29–51.

Hamilton, D. (2008); *How Your Mind Can Heal Your Body*, Hay House; deutsch: *Achte auf Deine Gefühle: wie der Geist den Körper heilt*, aus dem Amerikanischen von Julius Müller, Ullstein 2012

(2010); *Why Kindness is Good for You*, Hay House.

Hampe, Johann Christoph (1979); *To Die is Gain: The Experience of One's Own Death*, Darton, Longman and Todd; deutsches Original: *Sterben ist doch ganz anders: Erfahrungen mit dem eigenen Tod*, Kreuz-Verlag 1975.

Hardy, Sir A. (1979); *The Spiritual Nature of Man*, Clarendon Press.

Hay, D. (1982); *Exploring Inner Space: Is God Still Possible in the Twentieth Century?* Penguin Books.

Hayes, E. R. and Orne, R. M. (1990); „A Study of the Relationship Between Knowledge and Attitudes of Nurses in Practice Related to Near-Death Experience", *Loss, Grief and Care*, Vol. 4, Nrn. 1–2, S. 71–80.

Healy, F. und Persinger, M. A. (1996); „Enhanced Hypnotic Induction Profile and the Sense of a Presence Following Application of Burst Firing Magnetic Fields Over Right Temporoparietal Lobes: A Replication", *International Journal of Neuroscience*, Vol. 87, S. 201–207.

Heim, Albert (1892); „Notizen über den Tod durch Absturz", *Jahrbuch des Schweizer Alpenclubs*, Vol. 27, S. 327–337, einzusehen unter http://www.e-rara.ch/zuz/content/pageview/6873312 (abgerufen am 25. Januar 2015). (Die Verfasserin verwendete die englische Übersetzung „The Experience of Dying from Falls" von Noyes, R. und Kletti, R. (1972), *Omega*, Vol. 3, S. 45–52.)

Hemingway, Annamaria (2008); *Practicing Conscious Living and Dying*, O Books.

Henderson, Y. and Haggard, H. W. (1927); *Noxious Gases and the Principles of Respiration Influencing their Action*, American Chemical Society.

Herzog, D. and Herrin, J. (1985); „Near-Death Experiences in the Very Young", *Critical Care Medicine*, Vol. 13, No. 12, S. 1074–5.

Hoffman, E. (1992); *Visions of Innocence: Spiritual and Inspirational Experiences of Childhood*, Shambhala Publications Inc.

Holden, J. M. (1988); „Visual Perception During Naturalistic Near-Death Out-of-Body Experiences", *Journal of Near-Death Studies*, Vol. 7, No. 2, Winter, S. 107–20.

(1989); „Unexpected Findings in a Study of Visual Perception During the Naturalistic Near-Death Out-of-Body Experience"; *Journal of Near-Death Studies*, Vol. 7, No. 3, Frühjahr, S. 55–163.

Holden, J. M. und Joesten, L. (1990); „Near-Death Veridicality Research in the Hospital Setting: Problems and Promise"; *Journal of Near-Death Studies*, Vol. 9, No. 1, Herbst, S. 45–54.

Holden, J. M.; Long, J. und McClurg, J. (2006); „Out-of-Body Experiences: All in the Brain?" *Journal of Near-Death Studies*, Vol. 25, No. 2, Winter, S. 99–107.

Hood, R. (1976); „Conceptual Criticisms of Regressive Explanations of Mysticism“, *Review of Religious Research*, Vol. 17, S. 179–788.

(1979), „Personality Correlates of the Report of Mystical Experience“, *Psychological Reports*, Vol. 44, No. 3, S. 804–806.

Houck, J. A. (2005); „The Universal, Multiple, and Exclusive Experiences of After-Death Communication“, *Journal of Near-Death Studies*, Vol. 24, No. 2, Winter, S. 117–27.

Howarth, G. und Kellehear, A. (2001); „Shared-Death and Related Illness Experiences: Steps on an Unscheduled Journey“, *Journal of Near-Death Studies*, Vol. 20, No. 2, Winter, S. 71–86.

Hyslop, James Hervey (1908), *Psychical Research and the Resurrection*, Bibliobazaar (Nachdruck 2008); deutsch: *Probleme der Seelenforschung*, Hoffmann 1909

Irwin, H. J. (1993); „The Near-Death Experience as a Dissociative Phenomenon: An Empirical Assessment“, *Journal of Near-Death Studies*, Vol. 12, No. 2, S. 95–103.

Iwasaka, Michiko und Toelken, Barre (1994); *Ghosts and the Japanese*, Utah State University Press

Jakobsen, Merete Demant (1999); *Negative Spiritual Experiences: Encounters with Evil,* Religious Experience Research Centre, aus der Reihe *Occasional Papers*.

Jansen, K. L. R. (1997a); „The Ketamine Model of the Near-Death Experience: A Central Role for the NMDA Receptor“, *Journal of Near-Death Studies*, Vol. 16, No. 1, Herbst, S. 3–26.

(2001). *Ketamine: Dreams and Realities*,: Multidisciplinary Association for Psychedelic Studies (MAPS).

Jung, Carl Gustav (1996); *The Archetypes and the Collective Unconscious*, Routledge, zweite Auflage, Erstveröffentlichung in England 1959; deutsch: *Die Archetypen und das kollektive Unbewusste*, Gesammelte Werke, Neunter Band, Erster Halbband, Edition C. G. Jung im Patmos Verlag 1995

Kalweit, Holger (1988); *Dreamtime and Inner Space: The World of the Shaman*, übersetzt von W. Wunsche, Shambhala; deutsches Original: *Traumzeit und innerer Raum: die Welt der Schamanen; Entdeckungsreisen in die Terra incognita der Seele – der Schamane als Pionier der modernen Bewusstseinsforschung*, Scherz 1984.

Kason, Yvonne (2000); *Farther Shores: Exploring How Near-Death, Kunda-*

*lini and Mystical Experiences Can Transform our Ordinary Lives,* Harper Collins Publishers Ltd.

Keable, R. (1921); „A People of Dreams", *Hibbert Journal*, Vol. 19, S. 522–31.

Kellehear, Allan (1990); „The Near-Death Experience as a Status Passage", *Social Science and Medicine*, Vol. 31, S. 933–99.

(1993); „Culture, Biology and the Near Death Experience", *Journal of Nervous and Mental Disease*, Vol. 181, No. 3, S. 148–56.

(1996); *Experiences Near Death*, Oxford University Press.

(2001); „An Hawaiian Near-Death Experience'. *Journal of Near-Death Studies*, Vol. 20, No. 1, Herbst, S. 31–5.

(2008); „Census of Non-Western Near-Death Experiences to 2005: Overview of the Current Data", *Journal of Near-Death Studies*, Vol. 26, No. 4, Sommer, S. 249–65.

Kellman, R. (2004); *Matrix Healing*, Bantam Books.

Kelly, Edward F.; Williams Kelly, E.; Crabtree, A.; Gauld, A.; Grosso, M. und Greyson, B. (2007); *Irreducible Mind: Toward a Psychology for the 21st Century*, Rowman & Littlefield Publishers Inc.

Kelly, Emily Williams; Greyson, Bruce und Stevenson, Ian (2000); „Can experiences near death furnish evidence of life after death?" *Omega* Vol. 40, S. 513-519.

Kessler, D. (1997); *The Rights of the Dying*, Vermillion; deutsch: *Die Rechte des Sterbenden*, aus dem Amerikanischen von Birgit Moosmüller, Quadriga 1997; Neuausgabe *In Würde: die Rechte des Sterbenden*, Kreuz 2003.

King, M. (1985); *Being Pakeha: An Encounter with New Zealand and the Maori Renaissance*, Hodder and Stoughton.

Kircher, P. M., (1995); *Love is the Link: A Hospice Doctor Shares her Experience of Near-Death and Dying,* Larson Publications.

Knoblauch, H.; Schmied, I. und Schnettler, B. (2001); „Different Kinds of Near-Death Experience: A Report on a Survey of Near-Death Experiences in Germany", *Journal of Near-Death Studies,* Vol. 20, No. 1, Herbst, S. 15–29. Auf Deutsch erschienen: Knoblauch, Hubert;: Begegnunen mit dem Jenseits: Die Botschaft der Nahtod-Berichte, Aira 2012 (Erstausgabe unter dem Titel *Berichte aus dem Jenseits: Mythos und Realität der Nahtod-Erfahrung,* Herder 1999).

Kreps, Joel Ibrahim (2009); „The Search for Muslim Near-Death Experiences", *Journal of Near-Death Studies*, Vol. 28, No. 4, Sommer, S. 67–86.

Kuhn, Thomas S. (1996), *The Structure of Scientific Revolutions*, University of Chicago Press, (dritte Auflage; Erstausgabe 1962/1970); deutsch: *Die Struktur wissenschaftlicher Revolutionen*, aus dem Amerikanischen von Hermann Vetter, zweite, revidierte und um das Postskriptum von 1969 ergänzte Auflage Suhrkamp 1976.

LaGrand, Louis E. (1997); *After-Death Communication: Final Farewells*, Llewellyn.

(2005); „The Nature and Therapeutic Implications of the Extraordinary Experiences of the Bereaved", *Journal of Near-Death Studies*, Vol. 24, No. 1, Herbst, S. 3–20.

Lawrence, Madeleine (1995); „The Unconscious Experience", *American Journal of Critical Care*, Vol. 4, No. 3, S. 227–32.

(1998). *In a World of their Own: Experiencing Unconsciousness,* Bergin and Garvey.

Lerma, John (2009); *Learning from the Light,* Career Press.

Lhermitte, Jean (1939); „Les Phenomènes Heautoscopiques, les Hallucinations Spéculaire et Autoscopies", in Lhermitte, J., *L'Image de Notre Corps*, L'Harmattan.

(1951); „Les Phenomènes Heautoscopiques, les Hallucinations Spéculaire" in Lhermitte, J., *Les Hallucinations. Clinique et Physiopathologie*, Doin.

Lindley, J., Bryan, S. und Conley, B. (1981); „Near-Death Experiences in a Pacific Northwest American Population: The Evergreen Study", *Anabiosis – The Journal for Near-Death Studies,* Vol. 1, No. 2, Winter, S. 104–24.

Lipton, B. (2005); *The Biology of Belief*, Cygnus Books; deutsch: *Intelligente Zellen: wie Erfahrungen unsere Gene steuern*, aus dem Englischen von Nayoma de Haën, Koha 2006.

Long, J. and Holden, J. (2007); „Does the Arousal System Contribute to Near-Death Experiences? A Summary and Response", *Journal of Near-Death Studies*, Vol. 25, No. 3, Frühjahr, S. 135–169.

Long, J. P. und Long, J. A. (2003); „A Comparison of Near-Death Experiences Occurring Before and After 1975: Results from an Internet Survey", *Journal of Near-Death Studies*, Vol. 22, No. 1, Herbst , S. 21–32.

Longaker, Christine (1997); *Facing Death and Finding Hope*, Arrow Books; deutsch: *Dem Tod begegnen und Hoffnung finden: die emotionale und spirituelle Begleitung Sterbender*, aus dem Amerikanischen von Karin Behrendt und Thomas Geist, Piper 1997.

Lovelock, James (1991); *Gaia: The Practical Science of Planetary Medicine*, Gaia Books; deutsch: *Gaia: die Erde ist ein Lebewesen; was wir heute über Anatomie und Physiologie des Organismus Erde wissen und wie wir ihn vor der Gefährdung durch den Menschen bewahren können*, aus dem Englischen von Jochen Eggert und Marcus Würmli, Scherz 1992

Lukianowicz, N. (1958); „Autoscopic Phenomena", *A.M.A. Archives of Neurology and Psychiatry*, Vol. 80, S. 199–220.

Luks, Allan (1991); *The Healing Power of Doing Good: The Health and Spiritual Benefits of Helping Others*, Ballantine; deutsch: *Der Mehrwert des Guten: wenn Helfen zur heilenden Kraft wird*, aus dem Amerikanischen von Bernardin Schellenberger, Herder 1998.

Lundahl, C. R. (1993); „A Nonscience Forerunner to Modern Near-Death Studies in America", *Omega*, Vol. 28, S. 63–76.

Marsh, M. (2010); *Out-of-Body and Near-Death Experiences: Brain State Phenomena or Glimpses of Immortality*, Oxford University Press.

Marshall, R. S., Lazar, R. M., Spellman, J. P. et al (2001); „Recovery of Brain Function During Induced Cerebral Hypoperfusion", *Brain*, Vol. 124, S. 1208–1217.

Maslow, A. (1954); *Motivation and Personality*, Harper & Row; deutsch: *Motivation und Persönlichkeit*, aus dem Englischen von Paul Kruntorad, Walter 1977.

(1964); *Religions, Values and Peak Experiences*, Ohio State University Press; deutsch: *Jeder Mensch ist ein Mystiker: Impulse für die seelische Ganzwerdung*, aus dem Amerikanischen von Karola Tembrins, Hammer 2014.

Masters, Robert E. L. and Houston, J. (2000); *The Varieties of Psychedelic Experience: The Classic Guide to the Effects of LSD on the Human Psyche*, Park Street Press (Erstausgabe 1966).

Matthews, C. (2009); „Addressing the Need of Near-Death Experience Survivors to Find The Soul's Mission in Life", Masters of Transpersonal Arts, Virginia Beach, VA: Atlantic University.

Mavromatis, Andreas (1987); *Hypnagogia*, Routledge & Kegan Paul.

McClelland, D. C. und Kirshnit, C. (1988); „The Effect of Motivational Arousal through Films on Salivary Immunoglobulin A", *Psychology and Health*, Vol. 2, No. 1, S. 31–52.

McClenon, J. (2006); „Kongo Near-Death Experiences: Cross-Cultural Patterns", *Journal of Near-Death Studies*, Vol. 25, No. 1, Herbst, S. 21–34.

McDonagh, J. M. (1979); „Bibliotherapy with Suicidal Patients“, Vortragsniederschrift, vorgelegt vor der 87. Jahresversammlung der American Psychological Association, New York.

(2004); „Introducing Near-Death Research Findings into Psychotherapy“, *Journal of Near-Death Studies*, Vol. 22, No. 4, Sommer, S. 269–273.

McInroy, A. and Edwards, S. (2002); „Preventing Sensory Alteration: A Practical Approach“, *Nursing in Critical Care*, Vol. 7, No. 5, S. 247–54.

McFarland, R. A. (1932); „The Psychological Effects of Oxygen Deprivation (Anoxaemia) on Human Behaviour“, *Archives of Psychology*, Columbia University, Vol. 145, S. 1–135.

Meduna, Ladislas J. von (1950); „The Effect of Carbon Dioxide upon the Functions of the Brain“ in Meduna, L. J., *Carbon Dioxide Therapy*, Charles C. Thomas.

Milner, Q. J. and Gunning, K. E. (2000); „Sedation in the Intensive Care Unit“, *British Journal of Intensive Care*, Vol. 10, S. 12–17.

Mitchell, Edgar D. (1974); *Psychic Exploration*, Putnam.

Monroe, Robert (1974); *Journeys Out of the Body*, Corgi Books; deutsch: *Der Mann mit den zwei Leben: die seltsamen Exkursionen des Mr. Monroe*, aus dem Amerikanischen von Jutta und Theodor Knust, Econ 1972.

Moody, Raymond A., jun. (1975); *Life After Life*. New York: Mockingbird/Bantam Books; deutsch: *Leben nach dem Tod: Die Erforschung einer unerklärlichen Erfahrung*, aus dem Amerikanischen von Hermann Gieselbusch, Lieselotte Mietzner und Thorsten Schmidt, Rowohlt 1977, erweiterte Neuausgabe 2001

(1992); „Family Reunions: Visionary Encounters with the Departed in a Modern-day Psychomanteum“, *Journal of Near-Death Studies*, Vol. 11, No. 2, Winter, S. 83–121.

(1999); *The Last Laugh: A New Philosophy of Near-Death Experiences, Apparitions, and the Paranormal*, Hampton Roads Publishing Company Inc.

Moody, Raymond und Perry, Paul (1995); *Reunions: Visionary Encounters with Departed Loved Ones*, Warner Books, Erstausgabe Villard Books 1993; deutsch: *Blick hinter den Spiegel: Botschaften aus der anderen Welt*, aus dem Amerikanischen von Susanne Kahn-Ackermann, Goldmann 1994.

Moody, Raymond A. mit Perry, Paul (2010). *Glimpses of Eternity: Investigation into Shared Death Experiences*, Rider Books; deutsch: *Zusammen im Licht: was Angehörige mit Sterbenden erleben*, aus dem Amerikanischen von Rita Höner, Goldmann 2011.

Moore, L. H. (1994); „An Assessment of Physicians' Knowledge of and Attitudes Toward the Near-Death Experience", *Journal of Near-Death Studies*, Vol. 13, No. 2, Winter, S. 91–102.

Moorjani, Anita (2012), *Dying to be Me: My Journey from Cancer, to Near-Death to True Healing*, Hay House; deutsch: *Heilung im Licht: Wie ich durch eine Nahtoderfahrung den Krebs besiegte und neu geboren wurde*, aus dem Englischen von Susanne Kahn-Ackermann, Arkana 2012.

Morris, L. L. und Knafl, K. (2003); „The Nature and Meaning of the Near-Death Experience for Patients and Critical Care Nurses", *Journal of Near-Death Studies*, Vol. 21, No. 3, Frühjahr, S. 139–67.

Morris, R. L.; Harary, S. B.; Janis, J.; Hartwell, J. und Roll, W. G. (1978); „Studies in Communication During Out-of-Body Experiences", *Journal of the American Society for Psychical Research*, Vol. 72, S. 1–22.

Morse, Michael mit Perry, Paul (1990). *Closer to the Light: Learning from Children's Near-Death Experiences,* Villard Books; deutsch: *Zum Licht: Was wir von Kindern lernen können, die dem Tod nahe waren*, aus dem Amerikanischen von Annette Gabriel-Reinecke, Zweitausendeins 1992.

(1993). *Transformed by the Light,* Piatkus; deutsch: *Verwandelt vom Licht: über die transformierende Wirkung von Nah-Todeserfahrungen*, aus dem Amerikanischen von Barbara Hörmann, Droemer Knaur 1994.

(1994). *Parting Visions: Uses and Meanings of Pre-Death, Psychic and Spiritual Experiences,* Villard Books.

(2000). *Where God Lives: The Science of the Paranormal and How our Brains are Linked to the Universe,* Cliff Street Books.

Morse, M., Conner, D. und Tyler, D. (1985); „Near-Death Experiences in a Pediatric Population", *American Journal of Diseases of Children*, Vol. 139, S. 595–600.

Morse, M.; Castillo, P.; Venecia, D.; Milstein, J. und Tyler, D. C. (1986); „Childhood Near-Death Experiences", *American Journal of Diseases of Children*, Vol. 140, S. 1110–14.

Morse, M.; Venecia, D. und Milstein, J. (1989); „Near-Death Experiences: A Neurophysiological Explanatory Model", *Journal of Near-Death Studies*, Vol. 8, No. 1, Herbst, S. 45–53.

Muldoon, Sylvan (1965); *The Projection of the Astral Body*, Rider.

Muldoon, Sylvan and Carrington, Herward (1974); *The Projection of the Astral Body,* Samuel Weiser; deutsch: *Die Aussendung des Astralkörpers*, aus dem Englischen von Rudolf Meldau, Bauer 1964.

Mundigler, G.; Delle-Karth, G.; Koreny, M. et al. (2002); „Impaired Circadian Rhythm of Melatonin in Sedated Critically Ill Patients with Severe Sepsis“, *Critical Care Medicine*, Vol. 30, S. 536–540.

Murphy, Todd (2001); „Near-Death Experiences in Thailand“, *Journal of Near-Death Studies*, Vol. 19, No. 3, Frühjahr, S. 161–78.

Musgrave, C. (1997); „The Near-Death Experience: A Study of Spiritual Transformation“, *Journal of Near-Death Studies*, Vol. 15, No. 3, Frühjahr, S. 187–201

Nahm, Michael (2009a); „Four Ostensible Near-Death Experiences of Roman Times with Peculiar Features: Mistake Cases, Correction Cases, Xenoglossy and a Prediction“, *Journal of Near-Death Studies*, Vol. 27, No. 4, Sommer, S. 211–22.

… (2009b); „Terminal Lucidity in People with Mental Illness and Other Mental Disability: An Overview and Implications for Possible Explanatory Models“, *Journal of Near-Death Studies*, Vol. 28, No. 2, Winter, S. 87–106.

Auf Deutsch ist von Michael Nahm erschienen: *Wenn die Dunkelheit ein Ende findet: Terminale Geistesklarheit und andere ungewöhnliche Phänomene in Todesnähe*, Crotona 2012 (Anm. d. Ü.)

Nahm, M. und Greyson, B. (2009); „Terminal Lucidity in Patients with Chronic Schizophrenia and Dementia: A Survey of the Literature“, *Journal of Nervous and Mental Disease*, Vol. 197, No. 12, Dezember, S. 942–4.

Nahm, M. und Nicolay, J. (2010); „Essential Features of Eight Published Muslim Near-Death Experiences: An Addendum to Joel Ibrahim Kreps's ‚The Search for Muslim Near-Death Experiences'“, *Journal of Near-Death Studies*, Vol. 29, No. 1, Herbst, S. 255–63.

Nataraja, S. (2008); *The Blissful Brain: Neuroscience and the Proof of the Power of Meditation*, Gaia Books Ltd.

Neihardt, John G. (1995); *Black Elk Speaks*, University of Nebraska Press, Erstveröffentlichung William Morrow & Company 1932; deutsch: Schwarzer Hirsch, *Ich rufe mein Volk: Leben, Traum und Untergang der Ogalalla-Sioux*. Aufgeschrieben von John Neihardt, aus dem Amerikanischen von Siegfried Lang, Bilder und Zeichnungen vom Stehenden Bär, Walter 1955.

Nelson, K.; Mattingly, M.; Lee, S. A. und Schmitt, F. A. (2006); „Does the Arousal System Contribute to Near-Death Experience?“ *Neurology*, Vol. 66, S. 1003–1009.

Nelson, K., Mattingly, M. and Schmitt, F. A. (2007); „Out-of-Body Experiences and Arousal", *Neurology*, Vol. 68, S. 794–795.

Nouri, F. M. and Holden, J. M. (2008); „Electromagnetic After Effects of Near-Death Experiences", *Journal of Near-Death Studies*, Vol. 27, No. 2, Winter, S. 83–110.

Noyes, R. and Kletti, R. (1976); „Depersonalisation in the Threat of Life Threatening Danger: A Description", *Psychiatry*, Vol. 39, S. 19–27.

(1977); „Panoramic Memory: A Response to the Threat of Death", *Omega*, Vol. 8, S. 181–194.

Noyes, R. jun.; Hoenk, P. R.; Kuperman, S. und Slymen, D. J. (1977); „Depersonalization in Accident Victims and Psychiatric Patients", *Journal of Nervous and Mental Disease*, Vol. 164, S. 401–407.

Noyes, R. and Slymen, D. (1979); „The Subjective Response to Life Threatening Danger", *Omega*, Vol. 9, S. 313–321.

Olson, M. und Dulaney, P. (1993); „Life Satisfaction, Life Review, and Near-Death Experiences in the Elderly", *Journal of Holistic Nursing*, Vol. 11, No. 4, Dezember, S. 368–382.

Orne, R. M. (1986); „Nurses' views of NDEs", *American Journal of Nursing*, Vol. 86, S. 419–20

Ornstein, R. und Sobel, D. (1987); *The Healing Brain*, Makor Books; deutsch: *Das Gehirn, Schlüssel zur Gesundheit*, aus dem Englischen von Wolfgang E. Nebmaier, VAK 1995.

Osis, Karlos (1972), „New ASPR Research on Out-of-the-Body Experiences", *Newsletter of the American Society for Psychical Research*, No. 14, S. 2–4.

Osis, Karlis und Haraldsson, Erlendur (1977); *At the Hour of Death*, Avon Books; deutsch: *Der Tod, ein neuer Anfang: Visionen und Erfahrungen an der Schwelle des Seins*, aus dem Amerikanischen von Wolfgang Harlacher, Bauer 1978.

Owens, J. E.; Cook, E. W. und Stevenson, I. (1990); „Features of Near-Death Experience in Relation to Whether or Not Patients Were Near Death", *Lancet*, Vol. 336, S. 1175–7.

Oyama, T.Y.; Jin, T.; Yamaga, R.; Ling, N. und Guillemin, R. (1980); „Profound Analgesic Effects of Beta-Endorphin in Man", *Lancet*, Vol. 1, S. 122–124.

Parnia, S.; Waller, D. G.; Yeates, R. und Fenwick, P. (2001), „A Qualitative and Quantitative Study of the Incidence, Features and Aetiology of Near-Death Experiences in Cardiac Arrest Survivors", *Resuscitation*, Vol. 48, S.149–156.

Pasricha, Satwant K. (2008); „Near-Death Experiences in India: Prevalence and New Features", *Journal of Near-Death Studies*, Vol. 26, No. 4, Sommer, S. 267–82.

Pasricha, Satwant and Stevenson, Ian (1986), „Near Death Experiences in India: A Preliminary Report", *Journal of Nervous and Mental Disease*, Vol. 174, No. 3, S. 165–70.

Pelletier, K. R. (1994); *Sound Mind, Sound Body: A New Model for Lifelong Health*, Simon and Schuster.

Penfield, Wilder (1955); „The Role of the Temporal Cortex in Certain Psychic Phenomena", *Journal of Mental Science*, Vol. 101, S. 451–465.

(1975); *The Mystery of the Mind: A Critical Study of Consciousness*, Princeton University Press.

Penfield, Wilder und Kristiansen, K. (1951); *Epileptic Seizure Patterns*, Charles C. Thomas.

Penfield, Wilder and Perot, P. (1963); „The Brain's Record of Auditory and Visual Experience", *Brain*, Vol. 86, S. 595–695.

Perera, M.; Padmasekara, G. und Belanti, J. (2005); „Prevalence of Near-Death Experiences in Australia", *Journal of Near-Death Studies*, Vol. 24, No. 2, Winter, S. 109–16.

Persinger, M. A. (2003); „Experimental Simulation of the God Experience: Implications for Religious Beliefs and the Future of the Human Species", in Joseph, Rhawn A. (Hrsg.), *Neurotheology: Brain, Science, Spirituality, Religious Experience*, University of California Press.

Persinger, M. A. und Healey, F. (2002); „Experimental Facilitation of the Sensed Presence: Possible Intercalation Between the Hemispheres Induced by Complex Magnetic Fields", *Journal of Nervous and Mental Diseases*, Vol. 190, S. 533–541.

Planck, M. (1948). *Wissenschaftliche Selbstbiographie. Mit einem Bildnis und der von Max von Laue gehaltenen Traueransprache.* Leipzig: Johann Ambrosius Barth Verlag, S. 22.

Pommaret, Françoise (1989); *Les Revenants de l'Au-dela dans le Monde Tibetain: Sources Litteraires et Tradition Vivante,* Editions du Centre National de la Recherche Scientifique.

Putnam, F. W. (1991); „Dissociative Disorders in Children and Adolescents: A Developmental Perspective", *Psychiatric Clinics of North America*, Vol. 14, S. 519–531.

Rawlings, Maurice (1979); *Beyond Death's Door,* Sheldon Press. Dritte Auflage, Erstausgabe bei Thomas Nelson Inc. 1978; deutsch: *Jenseits der Todeslinie*, aus dem Amerikanischen von Hermann Appel, Verlag Missionswerk Der Weg zur Freude 1984

(1993). *To Hell and Back,* Nelson; deutsch: *Zur Hölle und zurück*, aus dem Amerikanischen von D. Ewert, cmf Fliss 1996

Rees, W. D. (1971); „The Hallucinations of Widowhood", *British Medical Journal*, Vol. 4, No. 778, S. 37–41.

Rein, G., McCraty, R. M. und Atkinson, M. (1995); „Effects of Positive and Negative Emotions on Salivary IgA", *Journal for the Advancement of Medicine*, Vol. 8, No. 2, S. 87–105.

Ring, Kenneth (1980); *Life at Death: A Scientific Investigation of the Near-Death Experience,* Coward, McCann and Geoghegan.

(1984); *Heading Toward Omega: In Search of the Meaning of the Near-Death Experience,* William Morrow; deutsch: *Den Tod erfahren - das Leben gewinnen: Erkenntnisse u. Erfahrungen von Menschen, d. an d. Schwelle zum Tod gestanden u. überlebt haben,* aus dem Amerikanischen von Charlotte Franke, Scherz 1985.

(1992); *The Omega Project: Near-Death Experiences, UFO Encounters and Mind at Large,* William Morrow.

(1994); „'Solving the Riddle of Frightening Near-Death Experiences: Some Testable Hypotheses and a Perspective Based on *A Course in Miracles*", *Journal of Near-Death Studies*, Vol. 13, No. 1, Herbst, S. 5–23.

(1995); „The Impact of Near-Death Experiences on Persons who Have Not Had Them: A Report of a Preliminary Study and Two Replications", *Journal of Near-Death Studies*, Vol. 13, No. 4, Sommer, S. 223–35.

Ring, Kenneth und Cooper, Sharon (1999); *Mindsight: Near-Death and Out-of-Body Experiences in the Blind,* William James Center for Consciousness Studies, Institute of Transpersonal Psychology; deutsch: *Wenn Blinde sehen - Mindsight: Nahtoderfahrungen bei Blinden*, Santiago-Verlag 2011

Ring, Kenneth und Rosing, C.J. (1990); „The Omega Project: An Empirical Study of the NDE Prone Personality", *Journal of Near-Death Studies*, Vol. 8, No. 4, Sommer, S. 211–39.

Ring, Kenneth and Elsaesser-Valarino, Evelyn (1998); *Lessons from the Light,* Insight Books, Plenum Press; deutsch: *Im Angesicht des Lichts: was wir aus*

*Nah-Tod-Erfahrungen für das Leben gewinnen*, aus dem Amerikanischen von Heinrich F. Tophinke, Hugendubel 1999.

Roberts, B. und Chaboyer, W. (2004); „Patients' Dreams and Unreal Experiences Following Intensive Care Admission", *Nursing in Critical Care*, Vol. 9, No. 4, S. 173–180.

Rodin, E. (1989); „Comments on ‚A Neurobiological Model for Near-Death Experiences'", *Journal of Near-Death Studies*, Vol. 7, No. 4, Sommer, S. 255–259.

Rogo, D. Scott (1978); *Mind Beyond the Body*, Penguin.

Rominger, Ryan A. (2009); „Exploring the Integration of Near-Death Experience Aftereffects: Summary of Findings", *Journal of Near-Death Studies*, Vol. 28, No. 1, Herbst, S. 3–34.

Rommer, Barbara (2000); *Blessing in Disguise: Another Side of the Near-Death Experience,* Llewellyn Publications; deutsch: *Der verkleidete Segen: die andere Seite der Nah-Todeserfahrung; erschreckende Nah-Todeserfahrungen und ihre Verwandlung,* aus dem Amerikanischen von Marga Klay, Santiago-Verlag 2004.

Rosen, D. H. (1975); „Suicide Survivors", *Western Journal of Medicine*, Vol. 122, S. 289–94.

Ruttan, L. und Persinger, M. A. (1990); „Enhancement of Temporal Loberelated Experiences During Brief Exposures to Milligauss Intensity Extremely Low Frequency Magnetic Fields", *Journal of Bioelectricity*, Vol. 9, No. 1, S. 33–54.

Sabom, Michael, (1982); *Recollections of Death: An Investigation Revealing Striking New Medical Evidence of Life After Death,* Corgi; deutsch: *Erinnerung an den Tod: Eine medizinische Untersuchung*, aus dem Amerikanischen von Helmut Willmann, Goldmann 1983.

(1998); *Light and Death: One Doctor's Fascinating Account of Near-Death Experiences,* Zondervan Publishing House.

Sanders, M. A. (2007); *Nearing Death Awareness*, Jessica Kingsley Publishers.

Sartori, Penny (2008); *The Near-Death Experiences of Hospitalized Intensive Care Patients: A Five-Year Clinical Study.* New York and Lampeter: Edwin Mellen Press 2008

(2010a). „Spirituality 1: Should Spiritual and Religious Beliefs be Part of Patient Care?" *Nursing Times*, Vol. 106, No. 28, S.. 14–17.

(2010b). „Spirituality 2: Exploring How to Address Patients' Spiritual Needs in Practice", *Nursing Times*, Vol. 106, No. 29, S. 23–5.

(2010c). „Understanding the Subjective Experiences and Needs of Patients as they Approach Death“, *Nursing Times*, Vol. 106, No. 37, S. 14–16.

Sartori, P., Badham, P. und Fenwick, P. (2006); „A Prospectively Studied Near-Death Experience with Corroborated Out-of-Body Perceptions and Unexplained Healing“, *Journal of Near-Death Studies*, Vol. 25, No. 2, Winter, S. 69–84.

Saunders, Nicholas, Saunders, Anja und Pauli, Michelle (2000); *In Search of the Ultimate High: Spiritual Experience through Psychoactives,* Rider Books.

Saver, J. L. und Rabin, J. (1997); „The Neural Substrates of Religious Experience“, *Journal of Neuropsychiatry and Clinical Neurosciences*, Vol. 9, S. 498–510.

Schenk, P. (2006); *The Hypnotic Use of Waking Dreams: Exploring Near-Death Experiences without the Flatlines*, Crown House Publishing.

Schoolcraft, Henry Rowe (1975); *Travels in the Central Portions of the Mississippi Valley: Comprising Observations on its Mineral Geography, Internal Resources, and Aboriginal Populations*, Kraus Reprint, Erstveröffentlichung 1825.

Schwaninger, J.; Eisenberg, P. R.; Schechtman, K. B. und Weiss, A. N. (2002); „A Prospective Analysis of Near-Death Experiences in Cardiac Arrest Patients“, *Journal of Near-Death Studies*, Vol. 20, No. 4, Sommer, S. 215–32.

Serdahely, W. (1990); „Pediatric Near-Death Experiences'. *Journal of Near-Death Studies*, Vol. 9, No. 1, Herbst, S. 33–9.

(1991); „A Comparison of Retrospective Accounts of Childhood Near-Death Experiences with Contemporary Pediatric Near-Death Experience Accounts“, *Journal of Near-Death Studies*, Vol. 9, No. 4, Sommer, S. 219–24.

Sheeler, R. D. (2005); „Teaching Near-Death Experiences to Medical Students“, *Journal of Near-Death Studies*, Vol. 23, No. 4, Sommer, S. 239–247.

Shelly, M. P. (1993); „Sedation for the Critically Ill Patient: Current Thoughts and Future Developments“in Rennie, M. (Hrsg.), *Intensive Care Britain*, Greycoat.

Sogyal Rinpoche (1995); *The Tibetan Book of Living and Dying*, Rider Books (Erstausgabe 1992); deutsch: *Das Tibetische Buch vom Leben und Sterben,* Überarbeitete und aktualisierte Neuausgabe, aus dem Englischen von Thomas Geist und Karin Behrendt, Fischer 2004.

Sotelo, J., Perez, R., Guevara, P. und Fernandez, A. (1995); „Changes in Brain,

Plasma and Cerebrospinal Fluid Contents of B-Endorphins in Dogs at the Moment of Death", *Neurological Research*, Vol. 17, S. 223–225.

Spencer, M. (1996); „Dissociation: Normal or Abnormal?' *Journal of Near-Death Studies*, Vol. 14, No. 3, Frühjahr, S. 145–57.

Spiegel, D. und Cardena, E. (1991); „Disintegrated Experience: The Dissociative Disorders Revisited", *Journal of Abnormal Psychology*, Vol. 100, S. 366–378.

Stevenson, I. and Cook, E. W. (1995); „Involuntary Memories During Severe Physical Illness or Injury", *Journal of Nervous and Mental Disease*, Vol. 183, S. 452–458.

Storm, Howard (2000); *My Descent into Death,* Clairview Books; deutsch: *Mein Abstieg in den Tod: und die Botschaft der Liebe, die mich von dort zurückbrachte*, Santiago-Verlag 2008

Stout, Y. M.; Jacquin, L. A. und Atwater, P. M. H. (2006), „Six Major Challenges Faced by Near-Death Experiencers", *Journal of Near-Death Studies*, Vol. 25, No. 1, Herbst, S. 49–62.

Strassman, Rick (2001). *DMT: The Spirit Molecule,* Rochester, VT: Park Street Press; deutsch: *DMT – das Molekül des Bewusstseins: zur Biologie von Nahtod-Erfahrungen und mystischen Erlebnissen*, aus dem Englischen von Gunther Seipel, AT-Verlag 2004.

Sutherland, Cherie (1992); *Transformed by the Light: Life After Near-Death Experiences,* Bantam Books.

(1995a); *Children of the Light,* Souvenir Press.

(1995b); *Reborn in the Light: Life After Near-Death Experiences,* Bantam Books.

Swaddling, M. (2006); *Telling Tales: „Life as it Was – Told by those who Lived it",* Pavilion Housing Association.

Tachibana, T. (1994); *Near-Death Experience*, Bungei Shunju (nur auf Japanisch erhältlich).

Talayesva, Don (1942); *Sun Chief: The Autobiography of a Hopi Indian*, Yale University Press; deutsch: *Sonnenhäuptling Sitzende Rispe: Ein Indianer erzählt sein Leben*, aus dem Amerikanischen von Heino Gehrts, Röth 1964.

Tart, Charles (1968); „A Psychophysiological Study of the Out-of-Body Experiences in a Selected Subject", *Journal of the American Society for Psychical Research*, Vol. 62, No. 7, S. 3–27.

(1998); „Six Studies of Out-of-Body Experiences'. *Journal of Near-Death Studies*, Vol. 17, No. 2, Winter, S. 73–99.

Taylor, E. (2011), ABC News Interview, Sendung vom 23 März 2011, http://abcnews.go.com/WNT/Video/elizabeth-taylor-death-experience-13201786

Thrum, Thomas George (1907); *Hawaiian Folk Tales: A Collection of Native Legends,* A. C. McClurg.

Twemlow, Stuart W. (1977); „Epilogue: Personality File" in Monroe, R. A. (Hrsg.), *Journeys Out of the* Body, Anchor Press/Doubleday.

van Lommel, P. (2004a); persönliche Mitteilung

(2004b), „About the Continuity of our Consciousness" in Machado, C. und Shewmon, D. A. (Hrsg.), *Brain Death and Disorders of Consciousness*, Kluwer Academic/ Plenum Publishers.

(2010). *Consciousness Beyond Life: The Science of the Near-Death Experience*, Harper One; deutsch: *Endloses Bewusstsein: neue medizinische Fakten zur Nahtoderfahrung*, aus dem Niederländischen von Bärbel Jänicke, Patmos 2009.

van Lommel, P.; van Wees, R.; Meyers, V. und Eifferich, I. (2001); „Near-Death Experience in Survivors of Cardiac Arrest: A Prospective Study in the Netherlands", *Lancet*, Vol. 358, S. 2039–45.

Varela, F. J. (Hrsg.) (1997); *Sleeping, Dreaming, and Dying: An Exploration of Consciousness with the Dalai Lama*, Wisdom Publications; deutsch: *Traum, Schlaf und Tod: Grenzbereiche des Bewusstseins; der Dalai Lama im Gespräch mit westlichen Wissenschaftlern*, aus dem Amerikanischen von Matthias Braeunig, Diederichs 1998.

Vaughan, L. (1920); *Answered or Unanswered? Faith in China*, Christian Life Literature Fund; deutsch: *Glaubens-Erfahrungen aus dem Leben*, B. Haller 1950.

Wade, Jenny (2003), „In a Sacred Manner we Died: Native American Near-Death Experiences", *Journal of Near-Death Studies*, Vol. 22, No. 2, Winter, S. 83–115.

Wallis Budge, Ernest A. (2008); *The Egyptian Book of the* Dead, Penguin Books.

Warner, L. (1937); *A Black Civilization: A Social Study of an Australian Tribe*, Harper and Brothers.

Whinnery, J. E. (1990); „Acceleration-Induced Loss of Consciousness: A Review of 500 Episodes", *Archives of Neurology*, Vol. 47, S. 764–776.

(1997); „Psychophysiologic Correlates of Unconsciousness and Near-Death Experiences", *Journal of Near-Death Studies*, Vol. 15, No. 4, Sommer, S. 231–58.

White, P. R. (1997); „The Anatomy of a Transformation: An Analysis of the Psychological Structure of Four Near-Death Experiences", *Journal of Near-Death Studies*, Vol. 15, No. 3, Frühjahr, S. 163–85.

Wilber, Ken (1991); *Grace and Grit*, Shambhala; deutsch: *Mut und Gnade: in einer Krankheit zum Tode bewährt sich eine große Liebe – das Leben und Sterben der Treya Wilber*, aus dem Amerikanischen von Jochen Eggert, Scherz 1992.

Winkler, E. (1996); *Das Abendlandische Totenbuch,* Corona.

(2003); „The Elias Project: Using the Near-Death Experience Potential in Therapy", *Journal of Near-Death Studies*, Vol. 22, No, 2, Winter, S. 79–82.

Woerlee, G. M. (2003); *Mortal Minds: A Biology of the Soul and Dying Experience,* Tijdstroom.

(2004); „Cardiac Arrest and Near-Death Experiences", *Journal of Near-Death Studies*, Vol. 22, No. 4, Sommer, S. 235–249

Woodrow, P. (2000); *Intensive Care Nursing: A Framework for Practice*, Routledge.

Wren-Lewis, J. (2004), „The Implications of Near-Death Experiences and Understanding Posttraumatic Growth", *Psychological Inquiry*, Vol. 15, S. 90–92.

Yanagita, Kunio (1975); *The Legends of Tono*, Japan Foundation Translation Series. Erstausgabe 1910; deutsch: *Geschichten aus Tono, Tono Monogatari: Begleitbuch zur Ausstellung „Sasaki Kizen – der japanische Grimm" im Brüder Grimm-Haus, Steinau an der Straße,* mit Illustrationen von Klaus Puth, Wernersche Verlagsgesellschaft 2014

Zaleski, Carol (1987); *Otherworld Journeys: Accounts of Near-Death Experiences in Medieval and Modern Times,* Oxford University Press; deutsch: *Nah-Todeserlebnisse und Jenseitsvisionen: vom Mittelalter bis zur Gegenwart*, aus dem Amerikanischen von Ilse Davis Schauer, Insel 1993

Zhi-ying, F. und Jian-xun, L. (1992); „Near-Death Experiences Among Survivors of the 1976 Tang Shan Earthquake", *Journal of Near-Death Studies*, Vol. 11, No. 1, Herbst, S. 39–49.

# Index

## E



## F



## G



## H

### I



### J



### K



### L



### M

## N



## O



## P



## Q



## R



## S

Jürgen Wolf

**TRÄUME VON ABSCHIED UND NEUBEGINN**

**Von der tröstenden Kraft des Unterbewussten**

In seinen Untersuchungen konzentriert sich der Autor sich auf zwei wichtige Grenzsituationen des menschlichen Lebens – auf den Neubeginn nach einer tiefgreifenden inneren Krise und auf den Übergang in eine jenseitige Welt. Es zeigt sich, dass in beiden Fällen äußerst signifikante Träume dem Einzelnen wichtige Botschaften übermitteln, um die richtigen Entscheidungen zu treffen oder um auf eine unabänderliche Situation vorbereitet zu sein. Den besonderen Wert dieses Werkes machen nicht nur die beeindruckenden Traumbeispiele und ihre Deutung aus, sondern zusätzlich die allgemeingültige Entschlüsselung der Bedeutung bestimmter Symbole oder Zahlen für den Träumer. Wer die Sprache der Träume versteht, versteht die Sprache der Seele!

ISBN: 978-3-86191-050-3
160 Seiten

Ditta op den Dries

**ZURÜCK AUS DEM HIMMEL**

**Wie Nahtod-Erfahrungen das Leben verändern**

Wer einmal auf der ANDEREN SEITE des Lebens war, ist nicht mehr derselbe Mensch wie zuvor!

Mit diesem Buch von Ditta op den Dries liegt eine Studie vor, die detailliert untersucht, welche grundlegenden Verwandlungen mit Menschen geschehen, die eine derartige Grenzerfahrung durchlebt haben. Dabei zeigt sich, wie radikal sich die Lebensführung in solchen Fällen verändert. Dieses Werk belegt zudem auf überzeugende Weise, dass die Nah-Tod-Erfahrung eine Begegnung mit der WIRKLICHKEIT ist und keine biochemische Veränderung im Gehirn. Nur ein wahrhaftes Erleben der ANDEREN SEITE vermag eine so tiefgreifende Wandlung in einem Menschen auszulösen, wie sie die Betroffenen in den Gesprächen mit Ditta op den Dries schildern. Eine berührende und aufrüttelnde Studie, die Mut macht und Hoffnung schenkt!

ISBN: 978-3-86191-038-1
120 Seiten